袁世凯

北洋风云人物

董 尧◎著

中国言实出版社

图书在版编目(CIP)数据

袁世凯 / 董尧著 . -- 北京：中国言实出版社，
2015.11
（北洋风云人物）
ISBN 978-7-5171-1653-0

Ⅰ.①袁… Ⅱ.①董… Ⅲ.①袁世凯（1859～1916）—
生平事迹 Ⅳ.① K827=52

中国版本图书馆 CIP 数据核字（2015）第 269142 号

责任编辑 史会美
责任校对 崔文婷

出版发行 **中国言实出版社**

　　地　址：北京市朝阳区北苑路 180 号加利大厦 5 号楼 105 室
　　邮　编：100101
　　编辑部：北京市海淀区北太平庄路甲 1 号
　　邮　编：100088
　　电　话：64924853（总编室）64924716（发行部）
　　网　址：www.zgyscbs.cn
　　E-mail：zgyscbs@263.net

经　　销　新华书店
印　　刷　北京温林源印刷有限公司
版　　次　2016 年 1 月第 1 版　 2020 年 4 月第 3 次印刷
规　　格　710 毫米 ×1000 毫米　1/16　24.25 印张
字　　数　392 千字
定　　价　48.90 元　 ISBN 978-7-5171-1653-0

目录

第一章
皇上国难，大臣母难，难难难！

八国联军逼得太后、皇上有家不可归，逃难西安，签了个大赔款的《辛丑条约》，才算平静。

袁世凯葬母：竟不许入袁氏祖坟正穴。原来那位刘氏只算庶母。袁世凯的哥哥袁世敦坚持家规。

一

1901年10月。

秋高气爽，北雁南飞，长城内外，早已是萧瑟西风，叶落草枯，田原茫茫了。两天前塞外卷来的寒潮，更使这片天地增厚了萎靡。新任直隶总督袁世凯坐在总督署内，心焦万分：一时望望弥漫的天空飞沙，茫茫雾幔，令他冷飕飕地颤动着身子；一时看看桌上满放着的公文卷，他猛然感到有万机当理，可又总是入手无定，而放了下来；最令他关注的，是大堂正面那堵萧墙两侧的通道，他急切地盼望着他派出去的探马能够飞速地从那里走来，告诉他"两宫銮驾的御辇已到"，让他速去见驾。

袁世凯有许多日子不曾见到"圣颜"了。有什么办法呢？八国联军逼进北京，朝廷无御敌之兵，跑吧。跑到西安去了。幸亏李中堂李鸿章大人跟洋人签订了《辛丑条约》，才算把这场战乱稳了下来。袁世凯联络了两江总督刘坤一，向西安打去"恭请两宫回銮"的电报。电报发出之后，他便急切地盼望着迎驾的这一时刻。他觉得有许多心里话，必须向老佛爷当面禀明，他要把他那颗忠心，毫无保留地奉献给老佛爷。许多天来，袁世凯的生活起居都乱了，有事无事朝服齐整，一日三餐急急匆匆，分分秒秒都在敬候着圣驾的到来。可是，却不知圣驾何时才到。

刚到"不惑"之年的袁世凯，官运又是如此亨通，正是干一番轰轰烈烈事业的时候。他自己也这么想。对于袁世凯来说，得算皇恩浩荡，在他荣任直隶总督、北洋大臣之前，他只是一个平平常常的山东巡抚。镇压义和团，他为朝廷立了功，也只能算一般功劳。直隶总督这个角，外而表率群伦，内而拱卫京畿，位列各省疆吏之首，历来都是元老重臣或老佛爷亲信的人担当，哪里就轮到他袁世凯了？签订《辛丑条约》的李鸿章——大约是这个条约太伤天害理了，在条约签订不久便死了，死的时候七十九岁。李鸿章是在北洋大臣、直隶总督任上死的。他一死，朝中便议论继任人的问题。有人说可能是刘坤一，有人说可能是张之洞。结果，发表出来的竟是袁世凯。大家都吃了一惊。于是，议论又来了：有人说，李鸿章死前推荐了袁世凯；有人说，袁世凯在两宫危难时上了大贡。虽然都有理由，但却并不确切。内情人明白：李鸿章死了，荣禄病了，北洋大臣所统各军已被八国联军打得不成样子，京、津又处在帝国主义占领下，应付这个局面，必须有一个强有力的军阀，对外为帝国主义所赞赏，对内能够镇压人民的反帝爱国运动，而袁世凯正是得天独厚，非他莫属——袁世凯手里有实力，山东又是京津近邻，他又为帝国主义所信赖。因而，直隶总督、北洋大臣便落到他头上。

说来也巧：就在袁世凯从山东济南高升到直隶天津的时候，他的生母刘氏一病不起，求尽名医良药，还是无效，竟然仙逝了。按照本朝制度，袁世凯应该丁忧辞职，归守母丧。袁世凯想想，不能。"此日千载难逢。过了这个村就不见这个店了。"于是，他心生一计，指使山东、直隶士绅，纷纷电请政府，允许袁"夺情应变，移孝作忠"。这样的事在清朝例制上虽是少有，但在用人之计，却也竟成事实。山东、直隶人挽留袁世凯，却使袁世凯成了直隶总督，官升一级。赴任那一天，袁世凯披麻戴孝跪在刘氏的灵柩前，悲天恸地，大哭一场："娘呀，不是儿子不孝，不是儿子不想早早送娘归西，是朝廷用人在即，儿子不得不移孝作忠。有朝一日，儿子会厚葬老娘的。"

袁世凯耐不住了，他不在总督署呆等，要出迎了——他探知两宫回銮的路线，便率领随从匆匆赶到顺德府。直到12月15日，两宫銮驾的御辇才踯跚而至。

当銮驾来到袁世凯等人面前，御辇缓缓落地，人们闪出一条通道时，袁世凯长跪三呼，叩请"圣安"——袁世凯有点忘情了，上次进京见驾，他还是一个声名不响的山东巡抚，几经周折才来到驾前，而说话还有时间限制；今天，这次，他是北洋大臣、直隶总督了，是圣驾前的重臣，是各省封疆大臣之首，身价自然不同寻常，心情也自然不同寻常。他满心感激老佛爷的话，一忽儿都拥到胸口，而又是在这样荒僻的田野迎驾，不是在金碧辉煌的圣殿；两宫这样的圣体，颠颠簸簸地逃难，做臣子的该是什么心情？！想着想着，袁世凯两行热泪便滚滚地流出来，那股忧伤也无法抑制，他匍匐在道旁，竟然号啕大哭起来："老佛爷呀！万岁爷呀！呀呀呀，呀呀呀！"袁世凯这么一放声，他的随员不知就里，也就跟着放起声来。顿时间，顺德城外，哭声震天。

这一举动，吓坏了所有随驾大臣，人人的脸膛都"唰"地沉了下来——原来本朝有制，王公大臣除"国丧"必须举哀号哭之外，平日绝对不许对皇帝哭泣。哭泣了，就犯了"大不敬"之罪，犯了天条，当斩。大家都认为袁世凯这一次完了，人人替他捏一把汗。坐在御辇中的慈禧，知道面前迎驾的是新任直隶总督、北洋大臣袁世凯，正想问他几句无关紧要的"家常话"，忽然听得他放声大哭，脑门一下子冷了起来："我还没有死，皇帝也没有死，为何一见面便举哀号哭起来？难道不怕我降罪？"

"袁世凯，"慈禧忍住圣怒，语气沉沉地问，"你怎么放声大哭起来了？嗯？！"

袁世凯哭出声之后，已经知道犯了不赦之罪。但为时已晚。现在，老佛爷又发出话来，而且带着盛怒，心想：降罪只在老佛爷的下一句话了。可是，袁世凯毕竟是在圣驾前走动过的人，颇知道这个女人的心绪，再加上他自己也饱藏着官场权术，知道如何随机应变，惊慌之中，倒有了转机的计谋。他仰起面来，一边涕泪纵横，一边说："老佛爷呀，老佛爷，臣见圣容清减，痛彻于心，不觉失礼。罪该万死，罪该万死！"

慈禧处在落难之中，当初为丧家之犬逃离京城时，还不知有没有回来的可能。今天，虽付出了相当的代价，有了条约，自己有幸回銮了，大臣们的功劳是当该嘉勉的。动荡之中，袁世凯还有此心，令人欣慰。于是，她转怒为喜，激动得眼圈儿也红了，叹声气说："好孩子，咱们今天能够见面，总算上天保佑，你也不用伤心难过了。"

袁世凯谢过恩，这才爬起来。

慈禧问了他几句话，而后又对左右的近臣说："你们都瞧见了吧，袁世凯才是一位至情至性的大忠臣呢！"

不料，袁世凯这样做竟开了个先例，人们还以为老佛爷逃难回来，喜欢的就是泪眼相迎，哭声接驾呢。于是，太后回到北京，再次临朝，文武大臣们便鼻涕一把泪两行，哭天号地，闹得金銮殿上"无丧举哀"，一片哭泣。下得朝来，一个个又都嘻嘻哈哈，耍着鬼脸。此是后话，这里不提。

二

直隶总督署，原本是设在天津的，八国联军打了胜仗，在天津设了"都统衙门"，统管了天津的民财大政，袁世凯衙门也被管了起来，他只好跑到直隶省的省会保定去住，只在天津设了个海关道，派唐绍仪办理所谓的洋兵撤退交涉。事情又闹腾了几个月，洋人的梦也大多圆了，到了1902年"都统衙门"撤销了，袁世凯才携着男男女女走进天津。

人是进了天津了，洋人却不准中国兵进驻天津。袁世凯傻了眼——兵是权的靠山，权是人的威风，别管头上有多大纱帽，没了靠山，也休想威风起来。袁世凯是玩了二十多年兵权的人，他深懂得这个关系。所以，从保定搬回天津之后，他不仅觉得自己威风不起来，简直像是被囚禁了，他坐在衙门里，头也懒得抬一抬，眉紧紧地锁着。唐绍仪走进总督府，一见袁世凯这模样，心里便明白了几分。他恭恭敬敬地喊了一声"袁大人"，便垂首立在一侧。

袁世凯侧目望望他，指着一把太师椅，呼着唐的雅号说："少川，坐吧。"

唐绍仪坐下之后，不知是想为袁世凯分心呢，还是为了别的，他一张口便把话扯得很远很远去了。"袁大人，京城里的事情，颇令人担忧。老佛爷西京回来，大家满以为她要励精图治，收拾这个烂摊子，可她，却大罚'战争罪犯'，把战乱之责一股脑推给别人；对于以前主张'招抚'拳民的王公大臣，杀头的杀头，充军的充军，监禁的监禁，革职的革职，闹得人心惶惶，怎么得了呀！"袁世凯淡淡地笑着，轻轻地摇了摇头。

"据说，老佛爷正计划开展一次各省大清党，要大开杀戒，又要大修颐和园。战事连连，民不聊生……"袁世凯站起身来，摇手阻止唐绍仪，"少川，朝中的事，老佛爷和皇上自有他们的想法，做臣子的，我们只能以圣命为是。忧虑过多，反而不好。我只想同你商量一下咱们直隶的事，天津的事。"

唐绍仪收住了话题——其实，唐绍仪何尝想谈这些。这些事袁世凯知道得比他还清楚。令袁世凯忧心的是直隶的事，天津的事，他唐绍仪也清楚。他这个没有靠山的海关道当得容易吗？不容易。可是，又有什么办法呢？

袁世凯缓缓地踱着步子，不时侧目望望坐在那里发呆的、只比自己小四岁的得力助手，半天才说："洋人，欺人太甚了。"

唐绍仪心里一跳："他，也会这么说？"袁世凯跟慈禧一样：怕洋人又崇洋人，投洋人又恨洋人。洋人想利用他，还是略施点恩惠的。摆出谱儿来跟洋人对着干，唐绍仪知道袁世凯不会干出来。总督署搬来天津，袁总督身边又不许有兵，唐绍仪正为此事而来。只是他摸不准袁世凯葫芦里装的什么药，才顾左右而言他。现在见袁也吐了点真情，便壮着胆子说："袁大人，我们的手脚不能长久被洋人捆着，咱得想个办法。"

袁世凯停下脚步，但却没有说话。

袁世凯最知道兵权的作用，他能有今天，靠的也是兵权。朝中那么多王公重臣，直隶总督能给他，凭什么？还不是兵。跟同僚们争势如此，跟洋人更得如此。许多天来，他便记恨《辛丑条约》中那个"中国不得在天津驻兵"的条款，"要是我签订这个条约，我绝不接受这一条"。袁世凯也只是心里这么想，果真他去签约了，他会有什么办法呢？现在只能说现在的话了。

"少川，你说得对，咱们得想办法。"袁世凯说，"我想咱们这样办，你看行不行？"

"大人请说。"

"条约只规定天津不准驻军，并没有规定天津不准驻警。我的总督府驻在天津，我要组织警察，维持秩序。"

"好，好一个化军为警，就这么办。"唐绍仪情不自禁地站起来，连连拍手。

不久，袁世凯便从他的军队中挑选出三千精锐人马，改编成一个巡警营，派段芝贵统率，堂而皇之地开进天津"维持秩序"。不久，又将巡警营扩编了几个大队、分队，分别派驻塘沽、秦皇岛、山海关以及北塘等地，还是以枪杆子来做自己的靠山。

袁世凯急急匆匆化军为警，建立武装，巩固自己在天津的地位，驻在天津的洋人早已看得明明白白。"袁世凯的戏法变得并不高明，警也是拿着枪的，也是武装。"但是，洋人却不想排斥这支武装，并且正想找一支这样的武装来代替洋兵"维持天津地方秩序"，这个不出代价的代理人由袁世凯来充当，岂不更好。所以，袁世凯的以警代军巧计也就如期实现了。

北京的事暂时平静了，天津的事暂时平静了，袁世凯的心情暂时也平静了。他想好好休息一下，虽然才是四十出头的人，这样没日没夜地忙忙碌碌，他也感到累了，而且累得腰酸背痛，眼睛也不想睁开，他想紧闭房门躺下身来，好好地睡，睡上它几天几宿。

袁世凯该睡几天。这二三年，他的心机用得太多了，又是义和团，又是洋人，又是迎銮，早几天，一件大事使他受宠若惊：他和湖广总督张之洞、两江总督刘坤一同晋为太子少保，赏双眼花翎，从此之后，他便有一顶"宫保"的桂冠罩在头上了。他匆匆进京谢恩，又忙忙碌碌应酬同僚们的祝贺，哪样事不得耗费精力。还有，他的生母刘氏遗体还躺在灵床待丧，他尤加心神不定——

三个月了，当他得知朝廷破格留用而且升他北上直隶的时候，他在母亲的灵床前悲痛大哭，然后才脱去缞经，北上应命，母恩泰山般重，他时刻不敢忘。无论在北京、在保定，还是在顺德，每朝每夕，他都面朝南方，心驰天津，对着母亲的遗体默哀，擦抹不尽的汩汩泪水。

母亲刘氏，并非父亲的正室，虽然生活在大绅士的家庭，却始终过着比下人好不了多少的生活。据母亲对他说，他落地之后，由于刘氏体弱奶水很缺，只好交给婶母——袁保庆的妻子牛氏——喂养。牛氏也在此时生了个儿子，但夭折了，是在丧子的悲痛中代养着的。但是，从此之后，袁世凯便跟随这位婶母做嗣子，形影不离了。八岁时养父袁保庆到山东候补，他随养父母到济南。后来养父调任江南盐法道，袁世凯又随到南京。养父病故在南京之后，他才随养母牛氏回到原籍——河南项城。那时候，袁世凯已经十五岁了。当他见到生母刘氏时，竟怯生生地不敢认了，惹得刘氏痛哭一场。

袁世凯机灵透顶，见生母悲伤，便跪倒面前，请求惩伐罚："娘，是儿子错了，儿子不孝，儿子不懂礼，你打吧，骂吧，儿子再也不敢了！"

刘氏慈善，只想到这些年日月过得不顺心，想同儿子亲热亲热，见儿子冷淡，便悲伤。现在，儿子跪在面前请罪了，反又觉得心疼，忙抱起来，一边哭一边说："孩子，你是娘身上掉下的肉，凭你走到哪里，娘的心都随着你。你也明白，娘的日子难呀！娘常常把泪往肚里吞，只盼着你……"

"娘，你别说了，我明白。"袁世凯伏在娘怀里，仰脸望着娘的泪面说，"娘，从今以后我再不离开你了，永远在你身边。要是外出做事了，我也把娘带着。"

刘氏揉揉泪眼，说："别说孩子话了，娘是一时急乱了心，这才流泪。以后，凭你到哪里，千万不能忘了养母，是她的奶水养大了你，你不能忘了她，要孝敬她。"

袁世凯说："娘，你放心，生母、养母我都一样孝敬，我一定让两位娘都高兴。"

正是袁世凯思亲的时候，他派往项城老家安排葬母的袁乃宽回来了。这个到了暮年跟袁世凯认了本家的老管家，一回到天津就哭丧着脸跪在袁世凯面前，悲悲怆怆地喊了声"大爷"。

袁乃宽跟袁世凯续本家的时候，不仅年龄比袁世凯大几岁，按辈还得比袁世凯高两辈。只因袁乃宽是一个无名小人物，甘心退三辈称袁世凯为"大爷"。袁世凯有官有威风，以"爷"自居，总不会半悬空里再拾一个"爷"在身边，那成什么体统。也就心平气和承认这位本来应该叫爷的人称爷了。一笔写不出两个袁，一日认了本家，终生亲密无间。这袁乃宽也就成了他身边跟老用人袁振标一样身份的管家了。袁世凯葬母的事，自然由袁乃宽去操办。现在，袁乃宽这模样回来了，袁世凯知道事有蹊跷，便问："绍明（袁乃宽也附庸风雅起了名号，叫绍明。但他只对袁世凯说是"乳名"。所以，袁世凯总爱这样直呼），怎么啦，事情不顺利？"

袁乃宽点点头，又叹声气，才说："大爷，项城的大爷说，老太太的葬事，你没有同他商量。究竟该怎么办，还得等你回去一趟才能定。项城的大爷还说……"

"还说什么？"袁世凯急问。

袁乃宽抬起头，没有回话，只用目光朝袁的身边侍卫打量一下。袁世凯明白了，他扬了扬手，说："你们下去吧。"侍卫、随从应了一声"是"，都退了出去。

袁乃宽揉揉眼，仿佛是在流泪了。"大爷，项城大爷火气大呀，他说……

他说……"

袁乃宽口喊的"大爷"，自然是对袁世凯，而口喊的"项城大爷"，那是指的袁世凯的长兄袁世敦。袁世凯兄弟姐妹共九人，除老大袁世敦是嫡出之外，其余兄弟五人、姐妹三人均为庶出。这位嫡出的长子自诩清高，一生不做官，只守着祖业，甘当绅士，本来就对袁世凯的品行并不赞成，兄弟交往不密。袁世凯对这位长兄，也总是敬而远之。今日葬母，再勉强，也不能漫了老大的头皮，所以，才派袁乃宽先去"招呼"一声。他却不曾想到还会有什么蹊跷。便说："说嘛，有什么好吞吞吐吐的。"

袁乃宽说："项城大爷说，老太太葬仪，凭你怎么办，他都不管。但是，老太太的墓地，就不能依你说了算了。得……得……"

"得怎么样？"袁世凯急问。

"得项城大爷……"袁乃宽忙改口，说，"项城大爷说，得按祖制、按家规办理。"

"什么祖制，什么家规？"袁世凯拍桌站起，"难道说我不是袁氏子孙？！难道说……"

"大爷，项城大爷说，你最好先回项城一趟，而后再起老太太灵柩。"

"什么话？！"袁世凯大怒了，"葬母我还要同谁商量。我不去，你们照准备。"

三

袁世凯要离开天津，然后再到项城为他的生母刘氏出殡。朝廷重臣，位高身显，正是荣宗耀祖的时候。袁世凯要让他的生母赫赫归西。袁乃宽捎来的项城"消息"，只令他心里沉了一下，很快便又平静了。"什么祖制，什么家规，袁姓有几个总督，何况总督之首？连各省督抚都不在我心目之中了，老大还会怎么样，家族还会怎么样？"袁世凯官大了，他可以蔑视祖制。所以，他不放在心上。他放在心上的事是：要离开任所了，虽然为时不过两个月，可形势日益变化，他要稳住自己的衙门，稳住自己在朝廷的阵脚。他闷坐在衙署内，分析着老佛爷的行止和宫中的风风雨雨，更思索着自己该做的巨巨细细——他还是没有更多的时间好好休息。

袁世凯得算是一个在老佛爷面前"有眼色"的人，他办出的事情一般都能令那个机灵的女人满意。就说日前迎銮时的"举哀号哭"吧，要不是他袁世凯摸透了老佛爷的心，要换了别人，还不得算个"犯天条"而杀头！可他袁世凯，竟能博得慈禧欢心。袁世凯精明，精明得透顶。他知道，大清王朝的极权掌握在满族爱新觉罗氏手中。现在，移到叶赫那拉氏手中了——叶赫那拉氏依然是满族。谁人不知，爱新觉罗氏的祖宗就有过遗训，绝不许让汉人做军机大臣。后来，曾国藩、左宗棠做了军机大臣，那并不是清王朝的祖制改了，而是太平军起义，半个中国都起了火，满族将领统治的旗营又腐败得不堪一击，为了苟延残喘，才破了祖制。即便如此，皇族还是放不下心，千方百计派八旗要员监视。曾国藩看得透彻，他在做了军机大臣建立湘军时，便力保满族塔齐布为湘军大将，自己才坐稳军机处。袁世凯不忘前事，在山东做巡抚时已经力保满族道员荫昌来"佐赞戎机"，甚得朝廷放心，现在，官至极品了，他忘不了"成功经验"，顺德迎銮那是雕虫小技，大动心思还得另想筹码。

袁世凯派人把亲信之一、刚刚做了直隶全省操防营务处督理的王士珍找到面前，亲自为他倒了茶，然后，便问他："聘卿（王士珍字聘卿），你来说说，眼下朝廷情况，究竟与昔日有无不同？"

王士珍，直隶正定人，比袁世凯小两岁，是在北洋武备学堂时经荫昌推荐结识了袁世凯的。此人城府极深，却又不露锋芒，遇事唯唯诺诺，从无疾言厉色。袁世凯就欣赏他的这种稳重。王士珍呢，对袁世凯也颇尽得忠心，能够推心置腹。听了袁世凯的问话，先是淡淡的一笑，然后说："宫廷中的情况，宫保自然比我看得明白。何必问我呢？"

"怎么能这样说呢？"袁世凯表现谦虚了，"形势多变，人心难测。像老佛爷那样的人，哪里是你我之辈就能看明白的。"

王士珍明白了，他知道袁世凯在揣摩慈禧的心思。王士珍同时也知道了袁世凯想干什么。便说："老佛爷此番西安归来，猛然间便见老了。心情也有点儿反常。"

"噢？！"袁世凯故作惊讶，"我还看得不清楚。"

"人到风烛残年了，该享受的，不愿放过了。"

"你说的是修颐和园是不是？"

"不止如此。"

"还有……"

"你没看见，卖官鬻爵，已经成了公开的秘密。有钱的人，谁都可以买个官当当。钱多买的官也大。满街满巷在唱'朝为大腹贾，夕便载乌纱'……"

此道袁世凯最精。世界上的生意以买官利最大，可谓一本万利。官买到手，花去的银子转眼便回来，而且厚利无边。"不谈这些了，那不是咱们该管的事。再说，卖官买官，那也是愿打愿挨的事，捐官也并非从本朝开始，我只想知道朝中人事有无变化。"

"有，大得很。"王士珍消息灵通。

"听说荣禄荣大人病了。"袁世凯不想听那漫天扯地的清谈，单刀直入。

"是的，荣大人不常到军机去了。"王士珍说，"怕不单单是因为身体不佳。"

袁世凯摇摇手，说："那么军机呢？"不待王士珍说话，袁世凯便自答起来，"我知道，荣大人一退步，庆亲王奕劻便成了太后身边的最红的皇族大臣……"

"连他的儿子载振也身价百倍，把个官场闹得……"袁世凯又在摇手，"你看看，咱该怎么办才好呢？"

王士珍心中一跳，这才转过神来。原来袁世凯关心的并不是朝中事，国家事，而是他自己的事。奕劻主持军机，袁世凯自然最先知道，他何须问自己的下属。王士珍心里责怪自己，怨自己不该唠唠叨叨东拉西扯，口里却说："宫保既然诸事看得清楚，何不自己慷慨一番，让那位庆亲王也喜欢喜欢。"

袁世凯笑了。第二天，袁世凯便叫他的幕僚杨士琦给奕劻送去十万两银票。奕劻看着这份沉甸甸的大礼，心里乐滋滋的，口里还是说："这怎么行呢？我怎敢当得起如此大礼？"

杨士琦会说话，他说："这不过是见面礼，宫保说孝敬王爷的日子长着呢。"

奕劻并不是见钱眼不红的人，十万雪花银早已弄得他心中奇痒了。于是，便推就说："太难为慰亭（袁世凯字慰亭）了，我如果一定不收，他会怪我不讲交情的。"说着，便把那张银票塞进自己的袖管里。

十万雪花银买通了一条路，从此之后，袁对这位王爷更亲密起来了，不仅年节、婚寿有礼，连王爷的守门用人也常常少不了一份礼品。王府的大门，从此之后自然随时都向袁世凯敞着。

朝廷的事安排周到了，自己衙门的事也都做了吩咐，袁世凯这才静下心，转过神要为老娘出殡忙活了。亡人入土为安，长期停在灵堂上也不是个办法。于是，袁世凯把管家袁振标、袁乃宽，账房先生符殿青，身边的贴身随员申明善、申明法、何殿祥和马其昌以及医官刘斗夫、王仲琴等通通找到面前，和他们商量如何出殡的事。

"狗，"袁世凯呼着大跟班申明善的乳名说，"咱们要送老太太归西了，得办得体面一点。你看呢？"

精明能干的申明善，这事想了许多日子，心里早已有了谱。"老爷，这事就交给我们吧，老太太活着的时候，对我们恩重如山，我们要对得起她老人家。"

袁世凯一边点头，一边对老用人袁振标说："老伙（袁氏家人对男用人一律称'老伙'，对女用人称'干'，张氏称张干，李氏称李干），送老太太的灵车你都安排好了吗？"

袁振标说："安排好了。只是尚未装饰，还有纸幡之类，也得三天才能糊好。"

"我不是让你抓紧点嘛，怎么这样慢慢腾腾？"显然，袁世凯有点心急。

"老爷，"袁振标在袁世凯耳边窃窃私语了几句，然后说，"这是我和大总管乃宽和明善、殿青一起商量好的。老爷如觉得不妥，还请老爷示下。"

——原来这些管家、用人都对世俗十分透亮，这直隶总督、北洋大臣、又是太子少保显赫的人物出大殡，怎么能不惊动四方上下呢？衙门内设一个灵堂，衙门外扬起白幡，谁不得来吊丧。荣宗耀祖又来了大笔金银。袁振标说的，便是在总督府内为老太太设祭三天，恭承各界惠吊。袁世凯自然不会有异议，只是不动声色地说："务必一切从俭、从简，我还是官职在身的人，皇恩未报，不敢声张，只觉得老太太一生艰难，想让老人家走得称心些罢了。"他又说："咱们是江淮故土养大的人，不同于北方，更不能与京城相比，一切都按照项城习俗办理，以见咱们不忘桑梓。"

袁振标答应着，便同袁乃宽、符殿青等人退了出去。

果然，第二天总督府衙门内便搭起了灵棚，灵棚正面摆着祭桌，祭桌上摆放着祭品，祭品上有用五颜六色材料装饰的山水人物、飞禽走兽，中间饰有一道龙门，桌前放着大大小小的白布孝垫。祭桌后挂竹帘，竹帘上镶着一个大大的"灵"字，两旁便是隔扇。灵字上边是一个匾额，上书"陟屺兴悲"四个大字。灵棚正门上也悬一块匾额，上书"恭承惠吊"四个大字。衙门外，扬起白幡，设上鼓乐哀队，出出进进的眷属和闲杂用人，一律白衣素裹……显赫的一座衙门，顷刻间便梨花盛开，一片雪海。

袁世凯是红极朝野的人物，许多人想巴结但苦于无门，今天总督府高搭灵棚，出起大殡，怎么不来！于是，先官方后群体，最后是平民百姓，如潮涌，前浪后浪，足足热闹了七天，这才宣告"拆倒灵棚"。账房先生符殿青收了收账，大大超过了日前袁世凯孝敬庆亲王奕劻的那笔银两。"老爷，请你过过目。"符殿青把账单放在袁世凯面前，便立在一侧。

袁世凯只侧了一下目，便看清了收礼总数。他故意偏过脸去，说："不看了吧，由你们收拾着好了。"停了停，又说："只是，这份礼单务必好好收存。亲朋好友，同僚至交，人家对老太太这番深情厚谊，咱是该当永远铭记在心的，并且要加倍的补偿。"

符殿青连声应着："是，是，是。"忙将礼单收下，后退着走出去。两天后，灵车装着刘氏的灵柩，孝子孝妇以及管家用人和卫队坐着另备的送丧车队，浩浩荡荡地从天津开出来，开向河南省的项城。

四

项城，河南省东南部一个偏僻的小县，属于豫皖之间淮阳山脉，是淮河流域一片较为贫困的地区。袁世凯的祖籍袁寨，却是一个比较富裕的村镇。袁氏家族的"保"字辈已经没有人了，只剩下"世"字辈支撑门楣。袁世凯的大哥袁世敦，成了家族中的"大当家"。

袁世敦，五十过来的人了，大约是善于修身养性，又是过着闲云野鹤的悠然生活，体态胖乎乎，呈现着福相。此人为人呆板，一年四季总是长衫马褂，手里抱着只弯脖黄铜水烟袋，一天到晚吞云吐雾。他性格内向，对任何问题都是怒目或点头来表示可否。他读了不少书，但却不愿把满腹的才华货于帝王之家，只想在这片故土上当乡绅，当名士，当袁氏家的卫道士，成为袁家一言九鼎的人。他同袁世凯虽是同胞兄弟，关系并不好。一来是他以嫡出自居，不想同那些兄弟平起平坐，常常以傲慢的态度对待兄弟；其次便对袁世凯的为人瞧不起，他觉得他不学无术，行为不端，做人极不厚道。所以，这些年，无论袁世凯在外边如何轰轰烈烈，他却依然不出项城。刘氏病故天津，他只派了两位侄子前去应付了一下吊祭。早时，袁乃宽来项城料理安葬刘氏之事，他便推三阻四不给面见，最后勉强见了一面。

那一天，袁世敦手端着水烟袋，坐在客厅的正位上，眼皮也不翻，只管"呼噜呼噜"吸他的烟。垂首立在一旁的袁乃宽吞吞吐吐地叙说着为刘氏老太太安葬的事。话说明白了，袁世敦才眨巴一下眼皮，侧视他一眼，说："这么说，是要惊天动地地出一场大殡了？"袁乃宽没有听明白话意，只"嗯"了一声。袁世敦阴阳怪气地说："值得吗？"

袁乃宽心中一惊，他没想到这位大爷会对亡人这么冷淡，会对他显赫的弟弟这么冷淡。但是，自己却不敢多言一句，只得把垂着的头再往下垂垂。

袁世敦又"呼呼噜噜"地吸阵子烟，才说："按说，我们袁家的老殡出得再大，也不为过分。只是，这一次嘛，"他吹了吹烟管里的灰烬，又装上烟丝，"这一次……你回去吧，让世凯回来之后，我们再商量。"

袁乃宽觉得事情办得不圆满，想再力争一番。便说："大爷，我来的时候，我家大爷倒是有话，出殡的一切费用，自然由他一人筹措，不需府上再破费了，只是……"

袁世敦摇手不让他再说，冷冷地笑着。"笑话，难道袁家出不起殡？！我完全可以不动筋骨地大办一场。我敢说，在项城县，还没有哪一家敢同我较量。"

"那……"袁乃宽迷惑了。

"殡，他爱怎么出，便怎么出。"袁世敦说，"我决不阻拦。只是，祖坟中的那穴地，我是不能让她占的。"

袁乃宽明白了，可是，他也惊慌了……不过，袁乃宽是不敢如此明白地向袁世凯禀报的。而袁世凯，也觉得他的大哥不一定会如此阻拦他。

天津的灵车在县城暂时停住了。县官为他设了祭堂，要让县城乡亲为之祭悼——项城县出了总督，又是北洋大臣，太子少保，全县人民跟着沾光，能不为他老母吊丧？

县城开悼的第二天，袁世凯领着几位随从先去了袁寨。他在天津是发了狠的，他要同他的胞兄扭着劲干一场，殡怎么出，得他说了算。"难道我一个朝廷大臣葬母还会被族规阻拦？"

离开县城的时候，袁世凯没有穿总督服，御赐的双眼花翎也收藏起来了，只按照地方习俗穿上长衫马褂，戴上六片瓦的帽子，坐上县衙门为他特备的马车走进袁寨。

袁寨，是一个住着三百户人家，上千口人的寨圩，中间高高的门台是袁世凯的宅院；四周便是众多佃农和其他庄稼人，村子成了圆形，一堵高高的圩墙围裹着，圩墙外是一圈丈多深的壕沟，壕沟里终年不断积水，只有圩子南面留着寨门，可以通过行人车辆。寨门外的壕沟上有吊桥。太平年月，只闭寨门不放吊桥；若是战乱或匪盗兴盛时，每晚都把吊桥吊起。这样，住在寨子里的人家便与外界隔绝了。如今，虽然北方多乱，洋人开战，但在偏僻的项城，还算太平，所以，寨圩子上的吊桥一直不曾吊起。袁寨的人都知道袁世凯要还乡葬母，寨门也是天天黎明即敞开。袁世敦也有意差了家丁时刻关照。

袁世凯在寨门外下了马车，在随从的簇拥下，一路和相遇的人打着招呼，一路朝家中走去。

袁家是寨子里的主户，算得上书香门第，自然是讲究礼仪的。袁世敦派出的家丁和族中晚辈，纷纷跪迎袁世凯，然后随在身后。袁世凯走进家门，直奔客厅。

袁世敦也从座椅上站起来，端着铜制的水烟袋立在当门表示迎接。唯其与往日不同的是，袁家从正门直至客厅、内宅，一律地挂起了黑纱，张起了白纸，袁世敦也换了一身素服，以表示全家举哀。

袁世凯见了大哥，没待说话，便泣不成声地跪倒面前，然后悲痛地大哭起来。袁世敦也放下烟袋，跪下与袁世凯同哀。兄弟们一哭，全宅男女老少都就地跪倒，放声大哭起来。一时间，袁宅悲天号地，哀声不止。

一阵悲痛哀哭之后，袁世敦收住泪，让人劝止了袁世凯，又止住家人，兄弟俩这才对面坐下来。这是袁世凯自从升了三品道员远去朝鲜之后和哥哥的第一次重会，屈指算算，整整十七年了，兄弟俩不免相互问候一番。最后，还是把话题归到出殡上。

"日前，你让人来跟我商量老人家安葬的事。"袁世敦先开了口，"其实，无须商量，该怎么办，都有规矩。我们那片祖茔还是比较广阔的，随便哪个边上都可以。你去看着定就行了。"

"边上？！"袁世凯把脖子挺了挺，心里老大的不快。

"是边上。"袁世敦说，"世俗、族规都如此。"

"不能入正穴？"

"不能。"

"大哥，"袁世凯讲价钱了，"别管大小，我是朝廷命官，并且又领了太子少保的衔。这样葬母，官场上是会哗然的。你是不是考虑过我日后的处境？"

"我不谙官场。"袁世敦绷起脸膛，"官场上该怎么办，那是你们做官人的事情。我是平民，我只知祖训。"

"这么说，大哥是不顾我在朝廷上的做人了。"袁世凯拉大旗了。

"连家规、祖训都不顾的人，还谈什么在朝廷做人！"袁世敦是封建礼教的忠诚者，他要维护那个"礼仪"，他坚持刘氏不能入祖坟的正穴。刚刚还亲亲热热的气氛陡然间就变了，这哥俩的脸膛都蒙上了冰霜，一个转向左，一个转向右，一个要母以子贵，一个要嫡庶分明，互不相让，剑拔弩张。见此情形，在客厅内外侍候的老伙，老干们，纷纷退了出去，不唤不敢再来。其余几位兄弟全是庶出，他们以为以袁世凯的身份，葬母的事会有个好结果。谁知老大就是不松口。他们也就不敢再去帮腔争取了。

袁世凯这些年的日子，一直是顺风顺水，青云直上，连老佛爷、皇上都得高看三分，不想在葬母事上让胞兄把他"卡"了。堂堂的朝廷重臣，生母葬在祖茔的地边上，自己的脸膛确实无处放。他向兄长说明了这层关系，兄长就是不体谅。若是换成别人、别事，袁世凯早动威、动权了。他现在不能，他看得很清楚，这位兄长是不会怕他的威和权的。袁世凯想即刻返京，在老佛爷面前为娘讨一个封爵，或请老佛爷颁一道圣旨，把老母葬在祖坟正穴。手中有了这两件东西之一，就不怕大哥不服，处处掣肘了。他欠欠身，想就此返京。但是，他又坐了下来。"老娘已经死了，朝廷上下无人不知，死后虽有追谥的例子，但那是对盛主、功臣，一个平民妇女，朝廷能追谥她什么？单单为一个大臣的母亲丧事如何办、葬在什么地方，朝廷也不会颁一道圣旨……"想到这些，袁世凯为难了。

袁世凯毕竟是显赫天下的人物，把生母葬在袁氏祖茔的地边上，又毕竟是一件被公认为卑下的事情。果然到那一天事情如此，他率领妻妾子女和管家、侍从、用人去安葬，他以何面目对待四方？他以何心情告慰亡灵？袁世凯不会那样做。"不，绝不会做那种丢人现眼的事。"

"这么说，这件事只有按你的意思办才行了？"袁世凯没有再叫一声"大哥"，口气也有点逼人。

袁世敦也不让步。"这不是我的意思。这是礼仪。礼仪是我们祖祖辈辈都最最遵守的，不能到我这'世'字辈，由我坏了。""我要是不这样葬呢？"袁世凯又紧逼一步。

"那就是你做主的事了。"袁世敦说，"祖坟正穴是万万人不得的。""难道我不是袁氏子孙？"袁世凯发怒了。

"谁否认你了？"袁世敦也随着袁世凯拍案而起。

"将来我死了，难道也葬在地边上娘的坟前？"

"我没有说这个话。"

"你不讲情，我也不讲义了。我要另立坟茔，堂堂正正地葬母！"说罢，转身出来，上了送他来的马车，匆匆返回县城。

袁世凯回到县城，在娘的灵前痛哭一场之后，把管家找来，告诉他们："立即在城外给我买一块风水宝地，我要另立坟茔，轰轰烈烈地葬母！"

袁世凯有势、有银子，买地立坟，说出来办得到。何况有地方官的尽心奉承，还不是好地拣着买，老殡大大地出！

坟地定下来了，又请了风水先生定了穴，重新扎纸幡，做了楠木棺罩，扎了纸楼、六畜、纸人，另请了几班吹鼓手。袁世凯和他兄弟、姐妹、子侄等披麻戴孝，手持哀杖，在由士兵组成的护卫队护送下，真是轰轰烈烈地出了一场大殡。

刘氏的棺椁下地之后，袁世凯仰面朝天，痛哭发誓："我——我袁世凯再不进袁寨，永不进祖坟了！"

果然，袁世凯在河南北部的彰德洹上村另安了住宅，日后自己也葬在那里。这是后事，不再详记。

五

炉中的熏香燃尽了，慈禧太后闭着眼睛闻不到香味，有气无力地喊一声："人呢？"

两个宫女应声立在面前。"眼呢？没有眼也没有鼻子了？"逃乱归来，慈禧便一直精神不振，性情也变了，无论王公大臣还是太监宫女，谁在她面前都没有好气受，轻则责怪，重则会自己"掌嘴"。连李莲英也有意无意地退避三舍。宫女不敢作声，匆匆忙忙又燃起了熏香，插入香炉。"袁宫保袁大人来了吗？"慈禧还是有气无力地说话。

"回老佛爷，袁大人来了半天啦，见你睡着了，怕影响你休息。他在前厅候旨呢！"

"让他进来吧。"

"知道了！"宫女退了出去。

随着传话，袁世凯朝服齐楚走进来，跪在慈禧面前，说："臣袁世凯，恭请老佛爷圣安！"

"罢了，起来吧，那边有座，坐吧。"

"谢老佛爷。"

袁世凯坐下之后，侧目望了望慈禧，觉得这个老婆子衰老多了。"她还不到七十岁呀，不该老成这个样子。"他又想："国事太冗繁了，她是累老的。"

正在袁世凯胡思乱想之际，慈禧又开了口："早几天，你回项城葬母去了，事情都办利索了？"不待袁世凯回话，慈禧又叹着气，说："也难为你了，大孝在身，移孝作忠，我心里是有数的。"

"老佛爷的仁慈，臣没齿不忘。"袁世凯又跪倒磕了个头，"回老佛爷，母葬办妥帖了，臣想朝中事多，没敢久留，便回来了。"

"好孩子，难为你了。"慈禧伸手示意，让袁世凯坐下，又说："我想起了一件事。你到直隶之后，办理了一件开滦煤矿挂旗的事，我知道了，但又忘了。是怎么回事呀？"

袁世凯回道："开滦煤矿的开采，是同英国人联合办的，那是李鸿章李大人具体经手。臣原不想再过问这件事了，按当初的联办合约办事就行了。可是，既然开滦煤矿在臣的属地，臣总是要去看看的。这一看，实在令人生气……"

"英国人和中国人合办的煤矿，竟是只悬挂英国的国旗。"慈禧想起来了，当时袁世凯是有奏折报来的，慈禧也是看了奏折挺生气的，并且派人正儿八经地跟英国总领事馆做了交涉。因为八国联军围攻的事急，她便记不大清楚了。经袁世凯一提，她才想起来。"这个李鸿章……"她想责怪当初的经办人李鸿章几句，可是，却吞了又吐——"一个已经过世的大臣，还是多爱护为宜"。她只顺着势问："以后事情办得如何？"

袁世凯想邀功了。他说："臣当时除了奏报之外，又派员去向英国人提抗议，要求他们要立即挂出代表我大清国威严的龙旗！"

"要求得对，该这样要求。要不，也太失中国人的威严了。"慈禧来劲了。她把她逃出北京城、直趋西安避难的狼狈的处境忘了。八国联军中英国人便占着极主要位置。"后来怎么样了？"

"凭着老佛爷和大清王朝圣威，英国人老老实实地在英国国旗旁边又挂出了中国的龙旗。"

"这才像话。你做得很有礼，很有节，做得好。"慈禧眉间呈现出笑意。

"还有件气人的事。"袁世凯说，"德国人想依照英国人的办法在直隶和我们合办启新洋灰公司。我就想起了英国人不挂龙旗的事，便对他们堂堂正正地说：'办洋灰公司，中国愿意同你们合作。但是，主权得是我们中国的，你们德国出技术，你们做公司的总技师好了。'"

"说得好，说得好，这才像个中国人的样子！"慈禧夸奖他了。

"德国人不甘心，又把我的老师周馥请出，前来说情。"

"周馥？"慈禧眯着眼想了想说，"是不是那个做过两江总督的周馥？"

"是的。"袁世凯回答。

"也是北洋的老人了，怎么也会办糊涂的事？"慈禧显然是不赞成的。

"我也是这样想。"袁世凯说，"我婉言谢绝了周大人。"

"洋灰公司结果怎么样？"慈禧问。

"办成了。"袁世凯说，"德国人只算技术投资，我们也只给了他们个洋灰公司的总技师头衔。当然公司是不能挂德国国旗只能挂中国龙旗的！"

大约是这女人被八国洋人欺负得太厉害了，有一丝对洋人的反抗和报复，她也觉得心里舒坦。袁世凯把办洋灰公司的事说完，慈禧的眉也就完全展开了，她挺挺胸，像是想站起来。两个宫女忙过去搀扶。可她，却坐下了，遂又指着龙案上的茶杯，说："给袁大人上茶！"

宫女去倒茶，袁世凯忙又谢恩。

慈禧笑了。"我也明白了，对洋人，就不能任其作为。这方面，我们有的人骨头不硬，酿成大祸，吃了亏。往后，就得按照你对英国人、对德国人的办法。不然，我堂堂大清天朝，还有体面吗？！"慈禧气壮如牛地在自己屋里说大话，她竟忘了，那"骨头不硬"的人中间头一个就是她自己，给堂堂大清天朝丢体面的第一人也是她这个老女人。如今却又打肿脸腔充胖子来了。

袁世凯是明白这一点的，他自然不敢在这个女人面前拉开这层幕帐，而又献殷勤地说："臣是能理解老佛爷的苦心。昔日，臣人微言轻，只能为老佛爷叹息；老佛爷厚爱小臣，小臣一定尽最大努力，在同外国人打交道时，首先想到大清王朝的天尊，想到老佛爷的体面。"

"难得你有这番心意。"慈禧觉得这些"闲事"该丢开了，她找袁世凯来的真实意图该说明了，"西安回来，我的心情总不好，看哪哪烦，该说的话，我也懒得说了。"

"这都是臣子们的不好，让老佛爷伤心了。"袁世凯忙拍马屁。

"你瞧瞧，你瞧瞧，"慈禧有点生气、变脸了，"八国联军的军队竟住进了宫内，什么地方都给破坏了，宫殿里的陈设，抢走的抢走了，毁坏的毁坏了。这哪里还是皇宫，还是金殿？简直是一片废墟，是一片不是人住的破瓦寒窑。我真伤透心了，若不是还有意收拾这片山河，拯救黎民百姓，我真的连活也不想活在人世了。"说着，竟扯起袖子去揉眼。

"臣子们有罪，臣子们有罪。"袁世凯没受人委托竟代了满朝文武。他心中早已明白：皇宫烂乱成这个样子，太后伤心到这种地步，把他袁世凯找进宫里来了，鼻涕眼泪地说出了伤心事，还不是想要他筹集款项，置办物品，恢复皇宫的旧模样，恢复她慈禧的体面。袁世凯微微锁眉，心中掂量：修复皇宫，却不是仨俩钱可以办得到的，拿三五十万银子洒在皇宫中，怕是连个响儿也听不见；再多，哪里去拿？八国之乱，直隶重灾，正常秩序尚未恢复，怎么好张口向黎民百姓摊派泥？若是等到休养生息，那又是缓不济急。老佛爷说的，当耳旁风，听之任之，又不行。不是要我办这件事，她把我叫来干什么？皇宫这么大，想诉苦哪里不能诉，何必对着我洒泪！袁世凯又想：现在，朝事危难，老佛爷危难，正是做臣子的要出力，要勤王救驾的时候，有人想寻找这个机会还找不到呢。献忠心千载难逢之机，不要放过。

"老佛爷请放心，皇宫烂成这个样子，臣已觉罪不可免，若是看着老佛爷凤体就此大伤，那更是臣的大罪。老佛爷只管放心，这件事由臣来办。我将在最短的时间内，把皇宫恢复原样。到那一天，让老佛爷看了心里欢喜！"

袁世凯满口答应了修复皇宫的事，慈禧悬在心上的一块石头落了地，眉眼也展开了。"难为你了，孩子。宫中有一线办法，我也不会让你去为难。咱们共渡难关吧。黑夜过去就是早晨！日子好了，我会记住你的。谁待我怎么样，我心里都有一笔账。你去吧，我也累了。"

袁世凯又跪请"圣安"，然后退了出去。

　　从北京回到天津，袁世凯的眉头一直紧紧地锁着。他在慈禧面前大话说过了，他明白，那不是戏言，他不敢把它当成戏言，事情办不成，要落欺君罪的，欺君要杀头的。他应该说到做到。怎么做到？添一片瓦，购一张桌，买一件摆设，都得钱。钱从何来？他离开宫中的时候，大太监李莲英送了他一程。他跟李莲英交往很深，他的许多重要话都是经过李莲英传到慈禧耳中的；慈禧的话也都是经过李莲英传到袁世凯耳中的。

　　"宫保此番进宫，意义甚大呀！"李莲英伴着袁世凯一边往外走，一边说。

　　"常常劳驾公公，慰亭感激不尽。"袁世凯说，"此番老佛爷把修复皇宫的任务交给了慰亭，是慰亭的荣幸。我知道，李公公是厚爱慰亭的。"

　　李莲英不想只听袁世凯的美言，他看到了修复皇宫的难度。他一边递给袁世凯一张备料单，一边说："这是匡算，算得很紧。略为大方一点，还得更多银子，宫保万不可轻视这件事！"

　　袁世凯心里沉沉的。他明白，李莲英送行是名，其实是压任务的。便说："公公放心，我记住你的话了。还望公公在老佛爷面前多为慰亭说几句话。"

　　"放心吧，我会做的。"

　　袁世凯把那个清单看明白了，不是几十万两银子办的事，而是过百万两！他心里很焦急——银子过了百万两，是什么含义，他不能不焦急。

　　他一回到天津，就把账房先生符殿青找来，他想破釜沉舟、倾家荡产，也要落得慈禧喜欢。

六

　　直隶总督府的大客厅里，喜气洋洋。袁世凯以个人名义，邀请所属藩、臬、司、道的官儿们前来聚会。事前，他并未对他们说明来意，等到官儿们都到场了，袁世凯才捧起杯，笑着说："今天，慰亭请各位大人来，是有件私事相求，还望各位大人能够鼎力相助。"

　　藩臬司道的官儿们先后站起，也都捧起杯，说："宫保大人有话尽管吩咐，下官自当尽力，自当尽力。"

　　"好好，请各位都坐下说话。"

　　人们都坐下了，袁世凯才开门见山地说："各位大人都是知道的，八国联军占领了京城之后，大兵驻进了皇宫。这一驻，皇宫遭了殃，房舍毁了不说，殿厅室轩的置物，几乎抢劫一空。现在，老佛爷和万岁爷都安然回到北京了，总不能让老佛爷和万岁爷住在那样破破烂烂的地方吧？"

"是的，是的。"众官儿们都应声。

"我今儿去见老佛爷了。"袁世凯说，"我不忍心看着老佛爷过那样的日子，我答应把皇宫恢复成原来的模样。这件事我思之再三，既不愿牵动直隶的黎民百姓，也不想惊动各位大人，一切都由慰亭我个人独担了。"

"宫保大人对朝廷的一片忠心，那是天日共鉴的，下官望尘莫及，以后要当真效法。"众官儿们纷纷说着奉承话。

袁世凯摇着头，淡淡地笑着，又说："各位大人也是知道的，我袁某素来两袖清风，更加上新近葬母，俸禄所积，早已囊空。但答应上边的事又不能说而不办。这样，我请各位大人来，是想请各位大人先借我一些银子，算官借也可，算私借也可，总之，我是有借有还的。日后好转时，我一定如数奉还各位。"

一听说袁世凯要向他们借钱，藩臬司道们一个一个冷了脸——什么借钱，还不是上司卡下属，这样的钱，有借何尝会有还。他袁世凯对老佛爷尽孝心，让我们出银子，不干。于是，他们纷纷表示："宫保大人，直隶本来就是片贫瘠的地方，我们这些官儿也穷得出奇，若说积存了，连一家老小也早已过着寅吃卯粮的日子。大人借银，自当解囊，实在是心有余而力不足。"

"宫保大人，本地岁岁的皇粮国税，也都勉为其难。民穷官哪会富呢？为朝廷尽心，下官是义不容辞。唯其……这银子，却一时筹措无门呀！"

"宫保大人……"

袁世凯一见这情形，心里冷了。"原来这直隶的官儿们一个个都是如此吝啬的家伙！"可是，他是直隶新官，尚无相当影响，又是把"借钱"的话说到前边了，总不能因为人家不借，自己采取强硬办法。袁世凯心中有数，无论藩臬，还是司道，哪一个官儿不是私囊饱鼓，十年清知府还十万雪花银呢。他们叫苦，其实是欺人欺己。袁世凯心中早已怒火冲天了，只是他不能发作，也不愿发作，只故作淡淡一笑，说："既然各位大人都这么贫寒，慰亭自然不能再让你们雪上加霜。此事暂作罢论，我再另谋良策。"寒暄一阵，那些官儿们便一个一个告退了。

袁世凯此计不成，心里十分生气，一个一个都是混账王八蛋，莫说是为朝廷尽力，就是我袁世凯明火执仗诈你们，你们也不敢一毛不拔的搪塞。穷、穷，哪个不知，不刮地皮的官儿有几个？骗黎民百姓可以，骗我袁世凯能骗得过？越思越气、越想越怒，越觉得直隶这些官太不识相。"天子脚下的官儿，连官场上的礼俗都不懂，做得什么官？"袁世凯是个十分刚愎自用的人，这些年官做得大了，高傲自信更强了，他想办的事办不成，是不会罢休的。他坐在自己的小客厅里，边气边怒边想，倒是颇费了些心机。

袁世凯毕竟是过了"不惑"之年的人了，官场上这些年的体验，使他深谙该怎么走路，该怎么为官；尤其使他警惕的，是该怎样为自己的更远大前途和更坏的退路着想。借钱不成，借故处理几个藩臬司道，轻而易举。袁世凯摇头不干。"树了敌，又成不了事，下策。"把想借的款摊派下去，限期收来。袁世凯又摇头不干。"官儿们刮地皮正寻求'理由'，不能为他们再开方便之门，趁火打劫，下策。"袁世凯锁着眉，微闭双目，"我得想一个既抓到钱又不伤大雅的两全之策！"

世界上最多的路，不在地球的本体，而在官场。打过官司的人都明白：官断千条路，一纸公文下来，死活、胜败你都得认。官想走的路也是千条，坦途大道走不通，便走崎岖小道；崎岖小道也不通，便在荆棘丛中重踏一条道。总之，当官的目的是一定要达到的。何况袁世凯这样的大官。

"来人。"袁世凯终于想出了一条可行之路，他要调兵遣将了。"老爷！"一个侍从在他面前打了个躬。"把绍明找来。"

"是，老爷。"

管家袁乃宽匆匆进来。"大爷，你找我？"

袁世凯点了点头。

袁乃宽自觉与袁世凯认了本家，身份不同又曾为他出过不少力，举止都随便些。不待袁世凯发话，他便先开了口："大爷请属员的事我知道了，不顺利。这些东西真可恶，都是死人……"

"别提他们了。"袁世凯说，"有件大事，你马上去办办。"

"还是银子的事？"袁乃宽问。

袁世凯又点点头，然后，仔仔细细地对袁乃宽交代了一番。"……要做得大大方方，冠冕堂皇。记住了？"

袁乃宽点头微笑。"大爷，我记住了。你放心。"总督府得宠的人，袁乃宽得算取首。平时无事他还生着法儿找事，只是不敢惹大祸而已。而今，袁世凯交给事去办了，他自然会尽心尽力，办出名堂。袁乃宽狗颠屁股地在天津几个大票号走了一遍，最后来到最享盛名的蔚长厚钱庄。他朝柜台前一站，先报了家门，有人又禀报上去。

蔚长厚一听说是总督府的总管来了，马上出迎，领到小客厅。"总管大人光临小号，有失远迎，谢罪谢罪。"蔚长厚打躬拱手。

"别客气，我也只是一个客户，想跟贵庄成交一笔交往。不算公务。"

"总管大人请吩咐，小号无不从命。"

蔚长厚一个年近六十岁的胖老头，长衫马褂，头戴瓜皮小帽、脸膛胖胖的，一双机灵的眼睛。从那出神的目光，便会猜知他甚精于算计。他拱着手，一直站立着。

袁乃宽反宾为主，让他坐下，然后说："宝号的名声和信誉，我们是知道的，更是信得过的。所以，我想把我们府里的一些公款暂存宝号。仅是一笔经济交往，别无他意。"

"小号欢迎，欢迎！"蔚长厚又躬腰。

"那好。"袁乃宽说，"这样，咱们就明说吧。蔚老板你是个通达的人，我这样做是为了什么，你也明白，那就打开窗子说亮话吧，蔚老板……"

蔚长厚明白，这是拿公款谋利息的，各官长都这样做。今见是跟衙门中最大的衙门打交道，便认定是一笔大交易，也就慷慨地说："总管大人，既然府上高看了小号，我也诚实相待。至于说利息嘛，小号最高息都是付八厘。这也是破了例的。"

袁乃宽笑了。"这个码是不算低了，但不能说是最高。实话对你说吧，我也跑过几家钱庄了，只是觉得他们信誉不佳，最后才落脚到贵号。"

"总管大人，这八厘利息实在是市上最高额了。不瞒大人说，天津卫许多衙门都是跟小号有交往，没有一家超过这个标的。"

"我不信。"袁乃宽摇着头。

蔚长厚诚心想拉住这一大户，便说："总管大人，我说的全是实话。这样吧，你也是官府的人，我也不瞒你，我拿几本存有官府银钱的账簿给你过过目，你就相信了。"说着，转回内室，取了一摞账簿，放到袁乃宽面前。

袁乃宽先是推阻不看，老板再三相请，他才翻开来……

袁乃宽接受袁世凯的指示，就是要查清官们的存款情况。存款查清了，袁世凯才可以对那些声声哭穷的家伙采取措施。

蔚长厚不知就里，他如实地将某官署、某官的个人存款数字以及利息多少，一一指给袁乃宽看。袁乃宽便一一记在心上。然后，他们又谈了一阵子别的事，便告别了。"谢谢蔚老板，我回去后立即向上边报告，事成了我再来。"

袁乃宽这一番苦心，收益极大，官儿们的存款竟达一百多万两。袁世凯捧着这个名单和存款花账，笑了。"他们都穷了，穷得寅吃卯粮，穷得两袖清风？！"

两天之后，袁世凯又把那些藩臬司道的官儿请到自己的客厅。这一次，不谈借钱的事了，却大谈起"天津世风"。

"……天津商人很不守法，唯利是图。尤其是一些票号，简直胡作非为。我告诉大家，一些票号的掌柜的，做事太可恶，他们竟敢冒用诸公的名义招摇撞骗，列出巨额款项，说是诸公存款。我相信是假的。诸公当面对我说过，连度日都维艰了，哪有大笔银两存入票号？请你们都放心，我不再追究。为了惩戒这些票号掌柜的，我已经把这些冒名顶替的存款全部借出暂用了。以后如何处理，我想禀明朝廷再说。"

那些存了款的官儿们听了这话，立即都六神出了窍，他们明知是诈，一个个有苦难言，还得声声附会，说："宫保大人做得对。该这样做，该这样做！"

一场先礼后兵的筹款，总算解除了袁世凯为修复皇宫的忧虑。他把银两送到北京，慈禧乐得合不上嘴。"袁世凯、袁世凯，我没有看错人，我没有用错人。这样的人，我以后还得重用，还得破格。"

袁世凯后来会怎么样？后边再叙述。

第二章
靠上皇族，抓住军队，爬上去！

在危难之中，军权尤显得重要。扩军抓权，成了每一个政治家都不敢丝毫放松的事。

袁世凯是伍行出身，小站练兵发家，扩军抓权成了他日夜梦寐以求的大事。但是，军多了也烦恼。

一

袁世凯忙了一大阵子，病倒了。家中的医官刘斗夫、王仲琴中西合璧也诊断不出是什么病症。他总是卧床不起，四肢瘫软，两眼不睁，水米不进，喜怒皆无，像一个出土的木乃伊。这情状不仅吓坏了内宅上下，同僚们也个个大惊失色。大臣病重，上报朝廷。

慈禧听说袁世凯病重了，心神也慌了。"就这么一个有大用的人，怎么又病了？！"她问李莲英，"小李子，袁世凯病了，你可知道？"

"老佛爷，奴才知道。"

"害的是什么病呀？"

"奴才问过了，但没有问出来是什么病。"

"病有个名也好治，这没名的病……"慈禧想起了不久前她逃难西安时，也患了病，又重又快，随去的御医也没查出什么病，眼看就不行了，真急死人。幸亏西安一个叫刘绍业的医生救了她。后来，她把他带回京中。慈禧自然想起了她身边的御医刘绍业。"小李子，咱们身边的医生挺高明的。我看，派他去天津吧。"

"还是老佛爷心细，奴才就没有想到。"李莲英就是会顺着竿儿爬，"派刘医生去天津再好不过，既表明老佛爷关心臣子，又能救得袁大人的命。那袁大人还不得把心都贴到老佛爷身上。"

"你这张嘴也学得乖巧了，"慈禧假意地嗔怒着，眼神投给了李莲英，"就不怕我生气了撕了你的嘴？"

"奴才连命都交给老佛爷了，还怕撕嘴。"李莲英献媚地笑了。

御医刘绍业匆匆赶到天津。

不知果然是御医高明，还是该着刘绍业与袁世凯有缘分，他到了天津之后，只用了三剂中药，袁世凯的病就完全好了，精神恢复得像病前一样。衙门里当成天大的奇闻传了出去。袁世凯对这位御医也感激万分，一定挽留他多住几日。刘医生也就答应了。

"慰亭的再生，一是感恩老佛爷天高地厚的大德，二是感恩刘医官的绝高医技。"袁世凯在小客厅用丰盛的家宴款待医官，和他推心置腹地畅谈，"请医官禀报老佛爷，慰亭有生之日，全为大清大业，苍天可鉴。对于刘医官，我怎么说呢？有用着下官处，只管说一声，天大的事情，我也尽心尽力。"

袁世凯的病，不是什么要命的病，而是忽然患了心病。原来他夜间做了一个梦，梦见自己因为手无兵权而被几个小人物杀了，暴尸街头，万人唾骂。吓醒了之后，仔细想想，自己手中兵权真的不足，他在闷起头来思索如何抓兵权的事呢。袁世凯有个习惯，小事装糊涂，大事自做主。每逢大事便闭门自思，得出办法便雷厉风行。那日子他专心想扩兵的事了，像是病入膏肓。这御医也不是神仙，那中药也不是灵丹，所以药到病除了。正赶上袁世凯也想出了扩兵的策略，药不到病也自除。袁世凯之所以又对御医如此感恩戴德，明白人就会自懂，那还不是趁机迎合老佛爷。

说来事又凑巧，这位刘御医也正有满腹的愁肠，天大的心事，欲说没处，碰上袁世凯了，他不仅知道袁世凯的身份，也知道袁世凯的能耐，更知道袁世凯在老佛爷面前的地位。"机会千载难逢，索性我便投靠这位大人，也算有个归宿吧！"

就在袁世凯说不尽感激话的时候，刘绍业欠身起来，扑通一下就跪在了袁世凯面前。"袁大人，犯官有罪，犯官有罪，恳求袁大人救救犯官。"

　　袁世凯一下子惊呆了。"这是怎么回事？！"他急忙站起来，双手拉起刘绍业，说，"请刘医官起来说话，总有天大的事情，都包在我袁某身上了，你只管说。"

　　刘绍业抹着泪花，这才站起身，把自己的情况对袁世凯说了个详细——

　　刘绍业，本名刘鼎臣，原籍湖北，原本是官场上的人物，做过陕西郿县知县。此人家藏铜敦两件，为商代器物，全身彩釉，斑斓欲滴，刘视之为家珍，带在身边。此物被陕西巡抚端方探知，便以上峰身份借来鉴赏。但却久借不归。刘鼎臣视为家珍的，不甘被人吞去，便多次催索。端方见赖之不成，恼羞成怒，便将二器彩釉刮尽送还。铜敦彩釉脱光，价值已损，刘便甚为不满，说了一些不堪入耳的言语；而端方也因夺之不得，恼羞为恨，不久，便借故将刘革职回籍。

　　刘鼎臣原出身名医世家，遂悬壶长安，成了街头名医。慈禧逃难西安时，大病在身，久治无效，经人推荐，刘到病除。慈禧甚为高兴，便赏了个五品顶戴。此时，刘鼎臣已改名绍业，字竺憎。慈禧回京时，便把刘带回北京，给了个"备位御医"，又赏三品顶戴。

　　"宫保大人，这就是犯官的前后情况。一旦真情败露，犯官便有灭门之灾。故而，犯官心胆俱悬，寝食不安。还望宫保大人为犯官做主，替犯官担挡一二。"

　　袁世凯听了刘鼎臣的自述，心里犯了嘀咕：此类事情，也算刘的不幸，也是端的霸道，瞒就瞒了。可是，如今刘鼎臣成了备位御医，在慈禧面前问题出来了，这便是件大逆不道的事。论罪当杀。他皱皱眉，想在慈禧面前献点殷勤，把刘鼎臣揭了出来。可是，袁世凯并不是那样盲动的人，他觉得坏了这样一个小人物的事，对自己并无多大好处，何况这个小人物又确有冤情。再说，凭着他的医术，已经取得了慈禧的欢心，备位御医一升位，便成了慈禧身边的红人，我何不拉他一把，令他感恩，也算在宫廷老佛爷身边安了个耳目。想到这里，袁世凯笑了。"我说是多大的事情呢，原来是一件小事，却又是刘医官的不幸。这个端……"袁世凯想责怪端方几句，可他转了个身，又收住话题说："这样吧，此事你知我知，就不必再向外人谈了。今后无论发生了多大的事，都有我来担待，你只管好好地做你的事。"

　　袁世凯这么说了，刘鼎臣又伏身跪倒。"犯官有生，全赖宫保大人。宫保大人有用着犯官处，犯官万死不辞！"

"刘医官言重了，你我都是为了大清的千秋基业，自应相互提携。下官日后少不了拜托刘医官处。起来，起来。"

就这样，袁世凯不费功夫，便在慈禧身边安了个耳目。袁刘二人也成了莫逆之交。慈禧死后，袁世凯当了大总统，便把刘鼎臣留在总统府，做了自己的医官，并且成了家医。此是后话，不再赘述。

袁世凯既然"病"在军上，那就抓军吧。送走了刘御医，袁世凯就坐在密室里苦思冥想如何扩张军队的事。

袁世凯历来就是轻文重武的。小时候，读书的时间没有捣蛋的时间多。当初，他跟着养父到南京的时候，养父为他安排了良好的读书条件，可是，他却终日跑到清凉山、雨花台、莫愁湖等地方，同一般野小子打拳、骑马、下棋、赌博。养父死后，他回到项城不久，又被从叔父袁保恒带到西北、带到河南、带到北京终日到处跑，还是不肯读书。结果，两次"童子试"他都没有考中。自己还生气，气得把过去作的诗文全烧了，决心弃文从武，这才跑到山东去投奔庆军统领吴长庆……后来，无论他在庆军，在朝鲜，尤其是1895年接管定武军，开始在天津小站编练新建陆军时，他更加坚定了牢牢抓军的思想。

袁世凯对军权有过精心的研究，他明白，晚清汉人所以得宠，曾国藩是靠着手中有一支湘军，李鸿章是靠手中有一支淮军。"难道我就不能有一支比湘军、淮军更威武的什么军吗？我要有！我得有！"

袁世凯抓兵权早有准备，当年小站练兵时，荫昌便从北洋武备学堂毕业生中推荐了王士珍、冯国璋、段祺瑞和梁华殿四人，除了那个梁华殿在行军中淹死了之外，现在，这三人都早已成了袁手下的得力干将了：王士珍是工兵学堂总办兼工兵统带；冯国璋为步兵学堂总办兼督练营务处总办；段祺瑞为炮兵学堂总办兼炮兵统带。另外，他还从武备生中陆续招收了段芝贵、吴长纯、徐邦杰、曹锟、王占元、陈光远、卢永祥、张怀芝、陆建章、孟恩远、雷震春等人。这些人，有的是科场中的失意客，有的是乡间的地痞，但目的只有一个，都是想在戎马生涯中求个"出息"。有了这些人，袁世凯的扩军雄心就更大、更坚定了。

平心而论，袁世凯手下的这批人，也并非都是草包，有的人在治军、治政上，也都独具见地，颇有韬略。比如王士珍、冯国璋、段祺瑞，连德国军官在观操时也翘起大拇指称他们"不愧为杰出的将才"。这即是被人称为

（被袁世凯自吹为）"北洋三杰"的人物。当然啦，三杰也并非并驾齐驱，而是各具特色：那位直隶正定人王士珍，就因为他生性平和，不树敌、不露锋芒，遇事唯唯诺诺，从无疾言厉色，就像传说中的龙，夭矫凌空，见首而不见尾。所以，人称他为三杰中的"龙"；合肥人段祺瑞，因为老爷（祖父段佩）当过旧军中的管带，淮军统领，他常自称"将门之子"，有虎气，更加上还曾到德国镀金，性情固执，不善言谈，常常暴躁如虎，又有一副虎势，故称他为三杰中的"虎"；直隶河间人冯国璋，是新建陆军的骨干，此人善于假装糊涂，遇事满不在乎，长相又有点狗头狗脑，故人称他为三杰中的"狗"。袁世凯会笼络人，不仅平时把他们这些人当成亲信对待，还尽量攀缘亲戚。他知道段祺瑞断弦了，便将自己的干女儿张佩蘅介绍做了段的继配夫人。这样，段除了是他的部将，又是他的干女婿。冯国璋断弦了，袁把他的家庭女教师周道如介绍给他做了继配夫人。

现在，袁世凯要在他的直隶任上扩军，要把北洋新军扩大为属于直隶总督的三个协（协，相当于旅）。朝野上下，无人不知袁世凯在结党营私，扩大实力。为了掩人耳目，袁世凯在扩军时张张扬扬地打出招牌，用人唯公，公开招考，择优重用。成立第一协时，王士珍首先考中了，走马上任，当上了统领；成立第二协时，冯国璋又考中了，也走马上任，当上了统领；唯独到了成立第三协时，段祺瑞连连考了两次，都不曾考取，袁世凯的"病"又犯了……

二

坐在袁世凯小客厅里的段祺瑞，茶不饮，烟不吸，头不抬，呆呆地，不均匀地喘着粗气。比袁世凯小六岁的段祺瑞，此时，仿佛比袁世凯又大了十岁，成了近暮年的人了，连眼上的一点精神也没有了。

段祺瑞自觉惭愧呀！久在军中，自称将门之子，又明知总督大人偏爱，就是两考两败，这不是丢了大大的面子？袁世凯单独召见他，他想不去，可又不能不去；来了，硬着头皮，只觉脸热。段祺瑞1881年才十七岁时便投了山东威海军营，当了一名哨官。1885年考入天津武备学堂炮兵科。1889年毕业后被派到旅顺监修炮台，后来由李鸿章派赴德国学军事。回国后先后任北洋军械局委员，威海随营武备学堂教习。袁世凯在小站新建陆军时（1896年）被调到天津，1901年升任北洋军政司参谋处总办。现在，袁世凯想重用他了，他却成了扶不起的天子。

其实，段祺瑞并不是笨猪，并不是两次考试都那么拙劣，而是他大意了，他有恃无恐了。他段祺瑞的官是袁世凯给做的，袁世凯要他做的，考试是过场。袁世凯考官还会为难他的干女婿？哪知袁世凯来个沽名钓誉，竟弄得他两次狼狈不堪！他该对袁世凯说什么呢？他能对袁世凯说什么呢？

桌上的香茶冷了，段祺瑞不喝。袁世凯又命人为他换一杯。换茶的时候，袁世凯说了一句像是安慰自己，又像是安慰段祺瑞的话。"想想办法吧，路总是能够走通的。"

袁世凯没有意思去责难段祺瑞，在袁氏的部将中，段祺瑞得算最忠心于他，而又最有前程的人。袁世凯要依靠他，要当成栋梁来用。考试选将的事，凭着平时的接触了解，他觉得他的条件最好，能够考得最顺利。"哎呀，没想到大意失了荆州！"

"大人，"段祺瑞先开了口，"我看你就另外再选一人吧。条件说出去了，我又那么不争气，也只好作罢。"

"另选？"袁世凯瞪了段祺瑞一眼，"选谁？你推荐。"

段祺瑞挺胸想了想，也是由于不甘心，却没有说出任何人的名字。

袁世凯"哼"了一声，更加赞许地说："你以为良将就是那么好寻找的，俯拾皆是？"

"我也算不得良将呀！"段祺瑞脱口而出。

"自暴自弃了？"

"这……"

"果然是那么想的，我也就白费一番苦心了。"

"大人……"

"我要问问你，还想不想争？"

段祺瑞抬眼看看袁世凯。

"果然连这点勇气也没有了，最好领着佩蘅回合肥去，团团圆圆过个乡村日子……"

"大人，芝泉（段祺瑞字芝泉）还不是那样鼠目寸光，这口气我一定要争！一定争到！"说罢，段祺瑞站起身，要退出去，"我等待大人再一次考试！"

袁世凯没有挽留他，但却从袖筒中摸出一张纸条，递到段祺瑞手里，随时又给了他一个深刻的目光。

段祺瑞走出来展开一看，原来是下一次考试的试题。他心里一阵热腾腾的。

第三次考试，段祺瑞以"优异"的成绩过了关。于是，他走马上任，当上了北洋新军第三协的统领。

袁世凯手下有三协北洋新军，以省份来说，算是组有军队最多的省。可是，袁世凯却并不满足，他想取得全国建军的大权，把自己的势力扩大到全中国去。直隶的三协军，由统领们各自去招兵，训练去了，袁世凯和谋士、部将商讨了在全国扩建军队的意见，便带领随员进了北京。

北京城，依然满目萧条，洋人造下的罪孽，斑斑可见，人人脸上还都残存着恐惧；饿狼寻食般的洋兵，不时在街巷中出现；挂着外国旗帜的汽车，嚎叫着从东交民巷出出进进。塞外吹过来的饱含着尘沙的阵风，更使这座古老的帝都增添了几分荒凉！

袁世凯进得城来，思绪一下子乱了："先到哪里去呢？"他从天津动身的时候，是想来京之后便去见慈禧。朝中的事，无分巨细，没有慈禧发话，谁也别想办成一件。不见她见谁呢？袁世凯见慈禧，那是一件极平常的事，想何时见便何时见。

说起这事，还是把话说远点，提出一个人来——

当年袁世凯在上海谋事不成，前往山东投军时，无意间旅途结识了进京应试的阮忠枢，几日同行，竟是意气相投。当袁世凯把自己的家世和现在情况告诉了阮时，阮知道他身处困境，多承一位名妓资助才得上道，便厚厚地资助了袁一臂，然后作别。阮忠枢虽然科场并不失意，但他却不得不到一个人家去守馆。处馆的这一家不是别人，正是大太监李莲英的弟弟，其实就是李莲英。袁世凯做了山东巡抚，知道了这层关系，从山东来到直隶，到直隶想贴近慈禧，自然把这个关系拉紧了。结果，通过阮忠枢结识了李莲英，再加"赵公元帅"的一些助臂，袁和李莲英成了至交。李莲英是慈禧的"魂儿"，他能在其间周旋，还不万事通达了。这算是一个小小的关节，略述则过。

袁世凯到北京之后，又不想先见慈禧，他觉得那样做太直了，怕没有后路——他想取得全国军权，想组建一个统领全国兵权的中央组织，而让一个能够信得过自己的皇族大臣来担任；这个人，最好是庆亲王奕劻。这是一厢情愿的事，万一慈禧不答应怎么办？慈禧答应了，庆亲王不干怎么办？袁世凯虽觉得自己在慈禧面前有点"分量"，但毕竟还是感到"嫩"了点，还不敢太自信。于是，他决定先到庆亲王府，把人情先送给奕劻，然后请奕劻和他一起努力争取。

奕劻主持了军机处，正是春风得意的时候，人报"直隶总督、北洋大臣袁世凯求见"，奕劻马上答应"小客厅见"。

奕劻是收了袁世凯十万雪花银的，心坎上对这个人的烙印极深，再加上他也想在汉族大臣中多笼络几个有实力的人，袁世凯当然得算一个。袁世凯被领进亲王府，奕劻迎至庭院，二人相依走进小客厅。

"欢迎宫保，欢迎宫保！"

"给王爷请安，给王爷请安！"说着，便要施大礼。奕劻匆忙拦住。

"使不得，使不得！"

二人对面坐下，有人献上茶来，寒暄几句之后，袁世凯便开门见山地说："有件大事，慰亭思之再三，犹豫难决，故特来请教王爷。"

"你我相知，有话直言。"

"一场八国侵犯，国人心力交瘁。做大臣的，慰亭愧对朝廷，常常寝食皆废。"

"前事不忘，后事之师。我们都铭记此事，也就算了。"

"慰亭不安呀！"袁世凯感慨了，"我们绝不能再见八国之祸！痛定思痛，慰亭想把管见上奏朝廷，励精图治，再振国威！只是怕自己孤陋寡闻，故而……"

"好啊，国事就得大家关心。"奕劻对这个话题十分感兴趣，"说说你的意见。"

"据慰亭之管见，时至今日，除经武便无急务。强国必经武！"

"我亦同感。"

"王爷，"袁世凯坦露他的打算了，"我想上奏朝廷，在中央成立练兵处，集中军权，统一操练。这样，可以打破分省练兵的局限范围，调动起来也统一有力，而且可以不受兵额限制，便能形成一支强大而统一的朝廷武装……"

奕劻对军队心中无数。但他知道，当今世风，只有军权才可稳住政权，他也想从"经武"之途巩固权力。"好，好，国家有了统一的、强大的军队，才会富强。难得你想得出，难得。"

袁世凯想有兵权，但又觉得不是时候，索性再在奕劻面前送个人情。

"如果此议老佛爷能够认可，主持这件事的人，当然是非王爷莫属了。我一定再奏请老佛爷……"

奕劻谦虚了。"果然那样了，我也只不过挂个名儿而已，练兵的事么，我还得力荐宫保。"

"多赖王爷厚爱了。"

投之以桃，报之以李。袁世凯吞下了一颗定心丸。于是，匆匆向朝廷上了奏折，既奏请中央成立练兵处，又推举奕劻为督练新军大臣，并且自告奋勇，"本人愿意从旁协助"。慈禧也是身处困境，进退无主，《辛丑条约》不仅使她丢尽了脸面，也使她在政治、经济上都负着沉沉压力。正在这时，办一件"经武"的举措，也算把"死棋走活"了。所以，袁世凯的奏折，立刻获得照准。

1903年早些时候，清王朝中央便出现了一个以奕劻为督练新军大臣，以袁世凯为会办大臣的练兵处。练兵处自然以袁世凯为中心了。

有了练兵处这个牌子，袁世凯便精心安排机构，挑选自己的亲信去抓实权。他让徐世昌做总提调，以王士珍为军政司正使，冯国璋为军学司正使，段祺瑞为军令司正使，并同时编制了一个在全国范围内训练新军三十六镇的计划；先在北洋军中成立六个镇——清政府大规模的扩军工作，便由此而始了。为了扩建新军的需要，袁世凯还把停办已久的北洋武备学堂恢复起来，由段祺瑞任总办，作为培训自己亲信的基地。

袁世凯又办成了一件大事，他坐在总督署的内宅里，捧起香茶，暗自笑了。

三

天津。

由于袁世凯的精力大多放在北京，放在朝中了，直隶总督署衙门，总是显得那么冷清，连把门的兵士也无精打采。袁世凯从北京回来了，因为同庆亲王把扩军的事都安排利索了，情绪颇感清爽，便想多过问一下家事——袁世凯的家事太乱了，是该调理一下，除了原配于氏夫人之外，还有大姨太沈氏，二姨太李氏，三姨太金氏和四姨太吴氏。子女们且不说，这群夫人、姨太太早就各存戒心，人人情绪不快，且矛盾屡起——早已闹得风风雨雨了。

袁世凯的正配于氏，原籍河南，也算是结发情厚的一对，谁知因为一句戏言，便反目为仇了——

　　于氏不识字，也不太懂得规矩礼节，只因娘家是地方上一个大乡绅，她算是个大家闺秀，才结成这门姻缘。有一天，袁世凯见她系一条红色绣花的缎子裤带，便和她开玩笑说："看你打扮的样子，就像个马班子。"

　　不想这句话惹恼了她——原来河南人对妓女才叫马班子——她竟反唇相讥，说："我不是马班子，我有姥姥家。"

　　不想这句话也惹恼了他——于氏的话竟是说，我有娘家人，是明媒正娶的夫人，不是没有娘家人的姨太太。而袁世凯又是庶出，是姨太太生的。因此，认为是揭了他的短处。一怒之下，便拂袖而去。从此，再不同房。于氏除生了长子克定之外，便未生子女。直到袁世凯做了山东巡抚，因把生母刘氏带到任上，才将于氏带去。但两人仍是不同房。于氏便成了"牌位"主妇。大姨太沈氏，如今是执掌家务大权的红人。这没说的，人家沈氏虽是苏州籍名妓，当初在上海时，竟把一片爱心都交给了只能算是浪荡子弟的袁世凯。要不是沈氏资助他盘费，只怕袁世凯会被困死上海。沈氏为袁世凯备酒送行，表示了"自己即刻出钱赎身，搬出妓院，以身相许"，并"希望袁世凯努力功名，不要相负"。袁世凯指天誓日，洒泪而别。以后，他便把沈氏接到朝鲜，带到山东，带到直隶，成了堂堂正正的主妇。最惨的就是二姨太、三姨太和四姨太。二姨太金氏，是袁世凯在朝鲜时决定正娶为妻的李王妃的妹妹。过门那天，金氏还堂而皇之地带了两个陪嫁的姑娘李氏和吴氏。事成之后，那金氏不仅成了妾，连李氏、吴氏也都成了袁世凯的妾，按年龄排分，倒是李氏成了二姨太，金氏成了三姨太，吴氏成了四姨太。金氏也是金枝玉叶之体，一旦做了妾，而且又是妾的第三位，对于一个十六岁的少女来说，简直是晴天霹雳，三魂七魄都走了窍——从此成了木头人。金氏郁郁，李氏、吴氏又怎能好。这三个人从朝鲜来到中国，便再无笑脸。袁世凯到天津之后，又娶了杨氏为五姨太。这位杨氏是天津杨柳青人，出身于小户人家，并无多大姿色，但人却机灵得很，也有办事本领。进得府来，就跃跃欲试，想从大姨太沈氏手中夺权……妻妾这么多，心态这么杂，日子怎么能和睦呢？除了袁世凯之外，谁也无法调和妻妾之间的矛盾，更不用说"镇"住了。

　　袁世凯把公事推了推，坐进他的书房里，从书桌的抽屉里摸出他惯吸的雪茄烟，衔在口中，点火自吸着，思考着。袁世凯不喝酒，逢年过节也只喝点绍兴酒；不吸水烟，不吸旱烟，香烟也不吸，更不吸鸦片烟。雪茄烟是他的唯一嗜好，但只是在清闲无事，或静静地思考问题时，才衔在口中，有时也似吸非吸。

正是袁世凯思索处理家事的时候，人报"二少爷从南京回来了"。二子克文，是早几天奉父命去南京办一件急要事的。返津复命时，照家规得先向父母磕头请安。所以，克文先到书房，要给爹"请安"。

"给爸爸请安。"袁克文跪倒在袁世凯面前。

"招儿（袁克文的乳名），你回来了。"袁世凯没动声色地问。

"回来了。"

"事办成功了？"

"办成了。"

"歇歇去吧。"袁世凯说，"先去见见各位娘，回头再说。"

"是，爸爸。"袁克文伏在地上又磕头。正是他要爬起来的时候，衣袋里一个纸片突然掉出来，他慌慌张张地去拾，却被袁世凯看见了。

"是什么，是什么？"袁世凯急着问。

"没什么，没什么。"克文慌慌张张地答。答着，又慌慌张张往衣袋里塞。

"拿过来，我看看是什么？"

袁克文不敢不给，便从衣袋中取出来，双手捧给老爹。

——袁克文称得上纨绔子弟，风流人物。在南京为老爹办事时，没事常到钓鱼巷一带走走，结识了一位叶氏女子，一见钟情。相处一段时间之后，便相互订了嫁娶盟约。袁克文回津的时候，叶氏赠他一张照片留作纪念。也是袁克文情火难尽，便将照片放在身上，随时拿出看看。不想在给老爹请安时，竟掉了下来。

袁世凯一见是一张美女的照片，勃然大怒："这是什么，是什么？"

袁克文尚是未婚青年，自然不敢在爹面前承认自己的荒唐行为，便急中生智，撒谎说："爸爸，儿子总想尽一片孝心，就是无门可尽。此次南去，便留心给爸爸物色一个极好的姑娘。带回这张照片来，为的是征求爸爸的意见。可是，儿子又怕爸爸不高兴，骂我荒唐，故而心神不定……"

袁世凯拿着照片再仔细看了一阵子，觉得那副情影果然十分秀美，心里十分喜欢。连说："好，好！难为你有这副心肠。"又对他说："你去吧。"

袁克文爬起来，退了出去。

照片的事，袁克文只是想搪塞一下老爹，应急之后再想办法。哪料到此事竟弄假成真，不久，袁世凯便派最会办这种差使的账房先生符殿青带着照片和银子去南京接叶氏。

叶氏原和袁克文有嫁娶之约，并已告知家人，今见袁家派人携礼上门迎娶，自然想到前约，便欢欢喜喜，收拾行装，随符北上。

袁世凯纳妾从来都是大张旗鼓地办的，宾客满门，鼓乐喧天。那叶氏也因如此隆重而满心欢喜。没想到，"洞房花烛夜"时，新郎却不是翩翩青年，而是满面皱纹、满嘴胡须的老头，顿时大哭大闹起来。

还是大姨太沈氏会周旋，匆匆走来，又忧又喜地对她说："叶氏妹妹，别再哭了，生米已经成了熟饭，再哭也没用了。"

"堂堂的朝廷大臣，也能干出这种事来，就不怕天诛地灭！"叶氏还是痛哭不已。

"这岁月，天地也是向着有势有权的人的。做女人的，命就是这样，只好认了。要不，还不是拿着命去拼！"

沈氏说得对，这个可怜的少女是得认了。于是，她只得顶着六姨太的名分——从此，袁氏的内宅中又多了一位哀天怨地的女子；而那位才华横溢的风流青年袁克文，陡然间也增添了无限怨恨。从此，他心志不古，不再留心仕途，宁可与三教九流为伍，只去风花雪月地鬼混。他去梨园客串《惨睹》，把建文帝演得活灵活现，有人写诗赠他：

有脚不踏河北尘，
此身即是建文身。
闲僧满腹兴亡史，
自谱宫商唱与人。

他和梅兰芳一起同演《洛神》，梅兰芳画鸡竹相赠，克文在画上题诗：

行思画重宣和谱，
千载梅家又见君。
雄汉雌秦超象外，
漫持翠帚拂青云。

后来他流荡社会，成为和张学良、卢小嘉、张孝若并称"民国四公子"的闲士。袁世凯洪宪称帝，废长子克定太子想立他为太子时，他竟毫不含糊地写诗拒辞。

最后，潦倒穷困，死于荒郊。友人送挽联评他一生说：

> 天涯漂泊，故国荒凉，有酒且高歌，谁怜旧日王孙，新亭涕泗；
> 芳草凄迷，斜阳黯淡，逢春复伤逝，忍对无边风月，如此江山。

这些都是后话，一提而过。

四

一艘兵轮从汉口码头顺长江而下，眨眼工夫，龟蛇二山便丢到遥远的后方去了。站在那片狭小甲板上的袁世凯，依然恋恋不舍地举目眺望，不知是留恋那个美丽的城市，还是留恋那位暂时署理两湖总督、身为湖北巡抚的端方？袁世凯在百忙之中挤出点时间做的这次南方之行，汉口第一站，便使他心满意足：他想把势力范围向南扩展，端方十分谦虚而又真诚地对他表示"一切听从宫保提调"。端方是满族大臣，也是被誉为满族"三大才子之一"的佼佼者。端方用满汉合璧的最高礼节迎接袁世凯，一口一个"宫保"地尊称他；凡袁所提，无不畅快答应。当袁知道端方新近又添了一位千金时，恭贺之外，便拱起手来，说："阁下添千金，我忽然想起一件事，不知当说不当说？"

"宫保请讲。"端方说，"你我至交，无话不可谈。"

"你家有千金，我家有犬子，忽然间，我便萌起了高攀之念。不知端大人……"袁世凯站起身来，拱起双手，摆出一个"期待"的架势。

在清朝，原来是满汉不通婚的。近年，禁令虽已解除，但通婚依然似有一堵墙。袁世凯要开先例，自然有他婚姻之外的缘由，这和拉拢奕劻是异曲同工。所以他不揣冒昧，竟爽直提出，并且盼望能够如愿。

端方虽是满族，但有诸多不称心事，满腹才华，官职平平。对于朝政，倒有了自己的见解，他认为满族的大臣，已多是安享清福，因循守旧的无能之辈，许多新的见识和作为，皆出自汉人，而袁世凯，却是汉人中最出类拔萃的一位，连连高升，又获得上边如此器重，很快便要成为一位举足轻重的人物。同他攀亲，自然是非一般。于是，便毫不犹豫地说："宫保之意甚佳，若小女不辱袁氏宗族，下官自然高攀了。"

袁世凯拱手，又深深一揖。"承蒙厚爱，高攀、高攀。"

这端方与袁世凯，原本已有把兄弟之交，只是往来并不密切；如今，成了儿女亲家，亲上加亲，当然不相同了。端方在两湖总督署设了盛宴，又请了许多同僚，酒席宴上，向各界说明了两家亲情，得到大家庆贺……

立在甲板上的袁世凯，想起了这件事，还在兴奋不已，深深回味。仿佛消失在江左的那座古城，仍然洋溢着喜庆气氛。

袁世凯的下一站，是两江总督署的南京。兵轮到南京的时候，是一个晴朗的上午，明媚的阳光，照射得扬子江面上映出粼粼波光；紫金山显得格外青翠。袁世凯从兵轮上下来，微服便装，只带着几位随从、差官便乘马车进了城。

袁世凯同新任两江总督张之洞并无深交，想拉拢他，但又怕这个老头"棘手"，故只想做一次试探性的拜访。袁世凯等在总督署外下了马车，来到号房，没有开口便挺挺地站在那里。那气势，简直像一个将军在检阅军队。

号房管事望了他一眼，心里颇不高兴。"什么东西敢到这里卖弄？！"他把脸转过去，想等待"下文"，以便最后发作。

"狗仗人势！"袁世凯一眼便看透了号房管事的嘴脸，心里愤愤地想："我看你怎么下场？"他向差官使了个眼色，差官随即将袁世凯的一张大红名帖放在管事面前。

那管事的，自然都是机灵人，侧目一瞧，心里猛跳；再仔细一打量，可吓坏了：站在他面前的这个矮胖子不是别人，正是红极朝野的北洋大臣袁世凯——袁宫保。忙甩了下袖子，便深深打了一躬："宫保大人请坐，宫保大人请坐！小人这就去禀报。"说着，用马蹄袖擦了下太师椅，搬到袁世凯面前，转身走进内宅，慌慌张张地向张之洞作了禀报。

张之洞虽然年老、官高、以老自居，但对袁世凯这样的新贵，还是不得不厚礼以待的，何况袁世凯头上还有一顶"太子少保"的桂冠，这头衔虽无多大威力，但光彩得很，张之洞也曾梦寐以求过，却不曾到手。今天，这样一个人物来了，又是事先不通报，不知有何使命，所以，他便隆重接迎，吩咐打开中门，自己整冠更衣，走出迎接。

这是袁世凯同张之洞第一次见面，见礼之后，二人携手走进官署。张之洞颇有老态，发霜，腰背，骨瘦如柴；袁世凯年富力强，挺胸昂首，胖墩墩。二人并肩同行，却是相映成趣。张之洞把袁世凯接至客厅，重新见礼一毕，有人献上茶来，张又安排摆酒，这才寒暄起来。

张之洞，字孝达，号香涛，直隶南皮人，同治进士，任过翰林院内阁学士，也是个洋务派的名人。光绪十年（1884年）由山西巡抚升任两广总督，在广西边境击败了法军，不久调任两湖总督。曾在两湖开办汉阳铁厂，湖北枪炮厂，设立织布、纺纱、缫丝、制麻等局，同时筹办卢汉铁路。是个与李鸿章争权夺势的人。如今已是六十六岁的人了，官运一直通畅，处在春风得意之中。此人生性孤傲，刚愎自用，袁世凯不通报竟自走上门来，他已很不自在，再加上袁世凯又不是科举正途出身，又比自己小了二十多岁，心里早有几分瞧他不起。只是官场礼节，不得不盛宴为之洗尘，宴席上，交谈泛泛，无非是青山绿水，江河湖泊，再加上春花秋月。这张之洞，毕竟是有了一把岁数的人，这些年养尊处优，生活早已随心所欲。白日闲坐打盹，便成了习惯之一。现在，身虽在宴席上，心思早已飘忽起来，双眉一合，竟在座上打起瞌睡来了。

袁世凯也因为"话不投机"心中不快。今见老家伙这副神气，更是气恼齐出，托辞离席，并告知左右"不必惊动老帅"，便匆匆携着随从、差官出城而去。

张之洞一觉醒来，发现客人不见了，知道有失大礼，便匆匆追去送行。及至下关，袁世凯的兵轮早已起锚驶离。这老头只好望江长叹！

袁世凯到了上海，先去拜见他的把兄弟盛宣怀，想同他好好谈谈。盛宣怀正是大红大紫的人物，身兼中国铁路总公司督办、沪宁铁路督办、全国电报局督办、招商局总办等职。然而，袁世凯对这个人的印象却不好，认为他太会转向，屁股太灵活了。官不大，架不小。只打了个照面便急急分了手。

一趟南行，耗时费力，一事无成。回到天津之后，袁世凯还在自怨自艾："我怎么想走这一趟呢？"

入夏多日了，南方早已暑气袭人，北方却依然春风拂面。袁世凯刚从南方回来，加上体型肥胖，他竟一身黑纺制服，并且戴上了巴拿马草帽——除了官场活动，袁世凯几乎不穿朝服，尤其在家中，无分冬夏，一年四季他都穿黑色制服。夏天，一身黑羽纱或纺制服，冬天一身黑呢子制服，冬服夏服一色短立领，四个暗兜。冬天戴皮帽，皮帽四周，吊着貂皮，中间露出黑绒平顶，帽子前面正中镶一块宝石，闪闪发光；夏季穿黑色皮鞋，冬季穿黑色短筒皮靴，靴两旁嵌有两块马蹄形松紧带。袁世凯有个不轻不重的风寒病，风凉之后关节常疼。因而，他总爱把衣服穿多点，即使酷暑，也衣帽整齐。外表上看，倒也衣冠楚楚，唯其生活不洁，使得妻妾侍女们每每动手动脚——五十岁时留起了胡须，又不自清洁，喝汤、喝稀饭时，常常弄得袖子、衣服都是汁沥。他又不用手帕，无人在旁，便拉起袖子擦抹。于是，衣袖、衣襟总是斑斑点点，如婴儿的尿布。姨太太们就得忙着为他擦拭干净。姨太太们为他打扫卫生的时候，他还常常拉着袖子擤鼻涕，又甩到别人身上。坐在堂上，威威武武；蹲在家里，邋邋遢遢。谁又能怎么样他呢？正是袁世凯心神不安的时候，人报"天津海关道唐绍仪求见"。袁世凯忙答应："请请，小客厅请。"

唐绍仪进来了。随他一起来的，还有一位仪表堂堂的中年人。进得客厅，唐绍仪便主动介绍："这位是我的广东同乡梁士诒，来京应考经济特科，取了个第一名。慕宫保之名，特来拜见，还有有关时政之见，想同宫保面谈。"

"欢迎，欢迎。"袁世凯对梁士诒显得十分热情。

梁士诒深深打躬，问候。然后说："久慕大人盛名，冒昧造府，又承大人厚爱，学生十分感激。"

——这几年袁世凯有雄心，要办大事。要办大事就得拉拢人，就得扩大亲信。这件事，他有教训：他在山东当巡抚的时候，一个叫徐树铮的萧县人带着治国高见去求见他；不得见，竟壮着胆子，冒充官亲，递上了精心炮制的《国事条陈》。

袁世凯那时候正是踌躇满志，春风得意之际，一看《国事条陈》这题目，就老大的不高兴。"我这封疆大吏难道'国事'该怎么办，需要别人说三道四？"他不想翻阅。但他还是不由自主地看了。不想一搭眼，竟吸引了他。那"条陈"开篇便道："国事之败，败于兵将之庸塞，欲整顿济时，舍经武无急务……"

"好，好！"他拍案叫绝。可是，因为葬母之事，他还是不曾接见这个年轻人。而这个年轻人竟被段祺瑞收在门下，成了段的股肱。虽随段时日不长，却连出奇谋，展示了才华。袁世凯甚觉有失。今天，他的海关道又领来一位首取金榜的高才，也愿"条陈时政"，袁世凯不想放过了，故而盛情有加。

广东举人梁士诒，颇花费了一番工夫专攻经济特科，又承他的同乡，曾经留学美国、考察过西方经济的唐绍仪指点，对经济问题，颇有点独到见解。应酬的话说完之后，便从铁路问题入题，坦而言之。"宫保大人，以在下之见，铁路事业乃当务之急，不可丝毫放松……"

"朝廷已经设有统筹全局的南北铁路总公司，紧抓此事了。"袁世凯说。

"抓是抓了，却又划分区域，把铁路分归当地督抚管理。这就势必造成左右不协调，行政系统紊乱，发挥不了铁路的作用。就好比是人的脉络，必全身贯通，方可保生命生存。若分节分段，则全身停滞。路分南北，形同人体分割，那怎么可保健壮肌体呢？"

"依你之见……"

"以大人之影响，应即奏请朝廷设立一全国性管理机构，把铁路事业统揽在大人手里。"梁士诒口齿伶俐、见解独特，陈述有条理，侃侃之中又有几分情感。"铁路不但便利交通，畅流货物，有利开发资源，而且便利军运，有利战争。实是国家之要务……"

"统一铁路事业，畅通南北西东，故是好事。"袁世凯皱了皱眉，说，"只怕国家无此财力。"

"这倒不怕。兴办国家大事，任何国家都会借助外债。我朝为何不可举呢？"梁士诒见袁世凯动心了，便把身子朝前凑凑，低着嗓门儿说，"宫保大人明鉴，铁路果然借款，在必要时还可移作政治用途，不外又是一条通途，大人可千万千万……"

袁世凯些许日子来，只把心思放在扩大军事势力方面，并不曾细想军事扩展之后要有什么样的经济来支撑？经梁士诒这么一提，袁世凯立即警觉。"对、对、对！国家之有军队，并非盗匪之汇合，不能靠开地盘发军饷，而必出国库。无经济支撑的军队，是强大不起来的。先生一席谈，令慰亭茅塞顿开！"又说："梁先生暂不要他谋了，先在唐大人处权充文案，容我思索，后有妥当用处。"

梁士诒成了袁系的一位干将。

五

做了袁世凯文案的阮忠枢，得算是官场上的如意人物，功名不显，作为不大，就是凭着旅途资助了袁世凯一把，没想得到袁的如此厚报，成了袁的得力助手。如今，又是北洋大臣驻京城的代理，身价自然不同。有人说阮忠枢是附在袁世凯大树上的一棵藤蔓，袁世凯多高，他阮忠枢便多高，有时候还要比袁世凯高出一枝几叶。这话不假，无论京城还是地方，有意攀附袁世凯的人，谁敢不对这位文案巴结二三。因而，阮忠枢总是朝朝眉开眼笑，喜形于色。

忽然间，这位文案情绪低落下来，愁眉苦脸，不说不笑，连门也懒得出了。原来，这位文笔先生碰上一件不称心的花柳韵事——

阮忠枢本来就是有些家产的阔家公子哥儿，挥洒银两，从不在意。跟着袁世凯到天津了，除了银钱之外，又有了一个耀眼夺目的官职，自然成了天津卫的名士，不免花街柳巷走走。事也有缘，竟和一位叫小玉的名妓情投意合，日子不久，那小玉姑娘竟提出请他为之赎身，而后以身相许。姑娘如此真诚，阮公自然应诺，何况此等事情在那时早为社会成俗，官场更是小事一桩。阮忠枢若是出银子，赎身，买房，接过小玉，也就一顺百顺，好事办成了。可他偏偏多了一个心眼，硬是觉得不可瞒了上司，得让袁世凯知道。

一天，他走到袁世凯面前，颇有点羞赧地说："有件私人小事，想请大人能够体谅。"

袁世凯不入官场时，他们称兄道弟。袁世凯做了总督，做了大臣，阮忠枢便换了口气，称他"大人"。袁世凯却依然如旧，仍呼他的雅号。"斗瞻，有事只管说，我没有不能体谅的。"

"是这样……"阮忠枢如实说了天津的艳遇。又说："我想出资为小玉赎身，而后……银子嘛，自然我自己来，只求大人答应此事，也就够了。"

袁世凯听了此事，面色沉了一下，皱了皱眉，严肃地说："胡闹，胡闹。这是有碍声誉的事，你怎么能去干呢？"

阮忠枢一听袁世凯提到"有碍声誉"，陡然寒战了一下，便连连说："好，好。不胡闹，不胡闹。作罢，作罢！"

阮忠枢退了出来，但却心中不快。"这算什么'有碍声誉'？你那位大姨太太沈氏不也是花巷走来的吗，还跟随你去了朝鲜，做过名正言顺的夫人呢！"想虽是这样想，长官说了，也只得作罢。所以又闷闷不乐，那是因为当面对小玉姑娘作了许诺。"大话说了，如今事办不成，是缺乏银两，还是缺乏诚意？这不是令人家姑娘心冷、说我口是心非吗？"文人的正统思想作用了，他觉得自己做了一件言而无信的事。

正是阮忠枢心神不定的时候，袁世凯把他叫到面前。"斗瞻，天津有些公事，咱们一道回去。"

阮忠枢简单收拾一下，便随着袁世凯上了车。

车到天津，天色已晚。袁世凯说："咱们别回公署了，先去看一位朋友。说不定还会热闹一场呢。"阮忠枢点点头。

车子在一个幽静的院落门前停下，二人下了车，缓步走了进去。

一进门，阮忠枢感到有点儿意外：庭院之内，铺设得富丽堂皇，异彩纷呈，堂上红烛高照，桌上丰盛酒宴。"这是怎么回事？来贺谁的喜？"及至走进屋里，便见一个小丫头笑嘻嘻地迎过来，娇声娇气地喊道："新姑爷到啦！"这么一喊，另一间房中便有人搀扶出一位俏丽佳人。阮忠枢心里慌张，眼睛模糊，如入五里云雾之中。当他定神再看时，那位俏丽佳人不是别人，正是他要娶的那位小玉。

袁世凯笑了。"斗公，多日来，忙忙碌碌，今日才为你安排这个洞房花烛之夜。迟了，迟了。慰亭也请阁下体谅。请，请拜堂吧！"阮忠枢感激涕零，拉着袁世凯的手，忘情地说："知我者，慰亭也；爱我者，慰亭也！"

——袁世凯用人心急，收拢人心也急。当他得知阮忠枢要出钱纳妾时，便想：既然事已有着，我何不送个顺水人情。于是，一边假意地阻止，一边秘密派人为小玉赎身，一边又安排人为他们办理房屋、宴席。一切妥帖之后，才引阮忠枢一同前往，使这位书呆子受宠若惊，更加亲近于他。果然，阮忠枢从此之后对他更加佩服得五体投地，而社会上，也飘满了对袁世凯缤纷的称道。

阮忠枢洞房之中颠鸾倒凤的时候，袁世凯在他总督署的密室里，正同他年轻时的好友、如今任着练兵处总提调的徐世昌密谈。

比袁世凯大四岁的徐世昌，是一位颇有城府的政治人物，二十七岁中举，三十一岁中进士，入翰林院，三年后授职编修，到现在，他已经在这个位置上坐了十多年冷板凳了。若不是袁世凯提携他，恐怕还得在冷板凳上继续坐下去。徐世昌同袁世凯，也算是童年的朋友了。徐世昌出生在河南开封，童年在开封度过。袁世凯随养父袁保庆也在开封营务处任上。袁保庆同徐世昌的父亲徐嘉贤是同僚，又是一墙之隔的邻居。袁世凯、徐世昌便成了开裆裤的朋友。后来，袁世凯读书无长进，在原籍组织文社，颇闹得红火的时候，在淮宁县署做了塾师的徐世昌也闻讯赶去，二人更是谈得情投意合。再后来徐世昌进京赶考时，袁世凯又厚厚地赠了他一笔路费，并且畅谈了抱负。从此，二人便成为莫逆之交。袁世凯把徐世昌拉到身边，自然是当成栋梁用的，凡大事总要同他商量。

"卜五（徐世昌字卜五），"袁世凯心事重重地先开了口，"东北这场战，到现在为止，国人都在糊糊涂涂，朝廷也在糊糊涂涂。我总觉得糊涂不得，得有个清醒的相关对策。你说呢？"

袁世凯说的"东北这场战"，是指的发生在1904年2月的日俄战争。日俄两国都有野心先吃中国的东北。《辛丑条约》之后，俄国便想独占东三省，英、日便联起来对俄，美国也加盟日英。于是，日俄在中国的东三省开战。徐世昌淡淡地一笑，说："无论怎么说，日俄之战不应该在中国版图上打。这样打下去，无论谁胜谁败，遭殃的都是中国人。"

袁世凯点点头，没有说话。他心里明白，徐世昌这话是说到要害上去了。他袁世凯也是这样想的，只是他不想明说而已。怎么明说呢？这种局面是他的前任（又崇拜的）李鸿章倡导的"以夷制夷"的政策所造成的。这个政策又是得到慈禧认可才推行的。无论局面多么糟，他都是怀着"投鼠忌器"的心情，把话闷在心里。

"现在朝中谣传，老佛爷又想君主立宪。怎么个立法？"袁世凯把话岔开了。

"还不是想应付这个残局。"徐世昌说，"大不了改改名称，到头来，依然君是君，臣是臣。"

袁世凯是热衷君主立宪的。他有个"梦"，梦得很美：慈禧风烛残年了，活不了多久。将来大权是光绪帝的。光绪对袁世凯可没有好印象，说不定会杀他的头。实行君主立宪了，皇帝只是国家元首一个虚名，政权属于责任内阁，总理必由奕劻出任，他袁世凯可以"副之"，以后便渐渐更替，独揽大权。但是，袁世凯也有顾虑：他听说慈禧的"君主立宪"是想先从改革官制入手，废除督抚制度。这又对袁不利。进进退退，上上下下，心不定呀！

徐世昌不想探测这些一时探不清的问题。他猜测过，官制改革，势必会带来一场满汉大臣之间的激烈斗争，而袁世凯依靠的奕劻，并不是一个有治国才能的英雄；袁世凯建议的中央成立练兵处，满旗王公大臣早看明白了，那是为自己夺取军权打的个掩护，他们不会让他得逞。现在，骑虎难下，只得将计就计。徐世昌在无良策的情况下，只好说："慰亭，无论朝中发生什么变化，你都要一条不变，那就是兵权抓到底。并且要加快速度，能扩大多少就扩大多少，能抓住几个人就抓住几个人。当今形势，不仅满族排汉既成事实，汉族之中的争权也白热化了。我看那个权势显赫的外务大臣瞿鸿机就不大是个本分人……"

一说瞿鸿机，袁世凯心里便猛然一跳，此人不仅早入军机，常常在慈禧面前煽风点火，每每把奕劻弄得无地自容。凭着他的小机灵，享有朝廷"活档案"之名。袁世凯自然成为他争权的主要目标和对手。袁世凯冷冷地笑笑，说："瞿鸿机？！……鹿死谁手，尚难分晓。"袁世凯掂量过，瞿鸿机不是他的对手，他的对手是满族的王公，是铁良，是良弼；是铁良，良弼的后台。怎么对付他们？是他袁世凯的一大心病。

徐世昌想了想，觉得也是。可是，他也想不出一个良好的对策。最后，只有从务实的心里提个建议："慰亭，不要犹豫了，第一要务是抓军。第二要务是抓军。第三要务仍然是抓军！"

六

袁世凯怒气冲冲地坐在自己的书房里，脸阴沉得像将要来一场暴风雨一样。令所有的妻妾子女和随从用人都惊恐万状，他们屏住呼吸，不敢言语，一个一个垂手侍立。袁世凯拍着桌子，大声吼道："啥？嗯，这个门庭我还没有树起来，儿子就开始拆台了！嗯，呀！你们懂不懂？懂不懂？"他又大喊："谁去找招儿的？招儿怎么不来？"

总管袁乃宽过来了，先喊了一声"大爷"，然后说："二少爷来了，正在前院候示。"

"候什么示？混账！"袁世凯又拍了一下桌子，"往日像耗子似的何处不钻，今儿又'候示'了。让他进来！"

袁乃宽出去，把袁克文领进来。

垂着首的袁克文，走进书房，便自觉地跪在父亲面前。袁世凯拿起他身边的那根下端镶有铁包头的藤手杖，高高地举起，这就要打下去。"我打死你这个混账东西！"

袁乃宽眼疾手快，忙走上去，抓住手杖，说："大爷，你发话，我动手，何必自己动手呢？自己的身子要紧，气坏了身子怎么办呢？大爷得自己保重呀！"说着，袁乃宽把手杖接过来。

袁世凯知道是袁乃宽为儿子求情，只是自己盛怒不消，还是狠狠地责骂一句："混账，我教训儿子还要由别人代劳？"

"我是怕大爷气坏了身子……"

——由于袁世凯把准儿媳纳为妾，儿子袁克文便心绪变坏，但又只能郁闷在心，而无处宣泄。于是，便丢下功名，朝朝夕夕到想去的地方混天聊日。早时，曾精心花大钱收购裸体女照，并在照后题诗。有一张被父亲发现了，但见写着这样的诗：

> 并头交颈镜中窥，
> 相对何须更画眉。
> 此是同心双结子，
> 曾茫袖底系人思。

气得袁世凯大擂桌子。"这是我的儿子？这是我的儿子？哪里有星点儿做人的样子？！"

日前，又挪用重金在市上购白玉钢印，购龟印，混进梨园做票友，走进酒市醉醺醺。现在好了，竟拿着老爹的名帖下赌场，输了银子让人家到账房来要。你说袁世凯气不气？！何况袁世凯平生最忌赌博——

原来这袁世凯曾经在赌场上遭过劫、丢过人，心上伤疤深重。那是他两次乡试不第之后，在乡里、在家中，名声便落了下来。他的生母刘氏心急如焚，觉得自己唯一的希望完了，便伙同他的养母牛氏商量，老姐妹俩便拿出自己全部私存交给袁世凯，要他到北京去捐个官。袁世凯到了北京，京城的风花雪月吸引着他，早把捐官的事儿丢到脑后去了，终日吃喝玩乐。一些赌场上的浪荡鬼徒见他孤身一个外乡人，又是腰缠重金，便合着伙儿拉他下水。结果，把捐官的钱输得精光，还欠一屁股债。逼债的赌徒们不愿放过他，便扒了他的衣服，拿了他的行李，袁世凯一下子变成了小乞丐。就在他落魄受困之际，巧遇已经考中进士做了京官的少年朋友徐世昌，徐出了一笔银钱，才使他摆脱了困难境地，重回项城。从那之后，他发誓不进赌场，并不准家里人赌钱。

袁世凯怒气冲冲地指着儿子说："瞧瞧你，瞧瞧你，这种德行，还想继承祖业，怎么继承？官场上的梦，你就更别想了。嗯，赌场是一片下贱肮脏的地方，不是你这号人去的，懂不懂？"

"爸，我知道错了。我永远不再去了。"袁克文忏悔着。

克文是三姨太金氏生的。由于金氏心绪不好，交由大姨太沈氏嗣养，沈氏早把克文当成自生的一般。克文在前厅被训，有人报于沈氏，沈氏也觉得自己身份不一般，所以，闻讯后便匆匆赶来。

"大人，"沈氏一进门，便喊了声妻妾们通常的呼叫，"克文已经跪下认错了，就饶了他这一次吧。"

"胡说，孩子都是你们这些眼光短浅的娘儿们娇惯坏的！"

"大人，"沈氏淡淡地一笑，"这话骂我是骂对了。我是短见。我嗣养的孩子也没出息。可人家的生母却是金枝玉叶，可是出身王公之家。不看僧面还得看佛面，别让人家娘儿们太伤心了。孩子一步走错，也不至于前程就没了……"

沈氏是有分量的人，如今又掌着家事，得给她点面子。再说，人家金氏可是作为正室嫁过来的，如今居在这样的位置，袁世凯已觉对不住她了。现在……

袁克文精明，见养母要同老爸动气了，忙说："爸，是儿不争气，儿走错了路了。我一定引以为训，再不敢了。"

爱妾讲情，儿子认错，何况这种事当年自己也干过，心里便觉气消了许多。叹声气，垂下首，好半天，又摇手示意，让儿子出去。一场家庭风波，总算平息下来。

袁世凯抓住练兵处扩张个人武力的活动，是在偷偷摸摸而又紧锣密鼓地进行着的。到了1905年，练兵处便组建了北洋新军第一、第二、第三三个镇，由何宗莲、吴长纯、段祺瑞三人分任统制；不久，又建第四、第五、第六三镇，调段祺瑞为第四镇统制，派段芝贵为第三镇统制，张怀芝为第五镇统制，冯国璋为第六镇统制。不到两年时间，袁世凯手下便控制了六镇兵力，这在中国的建军史上，也堪称高速度，大规模。

袁世凯野心不减，六镇之外，又把亲信姜桂题、夏辛酉提拔为北洋淮军的左右翼翼长，又派淮军总兵张勋去东北昌图"剿匪"，并先后保荐刘永庆、王士珍为江北提督，杨善德为浙江新军协统，孟恩远为吉林新军协统，陆建章为广东北海镇总兵，还派靳云鹏、曲同丰去云南训练新军……一时间，小站练兵时的老部下，随袁左右的鸡鸭鹅狗，都被安排到军政要害部门，成了势力一方的人物。这样，袁还怕他们忠心不固，又一方面金钱收罗，一方面建立封建宗法关系：平级平辈的，结为姻亲，拜为把兄弟；下级年轻的，便认为义子，让儿子袁克定去和他们结为把兄弟。这样，上下级关系之外，又加上一层亲戚关系。这些人，便把袁世凯当成衣食父母，当成靠山。在军营中为他设长生禄牌位。军队晨操，第一件事便是歌颂袁世凯，向袁表忠心。

长官问："咱们吃谁的饭？"

兵士齐答："吃袁宫保的饭！"

"咱们应当替谁出力？"

"替袁宫保出力！"

北洋军中，只知有袁宫保不知有大清朝；只知报答袁世凯个人而不知报答国家！

树大招风，物极要反。

袁世凯抓兵权，满贵族便抓袁世凯。朝中阴森森地刮起了一场"解除袁世凯兵权"的阴风。先是有人建议在河南彰德府举行南北军大会操，实际是摸袁世凯的兵力大小的底细。朝廷同意了，并且钦命铁良、袁世凯二人为阅兵大臣。参加会操的北军是直隶总督袁世凯的部将段祺瑞统制的第三镇，而南军是湖广总督张之洞（张已调任湖广总督）的部将张彪统制的第八镇。会操结果，自然是北军胜于南军。这更引起贵族的嫉恨，纷纷用各种名目对袁世凯进行参奏。

袁世凯耳目多，消息灵通，阴处刮的风他都及时知道了。这种凶猛的来势，他一时无能阻挡。不得已，便主动让出了一部分兵权。于是，便将自己的第一、第三、第五、第六四镇兵交给陆军部管理，同时借口"外兵尚未尽撤，天津局势不定"，要求驻天津的第四镇仍归直隶督练。朝廷答应了，但却派了个叫凤山的满族将军去接统。袁世凯的兵权一瞬间便削去大半。他在天津坐不稳了，许多日子都寝食难安。无可奈何，他偷偷摸摸地又去了一趟北京，偷偷摸摸地钻进了奕劻的内宅。

奕劻在密室里接待了他。这位持有另一种观点的满族大臣虽然执掌着中枢军机处，但另一族满族大臣却十分嫉恨他，也在设着法儿排挤他。从心情上，他和袁世凯算是难兄难弟了。二人见了面，不免先是叹了几声气。

袁世凯在外边，高傲之极；但在慈禧和奕劻这些人面前，却十分驯顺。慈禧是不常见到的，心里有话只得多对奕劻说说。阒坐片刻，他先开了口。"……大人是知道的，我袁慰亭这几年是大胆地调理一下军队，也为老佛爷推荐了一批忠臣良将。我可完全是为了大清的基业呀！老佛爷心里明镜似的，我何曾有丝毫私心杂念。别的不说，老佛爷修复皇宫，我是倾尽了家产的；为了抵御外强，我把守户的兵将全交给国家了，我还被人猜疑为贰臣，当作朝廷的敌人，我心里难过呀！"

奕劻冷丁丁地眨眨眼，半天才说："不奇怪呀！树大招风，功高震主。兵权大了，有人害怕……"奕劻思索着袁世凯的权力，袁世凯靠他，他也想靠袁世凯。就清王朝本身而论，奕劻觉得非有一场大的变革不足以稳定了。满族许多重臣，既不想变革，怕失去既得的皇权，又无良策可以稳住局面，非汉族能人不可扭转乾坤。他认为袁世凯是理想的人选。所以，他和袁世凯在诸多大事上，情投意合，他希望袁世凯有更大更多的权力。

袁世凯的权力是够大的了，军权之外，政权、财权也毫不放松。他提拔的徐世昌、唐绍仪、赵秉钧等人，都已是尚书、侍郎的高位。唐绍仪当了外务部侍郎之后，很快便从盛宣怀手中夺回了铁路总公司大权；并把铁路总公司撤销，成立了京汉、沪宁、道满、正大、汴洛五路总公司，由梁士诒担任总提调；徐世昌不久还成了巡警部尚书，一度兼任军机大臣。最奇怪的是，朝廷在东北裁撤盛京将军后设东三省，总督竟是派徐世昌为总督，节制奉天、吉林、黑龙江三省军务，又派段芝贵为黑龙江巡抚，朱家宝为吉林巡抚，唐绍仪为奉天巡抚。这些人都是袁世凯的党羽，他们竟能控制着大清皇族的发祥地，可见朝廷对他们的器重。

徐世昌是个不露锋芒，喜怒不见于色的"稳重人"，但内向之中却有深远见地。主宰东北三省之后，以加强东北边防为由，将北洋军第三镇调往长春、南岭一带；又从第五、第六两镇中抽人马编成混成一旅，从第二、第四两镇中抽人马编成混成二旅开到东北。这样，满族将军凤山接收的北洋四镇，不费吹灰之力又回到袁世凯的手下。这种突然的变化，便是另一派满族大臣恨袁的原因。也就是奕劻说的"有人害怕"的原因。

袁世凯摇摇头，重又阐述了自己的观点。"我这也是为朝廷着想呀！"

奕劻侧目看了看袁世凯，对于他的话没作反应——他原想安慰他几句，但又想到袁世凯是主动找上门来的，或有大事，想等待他说明，一并商量个法子。其实，袁世凯也只想请这位王爷撑撑腰，日后少点倒霉的事，稳住权势，也就心绪平定了。就在此时，奕劻的面色突然沉了下来，他朝袁世凯跟前移了一步，压低声音说："慰亭，我忘了告诉你一件大事。你听了以后先别着急，咱们商量个对策……"

"什么大事？"袁世凯急问。

奕劻要说的是什么事？下一章交代。

第三章
人往高处走，但，高处不胜寒

袁世凯，他不靠功名，单枪匹马，竟然在不长时间内入了军机。

高处不胜寒！在慈禧、光绪死了之后，袁世凯感到了末日。他终于被赶了下来。

一

岁月匆匆，世事沧桑。说了大阵子袁世凯，无不涉及"北洋""北洋军阀"这两个词。这里，不得不插上一曲，把这件事说出个来龙去脉。

清朝的武装力量，最早是"八旗"军，"绿营"军，继而是湘军，淮军。这些军队，不仅使用的武器陈旧，训练的方法也陈旧。通称之为"旧军"。在内忧外患频繁之际，旧军已渐渐暴露其弱点，窳败。中日甲午战争一场，这支旧军便显得一无是处了。清朝的统治者们吃了苦，想到重新组建一支新的武装。于是，便命两江总督张之洞在南京编练"自强军"，又命淮系官僚胡燏棻在天津编练"定武军"。就在这时，袁世凯冒了出来，并且很快接管了"自强军"和"定武军"，开始培养起了北洋军。

袁世凯是靠"军功"图谋出路的，科场失意投奔庆军，凭着机智取得长官信任，不几年，便由一般幕僚跻身驻朝鲜总理交涉通商事宜的专员，办理中朝交涉事务。甲午战前，奉调回国，以温处道留京，充督办军务处差委。甲午战后，乘朝野上下要求改革军制之机，他抢先提出效西法练兵的主张，上书督办军务处，陈述练兵办法和饷章营制。一派新鲜玩意儿。其实，这哪里是袁世凯对练兵新法胸有成竹，而是他邀集幕友，译撰西书，汇编一套而已。不想，这套玩意儿竟博得亲贵重臣一片赞扬！于是，在光绪二十一年（1895年）十一月便被派往天津小站接管了胡燏棻的"定武军"，开始了自己的练兵活动。

定武军原本十营四千七百五十人，袁世凯又在淮、徐、鲁、豫选募丁壮两千两百五十人，在新民、锦州招募骑兵三百人。这样，袁世凯便有七千三百多人的新建陆军，正式奠定了北洋军的基础。

新建陆军是一支由洋枪洋炮武装起来的军队，这个军队有一套比较严格的军法军纪，并且采用德、日军队的训练方法。在此期间，袁世凯便乘机拉拢一批政客、武夫作为自己势力的骨干。到光绪二十四年（1898年），袁世凯的新建陆军与董福祥的甘军、聂士成的武毅军并称为"北洋三军"，共同隶属直隶总督、北洋大臣荣禄统管，正式使用"北洋"名称。

"戊戌之变"以后，袁世凯的新建陆军又扩充两千人。1899年袁调任山东巡抚，为镇压义和团运动，他又把山东的三十四个勇营裁并为步、骑、炮二十个营，称武卫右军先锋队；再把山东地方旧营加以改编，袁世凯在山东便成了有两万余兵员的军阀。八国联军入侵北京，清朝的武卫军前后左中四军几乎全部崩溃，唯袁世凯的武卫右军竟以两倍于前的实力发展起来，成为朝廷的主要靠山，而袁世凯成为一时风云显赫的人物。1901年李鸿章死，袁世凯便以无可非议的形势登上了直隶总督、北洋大臣的宝座，奠定了他继承"北洋"的独特地位。

袁世凯在奕劻的王府里没有走。他想了解这位亲王说的究竟是一件什么样的大事。袁世凯不怕大事，他自信没有能够难倒他的大事。"只有办成大事，才能显示自己。"

奕劻却恰恰相反，遇事便糊涂，大事大糊涂，小事小糊涂，只有在没有事的时候才能清醒。奕劻思索了一阵子，问袁世凯："知道赵启霖在干什么吗？"

"你说的是那位御史？"袁世凯说，"干不了好事。"

"他参了一案，对你我都不利。"

"什么事？"

"我那个犬子和你的义子的事。"

"他们有什么事？"

"不争气。"奕劻遇事就是这样不急。

"怎么说？"袁世凯最怕这样不死不活。

"天津有个坤伶，演戏的时候被犬子载振见了，两人竟是一见倾心。"奕劻说，"这事被段芝贵知道了，竟出重金买了来，交给了载振。你说荒唐不荒唐！"

"这算什么荒唐，小事。"袁世凯淡淡地一笑。

"在别人身上是小事。"奕劻又不糊涂了，"载振是我的儿子，段芝贵是你的干儿子，这就不一般了。赵启霖说他们'行为恶劣，有玷官箴'，奏请严加惩处。"

"那坤伶是天津怎样一个人？"

"人到不知如何，只知叫杨翠喜。"

这事自然和袁世凯抓军权有关，也和奕劻培养势力有关。那段芝贵刚刚升任了黑龙江巡抚，而载振也刚刚升任了农工商部大臣。说句实话，段芝贵的巡抚也确确实实与这次买杨翠喜献给这位皇帝的兄弟有关系。

"参奏由他参奏去吧，"袁世凯还是淡淡地说，"这种事若是朝廷加以惩办，天天办也办不完。"

"此事不同，"奕劻说，"赵启霖见朝廷无动作，便把此案宣扬出去。现在，业经闹得全国哗然了。听说'西边'的很生气。"

袁世凯这才一惊。奕劻说的西边，是指的西太后慈禧。慈禧动了怒，事就不好办了。"上面有没有说法？"

奕劻摇摇头："现在还不清楚。怕是要查办的。"

"这个赵启霖……"袁世凯惊之后有些怒了，"我们不能饶他！"

"现在只好听之任之了。"

"不，不能听之任之。"袁世凯说，"要针锋相对，要向上面解说。王爷，您……"

"怎么解说？"奕劻没有主张。

"不行，要上奏。"袁世凯说，"要告他赵启霖一本……"

"好，明儿我去宫里……"

这件事暂时算过去了。袁世凯并没有放在心上。他此番进京，主要是想探听一下，上边对他的态度。袁世凯最怕从老根上动摇他。天下人都骂他，白骂；慈禧一个怒目，他就完蛋。他很自信，凭他对老佛爷的孝心，老佛爷不会薄待他。但是，老佛爷身边还有人，若是他们上了谗言，谁敢担保老佛爷耳朵不软。"女人办事，就是缺乏主心骨。像六月的天气一样，说变就变。"他怕她随时变。

"国家业经乱得够厉害的了。八国联军这场灾难，要多少年才能恢复元气？朝野上下都应该同心协力。再乱，不得了！"袁世凯流露出一副忧国忧民的样子。

"大家都把心放在国家上，岂不天下太平了。"奕劻摇着头，叹了一声气，"听说岑春煊到北京来了。怎么一到京又说外放，放了又不走，竟然投到瞿鸿机的门下。没好事。"

袁世凯陡然心颤了一下，仿佛这个消息正是他要打听的。庆亲王说了，便证实无讹了。"这个岑春煊……"袁世凯感到了压力，感到了危险。他皱了半天眉，才说："这个人任陕西巡抚时，还是对老佛爷忠心耿耿的。"

奕劻淡淡地一笑，说："是的。她从西安回来曾经说过：'这次咱们不幸落难，虽然吃尽了苦头，却也从中发现了两位忠臣。'这两位便是你宫保和他巡抚。"

袁世凯心里更惊了。这么说，老佛爷心里是把他袁世凯和岑春煊摆在一个"分量"上的。而今天，岑春煊又投到他的仇人瞿鸿机门下，自然没有好事。

"那我就回去了。"袁世凯不动声色，他想回到天津再想对策——他知道，奕劻是拿不出对策的。

"你不见见西边的了？"

"不见了。"

"还有什么话要说吗？"

"没有。"袁世凯说，"老佛爷不问也就罢了。若问及，您只说没见我就算了，免得又生枝节。"奕劻点点头。

袁世凯又说："以后有什么事，王爷能及时告知慰亭就行了。慰亭愿为王爷分心。"

袁世凯离京的时候，忽然得到一个消息：段芝贵被革去黑龙江巡抚之职，载振的农工商大臣也被开去。一张小报还公开称赵启霖为"铁面御史"。袁世凯一下子软瘫瘫地坐下来——太后是相信了赵启霖的参劾，并且动了真格的，连奕劻、袁世凯的情面也不讲丝毫了。他哪里知道，这正是冲着奕、袁来的，只不过才是敲敲警钟而已。

一路风顺的袁世凯，突遭此打击，心中又怒又怕："我饶不了这个赵启霖！我看他是三头还是六臂？"但是，他也想到了："这场风来势凶猛！绝不只是赵启霖一个御史能够煽动起来的，风源在上边。"袁世凯说不明"上边"的关系。由此，他更加害怕了。

有一点倒使他稍觉安慰：朝廷竟然对赵启霖参劾大臣一案公布了一个结论："此案调查不实"以"妄参大员"的罪名，革去了他的御史职。袁世凯轻轻地抽了一口气。"老佛爷还是留了情面，段芝贵、载振被革并没有说出原因，而赵启霖却有个'妄参'的罪名。"

二

袁世凯从北京回到天津，便再不出他那间小客厅兼着餐厅的书房。他从书架上搬下来许多书，可是，他只把它们搬下来，看一眼便堆在一边了。他对任何书都无兴趣，他认为书上的学问没有一句可用。总督衙门内设了个丰富的书房，似乎只当装样子。现在，阮忠枢到他身边来做文案了，他叫阮忠枢去读。读了之后由他向他说学，他只想知道这本书说的事的轮廓就行了。"我的本领，后世会编成最有学问的书！"不过，有件事很特别：他朝书桌前一坐，那五短的身材，总是把腰板挺得直直的，像他站着一样挺胸直腰；有时两腿叉开，两手压在膝盖上，腿和腰仍然是挺直的。一副威武的样子。他从来不架"二郎腿"。同别人谈话也是斩钉截铁，不絮絮叨叨。他在书房里，不喊人，谁也不许进。

袁世凯在书房独自闷坐了半天，才叫人把阮忠枢请来。阮忠枢来了，却又没有谈什么事。

"斗瞻，你中午就在这里陪我吃饭吧。没别的事。"

"姨太太们都不过来了？"阮忠枢问。

"不让她们来。"

"小姐们呢？"阮忠枢知道，年轻的子女们常陪他吃饭。

"也不让她们来了。"

阮忠枢明白了，这并不是只来吃饭，一定还有事商量。他便坐在一旁，等候袁世凯发问。

午饭上来了，是正在争做管家的五姨太杨氏安排的。由于袁世凯的起居饮食已经在大姨太沈氏的调理下有了固定的模式，这种模式又是袁世凯十分满意的。所以，谁以别想更改，只是花上功夫把品味做得更好罢了。

红木八仙桌上，东边摆上肉丝炒韭黄，西边摆上红烧肉，北边摆上清蒸鸭子，南边摆上金氏从朝鲜带来的烹调术制作的高丽白菜，另加上一些熏鱼、蔬菜、果品之类，主食是馒头，还有大米稀饭，绿豆糊糊。袁世凯不喝酒，也不用酒待客。菜齐了，他便请阮忠枢入座。"斗瞻，请，家常便饭。"

"谢谢盛情，谢谢盛情！"阮忠枢一边入座，一边表示谢意。

入座之后，袁世凯便不再客气，像往常在家人陪同下吃饭一样，拿起筷子，端起碗，想怎么吃便怎么吃——袁世凯最喜欢吃鸭肫、鸭肝、鸭皮。

阮忠枢也随便拿起筷子。他见袁世凯把筷子插进鸭肚下，轻轻地一掀，皮张起来，再一转两转，那鸭皮便掀下半块。然后，朝馒头上一放，伸过脖子便吞了下去。这异常熟练的手法，使阮忠枢看瞪了眼。

阮忠枢一边吃，一边等待袁世凯发话。哪知袁世凯只管狼吞虎咽，却一言不发。这并不是袁世凯信守"食不言"的信条，而是袁世凯心里打了转转。

袁世凯想的，是如何对付两个红得发紫的大臣，而且要整倒他们，整垮他们。而他阮忠枢虽然在乎者也，咬文嚼字上有番功夫，那只是官场上的雕虫小技，奈何不了大臣。袁世凯想："不能对他讲，多一个人知，多一分风险。阮斗瞻在这样的事情上，是没'斗瞻'的，连升胆、合胆也没有。"所以，他把想说的话，全部吞到肚里去了。二人填饱了肚子，用人收去了狼藉的杯盘，袁世凯这才说："好些日子不见芝泉，你让他到我这里来一趟。"阮忠枢答应着转身的时候，袁世凯又说："还有少川（唐绍仪字少川），让他们一道来。"

阮忠枢走了之后，袁世凯本应按自己的生活规律美美地睡上一场午觉的。可是，躺倒床上，却怎么样也合不上眼，他总感到举国上下云雾蒙蒙，宫廷内外云雾蒙蒙，他袁世凯身左身右也是云雾蒙蒙。这蒙蒙的云雾要将他淹没，要将他吞掉。他的心悬起来了，激烈地跳动起来了……

晚上，段祺瑞和唐绍仪先后来到袁世凯面前。

北洋第三镇统制段祺瑞，不久前在彰德会操夺魁之后，觉得自己手中的军队似乎成了中国第一流的军队，更加骄横跋扈，除了袁世凯之外，他心中几乎再无别人。

袁世凯在京中的风风雨雨，他随时都了如指掌。许多天来，他就愤愤不平，想抓点把柄，"行动"一下，总又觉得借口难找，暂时收敛了。唐绍仪比段祺瑞稳重，他想摸摸"关节"，然后采取智斗的办法，不动声色地行动。这两人和袁世凯对面坐定，袁世凯开门见山地说了一下京城的对他有瓜葛的事情之后，说："事情就是这样，树欲静而风不止。过去咱们想得太简单了，太善良了。人家下了手，咱才明白过来……"

段祺瑞歪着鼻子——每逢碰到不顺心的事，段祺瑞就歪鼻子。心中的怒气越大，鼻子歪得越厉害——不待袁世凯把话说完就开了腔："朝廷一下子就免了两位大员，朝中竟无一人出来说话，这算什么？还有点公道吗？"

段祺瑞说的"免了两位大员"是指的段芝贵和载振。袁世凯轻轻地摇摇头。"怎么没人出来说话？没人说话那个御史就被革了？""该杀！"段祺瑞说："赎个坤伶怎么样？抢人家的良女都没事。"

唐绍仪消息灵通。他慢吞吞地说："赵启霖的参劾，怕只是一个信号；革了赵启霖，天下也太平不了。"

"是的。"袁世凯说，"岑春煊到北京，一头扎进瞿鸿机怀里，这就不是个好事。"

"怕什么，干掉他们！"段祺瑞杀气腾腾。

"怎么干？"袁世凯早想干掉他们，就是苦于无处下手。他这么一问，段祺瑞和唐绍仪觉得这两个人太大，无法吞下去。"这两个人背后还有个后台，更难办。"唐绍仪说。三人都沉默了。

是的，袁世凯最感头疼的两个人，一个是军机大臣，一个是未上任的四川总督、现任邮传部尚书，何况他们背后还有个庞然大物——慈禧。想干掉这样一对，谈何容易！

正是这三个人对面焦急时，宫中也正发生着一件焦急的事：春风得意的岑春煊，从两广总督调任云贵总督未到任而又被改任四川总督，进京谢恩时，军机大臣瞿鸿机拉住了他，让他在京过一段再外任。岑春煊在西太后西逃时"勤王"有功，慈禧自然答应，这才改任邮传部尚书。领了尚书进宫谢恩，慈禧心花怒放，不免留他多说了几句话。

"把你留在京中，我是想能够多个人，常跟我谈谈心里话。"慈禧不忘逃亡途中这个远在甘肃任着藩台的人能够率五百骑兵护驾之功。

岑春煊受宠若惊，跪在地上，连呼"老佛爷圣明"，说："老佛爷喜欢奴才时，只管传，我随时可到。"

"不传了，现在就让你说说，你在外边到底有什么新鲜见闻？"岑春煊，广西壮族绅家子弟，老爹岑毓英以镇压少数民族著称，官至云贵总督。岑春煊自幼随父在任，甚知官场的来去，早已学会了一套逢迎拍马术，更加上瞿鸿机的合谋，该在慈禧面前说什么，他心里已有谱。慈禧这么一问，正合他的心意。但是，他还是说："不知道老佛爷是想听逆耳的忠言，还是想听奉承的假话？"

"我一生都不爱听假话。"慈禧面带怒色，"谁用假话骗我，我就杀谁的头。"

"奴才也是一生从不说假话的人。"

"那就实说吧。"

"奴才在外边听得最多的，是军机处的事。"岑春煊说，"那位……那位……"

"是不是奕劻？你只管直说。"

"是的。奴才直说。"岑春煊说，"那位庆王爷也实在缺乏治国的本领，故而拉着了个袁项城。这不，军机处几乎成了袁家的了，袁大有统权之势。那个黑龙江巡抚……"

"你说段芝贵，还有载振的事，是不是？不是已经了结了吗？"慈禧岔开了话。

"了结是了结了。"岑春煊说，"那影响可坏呢。老佛爷还不知，那个袁世凯可不简单，现在人所共知，是他执掌军机处。"

"我不信。"

"老佛爷可以不信这话，但是，袁世凯拼命扩军，把军队抓到自己手里，老佛爷得相信吧。"

"那又怎么样？"

"老佛爷明鉴：功高震主，这兵多……"

慈禧心里一跳。她沉默片刻，摇着头说："你去吧，我想休息片刻。"岑春煊退了出来。

这件事就在袁世凯等三人对坐时便传到他们耳中。袁世凯狠狠地拍了一下桌子，说："岑春煊，什么东西！"

唐绍仪望了望段祺瑞，说："人家已经挑战了，咱们得应战。"段祺瑞望了望袁世凯，说："兵来将挡，水来土掩。"

袁世凯望了望唐、段二人，说："在目前情况下，拼不是上策，还得以智取胜。"

三

张之洞调回任两湖总督之后，朝廷决定由端方升任两江总督。端方要到南京去走马上任了。这是1907年上半年的事。

端方是袁世凯的儿女亲家，亲家荣升，袁世凯自然要送行。北京，一座标准的四合院。由于居住人的身份，使四合院增添了几分威严和神秘。这就是端方在京城中的府第。袁世凯走进来的时候，端方站在正厅门外，满面带笑，拱起双手。"宫保，亲家，欢迎欢迎！"

"为大人、亲家送行，来迟了。恕罪，恕罪！"袁世凯也拱起双手。二人携手，走进客厅。

侍从献茶之后，便退了出去。

落座之后，端方从桌上一只红木长匣中取出一支雪茄烟，一边双手递过，一边说："我知道亲家只此一乐，故特备之。不知会不会如府上自备的如意？"

"闲情逸趣，哪就当真当成正事品评了。"袁世凯接过雪茄烟，笑着说，"我本来对什么烟也乏瘾，怎么说呢？算是一点附庸风雅吧。见笑见笑。"端方又拿出一支雪茄烟，自己吸着。

"亲家公，你要到长江边上去了。"袁世凯说，"好，那是一片好地方。比北京城里好，干净。"

"我也不想留在京中，"端方说的是假话，哪个臣子不想在京中混，外放常常被当成一种惩罚。只是，像两江总督这样的封疆大吏，对人还是极有吸引力的。"寻一片清净之处，过两年安生日子，倒也舒心。"

"我也想远去。"袁世凯说，"免得有些人心里不舒服。"

"你说的是那个岑三公子？"端方心里明白，岑春煊把袁世凯败坏得不轻，端方甚感不平。

"大约是我碍了他的官道了？"袁世凯又摇头，"他走他的路，与我何干！"

"这种人……"端方对岑春煊，也是恶感重重。当年，他在陕西藩台任上，是陕西护理巡抚，本应顺利升任巡抚。结果，却被岑春煊夺了去，并且立刻摆出上司架子。气得端方脸都青紫了，他终日想借故报复他一下。如今，当端方知道这个岑老三又在暗地里给他的亲家添油加醋，早已怒火再升了。"听说他在上海养病时并不安分。"

"是的。"袁世凯说，"连云贵总督都不干了，风风火火跑到上海。"

"好吧，上海的事我去办。"

二人又寒暄阵子，袁世凯告退。

端方到南京，便把这个任务交给了上海道蔡乃煌。要他利利索索办一件有分量的"证据"。

欲加之罪，何患无辞。那蔡乃煌也不是个省事的人，何况顶头上司又有交代，他自然会办得"利利索索"——这位上海道通过一家照相馆，把岑春煊的人头照和首倡变法的康有为的照片"拉郎配"配到一起了。这张照片蔡乃煌送给端方，端方送给袁世凯，袁世凯又郑重其事地送给了奕劻，并且加了个"朝廷大臣与保皇党魁为谋"的罪名。那奕劻因为岑春煊的密报，早已在慈禧面前吃了冷眼。现在，报复有据，便郑重其事地送到慈禧面前。

戊戌变法被压下去之后，慈禧虽然开了杀戒，但康有为却逃之夭夭，她便记恨在心。后来听说康有为跑到日本去了，在那里仍在积极活动，仍然打出"保皇帝不保太后"的旗帜，她更加气得发昏。现在，一见自己信赖的忠臣竟是自己最恨的仇人的朋友，心里怎能容得下，大发雷霆地说："这还了得，这还了得！原来那个岑春煊不是个好东西。我饶不了他！"

奕劻一看慈禧大怒了，他心里有点焦急。他知道这个女人的性子，发起怒来，不顾一切，万一出了意外，他也怕不好收拾，便说："此事还是不动声色为好，以免引起物议。"

"怎么不动声色？谁反对我，我就革他的职，问他的罪！"

"革职问罪都易办，"奕劻说，"若是用一种缓缓的办法，先革职，而后再说别的……"

奕劻是军机大臣之首，尽管慈禧听人说了他不少坏话，但他毕竟是满族大臣之首，慈禧还得靠他办事。于是，她问："你说这事该怎么办？"

"先免去邮传部尚书，外放出去再说。"

"你去办吧。"慈禧摆摆手。

岑春煊做了一个月的邮传部尚书，便突然间离开了朝廷。说是让他回到两广总督任上，可是，去了不到两个月，又被免了职，以后便再不见用——一个算计了旁人半生的人，终于被别人算计倒了。

朝廷走了一个岑春煊，袁世凯在通途上铲除了一道障碍，他喜得好多天合不上嘴。可是，他不放松，他的目光，又聚焦在另一个政敌——瞿鸿机——身上。

岑春煊的销声匿迹，大大地震撼着瞿鸿机。他心中清楚，这是袁世凯的阴谋。虽然他还不明白其中的奥妙，他知道岑春煊被冤枉了，岑春煊没有斗过袁世凯。瞿鸿机也想到，袁世凯的下一个排挤目标，便是他瞿鸿机。

这个被称为宫中"活档案"的瞿鸿机，早为满族大臣中反袁派的工具。他知道，跟袁世凯的斗争，是你死我活的。岑春煊的失败，他感到了孤立，感到了袁世凯的手腕毒辣。他告诫自己，务必谨慎行事。瞿鸿机变得沉默了。行动也迟缓了，似乎在时刻躲着人。他在窥视。他在看风向，测气候。

一天，慈禧把瞿鸿机叫到面前，想问他一些事。近来，这女人的心情很不好。信得过的人，大多不安分；信不过的人，又总是老实无能，办事的人不办，不能办事的人还整天说三道四。是奕劻的奏案，她开去了一个岑春煊。可是，她心里却明白，奕劻是个办不成事的人，她早想有一个更好的人来代替他，可就是找不准谁更合适。

"这些日子，事情办得还顺心吗？"慈禧笼而统之地问一句。"还顺心。"瞿鸿机也笼而统之地回答。"东北没有什么事发生吗？"

瞿瞿鸿机不知太后指的什么。要说革去段芝贵黑龙江巡抚之职，那是她自己办的；要说日俄两国虎视这片土地，那是老问题，没什么新话可说。所以，瞿鸿机对这样的事，只好支吾着："没有，没有。"

两句糊涂的问答，慈禧心里挺生气。不知是因为生气引发的，还是故意说给瞿鸿机听的，她叹了声气，说："尽是些让人焦愁的事，一个个都变成了没嘴的葫芦，咳……"停了停，她又说："那个奕劻，名声越来越不好了。这样名声不好的人，咋能办事？该让他离开军机了。该了。"说罢，便竟自退了出去。

瞿鸿机本来是小心翼翼来听训的，忽然听得太后如此责难奕劻，他的心意从冷变热了。"老佛爷守着我说奕劻，岂不是对我表白了特殊信任。"这么想着，他有点激动，有点得意忘形了。回到家，他便对夫人大声说："好了，好了，我的好运来了。"

"什么好运？夫人不相信。因为她也知道岑春煊的下场。"

"奕劻就要离开军机了，要回家抱娃子去了！"瞿鸿机真有点忘乎所以了。

"哪个说的？"夫人不相信。

"老佛爷亲口对我说的。"

"真话？"

"还会假？"

"谁去接他呢？"

"那还用说，老佛爷当面对我说这话，你还不明白意义。"

瞿鸿机的得意忘形，也传染给了夫人，夫人也得意忘形了。她走出家门，便到处炫耀"俺家老爷要掌握军机处了，那个奕老爷名声坏，老佛爷不用他了！"

娘儿们的传扬，很快便到了奕劻耳中，奕劻及时传了袁世凯。袁世凯不听则已，一听此话，便六神无了主。"果然奕劻出了军机，我还会有好日子过？！"他立即安排京中的亲信，继续探听此事的虚实，一面派人观察宫中动静。

说来，也该瞿鸿机流年不利，夫人外边的口风流露，竟被一个外国记者听到了。那些终日吹着浮土还怕找不出缝隙的洋记者，如获至宝，立即发出"特急"电讯，一家英国报纸——《泰晤士报》——抢先发出了消息，忽然间便在西方世界掀起了不大不小的一场波涛。

袁世凯高兴了。奕劻乐滋滋的。

于是，一个奏本上到慈禧面前：

"瞿鸿机私通洋人，分布党羽，泄露国家密要，不宜置身庙堂……"

慈禧正为外国人披露消息恼火，火无处发泄之际，一见弹劾，马上心中大白。"此事只在瞿鸿机一人面前议过，是这个东西外传无疑了。"于是立即降旨："着瞿鸿机开缺回籍，永不叙用。"

一个红得发紫的人，转瞬间便黑得发臭。瞿鸿机在他的密友岑春煊失宠之后仅一个月，便步其后尘，销声匿迹了。袁世凯一月之中少了两个政敌，笑了。奕劻怀着和袁世凯一样的心情，也笑了。

又过了两个月，1907年8月，朝廷忽然降旨："调张之洞、袁世凯二人为军机大臣。"特别对袁下旨："兼任外务部尚书，即日来京供职。"……这道圣旨对于袁世凯是福，是祸？还得好好思索思索。

四

袁世凯做了军机大臣，心里着实高兴。高兴得连怎样庆贺一番，也拿不定主意。他只顾忙着更衣整冠，要到宫中去谢恩。

在清朝的吏制中，军机大臣就是宰相，就是群臣中最大的臣，皇上之下，百官之上，普天下几乎都成了他的。袁世凯做梦都想这个位置。远的他说不清楚，近的，他亲眼见着了，李鸿章、奕劻，多威风呀！他们的一举一动，一个眼色，都令许多人忧喜不定，甚至生死攸关。"宰相——相国，国家便是我的了！"这一年，袁世凯才四十九岁。四十九岁的人竟做了宰相，得算他官运亨通，年轻有为，做官的日子长着呢，有过头。

然而，当袁世凯穿戴打扮一毕，正要入宫谢恩时，他忽然又心绪不安地坐下来，脸膛也蒙上了霜。"军机大臣，军机大臣……"

袁世凯是十分熟悉清朝的官制的，一个无足轻重的官儿，想当宰相，那是至高无上，一个总督，一方的土皇帝，调任军机，也得算是高升。可是，袁世凯在"高升"之际忽然想到了权，想到了他手中既得的兵、政、财等大权。"军机大臣，皇帝身边的传令官而已，充其量只能'佐命'，任何军国大事，都得皇上定夺。这样的大官，何如自己独霸一方，要地盘有地盘，要兵有兵，要钱有钱。"想到这些，袁世凯猛然感到失落了，上当了。"这不是老佛爷在用明升的办法暗降了我吗？把我拉到她身边，一切听命于她的摆布，我什么权都没有了。这顶帽子我不能要。"可是，他想不要这顶帽子能行吗？莫说是猜测的"明升暗降"，就说白了，是降你，你又能如何呢？袁世凯还是软瘫瘫地坐下来，通身有点发冷。

袁世凯深知历史，深知权的威力，也深知权大的危险。赵匡胤的"杯酒释兵权"，朱元璋的"火烧庆功楼"，不都是因权得祸。"我袁世凯难道会有他途？"

袁世凯想得有道理。慈禧把这样两位汉人如此高封，除了她想利用汉人来维持摇摇欲坠的皇权之外，她同时也怕这些人权大了压她。岑春煊坏了她的事，惹她生气了，她免了他的官，不再用他。可是，岑春煊的话她却记住了。那一天，她召见岑春煊的时候，本来想谈点别的什么事，哪知岑春煊先入为主，竟谈起了袁世凯，谈起了权大、功高等事。慈禧虽然听得不耐烦，更没有因为岑春煊的"殷勤"而厚待他，可是，当一切该发生的事情都发生过了，包括岑春煊的失宠，慈禧反而记住了他的"功高、权大"的话。所以，她决定把张、袁两个最有权势的汉族大臣调整到身边来，既加强中央集权，又控制了汉人，使得朝中一股排汉风潮落到实处。

袁世凯不想丢掉直隶，又不能不丢掉直隶。他沉思许久，终于想出了一个两全其美的办法。"嗯，就如此这般，我看看这个老太婆是什么样的态度。"

袁世凯进京"谢恩"的时候，是1907年的隆冬。

这一年的冬天，北京早早地便落了几场大雪。第一场下得很大，街街巷巷积雪盈尺；第一场雪尚未融尽，紧接着又是第二场，第三场。塞外刮来的狂风，凛冽如刀，厚厚的雪层，再不见融化；河湖之中，冰厚入底；房檐树杈之下，也垂凌三尺。北京，一片冰封世界。

袁世凯离开天津的时候，大姨太沈氏依照他的嗜好，给他着着实实装扮一番：贴身穿上绒毛裤褂，加上厚驼绒的坎肩，厚毛线的对襟上衣，再套一件小皮袄，穿一条厚毛裤，外边便是黑呢子制服——只是，这制服的里子全是貂皮做的。衣服穿好之后，这才拿出那顶四周吊着貂皮，中间露出黑绒平顶的黑绒皮帽，一边给他戴上，一边说："北京天冷，千万不要脱帽、解衣。朝服我另包好了，让人带着，上朝见驾时再换上。事办完了，赶快回来，那边没人照顾你。"

二十多年了，自从袁世凯去朝鲜任职起，沈氏就在他身边如此细心地照料。袁世凯很满意这个内助，他早把她当成"正配"看待。听着沈氏的体贴唠叨，袁世凯笑了。"亏你想得周到，多谢了。只是，这次有句话你说错了。"

"什么话说错了？"沈氏撒娇地说，"我看都该说，说得对。"

"你说'事办完了，赶快回来'，岂不错了吗？"袁世凯说。

"怎么错了？"沈氏摇头。

"这次是去谢恩。"袁世凯说，"不见那圣旨上说的，'即日来京供职'嘛。到北京是供职去的，没有'这边'了，只有'那边'。就连你们，不久也得进京。"

沈氏轻轻地叹声气，又说："去北京供什么职？在天津不是很好吗？终天颠颠簸簸，让人心烦着呢。再说……"沈氏收住话头，一双关注的目光投向袁世凯。

袁世凯历来是宠着沈氏的，沈氏在他面前从不曾吞吞吐吐。今儿忽然把话说了一半就不说了，袁世凯心里一惊。"怎么啦？说明白呀！"

"还用说明，你自己不知道？"

"不知道。"

"装糊涂。"

"不装，就是糊涂。"

"你不觉得在朝廷供职有福也有祸吗？"

袁世凯心里陡然一跳。"连妇人女子都看得到有险！"遂寒着脸，没有说话。

沈氏把一切该做的都做好了，才说："我只是凭着心想，才挂念着的。常言说得好，伴君如伴虎。何况如今的君又是一个女人。"沈氏的话说得很明白。要在往常，袁世凯准会对她大怒一阵。可现在，他不光不怒，反而觉得这个"醒"提得十分正确，十分及时。"是的，到不了'君'身边的人，拼命往那里挤；到了'君'身边的人，有几个敢阔步挺胸过日子的。'伴君如伴虎'这不是妇人之见，是历史，是真真切切的历史！"袁世凯深深地叹了一声气，给沈氏一个赞许的目光，但却一言不发了。

慈禧是单独接受袁世凯的谢恩的。

七十三岁的慈禧，身体和精神都明显地衰老了。华丽的衣着，掩饰不住满面的疲惫；堂皇的宫阙，却不见昔日的庄严。女人的眼帘显得十分灰暗，线条形的皱纹密了，而且也更深陷了；搭在龙座上的双手，业经毫无支撑力。袁世凯在她面前跪倒行完了大礼，问过了安，许久，她才有气无力地说："起来吧，赐座。"

袁世凯谢过座，小心翼翼地坐定，想说点什么，但见她这般模样，也不知该说什么才好，只好敛口。

七十三岁，算是中国人的忌年，民间有传说，叫"七十三、八十四，阎王不叫自己去"。圣人孔丘活了七十三岁，亚圣孟轲活了八十四岁。圣人七十三、八十四便死了，何况凡夫俗子？因而，人到了这两个忌年，心里都有点慌。尽管这些年来许多人高呼"老佛爷万寿无疆！"这女人也明白，她不能无疆。只怕连百岁也不敢盼。这女人的心事太多太重了。八国联军的事虽然刀光剑影熄灭了，那场灾难使她元气大伤，国力破坏不说，那笔赔款她得几时能还清？外国人一乱，中国人也乱了；屈服于外国人更激起了中国人的愤怒，皇权动摇了，一股可怕的"民主"思潮，洪水般地涌进了中国，造成了一种"中国非学西方洋人不能富国强民"的形势。学西方的哪个洋人？国人又是莫衷一是。慈禧没有主张了，结果，她派出去五个大臣到西方考察。考察什么呢？说是"看看人家推行的什么政治"。考察政治？这又是一大难题，各国有各国的情况，西方一些国家虽也称作"帝国"，可人家的

"帝"却不同于中国的"帝"，慈禧又怕学人家中了毒。所以，五大臣出去不久，她又急急召回。就是五大臣被召回国时，中国又闹起了一阵阵立宪的风潮……老女人面前这汪水池，按下葫芦瓢起来，她按也按不住了。只好，日日夜夜一个"愁"字了得。常言说得好："千愁万愁人自老！"女人老了，愁肠又多，精神能好？殿堂里冷寂了许久，她才开口："袁世凯。"

袁世凯忙站起："奴才在。"

"我让你到军机来，你该明白我的苦心，是不是？"

袁世凯一时讶然，这样不疼不痒的话他不知如何答才好。张了半天口，才说："明白，明白。那是老佛爷对奴才的恩典。"

"我老了，"慈禧闭着眼，摇摇头，"许多大事都有心无力了，自然想到了你。"

"老佛爷红光满面，精力盛旺，奴才们都说这是我大清洪福，是黎民洪福！"

慈禧哭一般"嘿嘿"两声，又说："还会有'红光满面'？果真，那倒好了。我自己明白。到军机了，你能帮我办几件该办的事，我也就高兴了，这比说好话好。"

"奴才决不辜负老佛爷的恩典，一定鞠躬尽瘁！"

"那就好，那就好。"慈禧还是闭着眼，说，"你还有什么话要说吗？"

袁世凯知道慈禧要走了，忙跪下，说："老佛爷凤体欠安，奴才本不该多事，只是……"

慈禧眉头急促地皱了皱："刚刚还说我'红光满面'，怎么，眨眼间又说我'欠安'了？"但她还是说："有什么话说吧，我会听的。"

"谢老佛爷。"袁世凯说，"奉老佛爷的旨意，奴才要到北京供职了，可直隶这片地方，地处帝都，至关重要，臣想……"

"要有一个能干的人去接你的位，是呀不是？"

"奴才也是为国家社稷着想。"

"我明白。"慈禧说，"我想着了，只是还没有定下来。你若觉得有合适的人，推荐上来，岂不更好？"

慈禧说这番话的时候，袁世凯听得最认真，而思想颤动也最大、最迅速——进京之前，他曾思索再三，我们前文说的他想的"两全其美"的办法，也正是这事。他不想丢下直隶，他不得不丢下直隶的时候，他便想一定安插一个亲信来管直隶。慈禧说她"想着了"，袁世凯打了个寒战；慈禧说

"还没有定下来"，袁世凯又立即转忧为喜；当慈禧要他"推荐"合适的人时，袁世凯便有点得意忘形了！

"谢老佛爷对奴才的信任。"袁世凯匍匐在地磕了个"最值钱"的头，说："据奴才长期观察，我觉得直隶重任交给杨士骧最为合适。请老佛爷……"

"是不是在李鸿章身边待了许久的那个杨士骧？"

"老佛爷记性好，是他。"

"他还有个兄还是弟，叫杨士琦的，我也知道这个人。"还不待袁世凯回答，慈禧又说："你觉得这个人合适，那就让他去吧。"

"谢老佛爷对奴才的信任。"

袁世凯如愿以偿，心满意足地离开慈禧。

五

清王朝毕竟老了，皇权像一根朽木，再也无法支撑那个摇摇欲坠的破烂大厦。就连掌权者，也早已感到"内虚"，需要补血，需要借助外力强心。这就是从宫中刮起的一股"学洋人，搞立宪"的"新风"。

慈禧人老了，心尚不死，她不惜违了祖训，重用汉人，开了汉人入军机的禁令，并且装模作样真的要效法西人，推行宪政了。五大臣的出洋考察，虽然没有什么结果，毕竟是把立宪之事促了一下，作为朝政，业经列入了议程。

就在这个前提下，张之洞、袁世凯进了军机，把立宪问题推向了一个微妙的境界。

——这里，有必要先介绍一位奇人。

五大臣出洋考察虽半途而归，但却并不两手空空，而是堂而皇之地呈上《东西各国宪政之比较》《中国宪政宜吸收东西各国之所长》以及《实施宪政之程序》等三篇报告，请朝廷预备立宪。慈禧正处在病入膏肓、饥不择食之际，便正儿八经地批准了。她哪里会想到，这三篇东西竟是出自当年维新变法的首创人之一梁启超的密友杨度之手。我们要说的奇人，正是这位杨度。杨度是国学家王闿运（字壬秋）的门生。王曾为曾国藩幕僚，自称狂士，曾劝曾率汉人取代满族，曾不干，王拂袖而去。杨度颇得师道，戊戌变法后他出走日本。出国考察的五大臣第一站便到日本，随员中有一个叫熊希龄的又是杨度的好友，深知其城府，到日本便去相访，并请他代写报告。

慈禧既批准了五大臣的预备立宪的报告，当然要搭班子，有人来办事。五大臣便以"精通宪政，才堪大用"保举了杨度。清政府将早年设的政治考察馆改名为"宪政编查馆"，派杨度作为提调，并给了个四品的头衔。

袁世凯历来是最善利用人际关系的，他虽对立宪兴趣不大，但对杨度这样一个"时髦"人物还是十分青睐的。于是，他把新到军机，面临百事的"事"都放下，先在杨度身上做了文章。

一天，他把儿子袁克定叫到面前，一边吸着雪茄，一边对他说："立宪的事情，甚嚣尘上，你知道吗？"

袁克定不学无术，终日过着公子哥儿的生活，哪里知道什么立宪不立宪，但还是说："知道，知道，人人都在谈论。"

袁世凯明知他在撒谎，只侧目窥视他一下，又说："现在，朝中把政治考察馆改为宪政编查馆了。派了个杨度做提调。你知道这个人吗？"

袁克定摇摇头。

"是个很有点才华的人。我没有记错的话，他今年是三十三岁，比你略大一点。你可以设法同他相交嘛。"

袁克定随即答应了个"是"。他很了解老爹的手段，这几年，老爹拉拢人的方法之一便是攀亲。是老爹的同龄人，便由老爹出面结拜；是儿子的同龄人，能收为门生的，便收为门生，收为门生不行的，便由儿子去结拜。因而，袁克定和他的弟弟袁克文，也都是朋友遍四方的人。袁克定答应了，袁世凯又怕操之过急。于是，缓缓地说："你不必先同他结拜，就说我很想见见他，很赞赏他的人品和才华。请他在乐意的时候，到我这里来一趟。"袁克定这才答应着，退了出去。

湖南湘潭人杨度，曾留学日本，与梁启超往来甚密，自称其独得帝王之学，不问政治，喜结天下朋友。戊戌变法受梁牵连，逃往日本。杨度在日本依然广交朋友，无论你是民主派，还是革命派，都不拒。他曾被选为中国留学生会会长。孙中山在日本搞兴中会时想拉拢他，杨度坦率地告诉他："我们政见不同，只能做朋友，不能共谋大计。"后来，他办了一张报纸，叫《中国新报》，自称以富国强兵为目的，不主张革命反清，也不主张立宪保皇，要拉一种第三派势力。幻想中国有朝一日出奇人，立大业、成帝王，他要扶持那样的人，将来以布衣而求将相。杨度太天真了，他的美梦渐渐破灭了，他也渐渐贴向官僚。

　　杨度拜见过湖广总督张之洞，也拜见过两江总督端方。此前五大臣出访时，五人中便有端方，杨度写出的那三篇报告，该算是端方所指。据说，当时端方还建议他"回国主办政治学堂"。不想，那政治学堂不曾办起，他竟成了朝廷立宪编查馆的四品提调。想清高并未清高得了，想树一支第三势力也未树起，最终还是贴上了朝廷。

　　杨度既然也是个俗人，俗人想的事他自然也会想。入官场了，得通达官场的行道，他便想找个靠山，以便道路通达。找谁呢？端方不行，他还在外任；张之洞入了军机，此人倒是可以选作对象。

　　就在杨度想再投张之洞门下时，袁世凯的大公子袁克定匆匆找上门来。

　　袁克定在杨度对面坐下之后，先代表老爹向他说了一串早已编好的、甚表赞赏的言语，然后说："杨先生虽远离官场，但杨先生对国事的见解，家父常常赞不绝口，久有相识之意，只是无缘。今日杨先生就任宪政大事，家父十分高兴，故派克定先来问候，有方便之日，自当请先生光临寒舍与家父畅叙。"

　　杨度跟袁世凯并无交往，但对袁世凯其人却不欣赏。他认为袁世凯不是科班人物，心中无知识，只凭机遇和权术上攀。但是，就凭他这样一个人物，能够连连高升，且军权势大，如今又入了军机，成了国中数一数二的人物，也得算他能耐。袁克定跨进门的时候，杨度就在"掂量"袁世凯这个人，他虽一时尚难知他的斤两，但是，他业经敬服他的立身，敬服他的仕途通畅。再听了袁克定一片奉承，又见人家如此身份能够如此礼贤下士，心里早已甜滋滋、乐融融了。再细想想，他原想投靠的张之洞，此人虽德望不一般，但毕竟年老体弱，老态龙钟了，再加上几年并未展示多大的雄心和才华，充其量，算个吃老本的人。相比之下，无论年富力强还是雄心抱负，自然都差袁世凯几筹，他终于改了主意，说"承蒙宫保厚爱，皙子（杨度字）万分感激。宫保的为人为官，皙子早已倾心敬服，此番任职宪政，便想待稍事安顿，即到宫保大人府上去请教。不想，大公子先临舍下，皙子不日即登府求教。今后事无巨细，皙子一切听从宫保，还请宫保大人多多提协。"

　　袁克定见谈话投机，见地相一，也就不免多说了几句，然后告辞——就这么一趟，袁世凯圈里又添了一位干将，不仅在目下成了袁的得力助手，且日后更是大展宏图，成了袁世凯想当皇帝的"筹安六君子"之首，为袁氏称帝立下了汗马功劳；同时，成了袁家天下"十三太保"之骨干。此是后话，暂且不提。

立宪、立宪，在摇摇欲坠的清王朝主宰者和他们的权臣面前，倒是成了一件"怪物"：皇室及他们的王公贵胄，是想着借立宪之名，苟延残喘，维持权势；贵胄中的失宠派，想通过立宪，以便抓权；大臣中的某些要人，也都是想借此机会捞取更大的权力。

入了军机的袁世凯对于立宪之事，仿佛比别人用的心思都多。他想通过立宪捞更多的权。可是，他却又觉得果真立宪了，皇权削弱了，他仿佛要倒霉了似的。前天，儿子向他禀报了拜见杨度的情况，他很高兴；但在他准备接见杨度的时候，又获得了一个十分可怕消息——

袁克定说完了杨度的事之后，又吞吐着说："大爷，外边对立宪的事风声很大。"

"我听到了。"袁世凯说。

"有些话传得很不好。"

"怎么不好？"

"有些满族大臣说，说是……大爷……"

"说我怎么样？"

"说是大爷你通过立宪，阴谋夺权。"

"混账话！"袁世凯甩了一下马蹄袖。

袁克定说："他们说，汉族大臣觉得自己无法用武力夺取皇权，便搞起了合法斗争，企图通过立宪运动，来夺取皇帝特权。并说，这股夺权势力的带头人就是大爷你。"

袁世凯怒气冲冲地站立着，仿佛想明白了一件事。"怪不得这阵子妖风四起，立宪的风声愈高，满族亲贵反汉族大臣的风潮也愈高。原来根源在这里。"他对儿子摆摆手，说："好了，你去吧。"

袁克定走后，袁世凯心里更不安了："这个议论若是传到老佛爷耳朵里，老佛爷偏信了，可对我不利呀！"许多年的亲身体会，那女人毕竟是女人，恨谁了会杀了谁，袁世凯怕惹不起她。于是，便匆匆去见奕劻，诚诚恳恳地对他说："务请大人在老佛爷面前把话说透，据慰亭所想，实现君主立宪，乃是缓和民主革命危机之策，只有这样做，才能保持我大清王朝根基万代。"

奕劻也劝慰他说："朝中紊乱，人心不齐，说什么的都有。任他们说去吧。闲言碎语误不了大政。你来了，我倒是想问问你，按照形势，当务之急是什么？咱们应该拿个主意。"

袁世凯一听奕劻这话，正中了心思——他是想通过立宪扩展势力的；要扩展势力，就必须对立宪有所作为。袁世凯趁机说："大人所想极是。我觉得，当急要办的，是该建议朝廷组织几位宪政方面的专家，在一个适当的地方开办宪政讲座，讲解立宪精神。让那些对立宪一知半解或根本就不了解的王公大臣都懂得立宪是怎么回事。明白了事情的来龙去脉，胡言乱语自然会少了。"

"是件急事。"奕劻说，"就是这些主讲师，不知好不好找？"

"这不难。"袁世凯胸有成竹，"现在已经有了宪政编查馆，那位提调杨度就是个'立宪通'，由他主讲十分合适。"

"好，那就找个机会，向上边推荐一下。"

不久，慈禧便做出决定，在颐和园开办了一座"宪政讲座"，由杨度做主讲。

六

慈禧搞立宪，本来就是一件装模作样的事，不得已而打出的一个招牌。真干，她是不干的。王公大臣中对立宪也是各持一说，议议而已。杨度做了主讲，去拜见张之洞，张之洞盛气凌人地对他说："中国推行宪政，绝不能走西方之路，必须本着'中学为体，西学为用'的原则，在本国历史上找根据，千万不能标新立异，违背历朝的规章制度。""历朝的规章制度"与立宪有什么关系，这位老朽没说明，杨度也没有领会具体。有一句话杨度是听明白了，那就是"不能标新立异"。

杨度去拜见满族大臣，他们都明白地表示："立宪的目的，必须做到巩固和扩大君主的特权。"而杨度所悉知立宪，又恰恰是在限制君权，他有点忧虑了。

最后，杨度来到袁世凯面前。一阵寒暄之后，便谈及立宪问题。袁世凯不隐蔽观点，他同时也觉得杨度早晚是他的人，他要指挥他，他同时为他的后路着想。他说："中国宪法，必须吸收东西方各国立宪所长，以富国强兵为目的，不宜墨守成规，故步自封。"

杨度点头应"是"，但他心中却在嘀咕："富国强兵？是富'君主'的国，还是富'民主'的国？这个袁军机告诫'不宜墨守成规，故步自封'，那个张军机却告诫'不能标新立异'，究竟孰是孰非？"杨度暗自笑了。"袁大人呀袁大人，我认识你了：你对奕劻说的是君主立宪，要保大清王朝的君主'万世一系'；转脸又要我不墨守成规，这岂不是旨在变更皇权吗？"他转念又想：袁世凯算是英雄，有应变能力。

宪政主讲就是这样的心态，开起讲来会怎么讲？可想而知了。

立宪既是潮流，朝廷不敢阻挡，唱高调也得随着唱。五大臣出洋考察，朝中设立"宪政编查室"，颐和园开办宪政讲座，这还觉得不够又接着派出达寿等三人考察团赴日、英、德考察政治；更命溥伦等人为资政院总裁，筹备立宪资政院，还命各省筹备成立谘议局，各府、县成立议事会。一时间，立宪问题成了举国上下的大事。朝廷当成大事办了，下边闻风而动，官僚地主摇旗呐喊，绅商农工也纷纷请愿。到了1908年9月，清政府还堂而皇之地颁布了包括二十三条条款的《钦定宪法大纲》……人们一见这部大纲，通通傻了眼。原来那上边规定："预备立宪之期为九年。"这就是说，朝廷打算用九年的时间做准备，准备就绪了，再实行。

"九年何其遥远？！那个老女人还能不能再活九年？！"人们明白了：《钦定宪法大纲》，乃缓兵之大计也！

天有不测风云。

1908年，是大清王朝流年十分不利的年头，立宪风潮真真假假闹腾得国人不安之际，朝廷中"哀"事连连：11月14日，皇后到瀛台去见皇帝，竟发现光绪皇帝死了；满朝文武尚未转过神来，慈禧皇太后也死了——几乎是在同一时间，傀儡皇帝死了，实权太后也死了。别管死得多么蹊跷，都得算作国家大哀。

皇帝死了，国中不能一日无主。根据太后的遗命，以醇亲王载沣的三岁儿子溥仪为嗣皇帝。嗣君年幼，不能亲理朝政，载沣以摄政王的名义代行皇帝的职权。

朝中这迅雷不及掩耳的变幻，使许多王公大臣都慌了神，下一步究竟会是一局什么样的棋，虽然都说不明白，但谁也不能不想想自己的前程。

袁世凯似乎比所有人更慌张。

载沣是皇族的守旧派，视权如命，对汉人成见颇深，尤其是对袁世凯这样终日要揽权的人，简直是疾恶如仇，早就明处暗处干着维护皇权的动作。当年，袁世凯受到慈禧太后信任，去训练北洋新军，载沣便极力反对，他认为那样做是大权旁落。明处向慈禧阻拦，拦不住，便伙同铁良、良弼极力解除袁的兵权，而想由皇室自行统领。事未能成，他便嫉恨袁。原来这个载沣倾向德国的。早年，他以"谢罪专使"的身份到过德国，德皇威廉二世竟十分优厚地接待了他，待之以友好国家亲王之礼。载沣受宠若惊，低三下四地向威廉二世请教"强国之策"。威廉正有意拉拢清政府，想日后做他的附庸，便毫不含糊地说："作为君主国家，兵权必须由皇室总揽。这便是'强干弱枝'的政策。若干不能强，国家难盛，皇室便谈不上安危。"从那之后，载沣便认准了袁世凯。"有朝一日，我非杀了他不可！"

袁世凯耳目众多，自己又精明透顶，载沣的内心他早已了如指掌。如今，载沣摄政了，袁世凯感到末日即将到来。袁世凯刚愎自用，从来都是自以为是，但逢到大难时，他也去求人。不过不是求部下，而多是去求外国人。英国公使朱尔典，便是他的靠山之一。形势危急，袁世凯匆匆去拜见朱尔典。

朱尔典也算是中国通了，1871年来到中国，1906年升任公使，在中国三十多年，甚知中国的军政。朱和袁世凯是在朝鲜相识，也有三十年了，交往甚密。载沣摄政，这个外国人也看到了袁世凯的危难处境。

"军机大人阁下，我等候你多时了。"

袁世凯心里一惊，"公使阁下知道我会到这里来？"

"知道，知道。"这个黄头发老外自信地点点头，说，"我是你的朋友，你是我的朋友。朋友就得知心。不知心算什么朋友？"

"朝中的事情……"

朱尔典摇摇手。"我知道，知道。对你不利，极不利！"不待袁世凯说话，他又说："你，处境相当危险。载沣是个狠毒的人，他会采取手段，消灭他的政敌。"

"那怎么办呢？"袁世凯焦急了。

"现在尚无万全计策。"英国公使眨了眨泛白的碧眼珠，说："用你们中国人的话说，'事大事小，一走便了'。我看阁下还是走出北京为好。"

"走出？！"袁世凯摇摇头，"他们早已布下严阵了，走不出。"顿了一刻，又说："走出去了，又怎么办？"

"走出去就有办法。"朱尔典说，"只要有一段时间，事情就会有转机。"

"阁下可以帮我走脱？"

"你愿意走？"

袁世凯不甘心坐以待毙，他点点头。

"有地方去？"

"可以先到天津。"

天津是直隶总督的驻地，总督杨士骧是袁世凯的人，杨的弟弟杨士琦正做着京津铁路督办。

英国人撅了下小胡子，点点头。"那好吧，现在你就化装一下，我送你出去。"

在英国人和杨士琦的帮助下，袁世凯连夜逃往天津，住进法租界的利顺德饭店，准备伺机逃往日本。

袁世凯逃走的消息传到宫中，摄政王载沣气得眼睛都直了。"我要抓回来，杀了他！"

载沣要抓回一个逃逆，那是易如反掌的。可是，气怒一阵之后，他还是冷静下来。"袁世凯毕竟是一个庞然大物，杀他还得费一番工夫。"

载沣虽然比袁世凯小了二十多岁，但他毕竟在宫中长大，见多识广；何况，载沣的见识又多是在朝政风雨飘摇之际积累的，他深懂各种关系。国难当头，人心惶惶，杀了袁世凯会不会更乱？他心神不定。

载沣把张之洞找来，请他对此事发表意见，想争取他支持。张之洞虽然跟袁世凯不睦，但自己毕竟也是汉人，并且与袁世凯同进军机。思索一阵子之后，说："袁世凯在此时出走，实不应该。但是，国家遭逢大故，不宜深戮旧臣。否则，人心不安呐！"

"你把我的意思用军机处名义密电各镇统制，看他们什么意见？"载沣交代。

军机处的密电发往北洋六镇了。隔日，即由第四镇统制吴凤岭，第六镇统制赵国贤联名发来回奏。回奏十分简单，但却十分坚决：请将臣等先行革职，以免士卒有变，辜负天恩。

好一个"士卒有变"：这无疑是等于以兵保袁。载沣明白，中国的军队统归六镇，而六镇之将，全归袁世凯。杀了袁世凯，六镇必反，后果更不堪设想。

就在这时候，英国公使朱尔典也频繁地出入宫中，开展他的软硬兼施的保袁外交活动。载沣为难了——

载沣要杀袁世凯，原因很多，袁世凯兵权大揽，早为载沣所忌；除掉汉族权臣，是载沣的皇权集中的策略关键。另外，其兄光绪帝之死，一股传言甚嚣尘上，都说是慈禧授意袁世凯干的，这又增加了他的嫉恨。但是，传言终是传言，何况国内国外又那么多阻力，载沣只得摇头作罢。

在朱尔典的周旋和担保下，袁世凯只好回到北京。不久，他便奉到上谕：

袁世凯患有足疾，着即回籍养疴。

袁世凯被革职了，他成了平民百姓。其革职的原因，竟是因为他三十多年前跟随养父袁保庆在南京坠马伤足！于是，人们当作笑柄议来议去。

第四章
漳洹犹觉浅，何处问江村

袁世凯因足疾要"回籍养疴"了。可是，他的籍在哪里呢？他的生母都未能葬入祖茔。

他要到河南的彰德去住了。那里有他几年前买的住宅，足可以够他"隐居"的。只怕不平静。

一

光绪皇帝死了，那是光绪三十四年（1908年）十一月中旬。嗣君溥仪的宣统年号是从次年开始的，所以，剩下的这四十多天，还是光绪年间。而袁世凯"着即回籍养疴"的"宫门抄"送到他面前时，这一年只剩下十多天了。年终岁尾，京城受着北方寒流的影响，早已是冰封雪盖，寒气逼人了。异常恐慌的袁府上下，从住定不久的北京锡拉胡同纷纷逃到天津，又不敢住进自己的宅地，都跑进一个叫梁宝生的富绅家中借住，袁世凯只带着五姨太杨氏和七姨太张氏等人赶往河南。又因彰德住宅正在整修，他们先去了辉县暂住。

袁世凯离开北京城的那一天，北风呼啸，天空又飘起了纷飞大雪。北京的街街巷巷白皑皑，雾蒙蒙，连行人车马也显见得少了。没有人为这位失去色泽的军机大臣送行，连他的贴身随从也是默默地随在身后——他是坐着马车去火车站的。早一天，他的随用行装、家什已经送到车站了，那里有铁路方面为他准备的专车。北京城对他像寒冬一样冰冷。

到了车上，袁世凯才发现一队步军打着"护送"的旗号在他周围。他皱了皱眉头，暗自骂了句："监督罢了，混账！"

一切准备就绪，那个步军头儿来到袁世凯的车厢，谦逊地问道："大人，现在是否开车？"

袁世凯望了他一眼，不耐烦地说："这是你做主的事，不必问我。"步军头儿淡淡地一笑，走了出去。

开车之后，步军头儿又转回袁世凯身边。

"大人，"他依旧那么谦逊，"奉步军统领之命，小人从今之后和弟兄们一起为大人效劳。大人有什么事只管吩咐。"

"这么说，你们也随我'回籍'了？"袁世凯背着脸，话音沉沉地说。

"是，大人。"

"我可是平民百姓了，而且很穷。"袁世凯说，"你们不怕受苦？"

"为大人效劳，小人甘愿。"

"奉命而为，不得已罢了。"袁世凯转过脸来，"你叫什么名字呀，哪里人？"

"我叫袁得亮，直隶人。"

"嗯，原来是一位贵本家。只不过，我是河南，你是河北，用俗话说，咱们是'两省'。两省好，对吗？"

袁得亮点着头，应着"是、是"。但却并不理会袁世凯这话的含义。

袁世凯被削职为民了，心中十分不满。除了对载沣之外，似乎对朝廷上下所有的人都怀有成见。步军统领派人监视，更增加了他的反感。他借着地名说了个一语双关的"两省"，是想表明："今后，你'省'事不找我的麻烦，我也'省'事不找你的麻烦；你想惹我，我也不是个'省'事的人！"怎耐这话太含蓄了，袁得亮根本就未能领会到这一层。

原来，这位袁得亮就是步军统领奉了摄政王载沣的旨意安排到袁世凯身边来监视他的。他的任务是每月必须向统领报告袁的行动情况，以便统领转报摄政王。这袁得亮竟是一个平庸蠢俗的武人，根本就不是干这种事的材料。他随着袁世凯一到河南，就被袁看清了本性，拉了过去。袁不仅表面上尽做一些垂钓、下棋等"终稳"之举，再不关心国家大事，使其思想松懈，还和他认了本家，特为他辟了一处住所，饮食衣物照顾周到，银钱小惠不时送上，弄得这位监视的官儿迷迷糊糊；更加上此人不通文墨，每月汇报的材料都是由袁的幕府代笔，自然是尽说好话。这样的"小报告"袁得亮报给步军统领，步军统领再报给载沣，载沣便信之无疑。因而，袁世凯在乡养疴岁月，却也过得清静——这都是后话，一提而已。袁世凯在辉县住了五个月，1909 年 5 月搬进彰德洹上村。

彰德位于河南最北部，属太行山的东麓，山岭交错，土地断层，大部分山脉形成千米以上的单面山，山前便是低洼丘陵，并形成大小不等的盆地。洹上村在彰德北关外，洹水流过村前，是一个颇为秀丽的村庄。袁世凯这片旧宅，是从天津一个富绅手里买来的小别墅，原有的房子并不多。时局动荡之际，袁世凯似乎有了预感，便叫大儿子克定来监工修理和增建一些房屋。袁世凯搬进来的时候，这里便渐渐形成了一个规模可观的寨子，高大的院墙，把院落围得严严实实，院墙周围还修了几座炮楼。袁世凯是做过"宰相"的人，骆驼死了还有副骨架，他住进来之后，地方当局还派了两营马队驻在炮楼里为他护卫。寨子很大，里边不仅有大大小小的群房，参参差差的四合院，还辟有菜园、瓜园、花木果园，并且养着猪羊鸡鸭。袁世凯作为内宅居住的四合院，另有一道墙围着，里边修了一座花园，取名"养寿园"。园里，叠石为山，花木辉映，并且把洹水引进来，辟了一片池塘，种植荷菱，养鱼养虾，俨然成为一片世外桃源。

从官场上退下来的袁世凯，住进洹上村时，刚过五十岁。五十岁的人就显见得苍老了，本来就五短的身材显得又短了一截；眼神也疲惫了，眉宇间的皱纹一夜之间便更多更深了。更令人惊疑的是，纱帽脱了，他真的不问政事了。每天，他除了与人下棋，便是走到池塘边去垂钓，仿佛他真的要过起超然生活了。其实，根本不是这么回事——

袁世凯从 1881 年二十三岁到山东投奔淮军起，整整二十八年的官场岁月，他早已成了职业的官场人物了，他从来不曾想过会归田为民，觉得他会在官场上一阶一阶地往上爬，爬到最高最高的地方。最高的地方在哪里，是什么境界？他头脑中并不太明白，甚至他也不曾为自己的这个"最高"画一个什么样的蓝图，作为奋斗的顶峰。他只想着爬，一阶一阶地爬。每爬一阶，他就心情舒畅，就脸上有笑；爬得越快，台阶迈得越高，他越感到高兴。应该说他袁世凯是个"爬"术很高的人——

科场的失意，捐官又无望，他不得不去投吴长庆。一到淮军，他就对军队入了迷，暗下决心："在军中干好，将来凭军建功立业。"袁世凯毕竟是读过书的，祖上又有点影响，更加上这个吴长庆又是老爹和叔父的把兄弟，一入军便弄了个劳务处会办的小官。官小不怕，他想干出成绩了，自然会攫取地位。

袁世凯到军中的那一年，旧历年军中放假三天，大批士兵都自由起来。淮军的纪律本来就不好，放假了，更无约束，有些人便上街干起坏事，更有人结伙聚赌，赌输了便相互争吵撕打，发展到相互开枪；还有的士兵入户抢劫。袁世凯见到这无人收拾的乱局，觉得展示自己才华的机会来了，便大着胆子，假传统领的命令，带领一些亲兵赶到出事地点，查明情况，把几个为首的肇事者就地正法，很快把乱局稳定下来。事后，他才向吴长庆作汇报，但却态度虔诚地说："事情太急，来不及请命，我就假传命令，擅自杀了人。请统领大人对小人治罪，小人再不敢如此妄为了。"

吴长庆是个治军乏术的人，为军中乱事早已心神不定。今见袁世凯如此果断一道假命令传下去，杀了几个肇事首犯，军纪大改，心里却一阵高兴，便对袁世凯说："贤侄你做得好，做得好。那个命令该传，人也该杀。这才是治军的良策。"一番奖许之后，便提升他为营务处帮办。

袁世凯军事锋芒初露之后，吴长庆对他另眼相看了。淮军奉命入朝鲜之后，袁世凯一边向吴长庆讲明军纪在外国的作用，一边抄袭外国治军条款，建议吴长庆严格治军。吴长庆听从了他的建议，提升他为营务处总办，专门负责整顿军纪。袁世凯便首先从各营抽调一批优秀官兵组成执法稽查队，他亲自率领，先在队伍中查处违法乱纪事件和人物，凡扰害朝鲜人民的士兵，便立即就地正法。同时，还让稽查队官兵回到自己营队，宣传军法军纪。淮军入朝不久，这支队伍便在朝鲜树立了良好的榜样。不久，朝鲜王国编练"镇抚军"时，还特地邀请袁世凯做总编练。他还经常代表吴长庆和日本、帝俄等国使节办理外交事务。以至当淮军撤出朝鲜时，袁世凯竟被留下，作为"驻扎朝鲜总理交涉通商事宜"。他在朝鲜一住便是十二年。十二年他取得了相当的威望和信任。十二年后，当他从朝鲜回来，当中日甲午海战结束，清廷在天津小站"训练新建陆军"时，这个光荣而又艰巨的任务，便落到了他头上。从此，他便在小站起步，逐步培养起中国历史上第一支新型军——北洋军。凭着这支军队，他爬上了军机大臣的宝座……而今，他的北洋军更加壮大了，他却从宝座上跌落下来，他能甘心吗？他会平静吗？但是，袁世凯不得不在洹上村"甘心"平静。因为，风势来得太猛了，他摔得太重了。究竟为什么会落到这种地步，他还没有转过神；又究竟如何对付这种突变，他也还没有完善的办法。他只得平静，只得心甘情愿地做洹上寓公。袁世凯会平静，他每天起床后便和家人或幕僚（他身边的侍从和食客依然如往，还是高朋满座）下棋谈心，有时独自到花园内去钓鱼。为了把这种"隐士"生活宣扬出去，他还特地为自己照有戴上斗笠，披着蓑衣，在渔船上静坐垂钓的相片，广为散发，以显示自己超然世外。

二

做了摄政王的载沣，把袁世凯赶往洹上隐居之后，便想建立自己的一统天下，把军、政、财、外交等一切大权抓到手。可是，他又确实缺乏统帅的本领，再加上他是决心不用汉人的（袁世凯走了不久，张之洞便病死了，可用的汉人并不多），在万机纷乱之际，载沣想起了早年在德国德皇威廉二世对他的提醒："国家要依靠军队，军队必须'强干弱枝'，把最大的军权抓到手。"他要先抓军队。于是，袁世凯前边走了，载沣后边便建立了一支由他自己统率的禁卫军。不久，又宣布自己代理全国陆海军大元帅。接下来，便派善耆、载泽、铁良筹建海军，派载涛、毓朗成立军谘处，派载洵赴日本及欧美考察海军。看样子，复兴大清王朝的行动便在载沣的运筹之中了。载沣特别注意自己身边和京畿，生怕袁世凯的阴魂不散。于是，又以迅雷不及掩耳之势裁撤了近畿督练处。把京畿陆军统归陆军部直辖。又设立海军部，让其弟载洵为首任大臣。不久，再设军谘府，让载涛、毓朗为大臣。这样，军权很快都集中于皇族之手了。

其实，明眼人一看便知：摄政王的那两位帮他理军的介弟，却没有一个称得起将才的。载涛庸碌无能，又胆小怕事；载洵是名闻遐迩的大贪官。军怎么治，这两人都心中无数。改革军队革来改去，一切军权都落到了禁卫军第一协统良弼身上。良弼以排汉著称，他是日本士官学校出身，大权一到手，他即重用士官出身的满族，来管北洋系的汉官。许多北洋老人愤愤不平，抵触很大。同时，对袁世凯的怀念日益加深。袁世凯的"魂"在军中不但不散，还油然而大了起来。

载沣是光绪皇帝的亲弟弟，他做了摄政王人们多以为他会继承乃兄遗志，大胆革新，推进宪政呢。不久，人们便看清楚了他原来推行的不是光绪的一套，而是妖婆慈禧的一套。预备立宪的招牌还挂着，但立宪事却再不提起。因此，激起了谘议局长的不满，他们共推江苏省谘议局长张謇为首领，在上海成立了"国会请愿同志会"，先后三次到北京，请愿召开国会，成立责任内阁。载沣没有办法，假惺惺地成立了一个不伦不类的谘政院，来应付局面，谁知这一着被立宪派利用了，他们便在北京成立了"宪友会"，以促进宪政，又在各省成立"宪友会支部"，把清政府的假立宪真干起来。载沣愁绪满怀，无计可施。不得已，才把慈禧提出的九年预备立宪期改为五年，另一方面匆匆忙忙以庆亲王奕劻为总理大臣，那桐（满）、徐世昌（汉）为协理大臣组成了代替军机处的第一届责任内阁。但是十三位阁员中满族占了八个，蒙古族一个，汉族只有四人。这自然要引起全国人民的反对。责任内阁一出世，便遭到国人的反对。自此，以载沣为代表的清政府，已经基本上失去了军心和民心，成了一座无根无基的楼厦。

没有权的人，拼命去争夺；有了权的人，方知权这玩意儿也是一只虎。

还不到三十岁的载沣，做了摄政王之后，凭着那股年轻气足的"不怕虎"精神，想为他的列祖列宗争光，想改变一下汉人渐渐扬眉吐气的氛围，而创自己的一代盛世。然而，大清王朝到了他摄政的时候，毕竟满目疮痍，老态龙钟了。他远祖创下的康乾盛世过去了，无法复返了；他近祖留下的这个烂摊子又是千真万确地存在着，想改变它，何其容易！

载沣的宽阔额角猛然间生出了许多皱纹，眼神也显得呆痴了；那略呈内向的性格似乎更成熟了。昨天，作为新政核心的另两位人物——载涛、载洵——相约来到他面前，本来想谈一谈今后的治军问题——全国的军队都到了这两个人之手，究竟该怎么治？这两个人并没有成竹在胸。那位还算有点儿治军才干的良弼，他手下的一协军队也称得上铁杆的御林军，但是，目前竟首先闹了风潮，全协大部分官兵，不约而同地冒出了"想念袁宫保"的思潮。有人在大庭广众之下声泪俱下地说："当初，咱们在袁宫保手下，升官发财何其容易。如今，升官发财的，全是那些满族'黄带子'了，咱们只能一生一世做奴。这有什么盼头，咱何必再干呢？"

良弼亲耳听到了，抓住一个小官要处理，尚未下手，便有一群汉族官兵聚合把那个小官抢出一起逃走了。

皇家军如此，其他那些军队又如何呢？载涛是拿不出主张，载洵却不把心思放在这上边，他早已把算盘拨到"财"上去了。

对于这样一个局面，摄政王很焦急，他又缺乏"急中生智"的本领。因而，只有急。急还不把人急死！所以，三十岁的人竟显老态了。

载沣把载涛召到面前，问了他一些军谘府的情况。载涛拿出一片纸，照本宣科读了一遍，气得载沣脸都发青了。"如此大事，军谘大臣总应该心中有数。读起文章来了，成何体统！"心里这么想，却未曾出口，只摆摆手，便把他推了出去。

载沣又把载洵召到面前，想问问海军的组建情况——海军，自甲午海战以来，一直是朝廷的一块心病，不抓不行，中国的海域如此之辽阔，没有一支强大的海军怎么行？抓又抓不起，建一支强大的海军要多少银子？银子从何处来？载沣想得更多的，还是把银子交给海军部之后，会不会用到买兵舰、训海兵上去？载洵的德行，载沣是悉知的，在朝中，论贪财，他和庆亲王奕劻总是在争第一名，贪财贪到无孔不入。有一年，他奉旨去奉天查案，到了沈阳竟借故天冷不下车，一定要地方官送给他貂皮三千套才行，弄得盛产貂皮的东三省的官儿不得不入关买貂皮。此事，朝野上下议论纷纷，无不咬牙切齿。往日，载沣不当政，这话听了也就"任之"了。如今，身居摄政王了，载沣觉得不能再"任之"了，至少得提出个警告，下不为例。正是载沣要开口尚未开之际，人报："东三省总督锡良求见。"载沣心里一惊："东北的事情这么紧，他此刻进京何事？"但他还是说："请他进来吧。"他转脸对载洵说："你先回去吧。海军的事，改日再议。"载洵告退时，载沣又说："眼下，钱还是十分紧迫的，拨给海军部的一笔款，务必用到刀刃上。否则……"他没有把话说完，就背过身去。

载洵心领神会，点头退了出去。

锡良进来了。他对载沣打个躬，问声好，便坐一旁。载沣侧目打量他一下，见他满面愁绪，感到了"东北的事情不顺心"，也就没有直接询问，只问些身体状况和旅途劳累。锡良却开门见山，说出了目下东北的情况。

"美国人不是我们想象的那样的朋友，他们同样是来东三省发财的。"锡良言语很温和。在路上，他还愤愤地把美国人比成"强盗"。

载沣说："不是他们自己乐意出来协调的吗，怎么又会变更呢？"锡良轻轻地摇摇头，先叹了声气——

中国的东北，当时正是中国对外的焦点地区：日本人以他们占领的旅顺、大连为海军根据地，想通过南满铁路直贯南部地区；帝俄以海参崴为海军基地，也想通过北满铁路直贯北部地区。这样，东北全境便被日、俄两国瓜分了。两国的陆军通过铁路，几日之间便可占领中国东北三省的全部。这是载沣摄政前慈禧留下的状况。慈禧死前，在有良心的中国人的提醒下，她已看到了这种现状的危险性，想采取一种维护主权的措施，以保持东三省的自主。采取什么措施尚未决定，她死了。载沣摄政了，自然把这个任务接了下来，商讨的办法，就是南、北满两条铁路之间再修一条由锦州到瑷珲的铁路——锦瑷铁路，来控制东三省南北。办法挺好，可是，修锦瑷铁路需要大批投资，钱从何来？朝廷束手无策。

清政府从慈禧太后起，便推行了"以夷制夷"的政策，李鸿章、袁世凯都是这个政策的积极推行者。载沣虽然把袁世凯赶跑了，但是，他却承袭了那个"以夷制夷"的衣钵，想联美以制日俄。这样，锡良和奉天巡抚程德全便作为全权代表同美国银行团的代表司戴德举行了美国投资东三省的谈判。

其实，这个谈判虽属中国需要，也更是美国人的需要，司戴德是美国铁路大王哈里曼的代理人，哈里曼正在推行一套"世界大铁路"的侵略计划，中国的东北，自然在他大铁路计划之内。所以，一拍即合。

这个以铁路制铁路的办法，说穿了，便是不仅制不住日俄，却会把更多的强盗引进东北，来共同瓜分东北。载沣并不承认这个后果，仍然想争取谈判成功，求一剂强心剂，缓解日俄对东北的霸占。

美国人答应的贷款修铁路谈判，谈起来，却变了内容：不是修铁路，而是贷款收买两条铁路的所有权。结果，日俄两国均不予理睬，买回铁路事成了泡影；当他们再回头谈建锦瑷铁路时，日本政府却出面强硬干涉，而美国人竟想缩手。怎么办？锡良此来，就是向上边讨办法的。

"建设'锦瑷铁路'不是同美国已有个草约了吗，怎么又会把收买两铁路权事混为一谈？"载沣听了锡良的汇报说。

锡良说不出所以然。但是，他却毫不含糊地说："收买南北满铁路既已成了空话，却惹起日本对建设锦瑷铁路的反感，他们强硬地告知：绝不允许中国行动。"

东北事既然碰到了阻力，清政府又无力自主，载沣只好无可奈何地说："那就把这事停下来，以后再说吧。"

"停不下呀！"锡良说。

"怎么停不下？"载沣急问。

"美国政府不管日俄什么态度，只说与中国业经有了修建锦瑷铁路的草约，必须在约定时间内换成正约，铁路照常修建。"

"这不是又惹出麻烦了吗？！"载沣说，"停又停不下，建又建不得，这咋办？"

"锦瑷铁路美国人要换正约，按时建。另外，他们还提出，由几个强国共同投资，搞一个'统一东三省铁路办法'，该收买的收买，该修建的修建，把东三省铁路全部抓起来……"

还不待锡良把话说完，载沣却焦急地摇着手。"别说了，别说了。越说越乱，一切都放下，放下。以后再说。"

锡良不再言语。但是，以后怎么说？却是悬下来的一件大事。锡良发愁，载沣也发愁。他们都愁着不知会在以后出现什么事？

三

洹上，果然是一片世外桃源。

袁世凯决心做一个戴笠披蓑的渔翁。

又是秋高气爽的日子，袁世凯从养寿园的荷塘散步回到书房，大约是受着残荷败叶的影响，心绪竟有些悲切。"映日的荷塘，云天都半边红了，眨眼间，竟到了一片萧疏的时刻。草木的生命何其短！"惜草怜木，突然又想起人来，"人生何尝不苦短！"他呆呆地坐了片刻，觉得心情平静了，他暗暗地又在笑。"我怎么会多愁善感起来了？这是女人气质。不，不必愁。'沉舟侧畔千帆过，病树前头万木春'！明年，荷塘不是还会有'映日荷花别样红'吗！"他扬了扬眉，突然焕发起诗兴。他想写诗。

写什么呢？他毕竟是疏于此道的。漫长的官场岁月，频繁的争争斗斗，虽然都有"诗"情"画"意，但那是文人的所为，而他袁世凯却不"附庸"。就连八股文章，他都有点深恶痛绝。他在直隶总督任上，便曾联合湖广总督张之洞，两广总督岑春煊，两江总督周馥，会衔奏请朝廷，停止科举制度。朝廷真听了他们的奏请，从此废除了科考。这件事成了袁世凯常常自鸣得意之举。而今，武无处用了，文章被提了上来。最近他常常读些书，便是例证。今天又想写诗。他拿出文房四宝，皱眉沉思有时，终于从他的几张垂钓照片联想起刚刚萌起的一个"愁"字，从愁字想开来，诗思倒是开阔了，竟然一挥即出：

身世萧然百不愁，
烟蓑雨笠一渔舟。
钓丝终日牵红蓼，
好友同盟只白鸥。
投饵我非关得失，
吞钩鱼却有恩仇。
回头多少中原事，
老子掀须一笑休。

诗写好了，独自细赏一番，倒也觉得满意。尤其是尾句，仿佛是神来之笔，他竟高兴得笑了起来。随之，又提笔冠了一个题：《自题渔舟写真》。题定了，犹觉诗兴未了，索性再续其二：

百年心事总悠悠，
壮志当时苦未酬。
野老胸中负兵甲，
钓翁眼底小王侯。
思量天下无磐石，
叹息神州变缺瓯。
散发天涯从此去，
烟蓑雨笠一渔舟。

后一首写好了，他没有再笑。他写好了这首诗后心里总觉得不舒服。为什么不舒服却又说不明白。他放下笔，背过身去，缓缓地踱着步子。

正是袁世凯情绪不定的时候，他的三哥世廉走进来。"三哥，你坐。"袁世凯很敬重地指着一张椅子。

袁世廉点点头，坐下来。坐定之后，方才注目，却看见了案上的诗。"怎么，你写诗了？"在袁世廉的印象中，袁世凯从不写诗。所以他才这样惊讶。

"哪里是写诗。"袁世凯淡淡一笑，"别人不知道，三哥你是知道的，我从小就疏于诗文。连念书的本领也没有，一说拿笔写文章，便开始头疼。"

袁世廉业经把案上的两首七律都看完了，他说："这两首诗写得不错嘛，是动了情感的。"

"怕是连平仄也不通。"

"也别那么拘谨。"袁世廉说,"诗这东西,固然要求严格的韵律,但我看,重要的还是意境。古句中不合平仄的诗颇多,有的竟千古传颂。这便是所谓的'诗言志'。光是依照平仄拼句凑字,充其量只能算是个作诗匠,称不起诗人,更称不上大诗人,不朽的诗人。我说多了。其实,对于诗,我也是门外汉。"

"三哥说得很对,我也是这么认为,只要把自己的喜怒哀乐能够如实地表达出来,就是好诗。就像废除了科举制度,换成一种凭实学真才选人一样,真本领不一定都在'之乎者也'上。"袁世凯兴奋了,他像是突然间发现了知音一般,真正开怀畅谈起来。并且把早些日子写的几首五绝、五律、七绝、七律都翻腾出来。"三哥,你好在心里很平静,这些即兴的东西你乐意时看看,该改的改改,也算是留下点儿雪泥鸿爪,自我开心而已。"

"怎么,写过不少诗了?"袁世廉说,"是不是还想刊印点……"

"也算有吧。"袁世凯说,"早些天,有位学士来访,就有这么个建议,并且连集名也有了。"

"好呀,什么名?"

"因为这些东西都在洹水边上写的,就像洹水上的圭塘桥一样,便拟叫《圭塘唱和诗集》。你看如何?"

"名字不错。我看可以定。"兄弟二人相视一笑。

袁世廉比袁世凯大四岁,是"世"字五兄弟中第二位做官的人。袁世凯做直隶总督的时候,他是徐州道,因为多病解职。大约同是庶出的关系,他和袁世凯的相处特别密切。袁世凯到洹上来"养疴"了,他便急急从项城赶来,和他朝夕相处。论文才,他大大超过袁世凯,称得上正儿八经的科班;若论仕途通达,他却远远落在袁世凯之后。他在徐州被解职的时候,身体强壮得像一只虎,而且政务颇多建树,不知得罪了哪座庙里的"方丈",他丢了官。当他真的无官回到原籍时,竟真的病倒了,多方求医也不见效。袁世凯在他洹上高墙大院内为他辟了一处幽静的房舍,并差了专人照顾,大约又是同为"养疴",兄弟能相通的话题更多了。他常常到袁世凯的花园或书房,有时下棋谈心,有时品评时势,又有时谈书谈画,总不过是消磨时光而已。

无官的人,身轻心也宽,读读书,谈谈心,写诗作画,也都是些纯洁朴质的事。袁世廉不为丢官惋惜。经过一段岁月，他倒是都适应了。最近一段，哥俩聚到一起，还常常谈论一些弃官、挂冠的名士，极羡他们的隐居生活。有一次，袁世廉对世凯提到了东汉初的会稽人严光，说这个人是光武帝刘秀的同学，刘秀这边登基，他那边便隐居深山了。"刘秀也算得上礼贤下士的君主，竟派人把老同学找到洛阳，给了个'谏议大夫'的高官。结果，这位严子陵还是跑到富春江上过着闲云野鹤的生活去了。"

"我倒是很欣赏那位陶朱公。"袁世凯说。

"你指的是越国的大夫范蠡，范少伯？"袁世廉说，"他确实为越王勾践立下了汗马功劳呀！"

袁世凯猛然沉默下来，他好像想起了什么。想起了什么呢？自然想到他的处境。"范大夫出走，那是大势所趋，也是他的精明处。越王报仇复国了，下一步便是杀功臣。范蠡看明白了，他隐去了。而今，大清王朝正是千疮百孔、疮痍满目之际，我袁世凯还对他们有用，在此刻他们赶走了我，岂不太反常规了吗？"袁世凯也曾想过，当他精力耗尽，大清王朝得以复兴，他便隐居山林。他不曾想到距那一天还那么遥远他便被丢下了。忆古思今，他自然感慨万分。

不过，他并不想在三兄长面前流露这种情绪，他只笑笑，说了几句其他的事，便把话题岔开了。袁世廉呢，竟是明白了。他也不想勾起弟弟更大的烦恼，便自觉地离去了。

今天，当袁世廉展开了其弟的诗作，用意精心地欣赏时，仿佛又看到了当日其弟的不平情怀，他轻轻地掩卷，闭起目来……

袁世凯并不安心他的隐居生活，他对"多少中原事"并没有"掀须一笑休"，并且在字里行间深藏着对朝廷的不满情绪。一首《登楼》的小诗他便这样写道：

> 楼小能容膝，
> 檐高老树齐。
> 开轩平北斗，
> 翻觉太行低。

又一首《晚阴看月》诗却是这样写道：

棹艇捞明月，
逃蟾沉水底。
搔头欲问天，
月隐烟云里。

　　如果心情平静了，他怎么会觉得"太行低"，会感到"月隐烟云里"呢？袁世廉轻蔑地笑了。"四弟呀四弟，看起来，你的尘缘尚未了，还想再出去作为一番。"袁世廉又无意翻了几页，最后在一首《次王介艇丈游养寿园韵》诗前停住目光。

乍赋归来句，
林栖旧雨存。
卅年醒尘梦，
半亩辟荒园。
雕倦青云路，
鱼浮绿水源。
漳洹犹觉浅，
何处问江村？

　　袁世廉猛然觉得累了，思绪也乱了。他把诗卷掩起来，原样封好，放进一只木盒中，然后，伸个懒腰，竟自躺倒床上。

　　洹上的高墙大院里，渐渐热闹起来，留在北京的眷属，逃到天津去的妻妾，都先后被接来了；那些用人、管家、老伙亲随自然也都来到洹上。两营地方派的护卫马队不算，光是这袁氏大宅的里里外外，便过百号人。好在早年袁世凯从天津那个富商手中买这片并不完备的别墅时同时还买了不少田产，粮食不成问题，只是需要另安排些人来，在院子内外饲养些家畜、家禽、活鱼，种植些瓜菜副食，日子过得也称宽裕。到洹上聚居为止，袁世凯这一妻九妾的家族也已定型，九妾一妻也都有独立院落，侍仆俱全，无外界应酬了，袁世凯便叫他们各自养蚕，缫丝，所得收入归自己。并在江南请来了蚕娘和纺织娘做指导。之外，大院里设置了总账房；还是符殿青做总管，并且派定徐天成专管房产；除把袁乃宽留在北京管理京、津的房产之外，其余重要成员袁振标、申明善、申明德、何致祥、马其昌以及医官刘斗福、王仲琴等人都来到了彰德。袁世凯毕竟是大官僚，不安于自给自足的小农生活，于是，每隔三两个月便差人到天津、上海等大城市购买一些彰德买不到的吃、穿、用的东西。高墙大院，成了名副其实的独立王国，世外桃源。

大约是境况变了，隐居洹上村之后，袁世凯特别喜爱三姨太金氏。他经常领着她在养寿园的荷塘里荡舟赏月，岸畔漫步，或并坐在岩石上共同谈天，或厮守在棋盘上鏖战；每当夜深人静时，金氏便会弹起七弦琴，为袁世凯送走寂寞。自然，当琴声消匿之后，他们便会双双卧进罗帏。

对于金氏，袁世凯自觉有愧于她的。想当初，人家在朝鲜王室，也是位金枝玉叶，是他作为正室娶过来的。所以，金氏的姐姐业经做了王妃的还陪送她两个侍女。可是，金氏来到中国，不仅知道自己只能做妾，还得排在沈氏那个原本上海的妓女之后，这已经够气恼的了。不料，袁世凯把她的两个侍女同时收为妾，而一个比她年龄长的李氏竟排在她前边，她成妾中的第三位。当她一切都明白过来之后，她便决心把自己的情感孤寂起来，疏远袁世凯，无论袁世凯对她如何温存挑逗，她连一副笑脸也不给他。在这样沉重的精神压力下，她成了一个性情十分古怪的人，喜怒无常，玩世不恭。日久天长之后，她独钟于她的七弦琴了。来到洹上，袁世凯从云雾飘摇的九天之上一下子回到了人间，他感到了人情的金贵，便主动向金氏赔礼，邀金氏赏月荡舟下棋。

一次，二人在水心亭摆开了棋盘，两三个回合一过，袁世凯有点得意忘形了，他扬扬自得地说："这一次，我必然征服你。我胜利了，胜利了！"

金氏忽然间犯了忌："你已经把我从朝鲜骗到中国来了，何必再大声张扬'胜利了'！"这么一想，猛然站起身来，怒气冲冲，把棋盘、棋子端起，用力扔到河中，转身回房去了。

袁世凯自知失言，讪讪地随了去，好言相慰，并住下不走。两人这才和好。

金氏精明伶俐，七弦琴越弹越精。七弦琴本是中国古有，自周至汉，皆已盛行，魏晋之后更成型。金氏也熟于中国的古曲，便伴着袁世凯在洹水之上消磨度日起来。一天，正是他们在荷塘边琴声悠扬时，袁世凯忽然看见家塾里的教师史济道等在散步，便招手高喊："老师，老师，史老师！这里正在《高山流水》，何不过来觅觅知音呀！"

袁世凯素来不与塾师往来的，无论是天津、北京宅上的塾师，还是彰德新设塾馆的塾师，他从不跟她（他）们交谈。此次破例，老师也很高兴。于是，便凑了过来，不料这么一会，又会出一番诗情……

四

袁世凯的几处家馆，多是女馆，只教女儿们和小妾们读书识字。家馆里的老师，也都是女老师。袁世凯自己不喜读书识字，自然不想跟老师交往。如今，情况不同了，赋闲洹上，无用武之地了，自然想起诗文。写了那么多歪诗，就是例证。手里有诗了，跟这些作馆的老师也亲密了。老师到他面前，听他弹琴说琴，听他读诗说诗，一下子激到袁世凯兴奋的神经上。一曲弹奏之后，袁世凯笑了。"琴棋书画，还有诗，当该是极乐境界，比起官场上的争争斗斗，高雅有趣。怪不得许多学问大的古人，官不做，就去绘画作诗，抚琴对弈。我明白了，那才真正是雅士生活。"

老师们把袁世凯始终当成官场上的庞然大物，今天虽隐居洹上了，明天说不定还是前呼后拥。怎么忽然间说了这一串"新奇"的话题，老师们猜不透啥意思，只得随便应酬："琴棋书画，闲情逸致，治不了国，安不了邦。还是大人干的那番事业，才称得起轰轰烈烈。"

袁世凯摇摇手，笑着说："那是往事了。算得算不得轰轰烈烈，让后人去评吧。咱们在洹水之滨，就谈洹水之事。我早几天还写诗说，'身世萧然百不愁，烟蓑雨笠一渔舟'。那才是我想要的生活。"

那位叫史济道的女老师说："今日难得一聚，又有高曲为伴，大人何不即兴再赋几首。"

袁世凯先是谦虚摇手，后见众人盛情，倒也激起诗兴。抬头仰面，正见新月高悬，雀鸦觅巢，蓝天更加湛湛。便命人取过文房四宝，在养寿园的荷塘畔挥笔写下《和江都史济道女史月下游养寿园》诗：

> 曾来此地作劳人，
> 满目林泉气势新。
> 墙外太行横若障，
> 门前洹水喜为邻。
> 风烟万里苍茫绕，
> 波浪千层激荡频。

寄语长安诸旧侣，

素衣蚤浣帝京尘。

写毕，放下笔，忙说："献丑，献丑；见笑，见笑！"

众人也附和着说："好诗，好诗！"

这几年，袁世凯的仕途虽然坎坎坷坷，家事却安排得平平稳稳。就说他纳妾办的喜事吧，总是什么事情也影响不着，他在直隶总督任上纳的六姨太叶氏，七姨太张氏，在军机大臣任上又纳的八姨太郭氏；隐居彰德不久，再纳九姨太刘氏。人多口杂，高墙大院里免不了风风波波，好在袁世凯手里有钱，总算拿得出会把各种不平衡的事都平衡了。有人说"袁宅的家事比朝廷的政事还多，会把袁世凯累死的"。其实，袁世凯才不为家事劳累呢——

他不是一个逃避红尘、淡泊名利的隐士。他不忘"素衣蚤浣帝京尘"，他还是"钓翁眼底小王侯"。他虽然身居乡村，却时刻关注着天下事，他的洹上村大围墙里有电报房，他每天都会收到很多很多从各方面发来的电报和信件，他依然坚持着每天两个小时的办理公务，他和各方面的联系都和往日一样的密切，包括朝廷中发生的事情，他总会当日便完全了解。何况，洹上村在他到来之后，朝野许多著名人物都不顾路途远近地往这里跑。

有一天，直隶总督杨士骧微服简从来到了洹上村。他是来向袁世凯禀报朝中情况的。除了杨士骧之外，段祺瑞、段芝贵，就连徐世昌、奕劻，都会随时随地把朝中发生的一切告诉他。袁世凯真是"身居山野孤院，心知天下一切"。

杨士骧是来向他禀报"东北形势"的，因为那里正在发生着"以夷制夷"长剧的演变……

"这么说来，锦瑷铁路草约岂不成了一张废纸？"袁世凯听了杨士骧的报告之后说。

"果然成了废纸，确也平和一些。"杨士骧摇摇头，"美国人不甘心。"

"事情又发展了？"袁世凯问。

"美国政府出面了，"杨士骧说，"他们向中、英、法、俄、德等国政府提出一个《满洲铁路商业性的中立化》的备忘录，除将'统一东三省铁路办法'作为美国政府的正式建议之外，还对中立化的含义解释为'满洲铁路限于商业之用，使满洲在事实上成为中立地带，以确保门户开放，机会均等'……"

还不待杨士骧把话说完，袁世凯便拍案而起："这是几国共同协商的？"

"不曾协商。"

"美国人太霸道了吧。"袁世凯说，"别国都是他的随从？"

"日俄首先反对。"杨士骧说，"英、德、法三国也不理。"

"什么'备忘录'？泡影！"

"美国政府不愿丢这个面子，他们又丢开日俄两国，和英法德三国联合成立银行团，垄断对华投资，与清政府正在协商签订《改革中国币制及振兴东三省实业》借款协定。"

袁世凯心里一动，他曾做了好几年的"借血强身"的美梦，今天有人又重提了。"果然如此，这倒不失为一着。"

杨士骧看不准，他此来只为报告情况。情况谈完了，他也该告退了。

杨士骧走了不久，事情便有了结果：四国银行集团与清政府签订了《川粤铁路借款 600 万英镑》和《币制实业借款 1000 万英镑》两个协定，实现了美国经济渗入的计划，更圆了袁世凯"借血强身"的美梦。大墙外乱哄哄，大墙内更是乱哄哄。

妻妾们都来到洹上之后，袁世凯有过交代："如今情况不同了，大家都要收敛些，和和美美地过日月。这一关还不知有多久，也不知有多大？需要全家人携手共渡。"一家人能携起手来吗？作为主妇的于氏，她早已只是一块牌位了，她不管事，事也轮不到她管，她早静心"养老"了；大姨太沈氏，名正言顺地"替补"夫人，也以夫人身份风流了好多年。朝鲜来了三个女子之后，她醋意升腾，着实地在她们身上动了不少家法——袁氏有"家训"：新进门的姨太太要服从早进门的姨太太的管束。所以，沈氏对三位朝鲜女施威也成了天经地义之举。谁知袁氏还有个"内控"的"家训"！姨太太们中间，谁最受宠，管家大权便落在谁肩上。或说：谁管家了，谁也就最得宠了。如今的洹上高墙大院，沈氏的地位渐渐被那个天津的小家女、五姨太杨氏抢了去。沈氏原先在三个朝鲜女身上的不愤，一下子又添了失权的失落，索性闭门不出了。五姨太杨氏算是从棍头下走过来的，她掌权了，她得用权。于是，她先在六、七、八三个姨太太身上"捞本"，她常常对这三个人无事生非，非打即骂，有时，还让她们跪砖头，或绑在桌子上毒打。大墙里的打打骂骂、明明暗暗，总是不断。洹上住下不久，大墙里又添了个天津俊秀女子——九姨太刘氏，乱事自然再起。

一次，刘氏从自己的房中出来，正要去办一件什么事，忽然看见杨氏从一边匆匆走来。她恨杨氏，也惧杨氏，不想同她见面，便转身退回自己的房中。杨氏偏偏一眼便看见了，这人平日无事生非，今见刘氏有意躲她，便怒从心起，急慌慌追过去，站在刘氏门口大声喊道："老九，你出来。"她不依常规叫"九姨太"了，而是直呼"老九"。

刘氏知道躲不过了，便走出来，一脸不耐烦地说："什么事？"她也不依常规叫声"姐"了，连个衔也不带。"我是老虎还是老狼？"杨氏怒气冲冲。

"你是什么，我怎么能知道？"刘氏不服她，"我可什么也没说你。"

"见着我你躲什么？"

"我啥时见着你了？我啥时又躲着你了？"

"你走出门了，望见我便缩回去。怕我吃了你？"

"我谁也没看见。"

"还犟口？！"杨氏动威了，"我就知道你恨我，连常礼也不顾了。今天就教训教训你，让你知道我是谁！"说着，扬手就是一巴掌。

刘氏虽然年龄小，性子却不小。挨了打，并不服，却大声说："我就知道你恨我，作践我。有胆量给老爷说说，还让我回天津不就完了。别这样折磨我！我也是爹娘养的肉身子，生成也不是供你打骂的……"哭着闹着，也扬起巴掌朝着杨氏打了过去。

杨氏自觉地位在，刘氏不敢顶她。不想，她竟动了手，而且真真切切地打到自己脸上了，这还了得！一边大叫"反了，反了！"一边摸起一根木棍，不问是头是脸，用力打了过去。

只听"啪——"的一声响，正打在刘氏鬓角，霎时便鲜血流出。刘氏带伤了，便大声叫喊起来："杀人了，杀人了！救命噢，救命噢！"

大墙之内，就那么一片天地，闹哄哄已经惊天动地了；这么一喊，全院都惊动了：姨太太们一个个从房中出来，朝着热闹处走来。

这里单说大姨太沈氏，她虽然失宠了，但资格老，别说这些姨太太，就连于氏夫人也得高看她一眼。这沈氏跟杨氏也是对头星，她觉得是她篡了她的权，早已心里不愤。沈氏未出房，便有人向她禀报，说是"老五打破了老九的头"。沈氏正想找碴儿没处找呢，哪里会放过这个机会。一到现场，她便吭起腔来说："哟，这是怎么说话？山中没有老虎了，凡长腿的都想称王了。太太还不曾动手打过人呢，这竟打出血来了。袁家现在还是'回籍养疴'，还没有到犯科抄家，上不了法场。怎么自己竟动刀了，还有点儿体统没有？"

沈氏一派言语，火中带辣，那杨氏早已听得明明白白。如今，杨氏是得宠人物，哪里受得了。便也吭着腔儿说："大姑娘这话可是有斤有两的，我倒要问问，是对张三呢还是对李四？总不会一揽子都有摊着吧？"

杨氏这称呼，沈氏便火上加油了——原来袁氏也有个家规：对于于氏夫人，府里上下人人都得称"太太"；姨太太呢？每人头上加上自己的牌位，如三姨太便称"三姨太"，八姨太便称"八姨太"；只是那些做了妾尚未生育的，或根本就不能生育的，便只在自己姓氏下加上"姑娘"两字。沈氏是妾中之首，谁敢叫她"姑娘"？何况这沈氏确实未曾生育，别人更不敢揭她这个短处。杨氏开口叫她"大姑娘"，你说她恼不恼？沈氏把脸一沉，说："放肆！这群人当中，我还没有看出来哪个脸大的我说不起呢。来人，给我掌嘴。"

沈氏这样一发号施令，人们又见这群人中确无人不是在她管辖之下，再加上五姨太平时得罪人太多，于是，那些受她气的姨太太也都随着丫环使女动起手来。一时间，拳脚相加，早把杨氏打翻在地。杨氏寡不敌众，只得高呼"救命！"

袁世凯正在养寿园跟三姨太下棋，又赶上是一盘赔罪棋，他虽然听到有人报告，只是那三姨太金氏不点头，他却不能走——走了怕她再把棋扔到河里去。一盘棋下完，袁世凯才赶到出事地点。杨氏早已被打得连话也说不出了。袁世凯本来想发作一番，抬眼看看，沈氏在一旁正怒气冲冲，而刘氏却又血流满面——一个是恩重如山，一个是新婚宴尔，尽管他十分欣赏杨氏的理家能耐，可眼前这种局面，他也束手无策，不得不摆着手，说："去吧，去吧，去吧，各人回各人房，该养伤的养伤，该出气的出气，各人干自己的去吧。"

大墙内又恢复了平静。

五

洹上村里，并非都是家事，除了妻妾们之外，那位京城里的宪政编查馆提调杨度业经成了这里的谋士，直隶总督的兄长、李鸿章的老幕僚杨士琦已是这里的高参；常驻的人物还有：段祺瑞的代表，冯国璋的代表和巡警部侍郎赵秉钧的代表，其他密使更是往来如梭，名字记也记不得了。袁世凯哪有那么多精力管家事呢？五姨太打伤了九姨太的头，大姨太打伤了五姨太的腰，都是鸡毛蒜皮的事，塌不了天，任它去。他要集中精力，问他该问、想问的事情。

有一天，端方突然来到洹上村。袁世凯名义上是以把兄弟和儿女亲家的身份接待他，可是，那声势，简直就像接驾一般的隆重：袁世凯率全体幕僚出迎几里，单辟四合院供端方下榻，还把护卫寨子的一营人马全部调来保卫，光是岗哨就设了五六层；除了袁世凯本人以外，谁也不曾进得那座四合院。他们谈论了些什么，无人知道。直到端方要离去了，袁世凯在他临行前的那天晚上还单独放了一场电影招待他。

送走端方的时候，电报房突然送来一份加急电报。袁世凯拆开一看，原来是南通张謇在南京去汉口的长江轮船上发来的。电文很简单，是：

别几一世矣！来晚诣公，请勿他出。

袁世凯心里一跳："他，张季直（张謇，字季直）？张季直来访？"袁世凯不相信这个清末最后一个状元公会来洹上访他。可是，他又不能不信这位状元公会来。于是，一段业经淹没了的岁月遗痕，陡然间又泛了上来——

张謇和袁世凯结识于1881年。其时，张謇正在山东登州淮军统领吴长庆军中任机密幕僚，主持军中人事、文事、军事及外交事，算是吴长庆的灵魂。袁世凯来登州投军，吴长庆是他老爹和叔父的把兄弟，自然另眼看待，不免先问了问他父亲和叔父的情况，然后备了几样菜，算是为这位仁侄接风，便请张謇作陪。席间，吴长庆指着张謇对袁世凯说："贤侄，这位是南通张季直，我的高参。他可是位学富五车、才高八斗的饱学之士。以后，你可以多向他求教。"

张謇摇头，连说"不敢"。

袁世凯机灵，忙站起来向张謇敬酒："在下项城袁慰亭，借世伯美酒，向先生拜敬，还望今后多多教诲。"

张謇是个涉世较深的人，见袁世凯这么年轻便颇谙"走门子"的学问，有点儿轻视他。但还是说："言重了，言重了。"又说："听说吴统领与令尊关系甚厚，你来了，自然由他多提携。"

吴长庆说："先在营务处见习一阵子再说吧。"并说："仁侄之事，就拜托张先生了。"

袁世凯从此对张謇也以师礼待之。

袁在吴长庆军营，虽是见习，处理起日常事务来，却表现得十分干练，吴长庆、张謇都较为满意。次年，吴长庆率军入朝，张謇便荐袁为前敌营务处事；后来，还是张的提携，吴长庆回国时，便让袁做了帮同统带，将所部三营兵交给了袁。可以说，张謇是赏识袁世凯的第一人，没有张謇的多次荐贤，也不会有袁世凯的后天腾达。可是，袁世凯并不是一个"从一而终"的人，当他顺利地走了几年路，又高攀上了李鸿章时，便冷落了这位启蒙老师，连称呼也由"师"改为"翁"了。张謇对其卑劣行为极为不满。直到1904年张謇以立宪派首领身份请求朝廷立宪，受张之洞等人的怂恿，他才写信给任着直隶总督兼北洋大臣的袁世凯，想请他支持。但是，袁很冷淡，只表示了一个"尚须缓以俟时"的态度。张謇从此再未与袁有交往。现在，张謇突然来电，袁世凯摸不透这位成了状元，正在大办实业的人物来访他是何意？

张謇因何访袁？我们还得把话说远点儿：张謇是积极主张立宪的。慈禧宣布"预备立宪"，他很受鼓舞，随即与汤寿潜、郑孝胥等人组织了国内第一个立宪国体——预备立宪公会，并任副会长。1909年，张謇又发起各省谘议局赴京请愿，要求清廷速行立宪。但以载沣为首的少壮亲贵集团掌权之后，清廷便日趋保守，立宪事渐被冷淡；尤其是在皇族内阁成立之后，张謇的立宪思想屡经挫折之后已是大失所望，他不得不把注意力放在少壮亲贵集团之外，继续组织实力，向朝廷"痛切密陈，勿以国事的孤注"，迫其做让步打算。不问张謇愿意不愿意，袁世凯都是他寻求的对象。

袁世凯爬上高位前后，从未真正支持过立宪，但也未曾公然反对过立宪。1905年之后，立宪运动声势大增，袁世凯遂倾向立宪；1906年8月，他甚至宣称"官可不做，宪法不能不立"。这虽然是袁世凯的政治投机，但张謇却觉得修复两人关系有了希望。现在，袁世凯被皇室少壮亲贵集团"开缺回籍，贬居洹上了"，但他却仍操纵北洋六镇之军，且熟谙清廷举动。袁世凯自然又成了张謇必须与之全面和解的对象。洹上访袁，势在必行。

袁世凯没有像接待端方那么隆重，他同他没有结拜之情，也没有姻亲关系，而张謇也并非皇室亲贵。之所以还愿意接待他，有一点旧情之外，主要还是他袁世凯败归洹上了，而且并不甘心，想有更多的人支持他东山再起。袁世凯是败在少壮亲贵载沣手下的，张謇此时也正对载沣极为不满，在这层意思上讲，袁张还得算"志同"，自然，也就把昔日的不愉快都丢下了。所以，在张謇到达的时刻，袁世凯派了个卫队带着轿子迎到车站。

那是 1911 年 6 月 22 日（旧历五月二十六日）。

这一日，正是一年中白日最长的一日——夏至。太阳把最严酷的热浪洒向山川和河流。傍晚，它终于带着遗憾坠到太行山的西侧去了。正当烈日将去未去之际，张謇乘坐的火车在彰德车站停下，他迎着西天的晚霞走下车来。卫队上前迎接，大轿敞开帘门。张謇虽对袁世凯不来亲迎略有微词，但毕竟是来访，客随主便，也就上了轿子。及至洹上，却见袁世凯率领幕僚，头戴草帽，老远地站在村口迎候。张謇在村口下了轿。袁世凯匆匆走上，紧紧握手。"到底是老朋友，阁下还没有忘了我这个洹上渔叟。"

"我怎么会忘记老朋友呢！"张謇也乐呵着说，"一晃又是十几年了，慰亭你还是那么英俊！"

"无官一身轻，身轻心自宽。"袁世凯说，"终日以白鸥为伍，坐岸垂钓，不愁吃穿，何愁不胖。"

说笑之中，来到客厅，自然又是一席盛宴接风。然后，二人便走进密室，进行了夏夜长谈。

此番张謇进京，完全是为的今日时局，宪政事久议不决，军机处又改头换面，中国岂不完了！张謇梦想着依旧由朝廷去复苏这个局面。张謇的随行人有刘厚生、江导岷、雷奋、杨廷栋等，这些人都是立宪派。袁世凯自然明白他们进京的意思。便说："季直老兄（称谓又变了：先是师，后是翁，而今是兄了）此番进京，是不是有意选了一条弯道？不然，怎么会走到这洹上来了。"

张謇笑了。他知道袁世凯的醉翁之意，便也打趣地说："有时候，弯道较之正道更快。我是以'快'为求。"二人相对笑了。

张謇还是解释说："北上之事，四月已定。本想直去北京，因为汉口有几家纺纱、织布、缫丝、绩麻的厂子要出租，让我去接下来，故先至汉口。这样，也就圆了我多年想会阁下的大梦。岂不一举两得？"

袁世凯笑了。"据老兄所见，立宪事该如何待之？"

"军机变内阁，是载摄政耍的一个蒙骗孩子的把戏。"张謇说，"立宪岂不更加艰难！但是，中国除走宪政之路，别无他途。所以，我还是想……"

袁世凯摇摇头，说："只怕老兄此番苦心无人知呀！"

"不见得。"张謇有信心。他觉得执政者们会以国事为重，能够听进善言。

袁世凯说："立宪叫了许多年了，西太后就叫，现在的摄政王又叫。实处在哪里呢？中国不是日本，不是英美。中国是以权论事的。想有权，得有兵。一旦兵权在手，放个屁也是惊雷。立宪，给民以主，给民以自由，中国行吗？"

"唯其不行，才要力争。"张謇说，"何况载沣也是答应了的。"

"那不过是幌子罢了。"袁世凯说，"太后答应九年为立宪预备期，这位小皇上的爹把期限改为五年。好像是步伐加快了，但五年岂不仍很遥远。我看，缓兵而已。五年之中，载沣把禁卫军操练强大了，还不是以刀兵来说话。"

张謇打了一个寒战。"袁项城言之有理。"但他还是说，"民主是世界潮流，立宪是大势所趋，即使流血才能得到，总会有人视死如归的呀！"

袁世凯很敬佩张謇这种精神，他面呈歉意地说："季直老兄此心，慰亭十分敬仰！如果有一天须要流血时，慰亭也会不惜这颗头颅。"

张謇高兴了。"这么说来，慰亭老弟并不甘心只在洹上垂钓了！"

"因势利导吧。"但他又说，"玩笑而已，我也无心管那么多了，说说罢了。"

张謇淡淡一笑，未作可否。停片刻，只好转个话题："我还有一件心事，也是此去京中想落个实处的。只怕……"

"是不是关于淮河的问题？"袁世凯问。

"啊？你怎么知道？"张謇很惊讶，"淮河问题扯着老兄的心已非一年了。"

袁世凯说："这是一件早当断的事，朝廷就是不断。这不，当断不断……"

张謇连连点头。

——淮河失修，灾祸连连，苏鲁豫皖灾害不断，有几百万人民苦不堪言。由于淮河多灾，也直接影响到张謇大生集团发展实业的计划。许多年来，张謇连连呼吁，而朝廷却是充耳不闻。两年前，张謇便以江苏省谘议局的名义单独宣布"拥有治淮自治权"。然而，淮河毕竟流经四省，一省之力恐难实现。所以，淮河问题依然是张謇的心腹大患。

袁世凯正想寻机挑剔那个皇族内阁，今见张謇为治淮的事焦急，于是说："季直老兄的苦心，只怕仍然不会被人所理解。你心里很清楚，那位内阁总理大臣庆王爷奕劻，是个只会抓银子的角儿；协理大臣那桐，算载沣的爪牙，老徐（世昌）是白占着位置没有权，十三个阁员满人占了九个。这哪里是办事的一群，这完全是抢权的一伙强盗！淮河……"

"如果有一天老弟你回到内阁……"

"还有那一天吗？"袁世凯摇摇头，"果如季直所言，我自当助老兄一臂之力。"

"那我就谢天谢地了。"张謇又对改组内阁和袁世凯出山的事谈了些自己的看法。比袁世凯大六岁的张謇，以一颗坦诚的心对这位由学生而兄弟的在野人说出一片实话，并且劝袁"务请以大局为重，到那一日，要为社稷江山，为黎民百姓而出山，勇挑重担"。

这位冷居洹上的渔叟，本来说是"素衣蚤浣帝京尘"的。见状元如此盛情，自然沾沾自喜。后说："有朝一日，蒙皇上天恩，命世凯出山，我一切当遵从民意而行。也就是说，遵从您的意思而行。"停顿片刻，又说："但我要求您，必须在多方面把我的诚意告诉他们，并且要求你同我合作。"张謇忙说："这个自然，这个自然。"

张謇回到住处，已是深夜十二点，仍然兴奋不已。遂提笔记下：

> 6月22日午后五时至彰德，访袁慰亭于洹上村，道故论时，觉其意度视二十八年前大进，远在碌碌诸公之上。其论淮水事，谓不自治别人将以是为问罪之词。又云此等事不当论有利无利，人民能安业则国家之利，尤令人心目一开……

六

袁世凯的洹上渔舟生活，他是做了长期打算的。小朝廷还在冲龄，摄政王也刚刚三十岁，一切都那么幼嫩，死不了。他们死不了，袁世凯便短时间里翻不了身。不做长期打算不行。送走张謇，袁世凯望着桌上的残茶烟屑，轻轻地叹息起来。"我这不是自作多情嘛，皇上不会有天恩给我了，我将老死洹上，永无出头之日了！"袁世凯抚摸了一下自己的下巴，胡须虽不蓬盛，但有一把了。"我——老了，经不起折腾了！"他转动身子，只好去收拾他的蓑衣、渔竿，然后缓步走向池塘。

有人说，历史是英雄推进的。也有人说，英雄是历史推出的。究竟是时世造就了英雄，还是英雄造就了时世？古往今来，众说纷纭，到头来还是如此这般地纷纭下去。

甲午战败以后，中国人仿佛学到了点本领，有人起来闹君主立宪了，更有人起来闹民主革命了；闹了不多久，竟然发生了一场变法维新运动。变法没有成功。有人说失败的原因是慈禧保守，运动被她镇压下去了；也有人说，如果维新派不试图去触动慈禧的权力，而是借助她的权力推动变法，那么，戊戌维新取得较大成果，避免后来的悲剧结局，不是不可能的。变法的失败，时人多说为袁世凯出卖的，但也有人并不完全同意，他们说："慈禧本来被康有为建议'感动'，愿意尝试新政来挽救自己的危亡；到头来，她竟发现康有为企图通过新政从她手上夺权，甚至要派兵围颐和园，要她的老命……她转而对新政恨之入骨，下令废除。不管如何，维新运动还是促进了中国民主思潮的发展。到了1905年，孙中山在日本东京合并兴中会、华兴会、光复会而组织了同盟会，便提出了以推翻大清王朝为目标的"驱除鞑虏，恢复中华，创立民国，平均地权"的十六字政治纲领。不久，便在国内开展了不同形式的起义和暴动，虽然大多失败了，但是，最后，终于爆发了震撼世界的"武昌起义"——

武昌那场革命，也真够轰轰烈烈的。

1911年，清政府借着实行铁路国有名义，将民办的川汉、粤汉铁路收归国有，并以铁路修筑权为抵押，向英、德、法、美四国银行借款，激起了川、鄂、湘、粤各省人民的反对。不久，四川省成立了"保路同志会"，举行请愿，遭到镇压；随之，便发展成为四川各县人民的武装反抗。清政府派端方（我们前文提到端方入川过洹上访袁世凯，即此项）从湖北率新军入川镇压。在孙中山同盟会的影响下，早已在湖北新军和会党中积蓄了力量的文学社共进会，决定于10月9日起义。

9日上午，共进会领导人孙武检查炸药时不慎失事受伤。于是，事情泄露，汉口的机关被破坏。文学社领导人蒋翊武闻共进会机关被破坏了，生怕发生意外，于是决定9日夜举行起义。但是，因为送信传令的人未能按时到达炮营，号炮未能及时打响，其他各营义兵不敢妄动，文学社武昌机关亦被破坏。领导人袁楚藩、刘尧澂、杨宏胜等三人遇害，蒋翊武被迫逃走。

共进会、文学社均遭破坏，10日上午，湖广总督瑞澂、第八镇统制张彪便按缴获的名单大肆捕人，一时间，武汉三镇形势十分紧张。于是，革命党人便决定 10 日晚举行起义。

1911 年 10 月 10 日，是一个秋高气爽的日子，除了抓捕革命党人的恐怖之外，武汉三镇还算平静，大江东去，龟蛇映日，黄鹤楼下游人不断。晚七时，起义军由工程营开始，全面爆发起来——

熊秉坤率领的工程营首先占领了楚望台军械局。随后，各营奋起，直冲向总督署。总督瑞澂逃跑了，统制张彪也逃跑了，起义军顺利占领了武昌。

武昌起义胜利，这是中国人民反帝反封建取得的有史以来最大胜利！

然而，起义胜利之后，由于孙中山在美国，黄兴在香港，孙武、蒋翊武又均不在现场，革命党人只好推清协统黎元洪出任胜利后的军政府都督，发表宣言，号召各省起义。湖南、陕西、江西等省率先响应，很快便形成全国范围的大革命——辛亥革命。

武昌起义的胜利消息传到洹上村，袁世凯正在池塘边钓鱼。晚秋的西风，尚裹带着一丝温馨；刚刚脱下绿装的树木，并不显得凋敝；池水更清澈了，残荷的落叶却早已朽乌得变了形状，就像袁世凯不穿蓑衣，不戴斗笠而是穿一身黑色的制服一样，故意显示着一副老态。袁世凯的渔竿搭下去许久，水面却不见一点浪花。他不着急，依然泰山般稳坐着。仿佛他坚信"时间到了，准可以钓上鱼来"。他是用时间换鱼。又仿佛他本来就不是在钓鱼，而是利用垂竿消磨时日——许多日子以来，传到洹上来的消息总是让他捉摸不定。张謇离开洹上去北京了，袁世凯竟反复自问："这个不显光彩的状元公风风火火来到洹上，是真的汉口有事顺路吗？不是另有任务吧？"然而，他又摇首："张季直毕竟只是个文状元，熟悉之乎者也而已；扩而言之，又多了一份实业心肠。治国安邦平天下，他还差把火候。"

放下张謇，他忽然又想起了那个责任内阁的总理大臣奕劻，想起对他的慷慨，想起对他的始终，"我袁慰亭落泊洹上辟乡了，还是依例给你奉献银两的，你可千万不能忘了我呀！"袁世凯还算满意，内阁中的一招一式，奕劻都及时告知了他，国会问题、铁路问题、湖广川贵问题，他全知道。有说不到处，还有徐世昌补充呢。一切一切的事情，他都只想知道而已。"不在其位，不谋其政。"他懂。他不想去谋那些不属于他的政，他想安逸。早上，他吃过早点之后，便漫步来到庭院，想去看看夫人于氏。几十年了，他同她早已不存在夫妻的实质，只保留了名分，无论在天津还是在洹上，他不得不隔三五日便去她的房中，问一声"夫人好！"而于氏也恭敬地还一声"大人好！"这便算礼节到了。不知今天为什么，袁世凯走到半途又折回身来——姨太太们那一场恶仗之后，袁世凯对她们似乎都冷淡了，他觉得她们都不识大体，在家境如此败落之际，她们缺乏团结互助的精神，"这还有碗饭吃，若是连口也糊不上，岂不要众叛亲离了吗？"几个月来，他对谁都有些冷淡。所以，他在院中站立时，索性拿起渔竿，独自到池塘边去消磨时间。

正是袁世凯持竿沉思之际，杨度匆匆走来，他手里拿着一张电报，老远便嚷叫着："大人，袁大人，好消息，好消息！"

袁世凯定了定神思，转过脸来。"什么好消息，看把你高兴的？"

"武昌，武昌，武昌！"杨度连连高叫。

"武昌怎么了？"

"武昌胜利了！"

"武昌谁胜利了？"

"革命党胜利了，革命党胜利了！"

"革命党？……"袁世凯心里一惊——革命党是他的死对头。革命党兴起，他袁世凯当成一场灾难恨不得一夜之间吃掉他们。立宪、民主，他都是勉强应和的。现在，革命党武昌胜利了，他袁世凯还不吓了个半死？！杨度却说"好消息！"

"这算什么好消息？"袁世凯轻轻地摇摇头。

杨度却另有看法。他说："武昌革命党胜利了，那个摄政王在北京就睡不着觉、吃不下饭，他就得调动人马去剿杀。这一剿杀嘛……"

袁世凯豁然开朗。他把渔竿朝池里一扔，陡然站起，从杨度手中抓过电报，匆匆看了一遍，仰面哈哈大笑起来："革命党，助我也！"他拉着杨度，匆匆朝院中走去，一边又说："把所有的人都召集起来，咱们好好地为革命党的武昌胜利开一个轰轰烈烈的庆祝大会，然后，咱们再开个盛宴，连娘儿们在一起，热闹他个三天，然后，拔营。"杨度笑了。

——本来，袁世凯是失了这一算的，他不觉得革命党能够成气候，"几个口头说教家，凭着'主义'就把两百多年的大清基业推翻了？"再说，他袁世凯是大清的臣子，皇恩雨露！革命党把大清王朝推翻了，他这个王朝"大树"上的猢狲还不得散？袁世凯仇视革命。他被大清王朝贬为庶民了，他心里十分愤怒，但是，他却连想也不去想靠革命党东山再起。几个月前，他对张謇还说盼望"皇上起用"他的话，一旦他重新出山，消灭革命党仍然是他的任务。

现在，"皇上起用"遥遥无期（皇上只有三岁，何时亲政？摄政王还不到三十岁，何时会还政于皇上？），革命党又做了一件令朝廷不安的事情，朝廷能不动怒，能不调遣兵马去剿杀？袁世凯终于明白了：调兵剿杀革命党，皇家的禁卫军是不能用的。他们不堪一击！用各镇的北洋兵，"我袁世凯尚未看见有谁能够统得了我这支军队！"所以，他终于明白了杨度为什么把"敌人"的胜利看成喜事。

洹上村杀猪宰羊，盛宴不倒。袁世凯还派人连夜赴京津，把京剧班的名人谭鑫培、王瑶卿、王惠芳、杨小朵等都"传"来，像共度佳节或办堂会似的在洹上连台演唱；连在郑州的河南坠子和梆子戏的名角也跑来助兴。一时间，洹上村热闹非凡，诱得八方亲友前来凑热闹。可是，谁也说不清究竟为什么！

第五章
辛亥大旗高举，袁氏再度出山

辛亥革命帮了袁世凯的大忙，不仅使他有可能东山再起，而且给了他相当的讨价资本。

不过，袁世凯会不会忘恩负义？人们还得拭目以待。因为这个人并不诚实。

一

武昌城卷起的革命风暴，震撼着整个帝都北京；皇宫高墙里所有顶冠佩带的人物，无不惶惶不安。

清王朝的王权被动摇了。

摄政王载沣把他的文武百官通通召来，要他们拿出平息的办法。那些头戴花翎、拖着长辫子的家伙，一个个目瞪口呆，不知所措。

有的人还算清醒，武昌的革命是武装革命，武装革命就得用武装去"平息"：派兵讨伐！

派什么兵去讨伐呢？摄政王载沣所统率的禁卫军吗，那是一群几乎全是八旗子弟组成的集团，更缺乏相当的训练，他们怎么能打得仗呢？还能够厮杀一场的军队，只有北洋军。想起了北洋军，连那些地地道道的"老满"也有点不自在——统帅袁世凯被贬官为民去了，各镇各标各协的统领大多换成了满族亲贵，军中早已上下不和了，还有战斗力吗？这些，就是大家沉默的原因。

大敌当前，兵临城下，这可不是能够延误的事情。载沣发愁了，一双还算饱圆的眼睛忽然间就没有神了，额头陡然多了皱纹，往日面上那种自信也消失了。他像刚刚在前线吃了败仗的将军，正待统帅的惩办呢！

摄政王这副沮丧的表情，令内阁总理奕劻最为不安。现在实行的是责任内阁，总理大臣对国家的安危得拿出办法。他要对主子负责，要对黎民百姓负责。否则，还叫什么责任内阁呢？奕劻的心一直在跳，头也不敢抬，连呼吸也觉得不顺畅。此刻，他竟有些后悔了。"当初我当的什么总理大臣呢？不该组织内阁。国家大事就由军机处去办岂不利索；总理大臣由摄政王兼也顺理成章。"哎呀，奕劻呀！你这不是太幼稚了吗？一朝入公门，九牛拉不出！朝廷决定了的事，顺时你想干，背时你想丢，哪有这么一厢情愿的事？

奕劻也知道不行。他胡思乱想了一阵之后，终于发了话："当今形势，国难当头，为国家计，我看朝野上下，应该摈弃前嫌，一心对敌，有多大力气拿出多大力气。一句话，团结起来，对准武昌。"

载沣显然听不下去了。因为他觉得奕劻说的全是空话。"谁不摈弃前嫌了？谁不团结了？现在不是唱高调的时候，是要拿办法，去消灭占领了武昌的革命军！"摄政王有点怒意地说了话："道理大家都懂，不必再提了。还是由内阁拿出办法来吧，空话退不了敌兵！"

摄政王给了奕劻个小面子，没有指名叫他，只让"内阁"拿出办法。奕劻心领神会，摄政王这一板的分量，他还是领受了的。别看本领并不大，性子却不小，面皮也薄着呢！摄政王要他拿办法，他早已成竹在胸，便说："现在，只有一个良策，那就是调北洋军去御敌。从编练新军起，国家就很注重这支军队。而今，这支军队无论是素质还是战斗力，都是十分可信的，养兵千日，用在一时，把这支队伍派出去，必然会马到成功！"奕劻把话说到这里，扫视了大家一阵，见大家都沉默，似乎没有听懂他的话。奕劻不再解释，索性把话揭明："北洋军是一支可以战胜革命军的军队。现在的关键是，由谁来指挥这支军队？"他不待别人开口，又说："我建议立即起用袁世凯……"

这话一出口，人群中响起一片惊讶声："啊？！起用袁世凯？"

"是起用袁世凯。"奕劻说，"北洋军是在他的手里建成的，只有他去统帅，才能指挥若定，收到奇效……"

奕劻的话尚未说完，恭亲王溥伟便怒气冲冲地站起来，说："怎么，让袁世凯出来带兵打仗？"

"当前的国难是革命党，袁世凯还是大清的臣子。"奕劻说的是实话，也是有见地的话。

可是，这群深深嫉恨袁世凯的贵胄少壮派，是不会轻易这样做的。溥伟依然怒气不减："袁世凯有反骨。以前，好不容易才把他赶下台，现又要起用他，又要把刀把子递到他手里，那怎么行呢？不行。说什么也不行！"

溥伟这么一坚持，其他贵族大臣当然跟着应声。奕劻孤立了，他的意见被否定了。

——奕劻荐袁虽然未成，那片诚心还是皇天可鉴的。这也不愧袁世凯多年来对他的一片孝心。

问题又回到原地了：不派袁世凯派谁？会场又静下来。

载沣当然同意溥伟的意见：袁世凯不能起用。但他也不知用谁好？

就在大家都沉默之际，载沣侧目窥视一下他面前的文武官，当眼光落到新任陆军大臣荫昌脸上时，忽然精神一振："他，倒是最合适的一位人选。"

——荫昌是陆军部大臣，率兵灭革命党，名正言顺。再说，他也曾做过北洋武备学堂的总办，跟北洋各将多有师生关系，且帮助袁世凯推荐提拔重用过不少人，在北洋军中有威信，要他去指挥北洋军，那是最合适不过的。于是，他便说："这样，征剿革命军的事，就由荫昌大人去统帅吧。"

大家都同意——不同意也提不出更合适的人选。于是，统帅问题便解决了。

荫昌虽为陆军部大臣，可手下并无亲兵，光杆司令不能去打仗。人们面上的乌云还是不能完全散开。他们都知道，北洋兵全属六镇，基本上是袁世凯编练的，去了袁世凯，他们早已心中不服，现在把他们再调去打汉人，更令人放心不下。载沣问荫昌："你想想看，该调哪些军队上阵呢？"

荫昌是参与编练新军的，他知道这些队伍的思想和战斗力，于是说："单独调哪一支部队也不行，怕是不好指挥。"

"这么说，就没有办法了？"载沣问。

"办法还是有的。"

"说说看，什么办法呢？"

"从各镇中挑选精锐部队，组织混合军。"荫昌说，"这样，他们便可以起相互牵制作用，不会发生意外。"

载沣沉着脸想想，觉得是个好办法。但他也知道，这不是荫昌的发明，是当初袁世凯建立新军时用过的办法。当初，袁世凯在天津小站编练新军时，便是从各军中抽调他认为可靠的部队混合编成的。载沣虽然对袁世凯其人有意见，不愿起用，却对他的办法并不反感，并且欣赏。所以，也就点头答应下来。"那就照你说的去办吧。"

荫昌当即回到部里，把各镇形势和兵情排了排队，觉得一镇驻守京师，要保护老家，调不出兵来；三镇远在东三省，一时无法调回；五镇驻防山东、海疆要地，不能不防。于是，便只能从第二、第四、第六三镇中各抽一协，组成混合军，以冯国璋为军统，开赴前线。载沣对这样组织也比较满意，同时觉得冯国璋其人还不错。此人虽同袁世凯走得很近，却屡屡表示"忠心王室"。他跟良弼关系亦好，在北洋诸将中还是比较可靠的。于是也就答应了。

武昌起义的第二天，清政府便降旨，任命荫昌为督统、冯国璋为军统，率领新编的混合军开往武昌。载沣还怕这支队伍打不过起义军，又命海军提督萨镇冰率领长江水师，开往汉口助战。一切都安排好了，载沣才松了一口气。"好了，好了。那伙革命军既无海军，陆军也比我的队伍小得多，我水陆并进，不难一下荡平他们。"

慌张了一天一夜的北京城，总算暂时平静下来了。然而，远在河南北部的彰德洹上村，却又热闹、动荡起来。

冯国璋匆匆来到洹上村。

袁世凯把他迎到客厅，一边让座，一边说："华甫（冯国璋，字华甫），是不是把队伍也带过来了？"

"队伍？"冯国璋问，"什么队伍？"

"你做了军统，要率领大军下武昌了，怎么还瞒着我呢？"

冯国璋淡淡地笑了，"大人怎么知道的？"

"这个，你就别问了。"袁世凯说，"我的话可是千真万确的吧？"冯国璋点点头，又说："我是特地匆匆赶来向大人禀报这件事的。既然您业经都明白了，我也就不必再说了。只是……"

"想说什么只管说，不必吞吐。"

"我是想向您求教一下，此事我该怎么办才好？"冯国璋很虔诚地说，"我是先行要打头阵。冲过去了，就是你死我活。"

"你打算怎么办呢？"袁世凯问。

"尚未拿定主意，便匆匆赶来了。"冯国璋说的是实话。这个直隶河间人虽然文武都有些子，却做了武卫军较长时期的下级小官，直到袁世凯小站练新军，才算被袁抬举上来，成为新建陆军的骨干。此人善于假装糊涂，十分看重利害得失。他和王士珍、段祺瑞并称"北洋三杰龙虎狗"。由于他待人比较随和，做事多方留下后路，所以，人缘也不错。早已是袁世凯的心腹臂膀了。

袁世凯这些天也在盘算这步棋如何走。他得知冯国璋做了军统，率军南下，便猜着自己出山有了障碍。现在，得想尽一切办法，不让武昌形势好转，让革命军继续逼朝廷，自己出山才有望。袁世凯慢条斯理地说："这事要我看，有两种办法。"

"哪两种办法？"冯国璋说，"请讲。"

"若为你个人邀功，便率军长驱直入，把革命军打出武昌去。"袁世凯说，"我思考过，凭你的军队，你是可以取胜的。但是……"

"怎么说？"

"把革命军消灭了，你立下功勋了，但清王朝的皇亲贵胄会更神气。反过来，还是满人压汉人。"

"这个形势我也猜到了。"冯国璋说，"还有什么路好走吗？"

"你在他们（指清廷亲贵）面前不觉得孤单吗？"

冯国璋点点头。

"若是我能出来助你一臂……"

"那样，大人就可以指挥我们干了。"

"好，你还算清醒。"

"我该如何办呢？"

"好办。"袁世凯说，"我给你一个良策。"说着，在桌上翻开一张纸，提笔写了六个大字："慢慢走，等等看。"

冯国璋接在手中，仔细看了阵子，笑了，"华甫明白了，明白了。"

二

冯国璋打前站，荫昌率领南征主力，沿着京汉铁路，浩浩荡荡南下。

荫昌同袁世凯也是老交情。此番大军路过彰德，他自然要下车相访。袁世凯盛情款待，说了一番祝福的话，并表示："待凯旋归来，慰亭在彰德为你先贺！"军情紧急，荫昌不便久留，便匆匆别去。

荫昌十分乐观，他自信他的大军会一鼓作气打下汉口。那时，他便可以向朝廷报个头功。

荫昌的督师专车到了湖北的孝感，便停下了。他想把他的大本营安在孝感，由冯国璋的先头部队南进，便可以长驱直入。

孝感到汉口，仅只七十公里路程，凭着两只脚板，也只有两天多的路程。可是，荫昌的南征军到了孝感，竟像是被钉子钉住了，再也走不动了。他派人前去打探。打探的人回来禀报说："前方所有的车站均住满了军队，运兵的车占满了铁道，开不过去。"荫昌派人去找冯国璋，冯说："先头部队已在刘家庙与张彪残部接上火。"

荫昌命令冯国璋："消灭他们，打开通道。"

冯国璋却报告说："兵力尚未集中，不可展开攻势！"于是，武胜关以南各站，军队便摆开驻防的架势，再也不动了。无论荫昌如何发号施令，先锋部队就是不动。这位南征军的督师只好搔头，流汗，连连向朝廷告急。

——这便是冯国璋的"慢慢行"。他要为袁世凯争时间。

武昌的胜利，激起了全中国的革命浪潮。

武昌光复次日，汉阳光复，汉口光复；接下来，湖南、陕西、江西、山西、云南、贵州，继而湖北、安徽、江苏、浙江、上海，接二连三地掀起了革命高潮。不日，连北方各省也被波及，蒙、藏、疆边各省也在动。朝廷惊慌了。

朝廷中最惊慌的是摄政王载沣。小皇帝还小，尿还向裤子上撒呢；隆裕皇太后又是一个缺乏主张的女人，只当个牌位摆摆而已，更办不了事；总理大臣奕劻提议起用袁世凯未被接纳，他索性不多管事了；恭亲王溥伟只会说空话，也是一个拿不出主张的人。载沣成了光杆司令。在前方不断传来坏消息的同时，外国人也在京城里放风，英国公使朱尔典就传信给载沣，说："袁世凯是精通军事的当代大人物，北洋军是他亲手编练的，必须用他才能扭转坏局势。"美国公使嘉乐恒在公使团会议上煽动各国公使一起促进朝廷起用袁世凯。

奕劻虽然无大才，心还是明白的。他觉得在这种情况下，再出来替袁世凯说话，或可有作用。他匆匆走到载沣面前，并不直接为袁世凯请命，而是说："武昌形势十分紧迫，全国各省乱事层出，必须采取新措施方能平息。"当载沣也急于无法而问他"咋办"时，奕劻说："到了这个节骨眼上，得务实了。我觉得朱尔典的意见值得考虑。美国人为中国着想，也是同意朱尔典的见解的。咱们是不是……"奕劻不仅这样说，在这之前，他索性以"不上朝"来相逼了。而内阁协理大臣那桐也"愿以性命作保"力荐袁世凯。

情况紧迫，载沣焦急，又做不了主，再加上胆小怕事，不得不把问题抛到隆裕皇太后面前。

这个四十四岁的叶赫那拉氏和她的丈夫光绪帝载湉一样，做皇后时便是牌位，比起她的姑母慈禧来，简直算个小憨子。在这种紧急事情面前，她有什么办法呢？急愁了半天，说："那就开个御前会吧，看王公大臣们有什么好主意。"

御前会召开了，昔日那些趾高气扬的亲贵们包括溥伟，一个一个都垂头丧气，他们早被武昌城的炮声吓破了胆，唯恐事态恶化，灾难落到自己头上，难得有个办法排难，什么办法他们都不会计较了。可就是自己拿不出办法。就在这时，奕劻极口称赞袁世凯的忠心，说"他对大清忠心耿耿，为朝廷事，娘死了都不顾，皇宫被八国联军破坏成那个样子，是他倾家修复的；国中有一支强大的军队，也是他一手编练的。现在，只有他才足以戡乱。我们不能固执己见了，要把大清江山看作头等大事，应该起用袁世凯"。奕劻这么一说，似乎在黑暗的洞穴里又看到了一线光芒，人人都轻舒了一口气。

隆裕太后看看载沣，便说："你是摄政王，你的意见怎么样？"

载沣却说："还请皇太后定夺吧。"

隆裕说："要是大家都没有意见，那就传旨起用袁世凯。"停了停又说："这样吧，命他为湖广总督，叫他会同荫昌指挥前方各军。"

1911年10月14日，即武昌起义后的第四天，朝廷下了起用袁世凯的诏书。值得注意的是：起用袁世凯的同一天，清政府同时起用了打入冷宫已久的由邮传部尚书兼两广总督而被免职的岑春煊，让他到四川做了总督。这实际是在利用袁的政敌布阵牵制袁世凯。

洹上大墙内池塘里的荷花不见了，那映日红的氛围却依然不减。只是湖心亭冷寂了，那个扁舟孤独地被丢在了岸边，只有靠墙边的两排松柏，还保持着春色。

荷塘映日红的那氛围，却不是那片花红叶绿，而是来自八方的客人和内外的好讯息。

袁世凯兴奋了。他除了在客厅频频应酬之外，还主动地、殷勤地跑电报房——他要最迅速地知道宫中事，知道天下事。

圣旨到洹上村了。袁世凯在他的养寿堂依照规矩接了圣旨，盛情地款待了传旨官，然后才藏进密室，思索对策。

平心而论，袁世凯是梦寐以求出山的，五十多岁的人了，属于自己翻腾的时间不多了，早一天便多一天享受。他不热衷追谥，死后捧得再高也是空的。可是，要他出山的圣旨到了，他却不得不再打打算盘。袁世凯明白，什么湖广总督，什么"会同荫昌指挥前方各军"，说穿了，是个助手而已。"有战功了，是督师的统帅的，有过了，得我袁慰亭担。"更令他气愤的是："凭什么又让岑春煊到四川？他到四川做什么？还不是监视和牵制我的吗！"他皱起眉，冷笑了。"好，就用你朝廷的办法来对付你朝廷的决策吧。你让我回籍养足疾，我就说足疾未痊……"于是在接到圣旨的当日，他便奏报朝廷："足疾未痊，一时尚难启程。"

这个回奏到了京都，使所有的人都惊讶万分。奕劻在他内阁总理府的殿堂里急得直打圈圈。他把徐世昌找来，焦急地问："徐大人，这是怎么回事？为他出山的事，几乎令你我绞尽了脑汁，一本一本地上奏，好不容易上头批下来了，他却又摆架子不肯出来。这是为什么？"

徐世昌淡淡地一笑，无可奈何地说："菊人（徐世昌号菊人，这是自谦）也在思索，却不得其解。"

奕劻说："那就别猜测了，请你辛苦一趟，到彰德去问个明白。"这正如了徐世昌的愿，他有许多话要当面跟袁世凯商定。于是，徐世昌便匆匆动身了。

徐世昌到洹上，是10月20日。袁世凯迎到村外老远。一见面，便十分兴奋地说："我最盼着你来，下一步棋怎么走，我总定不下来。你来了，咱们好好商量一下。"

"我也怕你糊涂了，特赶来助你一臂之力。"徐世昌笑了。

二人携手，走进密室……

徐世昌回到北京，满面愁容地来到奕劻面前，却一言不发。

奕劻见他这模样，心里一冷。"徐大人，怎么样了？"

徐世昌摇摇头说："算了吧，别找他了。"

"为什么？"奕劻急着问。

"难道少了他这个屠夫，大家都吃连毛猪了不成？"

"到底怎么样？他说了些什么？"

徐世昌觉得戏做得差不多了，便一边摇头叹息，一边说："袁慰亭，咳……怎么说呢？不出山要出山，现在该出山了，又这条件那条件。我看，还是另找他人算了。"

"什么条件？他说了吗？"

徐世昌这才从衣袋里拿出一张自己写的纸头，恭恭敬敬地送到奕劻面前。

奕劻展开一看，原来是这样稀稀落落的几行字：

一、明年召开国会；

二、组织责任内阁；

三、开放禁党；

四、宽容武昌起事人员；

五、宽筹军费；

六、授以指挥前方军事之全权。

奕劻看着这六条件，心中立时翻腾起来。"袁慰亭呀，袁慰亭，你也要求得太高了点吧？"

内阁总理心里明白，袁世凯所提六条，不外乎三个目的，那就是：早日实行君主立宪，想用和平方式麻痹革命党和抓全部军权。他问徐世昌："菊人，你看怎么办？"

其实，袁世凯的六个条件就是同徐世昌一起商定的。徐世昌当然是希望全盘接受下来。但是，他还是说："我看，袁慰亭太过分了。"

奕劻点点头，没有说话。他一时不知该怎么说。

怎么说呢？奕劻想：在当前紧迫的情况下，下一道"圣谕"，对"从乱者”一概不究，这是容易办到的。先做了，以后再说吧。可是，其余条件如全盘接受，荫昌首先得打道回府，奕劻的内阁总理也当不成，载沣还能不能当摄政王，也得打个问号。奕劻为难了。奕劻不得不把这个纸条拿到宫中去。

六个条件一入宫，那些本来反袁、刚刚收敛的满族王公大臣又暴跳起来：“这小子得寸进尺，有一天还想篡权，是不是？”

然而，贵族们的不忿是缺乏权力去支持的。你们出征去吧，你们去平息武昌那场乱子吧，谁敢？

到袁世凯的“条件”进宫，南征的北洋军业经败下阵来，退守在滠口；萨镇冰的军舰孤军深入之后，也退往武汉下游去了；尤其令朝廷不安的，是湖南、陕西、江西等省已先后宣布独立。

清廷到了束手无策之际，不得不先发一道“上谕”：“对于‘从乱者’一概不咎既往，嗣后官方如再查获党人名册，一律予以销毁，以示不再株连。”到了 10 月 27 日，清廷再度降旨，将荫昌调回京师，命袁世凯为湖广总督兼钦差大臣，节制前方各军。圣旨传到洹上，袁世凯终于笑了。

三

袁世凯是在京汉铁路上的信阳车站与荫昌相会办理交接手续的。那一天，是 10 月 31 日。天气晴朗，风和日暖。新旧钦差例行公事后，荫昌的专车便向北开去。袁世凯却在信阳过了一夜，直到次日才南行。他在信阳做了些什么，连他身边的人也说不清，仿佛什么也没有做，大家只见他沉默着——其实，他从彰德动身时，就沉默，那心情，仿佛还不如几天前同朝廷讨价还价时欢快呢。

袁世凯要离开彰德了，他又要到广阔的天地中去翱翔了，却忽然又留念起这片地方来。洹上，他毕竟住了三年了，他恋着那片“雕倦青云路，鱼浮绿水源”的桃园天地，恋着他的蓑衣、渔舟。三年，平平安安，无官做，也无风险。现在要走出去了，又要走进纷飞的炮火之中去了……

离开洹上的头一天晚上，袁世凯把全家人聚一起，说吃一顿“团圆饭”，“以后事情多了，颠颠簸簸，难得一聚”。大家团聚了，妻妾子女，随从老伙，都聚拢来了。大家为他的出山十分高兴，说了一串恭喜的言语。可袁世凯，却端起杯来沉默了。沉默了许久，才说：“你们不要太高兴了，我是不愿意出去的。这次出去了，怕的是不能够好好回来啊！"

听到这话的人都十分惊讶。但是，谁也不知是什么意思，也就没有放在心上。从那时起，袁世凯就一直沉默着。

袁世凯是次日（11月1日）继续南行的。他在一个叫萧家港的车站安下了指挥部。

萧家港热闹了。跟随南征大军的前方将领知道袁世凯来指挥他们了，纷纷跑来拜见。旧主重逢，又是新官上任，有喜有忧，悲喜交加，前情叙不尽，战况说不完，大家总觉得天地又是一番新气象。然而，袁世凯却兴奋不起来，有时点点头，有时淡淡笑。当大家心情都平静下来时，他才说："武昌已不成问题，问题在北方，在我们的后院里。"

人们多不解其意——武昌是无大问题了，冯国璋已经下了总攻击令，他率领的二镇三协已经在统领王占元领导下向刘家庙攻进；清政府的两艘军舰也开始向革命军攻击；革命军业经退守汉口。冯国璋下令用重炮轰击市区。汉口正在经历一场熊熊的火灾。北方？北方有什么事情使袁世凯这么不放心呢？

原来在信阳车站他同荫昌交接钦差关防之前，曾经发生过两件同南方的武昌炮响一样有影响的事情：一件是11月4日，一列往汉口运送军用物资的火车在经过石家庄的时候，被第六镇统制吴禄贞下令扣留了。当日，吴和他的副将李纯、吴鸿昌联名发出通电，要清政府下令停战，大赦革命党人；电报还表示他"愿往武汉说服革命军停战议和"。不仅如此，电报还大骂冯国璋"惨无人道，火烧汉口，应将冯军调回北方，并将荫昌治罪"，并且警告清政府，"如不接受，将士愤激，阻绝南北交通，禄贞不能强制"等。另一件是第二十镇统制张绍曾在滦州不仅劫持了军火，还发动兵谏，要求实行君主立宪，选举责任内阁，释放政治犯。

吴禄贞在石家庄通电发出后，即赶到娘子关与山西革命军代表会谈，决定晋军与清军六镇、二十镇（第一混成协与奉天巡防军一部合编而成，陈宦为统制；陈出国考察，由张绍曾继任）分三路进攻北京，推吴禄贞为燕晋联军大都督。

袁世凯知道这个情况之后，当然不敢轻视，着实地费了一番思索，便把随军南征的六镇十二协统领周符麟找来商量。

周符麟是吴禄贞的对头，吴曾借口周"烟瘾甚深，行同盗贼"要撤了他的职，换上自己的心腹张联棻，只因上边未批准才作罢。袁、周一商量，周便拍着佩刀说："此事由它来解决了吧。"于是，他便带几个心腹回到北方。

一日晚，吴禄贞与晋军商量之后，遂召开中级以上军官聚餐会，即席宣布"明晨直赴北京，有不服从者即以军法从事"。会后，吴返回车站。至半夜，忽有军官多人闯进，嚷叫要见"吴大帅"。吴知大事不妙，便想从窗潜出，未果，只得夺门而出。结果被击倒，并以刀断其头而去。和吴一起被杀的，还有他的参谋长张世膺和副官周维桢。吴禄贞死了，张绍曾知事败，也跑了。

袁世凯接到报告之后，望着北方，轻松地笑了。

——袁世凯之所以要杀了吴禄贞，是因为他自己有更深远的打算：他出山，势在夺取载沣之权。此计正在逐步实行，若吴北京举事成功，推翻了摄政王，连他袁世凯也无存身之地了，自己的计划岂不落空。所以，他必除吴。再加上有个周符麟，当然是轻而易举了。

北方形势平静，南方节节胜利，袁世凯一出山，便给大清王朝来了一片崭新气象，朝野上下，顿时赞誉声四起。

形势好了，主宰朝政的摄政王却不安起来：他是被迫起用袁世凯的，他盼望着袁世凯能够稳定形势；可是，袁世凯一旦把形势稳定了，他又怕袁世凯。他知道，袁世凯的影响越大，就对他的皇权影响越大。日前，有人从武昌前线传来消息，说袁世凯的部将多有建议，说"武汉三镇一鼓可下，大清河山已残破不全，何不取而代之"。只是那袁世凯"忠心"未泯，才不愿那样做。

——其实，何尝是这样。袁世凯自有打算。他刚刚出山，形势又那么紧张，他不敢四面出击，南北并举，更怕腹背受敌。他摇着头对前来劝他采取果断措施的人说："诸君知拔木之有术乎？专用猛力，木不可拔。即拔，木必折断。唯用左右摇撼一法，摇撼不已，待至根土松动，不必专用大力，一拔即起。况清室有类百年大树，岂易拔者！"

听的人这才点头微笑，内心敬服袁世凯的深谋远虑。

朝中人是没有看透袁世凯这层城府的，他们只想着袁世凯能把革命军消灭了，大局稳定了，便会安居，便会享福。

摄政王载沣本来就是一位"有书真富贵，无事小神仙"的书生，更急于进退无路，心想"袁世凯既然对大清朝还有忠心，何不把他拉在怀中，让他维持这个残局，何况他又有那个力量。"

载沣把王公大臣召到面前，摆明利害，说明了打算："此事我已向太后做了禀报，太后没有异议，她让我们去办。"

起用袁世凯，贵族的少壮派已经心怀不满了，如今再给他更大的权力，自然是为虎添翼。可是，王朝大厦确实风雨飘摇了，若不是袁世凯出山，说不定革命军早已过了长江打到直隶来了。"与其那样喂狼，还不如这样喂狗。大权都落到袁世凯手，袁世凯仍然是王朝的一个奴才，大清江山还是不倒的。"这样，持有反对意见的人才无话可说。唯有奕劻，他是内阁总理，果然这把交椅交给袁世凯了，他岂不要下台了？他乐意吗？载沣留下奕劻，进行单独交谈。

由于"黄白物件"的作用，奕劻早已成了袁世凯的代言人。他虽然也舍不得失去内阁总理的高位，但是，天下毕竟太乱了，他又实实在在治乱无术。"把位置让给袁世凯，既报答了他多年来的孝敬之情，也给自己留一条更宽的财路。袁世凯知道是我让的总理，又是我推荐他做的总理，还不更得感恩，还不更得尽孝心！"于是，他对摄政王说："袁慰亭对大清的忠心，我是一直坚信无疑的；我也是力排众议主张起用他的。大清的基业，应当由全中国人来保，五个民族，人人有责。只要他是效忠于大清王朝的，都应一视同仁。我早就说过，在治理国家上，我不如袁慰亭，我愿意把内阁总理的位置让给他。"

载沣是无可奈何；奕劻是无可奈何又加上别有用心；皇室其他亲贵只求保住牌位，少不了银两，何敢他求；圈子内的汉人大多是袁世凯的心腹亲信，求还求不得，怎会不拥护？于是，在武昌起义后的第二十九天——即11月9日，朝廷通过资政会议的形式选举，任命袁世凯为内阁总理大臣。袁世凯假惺惺地作了推辞，说自己"才疏识庸，不足以当此大任"，朝廷也少不得丢几句勉慰和鼓励的话，勉其出膺艰任。

袁世凯接任了总理大臣高位之后，笑了，笑得比他当年在洹上池塘钓得大鱼时还开心。他不再是"月隐烟云里"了，也不愁"天下无磐石"了，他就是磐石，他这个野老钓翁真的变成了"小王侯了"！他坐在行营的暗室里，慢吞吞地吸着雪茄，心里画起他长远的宏图："……革命已经不是星星之火了，它已烧遍了全中国，即便我能够顺利拿下武汉，也扑不灭全国烈火。人们心中想的，是一个民主共和国，不是我的部下说的取代清王朝的另一个王朝，我不能贸然走险。北方没有战事，但北方却有了革命党，还有其他势力，要有一个相当的时间巩固北方阵地，然后对付南方革命军，才能有必胜把握。清王朝虽然摇摇欲坠了，但它却还有影响，利用这个工具发号施令，还可以应酬八方。至于我自己，看形势演变吧。"尚未到任的内阁总理，已经在盘算自己的"征途"了。

四

石家庄火车站发生的吴禄贞被杀案，使袁世凯极为欣喜——他总算解除了后顾之忧，可以专心于南方革命党了。不过，欣喜一阵之后，他又忧虑起来：吴禄贞毕竟不是"孤门独户"，秦桧还有三个知己，何况在军队呼呼闪闪这么多年，并且有那么高的官位，没有人为他报仇雪恨吗？

吴禄贞死后，北方即有传言，说是袁世凯所为。而吴死前便传言，说要杀了袁世凯的一家人。现在，传言依旧沸沸扬扬，袁世凯能不忧心？

袁世凯把贴身随员申明善叫到面前，对他说："你速回洹上一趟，跟徐天成（彰德管家）一起，把家里人立即搬到天津去。我已派人去天津告诉杨士骧杨大人了，他会帮你们安排的。"

申明善说："太太，姨太太们都去吗？"

"不要太声张，可以分批走。"

申明善去了。不久，洹上村大围墙里的眷属便先后离开。直隶总督杨士骧是袁世凯的心腹，他明白袁世凯的心意，于是，便把她们都安排在保险的地方——于夫人和大儿子袁克定住进德国租界；大姨太沈氏和次子克文住在意大利租界；其余的二、三、五、六、八、九姨太和一群小兄弟姐妹便住在英租界小白楼"矿务局"。不久，袁世凯又派人把五、六、八、九四位姨太和两个女儿接到北京。一阵忙乱，袁世凯的家人总算完全离开了洹上村。那片高墙大院，便从此空荡起来，只留下管家徐天成。

武昌起义之后，革命形势并不乐观。冯国璋火烧汉口，革命军大受其挫，10月28日，黄兴由香港来到汉口，黎元洪即请他出来担任革命军总司令，指挥一切。不久，袁世凯派人来劝降，被革命军阻回。结果激怒了袁世凯，便令冯猛攻，以"军事迫降"。11月16日，经过一番准备，黄兴下令分三路反攻汉口，终因不敌而败退下来；11月22日，北洋军偷渡襄河占领蔡甸，而后向花园、黑山进攻；27日，革命军退出汉口守武昌；12月1日，武昌又失，革命军只得退到城外卓刀泉刘家祠堂。

武昌起义的怒潮激荡着全国，东南各省纷纷响应。沪军都督陈其美和江苏都督程德全，浙江都督汤寿潜于11月12日向独立的各省发出通电，建议在上海召开革命军各省代表会议，讨论建立革命军临时政府。三天后，七省代表齐集上海。此时，汉口方面也发出通电，请各省代表到汉口讨论建立革命军临时政府问题。11月30日，十一省代表齐集汉口，在英国租界顺昌洋行召开会议，选举同盟会员谭人凤为议长。但是，汉口正在激战，各方来往不便，革命军各省代表还是转移到南京去了。此刻，驻守南京的清军也被革命军赶到了徐州。黄兴由武汉来到南京，并电请在美国的孙中山迅速回国。12月25日，孙中山回到上海。次日，同盟会代表会议又决议"取消组织军政府而组织临时政府"。12月29日，由十七省参加的革命军代表会议以十六省（票）选举孙中山为临时大总统。1912年1月1日，孙中山在南京宣誓就职，国号改称"中华民国"。

袁世凯对武汉之战，始终是抱着两面利用的态度：利用清政府对付革命军，同时利用革命军对付清政府。第一次对革命军劝降失败之后，军事又有大行动，终于把革命军赶出武汉，袁世凯又进行了第二次劝降。这次不是派部将了，而是英国领事。英国领事以调停口气，建议停战三天。

黄兴去了上海，黎元洪正不想再打。于是，从12月1日起，武汉便停止了战事。12月3日黎元洪搬回武昌。

袁世凯是1911年11月12日由湖北孝感北上受命组阁的。列车北上，风驰电掣。心情激动的袁世凯一直在思索着他的"阁"如何组织？在组阁之前，如何把军权，尤其是禁卫军的权抓过来？

朝廷既束手无策，组阁大权也已交袁世凯，当然一切事宜均由袁做主了。袁世凯到北京的第三天，内阁便组成了。这班人马是：梁敦彦为外务部大臣，赵秉钧为民政部大臣，严修为度支部大臣，王士珍为陆军部大臣，萨镇冰为海军部大臣，唐景崇为学部大臣，沈家本为法部大臣，唐绍仪为邮传部大臣，张謇为农工商部大臣，达寿为理藩部大臣。除了达寿之外，全是汉人。袁世凯终于报了满人排汉之恨。

袁内阁组成了，摄政王当然也无政可摄了，载沣便以醇亲王名义回到他的藩邸。只是为了安慰这位皇爹，袁世凯不得不把军谘大臣兼禁卫军总统的位子给了皇叔载涛。奕劻不同，他跟袁的关系甚密，所以，袁让他做了弼德院的院长。现在，袁世凯只有一个心事了：禁卫军的大权如何弄到己手？载涛是他袁世凯赏赐的禁卫军总统，朝赏夕夺总不是个办法。于是，袁世凯走进宫中，对那个唯唯诺诺的皇太后说："南方战事仍紧，国家安危攸关，全军将士奋力杀敌固十分重要，但皇族必须亲征，方可为各军表率。"

隆裕听了，觉得十分有理，便说："那就这么办吧。"

袁说的皇族，没有别人了，只有兼禁卫军总统的载涛。消息刚一传出，载涛便心惊胆战。此人本来就胆小怕事，更没有率军夺地的本领。于是，在圣旨未颁之前，便自动提出"请求解除兼职"。这位皇叔禁卫军总统的板凳尚未坐热，便又丢了。国事紧急，军不可无首。袁世凯即于12月10日调冯国璋为禁卫军总统，而把禁卫军训练大臣兼第一协协统的良弼"升"任为军谘使——实际是解除了他手中仅有的兵权。

袁世凯离开孝感前，满族军谘大臣毓朗已经辞职，改由徐世昌接任，禁卫军已属他管了，而京城的警察大权也转到赵秉钧之手，袁还不放心，又从北洋军中抽调部分精锐组成"拱卫军"，任命段芝贵为司令。现在，北京城，军警全是袁世凯的了，他才坦然一笑："我终于可以高枕无忧了！"

京中"无恙"了，袁世凯又匆匆忙忙把张镇芳任命为护理直隶总督，张广建为山东巡抚，张锡銮为山西巡抚，齐耀琳为河南巡抚，张怀芝为安徽巡抚。爪牙心腹都有了大位，北方阵地便巩固了。这样，袁世凯才抽出手跟革命军展开了马拉松式的和谈。

袁世凯从南方战场回到北京，战争的硝烟不见了，而无声的交锋却在加紧。他的内阁总算组成了，京畿的军权总算拢到手；可是，他的心事依然重重，他的视野不能不更远——他要盘算怎样同革命党拉开这场争夺战。离开朝政三年了，乍回内阁，总觉陌生。许多事情拥到面前，又觉头绪很乱。他把几件急事安排完了之后，便藏进密室，想认真地思索一番，该如何和革命军谈判？和谈是非谈不可的。只有谈，才对他袁世凯有利。打，无论谁胜，都不利于他。

袁世凯坐在桌子旁，先揉了揉疲惫的双眼，然后拿出一支雪茄。当他把雪茄塞入口时，面前的一堆材料吸引住他——那是昨天晚上他的文案阮忠枢花了相当的时间为他找来的，其中大部分是军事材料，双方的军情；还有财政材料，也是双方的。这都是袁世凯特别关注的。当务之急是打仗，打仗拼的是实力，实力便包括军事和财政。别的，只是附属。他把雪茄丢下，翻出两份军事材料，都是外国情报机关提供的。属于清政府的军队有十六万四千人，材料说："其中十万八千人属陆军，这是忠于皇帝的常备军。其中四分之三是北洋军……"袁世凯笑了："瞎估！我何止十六万兵。"他又看另一份材料，材料说："革命党领袖们有九万七千陆军士兵，另有十万各省杂牌军……"袁世凯又笑了："瞎吹！它的九万兵在哪里？"但他再往后看，却见对这支部队有四个字的评语——"乌合之众"。他真的笑了，且重复道："乌合之众！"

有了这样一个概念，通过和谈达到目的信心更足了。于是，几面开弓，全力和谈。

一天，做了民政部大臣的赵秉钧匆匆来到总理府见袁世凯。二人一见面，赵便说："有一个人，不知您对他印象如何？"

"谁？"袁世凯问。

"汪精卫。"

"他……"袁世凯略一沉思便说，"就是那个刺杀摄政王的年轻人？"

"是他。"赵秉钧说，"同盟会会员，此人颇有影响。刺杀摄政王不成坐了大牢，入狱后还写了一首诗。"

"听说了，"袁世凯说，"只是那诗倒是记不得了。"

"我记得。"赵秉钧沉思片刻，便诵起汪精卫的诗来：

> 慷慨歌燕市，
> 从容作楚囚；
> 引刀成一快，
> 不负少年头。

赵又说："朝廷虽然对他极恨，肃亲王善耆还是到牢里去看他了。那时候，肃亲王是民政部尚书呀！说明此人影响之大。"

"不是说政府已经把他释放了吗？"

"正是释放了，我今天才提到这个人。"赵秉钧说，"由于刺杀案，这个汪精卫在革命党里的影响可大啦，威信极高。我们若是能把他拉过来，无论是跟南方和谈，还是今后军政大事，都是一个极有用的人。"

袁世凯想了想，点着头说："是个人才，是个有用的人才！"但又说："听说释放他时，是把他发回广东原籍，交两广总督张鸣岐'试用'的。只怕……"

赵秉钧说："这不怕，你再做一个决定，说'留京试用'不就完了。"

袁世凯正在用人之际，更想拉拢有用的革命党人，汪精卫自然是最佳人选。于是，袁世凯便请旨办了一个留汪的文书，并且通过赵秉钧把汪精卫接到家中密谈时，十分投机。因见他眉目清秀，口齿伶俐，便有许多赞语，而且当即在家中便让儿子袁克定与他结拜为异姓兄弟。汪精卫从一个囚徒摇身而为总理大臣的"家人"，当初那股"引刀成一快"的野心也就消沉了，并且渐渐成为袁世凯的口舌。不久，汪精卫就报告给上海、武汉的同盟会领导人和他的朋友，说袁世凯"不是清皇帝的忠臣，我们不可把他当作敌人，如果推选他为民国大总统，便会以举手之劳推翻清朝皇帝，我们的革命便可不流血而成功！"

正当袁世凯在北京忙得不可开交之际，革命党的南方也在为和谈风云四起。

前文提到武昌城头炮火紧张之际袁世凯委派使者前往要求和谈一事，虽被革命军拒之门外了，但却留下了袁世凯给革命军的一封信。信上说，朝廷已经实行君主立宪，从此不必大动干戈，希望革命党人悔罪投诚，保证既往不咎。

黄兴和黎元洪研究了袁的信后，各回了一封信。黎元洪在信上说，若是你袁世凯能够倒戈反正，革命军可以举你为汴冀大都督。而黄兴则说："明公之才能，高出兴等万万；愿以拿破仑、华盛顿之资格，出而建拿破仑、华盛顿之事功，南北各省当亦无有不拱手听命者……"

到了12月1日，革命军武昌形势大紧之际，袁世凯又通过英国领事派人送给革命军信，建议停战三日，觅取和平解决途径。从此，和平气氛渐浓。

中国人跟中国人谈和平，怎么谈？革命党有革命党的主张，军阀和遗老们也有自己的主张，要走到一个道上，难——

孙中山成立同盟会时，提出了一个十六字的口号，叫"驱除鞑虏，恢复中华，创立民国，平均地权"。"驱除鞑虏？"那岂不是只局限于满汉的民族矛盾？袁世凯算不算清王朝统治者的同党？就这样头头们的思想也不一致，内部斗争和外部斗争同时进行，"驱除鞑虏"力不从心。军队缺乏训练，经济无源，再加上列强不支持，这便给革命党（军）造成了无法弥补的弱点。他们不得不寻求一个有实力的汉人作为同伴。黄兴致袁世凯的信已经表明这一点。1911 年 11 月 30 日，独立各省汉口联席会议还专门通过决议，说"虚临的总统之席以待袁君世凯反正来归"。孙中山从海外归来，就多次对袁世凯表示赞成，推袁世凯为大总统，并表示自己"暂时承乏虚位以待""以功以能，首推袁氏"。就连立宪派首领张謇也明确表示："甲日满退，乙日拥公。"国外华侨团体和国内一些报刊也纷纷表示：袁氏适宜充当总统。如他反戈一击，当我共和国之第一任总统，不只国人感谢他，外国人也会景仰他。就在孙中山主持的临时总统选举会议上还决议："如袁君世凯反正来归，则总统当选人即当让位予袁，以符本会议之诺言。"

五

南北议和，一时间成了国人关注的中心。国人无不希望和平。不打仗了，谁不高兴？因而，人们都翘首以待，希望和谈早日成功。袁世凯却不着急了。有些日子，他甚至连总理府也不去了。袁世凯有袁世凯的心事：议和这一仗他要打胜，不仅打胜革命党，还要打胜清廷。

一个阴沉沉的天气，袁世凯把大儿子袁克定叫到面前，问了他一些社会上的情况——他久不出门了，许多外边的情况都是袁克定通过把兄弟、干兄弟和仁伯仁叔了解的——然后说："那个汪精卫汪兆铭怎么样了？"

"他干得很好。"袁克定说，"他在上海、在汉口业经造了许多舆论，对大爷十分有利。"

自从袁世凯又出了山，袁克定便成了京中的活跃分子，往日的把兄弟，今日的新朋友，再加上一些攀附分子，三教九流，什么人都有，什么消息也得的到。所以，袁世凯便把他当成了耳目。

听了袁克定的话，袁世凯没有高兴，却绷着脸膛说："空口说说而已，光这样不行。"

"大爷觉得该怎么办？"

"得做点实事了。"

"这……"袁克定尚无这个心胸，"和谈还没开始，只能做做舆论。"

"浅见。"袁世凯瞪了儿子一眼，"和谈开始就晚了。现在，就要动。你去让汪精卫到我这里来一趟，我对他当面交代。"

袁克定去了。汪精卫被叫到总理府……

不久，在北京便出现一个融合南北双方关系的"国事共济会"，南方革命党的代表是同盟会会员汪精卫，北方袁政府的代表是学部副大臣杨度。这个组织一出现，便打出这样的旗号："同舟共济，调停南北，促进和平！"汪精卫因刺杀摄政王成了英雄、革命党中的骨干，现在奉了袁氏之命了，自然要为袁卖力。因而，国事共济会便成了袁的喉舌。袁世凯也就从自己的库中拿出大把银子供汪使用。安排好了汪精卫，袁世凯才把邮传部大臣唐绍仪叫到面前。五十岁的唐绍仪已经知道他是这次南北议和的北方全权代表。虽然明白代表难当，可也得当。袁世凯器重他，算是知遇，不能辜负了他。他在袁面前一出现，袁世凯就如实地告诉了他汪精卫和杨度组织国事共济会的事。唐急着问："这样做，会不会影响和谈？"袁摇摇头："汪兆铭是代表革命军的，不会有影响。"

唐又问："他们是在（议和）会内'共济'还是在会外'共济'？"

"能在内便在内，能在外便在外。"袁世凯说，"总之，怎么有利怎么干。"

唐绍仪不再说话。袁世凯的心计他猜不透，他也不想问。何况，又是在这么紧要的关头。

袁世凯见唐绍仪不说话，心里咯噔一下。抬眼望望他，心想："你怎么问这个，难道连利用这个同盟会员你也看不透？"不过，袁世凯却也不明说。他抽出雪茄烟，递给唐绍仪一支，又拿一支填进自己口里，一边点火，一边说："少川，此番南行，你看是吉大于凶，还是凶大于吉呢？"

唐绍仪吸着雪茄，轻轻地在面前吐了一团雾，然后说："你说汪兆铭到了上海是真帮咱说话，还是假帮咱说话？"

袁世凯一愣，他没想到唐绍仪给他出了个难题。是的，汪兆铭是带着袁世凯的银钱和任务一起回到南方的。可是，这个标致的年轻人毕竟是同盟会、革命军的骨干，是反对清王朝的急先锋，他会拿命去刺杀摄政王，为的是他的信念。他袁世凯却不是他们同盟会的人而且是同盟会的天然敌人，短暂的接触，几个银钱，能买来他吗？袁世凯缺乏足够的自信。所以，他不好回答唐绍仪的问话。而唐绍仪接到肩上的议和任务，完成完不成，他心里也没有多大把握。前天，他知道自己是议和代表时，就跟袁世凯做了一次长谈，袁虽然一再表明"以和平方式解决南北争端"，但却又一再表白："共和制度不适合中国国情，君主立宪才是维持国家统一和政治安定的可靠保证。"唐想："革命军就是要推翻君主，你偏偏这样坚持。议和怎么议？"

疑团重重，话不投机。二人对面坐了许久，袁世凯才说："你去做做准备吧，尽快动身。"

唐绍仪带着袁世凯"议和"的使命从北京动身南下了。这是 1911 年 12 月 10 日。值得一提的是，全权代表唐绍仪的一群随员中，首席随员是杨士琦。此杨为袁的心腹，袁付杨如此重任之用意，不言而喻了。

唐绍仪走了，袁世凯的"心"也被他带到南方去了。

袁世凯不怕北方，吴禄贞死了，张绍曾跑了，没有敢动的了；朝廷完全成了他的附属，有什么可怕的呢！议和，这个关系他得失荣辱的大事，他不能不关心。

按说，南北双方参加议和的阵容对袁世凯是有利的：唐绍仪这伙人不会有异，南方的代表是伍廷芳，此人得算朝廷中的旧人，1882 年留英归来即入直隶总督李鸿章门下，前后十余载，多次参与清政府的外交谈判，曾经以公使身份代表清政府出使美国、秘鲁、墨西哥、古巴等国。此人与袁有过交往，相处尚好。更何况他手下的首席参赞（北方代表团叫随员，南方代表团叫参赞）便是汪精卫。袁世凯还是微笑了。

不过，袁世凯笑得早了点——

唐绍仪到上海的第二天，南北议和代表团便在英租界的市政厅召开了第一次会议。第一次会议就带来了麻烦：南方代表伍廷芳首先提出，必须以成立共和国为先决的条件，才能开始谈判。而唐绍仪则提出，必须先决定召开临时国会，由国会来决定这个问题。意见不合，会谈中止。

隔日，驻沪的英、德、美、法、日、俄等各国领事出面调停，劝双方以互让精神达成协议。南方代表做了让步，初步商定就召开临时国会问题进行磋商。唐绍仪请示袁世凯，袁世凯也表示赞成。不过，袁同意开国会的两个"前提"并未向唐表明，即：临时国会必须在北方开，表决国体必须是君主立宪。他觉得自己的这个观点早对唐说过，唐会心领神会。所以，袁世凯便高枕无忧了。不久，他把自己的想法向隆裕太后做了汇报，隆裕开了御前会议，会议也勉强表示赞成，并且还下诏公布天下。

12 月 29 日，唐绍仪和伍廷芳达成协议，决定全国各省每省推举代表三人参加临时国会；革命军所属十四省由中华民国临时政府召集，北方八省由清政府召集。但会议地点争议很大：南方代表主张在上海开；北方代表主张在北京开。意见不一，暂放了下来。

也就是这一天，在北京的袁世凯收到一个消息，革命军各省代表会议已经选举孙中山为大总统。袁世凯一听气了，几乎晕了过去。他把传递消息的电报用力扔到地上，大声说："你们已经答应我做临时总统，为什么又选出孙中山来当总统？议和会议正在进行，你们却单独行动了，这不是一个骗局吗？你们想利用我推翻清朝皇帝，而自己坐享其成。我袁世凯不是小孩子，我不上你们这个当！"骂着骂着，他又想起了唐绍仪给他的临时国会组织办法的报告，更是气上加怒。

"来人！"

人来了。

"立即向上海唐少川发电报，对他说：'行动越权，此项决议未经我本人同意，应视作无效。'"

电报发出了，唐绍仪的回电也很快到了。但是，唐的回电不是扭转形势的措施，而是因为自己只有"全权之名，而无全权之实"而发出的辞职通电。袁世凯傻眼了！索性一不做二不休，不再另派代表，电请伍廷芳到北京来与他本人直接谈判。伍廷芳也不客气，发了一个加急的回电，叫袁世凯亲自到上海来重新谈判。

结果，袁世凯不愿南来，而伍廷芳不愿北往，和谈陷入停顿。

六

形势就像一条长长的河流一般，有时是缓缓流淌，平平静静、温温柔柔，有时却又惊涛骇浪，澎澎湃湃、急急慌慌。

袁世凯也是这样，洹上垂钓的时候，他可以坦坦然然地等待一个水花，而今，他却以分秒必争去安排自己的生活。

南北议和中断了，南京临时政府出现了，形势急转，袁世凯慌了。但是，袁世凯慌而不乱。孙中山就职大总统那一天，他以段祺瑞、冯国璋为首的北洋派将领四十八人名义发出联名通电，表示"誓死拥护君主立宪，坚决反对共和"。通电发出了，袁世凯拿着电文进了宫，跪在隆裕太后面前，说："世凯任职以来，所行措施多有不当，故来引咎辞职。"

隆裕是个没有主张的女人，紊乱的局势早使她吓破了胆，袁世凯复出后局面稳下来了，她才松了一口气。现在，袁世凯要辞职，那怎么行呢？袁世凯去了，谁来保驾？于是，便说："凭什么事，你别怕，有我呢。你出来了，干的什么，我心里有数。这样的功劳，还有谁能建呢？我相信你，你只管好好干。"

袁世凯谢恩之后又说:"南京革命党公然组织政府,这是最大的大逆不道,应该大张挞伐,请朝廷宽筹军费,以励军心。"

袁世凯要钱了。隆裕没有办法,只得从内库提出黄金八万两发交内阁。袁世凯有了靠山,有了钱,便什么也不顾及,继续干下去。

孙中山在南方当大总统,其实不过是一种激将法。他在海外未归时便有了主意:不想以武力夺权,自己的武力不行。把推翻清政府的希望寄托在袁世凯这个实力派身上。可是,孙中山回国后见袁推翻清政府的决心不大,才先走一步。但选举会上还是决定:"如袁君世凯反正来归,则临时总统当选人即当让位于袁。"袁世凯一面令将领通电"反对共和",一面在想:革命军跨出一大步了,他袁世凯不能停步不前了。前进怎么进,他在苦思。三十年的仕途颠簸,袁世凯积下丰富的"走路"经验。他恨革命军,但他又要用革命军;他依清廷,但他又反清廷。他曾经向革命军领袖暗示,他一定会促使清帝退位,但他却又不愿做推翻清王朝的贰臣。就在这八方吃紧的情况下,袁世凯忽然想出一个"两全其美"的办法,即:建议南京临时政府制定一项优待清室的条件,允许清帝退位后仍不废除皇帝称号,以保持其形式上的尊严——以优待条件来换取清帝退位。

该发生的事情就是这样一天一天,一件一件地发生着。袁世凯明白,清帝退位不是一件容易的事,但清廷已经是一堆"老了"的东西,给他们几个眼色,先吓吓他们。

直隶提督姜桂题领衔北洋将领向朝廷发出通电,就"军情紧急,请皇帝命令王公大臣捐献私财,毁家纾难,共渡困难"。王公大臣们正在为失权愤愤,谁也不肯出钱。这样,仗就无法打了。继而,袁世凯到处散布言语,把革命军说得神乎其神,不可一世,并说他们已经准备力量,攻打北京。这样做了还不罢休,又煽动奕劻在宫廷会议上制造舆论,说退位不退尊严,退位不退待遇,还是接受民国政府优待清室条件好,等等。这当然是异想天开,尤其是皇族中的少壮派,坚决反对。

袁世凯眼看着这事没有成望,便决定亲自出马,上朝请旨。1912年1月16日,袁世凯着冠带朝服走进宫中。——这里要插上一个小曲:

革命党人和转向革命党的原清政府人员,在建立共和和南北议和的事情上,渐渐看清了袁世凯的阴阳面孔。他们认为,袁世凯一日不除,则民主共和一日不能实现。已经潜入到北方的革命党人决定寻机暗杀袁世凯。所以，他们在派人进入北京的同时，便首先开始了侦探工作，不久，便掌握了袁的行迹。一场杀机即将来临。

隆裕太后业经知道袁世凯要清帝退位的事，心里十分不安，连日来，总在揉着泪水暗想："袁世凯呀袁世凯，我大清待你不薄呀，起用你了，连朝政也重托你了，你该为大清出力呀！你不是说革命军容易消灭吗，怎么不打下去，消灭他们呢？现在好，议和议和，议和我也答应了，你反过来又要把我灭掉！你究竟安的什么心，想干什么？全部朝政我都给你了，你还不满足，到底想怎么样？"

正是这个寡妇心绪烦乱的时候，袁世凯进来了。请安之后，她让他坐在一边，便有意用话搪塞他："早几天，几个将军要王公大臣们捐私一事，你知道吗？"

袁世凯不敢说不知道，但也不敢说知道，只吞吐道："通电发出之后，我知道了。"

"我不是从内库提八万黄金给你了吗？"隆裕说，"还是不够吗？"

"按说，八万是不少了。"袁世凯说，"太后能够如此费心，臣等也是万分感激的。只是，这仗一打起来嘛，用项就十分可观的。何况，南北各方都有仗打，支度自然是吓人的。"

隆裕心里一怒："南方不是停战议和了吗？北方……北方……"隆裕心里不明白，往天袁世凯也未曾详细说过，北方到底怎么样了，她不清楚。

其实，北方并无成形的仗打。武昌起义之后，革命党人是在北方有活动：陈雄等人在北京组织敢死队，准备暴动；耿世昌等人在河北任丘、雄县起义；天津还举行过铁血会、共和会、北方共和团的联合会，准备组织"北方革命协会"统一行动；还有滦州独立，胶东烽火，等等。虽然八方不安，终因势小力单，未能大动便被袁世凯扑灭了。袁既未上报，皇太后当然不知。现在要钱了，提出北方，太后当然心中惊讶。袁世凯只好说明了情况。"……这些虽都是小小动作，扑灭起来，也需调动不少军队。"

隆裕太后轻轻叹声气，又回到王公大臣的捐私问题上来。"八国之乱以后，国库空了，他们也渐渐穷了，只怕拿不出多少家资了。"

袁世凯说："这件事暂时放下吧。我是想向太后禀报另一件事。"

"说吧，是什么事？"隆裕拿出手帕，轻轻地揉了一下眼睛。许多日子睡眠不好了，愁肠多，载沣不做摄政王了，奕劻也离开了内阁，全权都归了袁世凯，袁世凯又办得不利索，她能不愁？！

"就是皇上退位和民国政府那个优待条件问题。"袁世凯终于把来意说明了。

"御前会议已经议过了，"隆裕太后也开门见山地说，"他们都不答应。"

"太后。"袁世凯着急了。由于着急，便有点不顾体统了。"自古无不亡之国。亡国之君，身受杀戮之惨，班班可考，古今中外皆然。今大清皇帝退位，不仅保持其尊号，并可享受优厚的岁费，这是古往今来绝无仅有的事情。我们在谈判中大费口舌才做到这一点，总算尽了臣子一片苦心。请太后……"

袁世凯的话还没说完，隆裕太后的脸色早变得苍白了，便怒气冲冲地说："你去吧，明天再开御前会议，大家共议再定。"

袁世凯只好收住话题从宫中退出来。

袁世凯扫兴地坐进自己的金漆朱轮双套马车，匆匆离开皇宫。他的车前车后拥随着一批随从保镖。在颠簸的行车中，袁世凯还在骂："这个女人，我不会让步的！"

当袁世凯的马车走到东华门大街快到东口的时候，忽然有人从一家叫"东兴楼"的饭馆楼上扔下三颗炸弹，有两颗当时爆炸。"轰！轰！"两声巨响后，袁世凯马车前的一个叫袁振标的顶马（即先导）被当场炸死，另一个顶马杜保和驾车的两匹马均被炸成重伤。马被炸伤之后，便拼命奔跑，马夫虽然紧紧勒缰绳，竟是勒不住。直到石大人胡同外务部门口，马车顶到墙上才停下。

袁世凯从马车中走下来，慌张的心情平静了一下，才缓步走回官邸。当他见到来看望他的家人时，竟哈哈地笑起来，说："这个杀手也太笨了，若是把我的两匹马当时全炸死了，我的性命也就完了。现在，只有跟随我多年的老伙袁振标却再也回不来了。"其实，袁世凯侥幸的是，有一颗炸弹未爆，若爆了，他也性命难保。两匹马死了，杜保也死了。

这事便是我们前文说的潜入京城的革命党人干的。

爆炸事件发生后，大批军警闻讯赶来，当场抓捕刺客十余人。从此之后，袁世凯便称病不上朝。但是，因为爆炸事件，却对袁世凯产生了有利的影响……

第六章
得陇望蜀，袁总理终成袁总统

洹上村的小渔翁成了中国的大渔公，革命军这只鹬去啄清王朝这只蚌，袁世凯得了利。

他不满足总理大臣职位，他要当大总统。不过，那得要拿出皇太后和皇帝做交换条件。

一

两颗炸弹给袁世凯炸出一片明朗的天地。

北京还在冰封雪蒙之中。凛冽的北风，摇曳着干枯的树枝，从深街僻巷的四合院到金碧辉煌的紫禁城，一派冷冷清清；日至中天，也唤不醒古城的沉睡。

袁世凯"病"了，病得无法上朝。

高墙里的王公贵胄们仿佛都醒了，他们一个一个瞪着大眼睛在自问："啊？袁世凯不是革命党的奸细，他不是大清朝的奸臣？"是的，革命党要炸死袁世凯，袁世凯怎么能是革命党的奸细呢？袁世凯要是对大清朝不忠，革命党这帮要推翻大清朝的人怎么会暗杀他呢？推测猜想，舆论纷纷，一夜之间，袁世凯脸上的"污垢"洗了个干干净净。坐在深宫里的隆裕太后脸上露出了微笑，她对前来向她请安的满族少壮派们解释说："你们都说袁世凯靠不住，有贰心，今天清楚了吧。朝廷不曾亏待他，他怎么会忘掉皇恩呢？

袁世凯毕竟是咱们大清朝的忠臣。"

隆裕这么说了，大家也都点头应诺："太后有远见，太后看得明白。"

隆裕太后"圣明"，立即下了诏书，封袁世凯为一等侯爵，并派特使前去慰问。这么一做，袁世凯的名声大了，他早些时所散布的"革命党将在北京城里暴动"的假话也成了"英明的预见"！

问题还得回到共和，回到清帝退位上来。袁世凯不上朝了，不等于没有人催办这件事。

袁世凯的顶马和马匹被炸死的次日，隆裕太后又主持召开了御前会议。在这个会议上，由于袁世凯的脸谱变了，和袁世凯同穿一条裤的前任内阁总理奕劻的腰杆也硬了，他不待别人张口便先说了话："现在事情已经到了紧要关头：今天爆炸可以对准内阁总理，明天就会对准太后，对准皇上。袁世凯还前呼后拥有众多人保护，刺客们一旦潜入宫中，把炸弹扔到太后、皇上面前，有谁来保护呢？为了确保皇室安全，应该早日决定退位之事。和平退下来，还有个体面，一旦炸弹逼着退，就被动了。"

贝子溥伦也说："弼德院长的意见有道理，我们总不能被逼到无路可走时再退位。还是早退体面。"

隆裕太后神情十分忧伤，她垂着眼帘，低着首，似听非听。上边两人的话说出之后并无反响，她才转过脸来，问坐在自己身边的载沣："醇亲王，你的意见呢？"

早不摄政的载沣，如今在藩邸养尊处优，只过着清闲的亲王生活了，他的精力只能放在自己的年俸万两银子上面。可他知道，革命军的来势不亚于当年的八国联军。八国联军可以赔款，而革命军是要赔命、赔江山的。果然到了那一天，这个八旗大族只怕就没有立足之地了。所以，当太后问他的时候，他惶惶恐恐地说："事到如今，除此之外，还能有什么办法呢？"

载沣的话音刚落，肃亲王善耆、恭亲王溥伟和辅国公载泽先后站起来，大声吵吵，说："天下得之甚难，自动拱手让出，我们将以何面目见列祖列宗于地下？！"

隆裕太后焦急了，怎么办呢？她无了主张，只好说："大家再想想吧，明儿接着开会。"

御前会议接连开了三天，还是战和不定。宫廷内的皇族之争也到了白热化的程度。少壮派结成了同盟，坚决保全皇位，并且以溥伟为首组织一个实现此目的的宗社党，宣称："今后，任何人不得主张退位，否则，将兵刃相见！"

袁世凯的"逼宫"戏演不下去了。皇帝不退位，和谈谈不下去，孙中山的大总统就不会让给他。若要用兵征剿，却又显得无足够把握。他急了，也愁了："下一步，下一步……"下一步怎么走？袁世凯六神无主了。

"东兴楼"的刺杀案件很快告破了，警方当场抓获五名凶手，自有他们处理去了。抓捕凶手时，又在东兴楼上收缴了几颗炸弹，是用蒲包装着的，没来得及扔出去。隔了一日，又有人在外务部门口扔炸弹，虽然没有炸着什么人，但袁世凯办公室的窗户玻璃却受到很大震荡。袁世凯又惊慌了一场。袁世凯怕死，从此之后，他便搬到总理府的地窖子里去办公了——他不能不办公，他有许多急事要办。

北京城的冬末春初，总多是阴沉沉的天气，隔三差五地还要落上一场雪。1912年的此刻，不仅阴霾之日多了，雪也多了，旧雪不融，新雪又一层层地添加。袁世凯把他的狐皮、羊皮衣服全穿上了，还觉得地窖子里寒气袭人，高墙大院，封裹严实，竟不如洹上那片乡村荒野。

北京城对他袁世凯简直有点儿残酷——残酷也有残酷的好处，睡不好觉正可以多多思考面前的问题。袁世凯不愿看到宫中这样的僵持。"夜长梦多，变幻莫测，谁能知道明天是晴是阴？"他不想听人摆布，他只想摆布别人，摆布一切。

一日，一觉醒来，他忽然有了一个绝妙的想法——打算请他的老朋友、英国公使朱尔典支持，在天津成立一个清政府和共和政府之外的第三政府，然后向南方、北方讨价还价。梦，这是一场并不美好的梦！

清政府就连支持他的前总理奕劻也坚决反对，而南方政府也断然否认，并且在答复的电报上明确地说："必须清帝先行退位，孙先生才能让出总统位子。"袁世凯只能从孙中山手中接过总统，而绝不允许自立为王！

好梦破灭了——破灭得闪电一般快！

袁世凯的"第三政府"梦，使南京临时政府提高了警惕，他们看透了袁的求权急切心情，又怕他不择手段。于是，南方临时政府代表伍廷芳不仅明白电告袁内阁"正式同意优待清室条例"，同时奉命转达了孙中山提出的让位五个条件。这五个条件是：

一、清帝退位后，袁内阁备正式公文通告外国使团；

二、袁本人应用正式公文表示赞成共和；

三、孙本人俟外交团通知清帝退位后即行辞职；

四、临时参议院推选袁继任临时政府总统；

五、袁必须忠实遵守临时参议院所制定之宪法。

一切都清楚了，南方是忠于自己让出总统的诺言的，但袁必须实践自己的诺言，促成清帝退位。袁世凯发愁了，他清楚地知道，御前会议已经无济于事了，反对退位的思潮占了上风。宗社党人已经放出风来，他们主张解散袁内阁恢复皇族内阁；坚决战斗下去，即便战败，也可迁都热河。这一切，都使袁世凯十分震惊。他震惊的是南方政府是那么坚决，清帝不退位就无话可谈；他更震惊的是清政府中还有那么多强硬派，宁可玉碎，不为瓦全！这一切，都表明他的总统梦该破灭了，无法挽回了。袁世凯闭起双眼，锁紧眉头，躺在地窖里的太师椅上，不知如何进退。此刻，他朦朦胧胧地悟出一个道理：似乎上了朝廷的当。"他们起用我，捧我上了高位，岂不是要我当挡箭牌，当替罪羊了吗？革命党打垮了朝廷，我袁世凯是朝廷的内阁总理大臣，自然是罪魁祸首；朝廷有幸苟延残喘下来，少壮派掌了权，还是要把我踢开。"想着，他害怕了。就在这时，袁世凯想起了段祺瑞。

袁世凯把段祺瑞从前线召回来了，并且还让他"一定把徐树铮请来"。段祺瑞从前线来到北京，来到总理府。

袁世凯没有过多地询问前方情况，便把议和形势和南、北方政府的态度对他说了一遍。然后说："把你们从前方找来，就是想听听你们的意见。你们可以说说，看看怎么办才好？"

比袁世凯小六岁的段祺瑞，长时间以来一直在治军。这几年，也是杀杀伐伐，说他是三杰中的虎，就是因为他确实是一员虎将，但却乏谋。听了袁世凯的话，段祺瑞想了想，说："议和，我本来就觉得不是一件顺畅的事。当初不和他们谈判，从武昌打下去，一鼓作气，形势会好的。"他望了望袁世凯，又说："现在局面复杂了，议和继续下去，会有什么结果呢？"袁世凯给段祺瑞一个问题，段祺瑞还袁世凯一个问题，平等交易，什么事也没解决。

袁世凯默坐着，心里不安。"段祺瑞只知道打，打下去。哪是那么简单的事呀？"他又把自己的想法说了说，无非是"放长线，才能钓大鱼。与其武力解决革命军，倒不如议和以和平方式把大权夺来，然后发展自己"，等等。他又说："现在问题不在革命军。孙中山早说了，只要清帝退位，他一定让出大总统的位置。现在就是清帝退位的问题。"

段祺瑞说："隆裕太后不是有意退位吗，还有什么问题？"

"那只是愿意罢了。"袁世凯说，"还没有决定。现在，皇族内反对派很多，御前会只吵吵嚷嚷，少壮派反而占了上风。"

段祺瑞感到事情麻烦了，锁起眉，陷入沉思。

袁世凯转脸望望徐树铮，说："又铮（徐树铮字又铮），你的头脑灵活，你看这事该怎么办？"

徐树铮见袁世凯点着名字问他了，便说："这件事，段大人的意见也不失为一策，用武力压压革命军，逼逼孙中山在让位问题上退退步……"

"那是段大人的意见，"袁世凯说，"我想听听你是怎么想的？你，毕竟同段大人是两个人，两个思想。"

"依我之见，'议和'既开，还得继续谈下去。"徐树铮很坦然，颇有点儿成竹在胸，"既然革命党也把目光放在清帝退位，立共和上。我们不妨再把此事看重点，说响点，给朝廷压力大点。"

"怎么大？"袁世凯心想，我能做的全做出来了，他们竟是不理。"你说说怎么个大法？"

"向朝廷进谏，请立共和！"

"话都说过了，没用。"

"说得不到位。"

"该怎么说？"

"现在不是朝廷中有人反对共和吗？因有人反对，太后下不了实行共和的决心，不想退位。这就是说，朝中有些人还看不清形势，感不到压力。我看这样做……"

"说详细点，看怎么办好。"

"早些日子大人不是让一些前线军官发表支持君主立宪的通电了吗？"

"现在看来，是上当了。"袁世凯说，"那个通电，大大地撑了皇族的腰。"

"可以再发一个通电，压压他们嘛。"

"再发什么通电？"

徐树铮淡淡一笑，说……

二

徐树铮不愧被时人称作"怪杰"的，足智多谋，屡出奇计。此人之所以被袁世凯、段祺瑞器重，因为他们是主张武力决定一切的人。当初，二十岁的徐树铮从家乡徐州匆匆赶往山东济南，向袁世凯"条陈"国事时，便一针见血地告诉袁世凯："国事之败，败于兵将之庸塞，欲整顿济时，舍经武无他急务。"袁世凯拍案叫绝！现在，在袁世凯进退不得的时候，徐树铮自然会有良策献出。

徐树铮说："此番请立共和一事，自然撇开内阁，仍由前线将领出面。成，目的达到；败，则因军人所为，无非加个'军不从君'之罪，惩办几个军人。到那时，总理大人岂不进退都有了更广阔的周旋余地。难道太后还会不听总理大臣的？"

袁世凯想了想，心里十分满意。但他还是转脸问问段祺瑞："芝泉，你看又铮这办法如何？"

段祺瑞早已心领神会了，他即拍胸膛，说："好，这办法好，先礼后兵！太后不接受咱的意见，咱就动动兵。"

袁世凯赞同地点点头。又说："你们就先别走了，在这里起草电文，咱们也好斟酌斟酌，再商量一下用哪些人名义。"

徐树铮精明，看透了袁世凯的心地，懂得他惯用"借别人之手达到自己目的"的手段，于是，电文自然也以军人面目。不日，即有一份由第一军统官段祺瑞领衔，前敌将领姜桂题、曹锟、张勋等四十二人署名的《请立共和政体》的通电发出。通电略云：

> ……民军筹饷增兵，布满各境，我皆无后援，力太单薄，加以兼顾数路，势益孤危。彼则到处勾结土匪、勒捐助饷、四处煽扰、散布诱惑……分兵前逼，而我皆困守一隅，一筹莫展……默察人心趋向，恐仍不免出于共和之一途，彼时万难反汗。是徒以数月水火之患，贻害民生，何如预先裁定，示天下以至公。使食毛践土之伦，歌舞圣明，零涕感激，咸谓唐虞之治，今古同揆，不亦伟哉！
>
> 虽祺瑞等公员自励，死生敢保无他，而饷源告匮，兵气动摇，

大势所趋，将心不固，一旦决裂，何以恃以为战？深恐袁师之后，宗社随倾。彼时皇室尊荣，宗藩生计，必均难求满志……故敢比较利害，冒死陈言，退请换汗大号，明降谕旨，宣告中外，立定共和政体。不允所奏，一意孤行，将率全军将士入京，与败坏大局之王公大臣剖陈利害。

通电发出了，朝野上下，顿时惊涛骇浪！有迷惑不解其意的，有惊慌不知其后果的，也有恐惧其形势恶化的。隆裕太后正是一筹莫展，愁绪满怀，忽见如此通电，陡然昏厥宫中……

袁世凯送走段祺瑞的时候，心情本来是轻松的，他觉得通电一发，朝廷便会束手就范，他便可以获得攫取总统位置的"资本"，革命党便会服服帖帖。他兴奋地拿出雪茄，一边喷云吐雾，一边又哼起来：

　　将酒宴摆置在聚义厅上，
　　　我与众兄弟叙一叙衷肠……

"衷肠"未叙，袁世凯又觉不妥。"退位问题已在御前会上议论再三，唯有一群顽固派就是不答应。果然再僵持下去，连通电也无人理睬，岂不计穷了！"袁世凯迫不及待，总统梦不圆，他分秒不安神。他把雪茄扔下，眉锁起，又盘算起对策来——

阻碍清帝退位的，是以良弼为骨干的宗社党的一群人，而良弼几乎从来就未曾与袁世凯合作过。除掉良弼，使宗社党失去核心，清帝退位自然不成问题。袁世凯决定除掉良弼。自己拿刀去杀死一个王公大臣，袁世凯也深知它的后果，那样即便他得了大位，也会落得万世骂名。他不干。

就在袁世凯心神不定时，他的大儿子袁克定一瘸一拐地走进来。一进门，便说："大爷，汪兆铭到北京来了，你见不见他？"

"我不想见他了。"停了片刻，袁世凯又说，"不过，倒是有一件事，我想若是他能够干，那是再好不过的了。"

袁克定终日围在老爹左右，又最熟悉老爹的性情，能够从老爹的一喜一怒、一举一动窥视出他想干什么。这些天，老爹心里最焦急的事不外乎两件：一件是跟南方议和，一件是促清帝退位。这两件事现在好像都有眉目了——段祺瑞的通电，会解决的。"大爷还有什么事需要惊动汪精卫这样的人呢？"这次他想不准了。于是，他问："大爷有什么事，要惊动汪精卫？"

"你不知道？"袁世凯瞪儿子一眼，"你觉得一纸通电就会顺利办成事？难。"

"载沣不是也没有主张了吗？"袁克定说，"奕劻是不会做有碍大爷的事的。"

"还有人。"袁世凯冲着儿子说，"良弼就是个又煽风，又点火的人，影响大着呢！"

经袁世凯这么一提，儿子明白了。"大爷你的意思……"他把右手手掌平伸开，斜刺地由上往下做了一种动作，表示了一个明明白白的"铲除"架势。

袁世凯把眼眯起来，轻轻地摸了一下自己的下巴，微微点头。"不过，不必对他明讲。你只需对他说明我的忧虑，他自会明白。"

"我会做好的，大爷你放心。"袁克定转身要走。袁世凯又用手示意他停下。

"汪兆铭终日南方北方、北方南方地来来往往，我想，孙中山是不会有多少钱给他的。"袁世凯说，"从库里多拿出点银子给他，让他宽松一点。"

袁克定退出去，去办老爹安排的事了。

袁克定找到汪精卫，把老爹的意思婉转地说了出来，并且送上一纸颇令人心热的银票。但是，这一次袁氏父子都想错了，汪精卫已远非两年前刺杀摄政王那时的冲动好功之人了，他要成为政治家，成为全国、全世界知名的大人物。所以，他只表了一个淡淡的态度。不过，汪精卫还是敬重袁世凯的，何况还有那么重的预付"奖"。汪精卫在回南方的途中在天津停了下来，找到当年一起刺杀摄政王的黄某人。黄某人又以重金找到彭某人。彭某人假借良弼的好友，奉天讲武堂总办崇恭的名义直去光明殿拜见良弼。彭某只用一颗炸弹就把良弼炸成不可治的重伤，次日便一命呜呼！

良弼死了，宫中顷刻一片混乱，满族亲贵纷纷携家带眷逃出京城，有的去了青岛，有的去了大连，实在去不了的，也纷纷投向袁世凯，请求派兵保卫。

袁世凯心头的一块石头落了地，暗自庆幸之后，即把原驻廊坊的三镇一部调入北京，一面派遣赵秉钧等人到宫中问安。

东兴楼袁世凯被炸，隆裕太后已是心惊胆战了。现在，暗杀杀到宫中来了，这女人早已六神无主，只管在深宫流泪。赵秉钧等人一进宫，她便泣不成声地说："赵秉钧呀，你们赶快对袁世凯说，要他一定保全我母子二人的性命啊！"

赵秉钧也在做戏，他揉着干枯的双眼，说："太后放心，太后放心。臣等誓死保驾，誓死保驾！"

保驾是真保驾了，袁世凯确实怕有人趁火打劫，杀了这孤儿寡母——果然杀了他们，谁来宣诏退位？他袁世凯不是罪责更大吗！可是，在对太后、皇上保驾的同时，袁世凯还是火上浇油，又放了一把野火：他让署直隶总督张镇芳领衔，率领北方各省督抚联合发出通电，请朝廷即日宣布共和。

隆裕太后发愁了，她不知道该如何对付这种局面。她太缺乏经验了。"朝政这么难呀！"她只好叹息，由叹息而流泪，由流泪而痛哭。她想起了她的姑母慈禧，"她是何等的威风呀！一呼百应，想做什么都可以做成，没有谁敢悖她；就连外国洋人，也得对她畏惧三分。可我呢，我算什么？"哭一阵、想一阵，之后她想去太庙，她想去问问她的列祖列宗为什么给他们这孤儿寡母留下如此一个烂摊子？"大清业基果然气数尽了。祖宗们也该暗示一番，该给谁我们就给谁。为什么不明不白地让我们娘儿们受这个洋罪呢？我悔不随先帝而死，免遭这般惨局。"她想在太庙哭一场，然后领着小皇帝退出关外去——回老家。

然而，老家在哪里呢？老家又有谁会保护他们呢？她的早膳又没有沾唇。两天来，御膳房送来的美味没有一味能调动她的胃口的，她连瞅都不瞅一眼便摆手让人撤下去。她明显地消瘦了，眼无神，眉添皱，懒施粉黛，几天之中便像经历了几十年。以致四十多一点的女人便苍老得连点光泽也不见了。昨晚，小皇帝跪到她面前，跪着请安之后，便说了一句令她肝肠寸断的话："外边那么多人想杀咱，是真的吗？咱到哪里去呢？御花园的假山上有个洞，咱们藏到那里边去吧，是可以藏下两个人呢。要不，咱们藏在荷花池中，再用一个草帽罩上……"

隆裕把皇帝抱在怀中，流着泪说："果然到了那时候，藏哪里也不安全。"

"不是还有御林军吗，他们会保驾的。"

"只怕他们会向我们开第一刀的。"

"那……"

小皇帝傻了，太后更悲伤了。

流泪、悲伤都是无济于事的。隆裕还是务实了，她想来想去，觉得皇冠固然重要，但性命更为重要。在二者不可兼得的时候，保命是最重要的。于是，她把载沣、奕劻二人召到面前，揉着泪眼说："皇天不佑我大清了，山穷水尽，再也无路可走了。我们总不能都该是良弼那样的命运？"她摇着头，又叹息一阵子。"大约是命定如此，人不可违天，宣布退位吧。好在还有一套优待条件，更免受杀戮之灾。只有如此了。"

几天之后，清室便以皇帝"奉太后懿旨"的名义下诏宣布退位。诏书略云：

> ……前因民军起事，各省响应，九夏沸腾，生灵涂炭，特命袁世凯遣员与民军代表讨论大局，议开国会，公决政体。两月以来，尚无确当办法。南北睽隔，彼此相持，商辍于途，士露于野，徒以国体一日不决，故民生一日不安。今全国人民心理，多倾向共和，南中各省，既倡议于前，北方诸将，亦主张于后，人心所向，天命可知，予亦何忍因一姓之尊荣，拂兆民之好恶，是用外观大势，内审舆情，特率皇帝将统治权公诸全国，定为共和立宪国体，近慰海内厌乱望治之心，远协古圣天下为公之义。袁世凯前经资政院选举为总理大臣，当兹新旧代谢之际，宜有南北统一之方。即由袁世凯以全权组织临时共和政府，与民军协商统一办法，总期人民安堵，海宇义安，仍合满汉蒙回藏五族完全领土，为一大中华民国，予与皇帝得以退处宽闲，优游岁月，长受民国之优礼，亲见郅治之告成，岂不懿欤！

这是 1912 年 2 月 12 日（宣统三年十二月二十五日），统治中国二百六十余年的清王朝，至此，寿终正寝了！

三

清帝退位诏书宣布的那一天，袁世凯没有去总理府，他是在新搬进的铁狮子胡同陆军部里的住宅，悠闲地品尝雪茄——那是他的英国朋友朱尔典刚从伦敦给他捎来的。可是，一支雪茄吸完了，他尚未品出这种英国货究竟与中国的、美国的或俄国的有什么不同。其实，袁世凯的心思无法在烟上，东兴楼炸弹事件发生后，他就不敢在旧宅石大人胡同住了，几经努力，总算搬到安全地带——铁狮子胡同。他相信陆军中没有人捣他的蛋。他知道退位诏书要出笼了，但他担心内容会不理想。诏书的稿子是状元张謇的手笔，袁世凯觉得还算如意。但是，也有令他不满意的地方。他看初稿时便加上了这样几笔："袁世凯前经资政院选举为总理大臣，当兹新旧代谢之际，宜有南北统一之方。即由袁世凯以全权组织临时共和政府，与民军协商统一办法。"他担心这段话再被删去。这两句话对他太重要了，他不得不十分关注。有这样的词语，他就可以一方面清白地表明"不是向皇上夺权，而是奉皇命组织临时政府"，另一方面，如果孙中山不顺利地让出总统之位，我就可以依诏书自行当总统与他分庭抗礼了。袁世凯毕竟是袁世凯，他不同于一般政客！

诏书颁下之后，袁世凯如愿以偿，他扔下雪茄烟蒂，推门走进院中，仰面望天，陡然觉得天空是那么晴朗湛蓝，空气是那么甜润温馨！清帝退位了，袁世凯便等于拿到一纸当总统的"预备通知"。要当总统，权倾一国，位至极峰，他自然高兴。这么一高兴，把一件令他极烦恼的事丢到脑后去了——

前天深夜，他在地窖子想起一件事，心里恼火，便发了怒："来人，来人！"

人来了，站在他面前。

"快去把招儿给我叫来！"

"招儿？"来人犹豫了，他们不知道招儿是何许人。

原来是袁世凯气急了，他要找二儿子克文算账。一着急，竟忘记是衙门里，像往常在宅中对姨太太们说话似的，竟叫了二儿子的乳名，那侍从怎么会知道？他自己明白了，忙又改口："把二少爷给我找来！"

"是，老爷。"侍从退出去。

二儿子克文，是个宠辱均不惊的花花公子，终日只在梨园、书画、文物和花柳巷中混世，自己写得一笔好字，作得几篇好诗，唱得几段好曲，又是丝竹高手，朋友遍天下，三教九流皆有。老爹的事他不放在心上，无论宅中还是府中，也很少见他的影子。可是，此人过顶的聪明，老爹和塾师给他规定的课业，总是一目十行，过眼不忘，又有一副宽宏的心怀，所想所做，常常令官场老朽惊讶不已。当初，袁世凯是把他当成"接班人"培养的。大儿袁克定早年摔伤了腿，六根不全，难入大雅之堂，便将希望全寄托在这个招儿身上。谁知这个招儿竟是这样玩世不恭，不务正道，袁世凯便又怒其不争。东兴楼事件之后，袁世凯便再没有见过他。前天，忽然听说刺杀他的凶手，已经判了死刑的囚犯竟被招儿给放走了两个。你说袁世凯气不气？所以，他才让人去找他。袁克文来了，还是消瘦、清秀的模样，文质彬彬地站在老爹面前。

"你干好事去了？"袁世凯问，"本领不小，死刑囚你竟放了！"

袁克文知道东窗事发，也不敢隐瞒，便朗朗有声地说："爸，你就要做大总统了，君临天下，你应该爱民如子，宽宏大量……"

"宽宏大量，我就得把要杀我的凶手也给放了？"

"爸，他本来已经是你的仇人，你杀了他，他的子子孙孙都是你的仇人。这不好。我把他们放了，为你减少一群仇人，你的总统位子才能坐得牢。否则，那么多仇人，你不更担心了吗？"

"混蛋，混蛋逻辑！"袁世凯发怒了，"滚，你给我滚！"

袁克文退到门外，回头还说："爸，有一天你就会明白，多一个朋友比多一个仇人好！"

袁世凯要当总统了，儿子这样的话他当然听不进去。所以，凶手被放了，他便一直怒气冲冲。现在，总统梦要实现了，这个怒事便从他的心头移了位置。

不过，袁世凯的总统"路"毕竟还有障碍，他还得做诸多周旋。退位诏书发出之后，袁世凯把消息告诉孙中山，并且堂而皇之地说："……大清皇帝既明诏辞位，业经世凯署名，则宣布之日，为帝政之终局，即民国之始基。从此努力进行，务令达到圆满地位永不使君主政体再行于中国。"可是，他又转着话题说："现在统一组织，至重且繁，世凯极愿南行，畅聆大教，其谋进行之法。只因北方秩序不易维持，军旅如林须加部署，而东北人心未尽一致，稍有动摇，牵涉全国，诸君皆洞鉴时局，必能谅此苦衷。"

这个电报使南方人大为惊讶！此前双方代表业经商定：民国政府设于南京，临时总统改选后，袁世凯必须来南京任职。

去南京任职，可不是袁世凯愿意干的事。他的势力全在北方，单枪匹马去南京当总统，袁世凯觉得吉凶难定。这样，袁世凯丢下优待清室条件不计，表明了一个无法南去的态度。而南方的孙中山呢，一面履行诺言，向临时参政院提请辞职，并且荐袁自代；另一方面，则提出袁世凯继任总统必须遵守三个条件，即：

一、临时政府设于南京，已由各省代表会议决定，不得更改；

二、新总统必须亲到南京受任，本大总统始行解职；

三、新总统必须遵守临时约法。

一个坚持不愿南下，一个表明非南来不行，问题来了。袁世凯也犯了愁：有言在先，孙中山不是强行要求，不履行诺言怎么行呢？袁世凯一时间六神无主，他只好在那片阴湿的天地上打圈圈。

就在清帝业经退位，袁世凯进退维艰之际，南方革命党若是信心坚定，斗争到底，中国的革命形势是会有一个大好的结局的。然而，他们都太看重了"驱除鞑虏"，以为清帝退位则鞑虏已除，可以由"鞑虏"之外的袁世凯来重造天地、革命到底了。这些人在南方，首先同意了全部优待清室条件，仍许其保持帝号；与此同时，竟在清帝退位后的第三天（即2月15日）举行临时参议院会议，会议以全场一致的十七票选举袁世凯继任临时总统。这个票数比早时选举孙中山还多了一票。临时参议会还在改造总统的通告电报中肉麻地吹捧袁世凯是"中华民国之第一华盛顿，世界之第二华盛顿"，竟把首任临时总统孙中山丢在一边。这样拱手相让，吹捧升天的举动，实在令国人不解！

有临时参议会的选举，袁世凯的腰杆更硬了，弓自然也拉紧了。他在北京，一方面以"新选临时大总统"名义刷新往日清政府推举的大总统、北方政府临时首脑及其他不堂皇的名字，俨然以总统自居了；另一方面却向南方施加软压力，发了一个"咸"电，表示要辞职不干大总统，说什么"……与其孙大总统辞职，不如世凯退居。盖就民设之政府，民选之总统而谋统一，其事较便。今日之事，唯有由南京将北方各省及各军队妥筹接收之后，世凯立即退归田里，为共和之国民。当未接收以前，仍当竭智尽愚，暂维秩序"等等。

袁世凯何尝是不想当总统，他是不想到南京当总统，只想在北京当总统。到南京是怕被革命军架空，失权。这个"咸"电也拙劣得很，不当总统就明白说不就完了，偏偏又加上"妥筹接收北方各省及各军队"等条件，这岂不是说要南方北方再动干戈而后统一吗？

孙中山是聪明人，一看袁世凯耍无赖了，也怒不可遏，在南京坚决表示："新总统一日不南下就职，则本大总统一日不能解职！"

如果孙先生有一批"桃园兄弟"，再有一二位"诸葛孔明"，不解职也就不解职，"你袁世凯要我去北方接收各省及军队，我就去接收！武昌城头炮响时，革命军就是要接收全中国，哪怕你北方几省几军！"可是，他没有"桃园兄弟"，也没有"诸葛孔明"。有的，只是一群妥协派，一群眼光短浅分子。这些人害怕把问题闹僵了，收不了场，积极主张派员到北京去，说服袁世凯南下就职，以打破僵局。

2月15日，南京临时政府派蔡元培、宋教仁、汪精卫、魏宸组、钮永建等五人为专使，到北京迎接袁世凯南下就职。

但愿这群专使的"好心"有个"好报"，能够使中国的气候由"阴"转"晴"起来。

四

"迎袁专使"的专车从南京一开出，袁世凯在北京就知道了。知道之后，十分不安。临时参议院有决定，民国政府设在南京，袁世凯要当民国总统，自然要到南京去就职。拒之不去，已为国人所责。现在，南方派专使来迎，面子够足的了，不能不去呀！去南京就职，就等于袁世凯离开根据地而去别人家里讨饭吃，他不想干。不去不行，又不想去，这可是一件头痛的事。袁世凯坐在地窖子里又犯了愁。袁世凯瘦了。为了当总统愁瘦的。人一变瘦，那五短的身材也似乎更短了；并不宽厚的脸膛仿佛又缩了一圈。他对着镜子瞅瞅，自言自语："这模样当总统，君临天下？"颇有点自惭。然而，他又笑了："就这模样，我就得当总统，就得君临天下！"当他闭上眼睛又在想总统大位的时候，"迎袁专使"即将到京这事该咋办？他忐忑不安。他拿过五专使的名单，一个一个地看，一个一个地想，一个一个地品评：对于那位首席蔡元培，他就狠狠地皱起眉头。"这可是当代的一位大家！"——蔡元培中过进士、当过翰林院编修。这些袁世凯不惧，他见过的进士、编修多了，连翰林院大学士他也不屑一顾。可这位蔡鹤卿却不一般，仅从他和章太炎共同发起组织中华教育会，主张不忠君，不尊孔，就知道这是一位革新人物，脑瓜里有新玩意儿。那位宋教仁宋遁初，更是一位激进得通身放光的人，早就主张以武力推翻清王朝，光绪三十年（1904年）即在长沙组织起义；后来在上海成立同盟会中部总会，决定以长江为依托组织起义。武昌起义后，此人在组织临时政府这件事上起了极大的作用。对付这两个人就不一般。袁世凯不怕汪精卫，他知道汪精卫早就是他的人了；其余两位，他只淡淡地一笑便丢下了。

袁世凯放下五人名单，端起茶杯，双手捧着，在暗淡的灯光下缓缓地踱着步子，头脑里却急促地翻腾着……

袁克定进来了。他立在老爹一旁，没说话。

自从东兴楼爆炸事件发生之后，袁世凯便自己"窨"了起来，外间的大小事情多以儿子出面，袁克定此刻已成了他的替身。这两天，他的精力自然也是同老爹一样放在去不去南京问题上。

"大爷，"袁克定走到老爹面前说，"南方派专使来了？"

"嗯。"袁世凯应一声。

"你为这事犯愁？"

"嗯。"

"愁啥？想个办法挡过去就是了。"

"什么办法？"

"把铁路扒断，让他们过不来。"

"混说。"袁世凯瞪了儿子一眼，"扒断了铁路还得你自己去修。躲过初一躲不过十五，拖延那些时日有什么用？"

"那就制造事端，"袁克定是个不讲策略，不择手段的家伙，既然老爹因专使发愁，那就"把他们在路上炸死！"

"放屁！"袁世凯怒了——往天他不曾这样怒过，儿子的言语、计谋他还是平心静气地接受的。今天……"一个蔡元培相当于千军万马，比一个宰相声望都高，谁敢杀他？！还有个宋教仁，连孙中山都服他几分。他们北上是惊天动地的事，你把他们炸死在路上，局面会如何？谁来收拾？"顿了一下，又说："炸死他们就等于把我这个总统也炸死了。什么混账主意？"

一顿臭骂，袁克定头脑冷静了，他也知道那样做不合算。"不错，事要做，老爹的总统也得当。当总统是第一目的。"

袁克定沉默的时候，袁世凯倒是开了窍："炸死专使不是个办法，削削他们的锐气，让他们松口气，这倒是急救办法之一。"于是，他对儿子说："现在，做什么都得适应形势，就是适应潮流。临时政府在南京成立，我这个总统理应在南京就职。来迎的专使，等于代天行事，得慰勉有嘉，热烈欢迎。做也得做给国人看看。另外嘛，自然还得想办法，得做出个形式。让他们知道我不南行实属形势所迫，并非个人私心……"

袁克定本来就够机灵的，眼珠儿一转，便有许多"妙计"，虽然好坏均有，总比三脚踢不出一个屁的"老实人"强。经老爹这么一提醒，他豁然开朗起来。"啊，我明白了！"袁克定把嘴巴放到老爹耳边，神秘兮兮地说了一片言语，问："大爷，这办法如何？"

袁世凯眯眼思索片刻，微微点头，说："不失为一谋。但还不完善。"

"大爷的意思是……"

袁世凯也学着儿子的办法，把嘴贴在儿子耳边，压低声音，神秘兮兮地说了一片言语，然后转过脸，说："可以对曹老三说清楚，不能亏待他的弟兄们。至于有些过激的事，自然由我出面收场。"袁克定答应着，退出地窨子那片昏暗的天地。

为欢迎专使，北京城到处张灯结彩，并且在正阳门外高搭彩棚，彩棚上用翠柏扎出巨大的"欢迎"二字；彩棚西侧竖起两排大旗，旗分红黄蓝白黑五种，象征汉满蒙回藏五族共和。专使到达北京的这一天（2月27日），彩棚前举行了欢迎仪式：军队列队站立，立枪致敬，袁世凯派出专使迎接。军乐齐鸣，礼炮冲天，敞开中华门迎入城中。

袁世凯用迎接国宾的礼节迎接南方来使。这使蔡元培等受宠若惊，但也疑虑："袁项城这是耍的什么把戏？"

礼仪一毕，接待专使即请五位迎袁专使至迎宾馆下榻。当日，袁世凯即在大清王朝为他提供的总理府客厅接见了南方来使。

这又是一个极其隆重的场面：军队持枪，军乐高奏，袁世凯在大门外相迎。双方相见，先行鞠躬礼而后握手，袁世凯领蔡元培等入室。

此时，袁世凯像在彰德洹上一样，穿一身黑色呢子矮立领、四口袋的制服，头戴四周吊着貂皮的黑绒皮帽，脚上穿黑色短筒皮靴，手里拿着藤手杖，一步一"梆"地响着，活像一个小士绅——这身打扮，袁世凯也是颇费了一番心机的。他有官服，也有礼服，无论是总督的、大臣的、钦差的，还是总理的，他都有；何况，他还是太子少保，又受封一等侯爵，哪一套服装都够他威武的。但是，他思之再三，任何一套能够威武的服装他都不能穿。大清皇帝都退位下野了，还靠他们威武什么呢？他自感无趣，更怕南方代表耻笑他。民国建立了，大总统自然该有官服和礼服，但式样尚未定。袁世凯索性以平民穿戴，这才有了这副打扮。

宾主坐下，侍者献茶。蔡元培方才拿出孙中山的信函和参议院的公文。

袁世凯起身接过粗略浏览一遍，便笑着说："我日思南行，与诸君共谋统一，怎奈北方局面未曾安静。我也自忖，年将六十，自知才薄，不足当总统的重任，但求共和成立，做一个太平百姓，为愿已足。"

蔡元培说："先生老成重望，海内久仰，此次当选，正为民国前途庆贺的人，何必过谦？江南军民，极思一睹尊颜，快聆高论。若非先生南下，恐南方人士还疑先生别存他见，反多烦言呢！"

"承蒙诸君的厚爱，又劳五位的大驾，慰亭甚感不安。"袁世凯一副坦诚的样子，"但得北方平安无事，我将如期南行就是了。"

蔡元培等一见袁世凯如此顺畅地答应南行，自是心里高兴。接下来，便商量行期、路线。

蔡元培说："新政初建、百废待兴，各方均盼先生能够早临。孙先生亦想急于把大事交接，然后便去考虑他事。"

"国事冗杂，新政初建，细思起来，慰亭也大感棘手。"袁世凯呷了一口香茶，说，"故而，此次南行，我想由京汉路南下，先到汉口拜见黎副总统一下，同他商量几件要事。然后换乘江轮下行，抵达南京。"

"先生所虑极是。"蔡元培说，"走汉口是十分应该的，也好请黎副总统一同去南京，把大典操办一番。"

"诸位远道而来，又值岁初严寒，慰亭甚感不安。我已安排妥当，请诸位好好休息几日，有兴的，不妨同故旧友朋接触接触。南北统一了，日后共事处自然多了起来，大家都不必拘谨。"袁世凯俨然以北方地主之心款待专使。他说："鹤卿先生是我中华教育泰斗，北京又是文化古都，今后，仍将是中国教育、文化之中心，先生有兴当去考察一番。"

蔡元培说："此事今后还得请先生多多关照。"

又一番寒暄之后，五专使告辞，袁世凯派专车送至迎宾馆。蔡元培是一位以育人为本的知识型人士，虽无心好为人师，总以师风去看待一切，也以此律己。他以为袁世凯即将就大位了，又是在驱除鞑虏上有过作为、受到国人称道的，自然会守信用，行动上也会以楷模要求自己。所以，也就安心地在北京住下，以待袁的行期。蔡先生太善良了，善良得有点傻！

就在蔡元培的迎袁使团平静地住在迎宾馆的时候，一个突然的事件发生了——

迎宾馆附近的安东门和前门一带，在一个夜阑人静的时刻，突然枪声，炸弹声大作，"轰！咣！""轰轰！咣咣！"人吵声、喧闹声和枪弹声混成一片，紧接着，瓦房的爆裂声，墙壁的坍塌声，骂声哭声马嘶声，把个静夜打碎了；火光四起，火中烟冒，北京半个城顷刻大乱起来。

蔡元培等刚刚入睡，闻声见火，也都穿衣而起。正想开窗窥探，忽然一个流弹碎窗而入，把墙壁击成一个洞。专使团紧张了，他们不知发生了什么事变。

枪声越来越逼近迎宾馆了，飞来的流弹也渐渐多了起来。专使们知道问题严重了，已经预感到危险将要来临。为防不测，他们只好匆匆收拾衣物，走下楼来，觅寻小径，匆匆逃往租界区的六国饭店。

五

北京城里的枪声更紧了，北京的形势更恶化了。第二天，紫禁城的红墙外也发生了激烈的枪响，喊叫声更嘈杂，更响亮了。

袁世凯知道五专使已安置稳妥，次日一早便亲去六国饭店看慰。他对专使们说："请各位放心，北京无论发生什么样事，我一定保证各位的安全。我已派人去查，看看究竟是什么人闹事。这两天，各位就住在这里吧。"

正在这时，有人来向袁世凯报告说："昨晚闹事，是驻扎京城的第三镇部分兵干的。"

"为什么？"袁世凯急问。

"他们说，军饷拖欠已久，弟兄们没有饭吃。"

"胡说，军饷均按时发出，怎么不发到弟兄们手中？"袁世凯发怒了，"立即把统制找来，当面问问。"又说："派拱卫军去弹压了吗？"

"派去了。"

"为什么还有枪声？"

"兵变已是大乱，近郊土匪亦趁火打劫，他们合伙在繁华区放火抢劫，事态仍在扩大。"

"再派兵，多派兵，立即镇压下去。"

"是，大人。"

这个报信的刚走，另一报信人又来。"乱兵要求军饷，说不发就打进皇城，还说……"

"还说什么？"

"他们说，这些年，袁大人是他们的衣食父母。现在，有人要把袁大人劫持到南方去了，他们不答应。并说，谁劫持袁大人，他们就跟谁拼了……"

"混账话，国家大事自有我们做主，小小兵士知道个屁！"袁世凯拍着桌子说，"把所有闹事者通通抓起来，为首的就地正法！"他又转脸对专使说："既然是哄闹军饷，事情就不大，各位静心休息，我去处理此事，即可平息。"

隔日，袁世凯又去见五专使。

这一次，他神情极不好，满面愁容，唉声叹气，屁股未落板凳上便说："不曾想到，不曾想到，事态会发展到如此严重的地步！兵变之事，已发展到天津、保定和通州一带，多处放火抢劫，并且还在蔓延。"

蔡元培等以为真是因军饷而动，北方战乱不断，更受洋人侵略，皇帝库空，这也属正常。于是，便用好言劝慰袁世凯。袁世凯却摇着头叹息道："事情不只如此，不瞒各位说，连锁反应很大。这不，请各位过目。"说着，袁世凯便从自己的衣兜里拿出一卷纸头，交给蔡元培。

蔡元培接过一看，心里一惊。原来是一些加急电报。一部分是报告各帝国主义国家要调兵到北京保护侨民的，并说日本军部已经调动山海关及南满驻屯军集中秦皇岛，马上要向北京推进；另一部分电报是北方各省督抚打来的，阻止袁世凯离开北京，否则，京师坐镇无主，北方乱起无人可控，恐局势不堪收拾……

袁世凯哭丧着脸膛说："天不遂人愿。北方形势既然如此，看起来立即南行是有困难了。我想同各位商量一下，可否改换一种方式，达到南北兼顾。"

枪乱之后，五专使已是惊魂不定了，又见北方形势如此"恶化"，心中自然恐慌。于是，便问："先生有何高见，只管直说。"

"这也是不得已而为之，"袁世凯说，"念于形势恶化，我想，我最好暂留北京半年，以便镇抚北方兵乱，先请副总统黎宋卿（黎元洪字宋卿）到南京就职，并以副总统名义代行总统职权。俟北方平定，慰亭将及时南行。"

——北京这场动乱，发生得又蹊跷又合情合理：兵无饷，怎么养家糊口？兵闹饷，匪乘势，外国人借口入侵，督抚挽留主帅，都是天经地义之举。可是，蹊跷的是：这一连串事情早不发生晚不发生，偏偏发生在南方五专使住在北京期间！其实，把那层隔纸戳穿了，人们便会淡然一笑。三镇是曹锟统制的军队，和京师的拱卫军一样，都是袁世凯的最嫡系军队，从无拖欠军饷事情；而天津、保定、通州又都是京城的护卫城，平平静静，从无闹事迹象。怎么一下子都意外起来？这就是我们前文说的袁氏父子的密谋：袁克定附在老爹耳朵上出了个"兵变"的计谋；袁世凯附在儿子耳朵上交代要"津保响应"和督抚发电挽留。最后交代儿子"可以对曹老三说清楚，不能亏待他的弟兄们"的话，也都丰厚地得到兑现了：不仅大小商家遭到洗劫，连天津造币厂，直隶官银号都被抢劫一空。那个曹老三曹锟也心满意足。只是，南方专使却被蒙在鼓里——但也有一个人例外，那就是汪精卫。袁克定还是向他透露了风声。

袁世凯说了一通合情合理的谎话，五专使无可奈何，只好面面相觑。就在这时，汪精卫说了话："形势变化了，咱们就要依变化后的形势办。目前的问题，应以实现统一为首要，要马上成立全国统一之政府，把大局安定下来。其余一切，不妨尽量迁就一些。袁先生所建议由副总统暂行代权，也是一件两全其美的好事。我看可以接纳。"

蔡元培动了书生之怜悯，也就点头答应了。于是，在北京兵乱的第三天，五专使便按汪的意思向南京参议院发了个电报。

北京的乱事达到目的了，袁世凯把儿子克定叫到面前，自然先说几句嘉勉的话，然后问："你到汪兆铭那里去了吗？"

克定说："去了。"

"我说的事照办了？"

"办了。"袁克定说，"汪兆铭说，他不缺钱用，以后不必再送了。只想要我对大爷说，新政稳了，能记住他就行了。"

"傻话。"袁世凯眯眼一笑，"我不是那样的人。古人有训：滴水之恩当涌泉相报。兆铭办了那么多事，我定会好好赏他的。"顿了顿，又说："你抓紧去保定一趟吧，老三（即曹锟，第三镇统制）那里替我答谢一下。听说他又要在天津置一片宅基，你找人替他办办就行了。"

"老三在天津买宅的事我也听说了。"袁克定说，"据说不是他的意思，是老四曹锐。"

"你还不知道，曹锟的财产全是曹锐掌着，那是个守财奴，只知收，不会支。好在是一家人的事，你该去做。"

奉了老爹的命，袁克定先到天津见了曹锐打听了要买宅基的事，然后如数留下一纸银票，对他说："四爷就不必再动府上的积蓄了，些许小事，我父亲说他代劳就行了。"

曹锐是个见钱眼红的人，一见袁家给了那么大一笔钱，竟惊慌得不知怎么说才好。银票拿在手中，"哦哦"了半天，竟说了一句"谢袁大人、袁总统赏赐"的话。

袁克定想笑，却又不能笑。只应酬说："小事一桩，不必记在心上。"天津的事情办妥帖了，袁克定才赶往保定。

曹锟毕业于天津武备学堂，中日甲午战后便投到袁世凯麾下，任过新军右翼步兵管带，第一镇第一协统领，刚刚被袁提升为第三镇统制。提拔之恩未报，便碰上南使来迎袁世凯事，袁要他在北京闹闹乱子，他自然言听计从。事闹完了，官兵们也发了劫财，他也算报答了知遇之恩，何况他已经知道"天津的赏赐"。正在这时，袁克定来了，他便十分热情地款待他。

袁克定先代老爹说了一串感激的话，然后说："南方专使未走，家父琐事冗杂，特让我来向大人致谢。天津（赏赐）小事，大人万万不可再提。"

曹锟说："多承宫保厚爱，无以相报，北京（兵变）一事，也是我应做之事，更不必多言了。还望云台（袁克定字云台）老弟在宫保面前替仲珊（曹锟字仲珊）婉言。"又说："宫保终日八方应酬，支度甚巨，天津事，我是绝不敢领受，改日当悉数奉还。"

"曹大人这么说，岂不见外了。"袁克定说，"区区小事，再别放在心上了。"

五专使的电报到达南京参政院，参政院立即召开会议，进行研究。多数参议员不明北京真相，又出于心急，希望早日成立全国统一政府，以避免外力干涉，防止内乱再起，竟把总统就职在南在北的事看轻了，遂通过决定，请袁世凯在北京就职，并将决议六条电达北方。六条为：

一、参议院电知袁大总统，允其在北京就职。

二、袁大总统接电后，即电参议院宣誓。

三、参议院接到宣誓之电后，即复电认为受职，并通告全国。

四、袁大总统受职后，即将拟派国务总理及国务员姓名，电知参议院，求其同意。

五、国务总理及各国务员任定后，即在南京接受临时政府交代事宜。

六、孙大总统于交代之日，始行解职。

真的要当大总统了，从袁世凯的大清总理府，到他住过的石大人胡同，现住的铁狮子胡同，上上下下都热闹起来。虽尚未就职，却已经传谕府中，从此人人均以"大总统"呼之，不必再叫"新举临时大总统"或昔日的"宫保""总理"。袁世凯于1912年3月10日在北京宣誓就任临时大总统。誓词为：

民国建设造端，百凡待治，世凯深愿竭其能力，发扬共和之精神，涤荡专制之瑕秽，谨守宪法，依国民之愿望，达国家于安全完固之域，俾五大民族同臻乐利。凡此志愿，率履非渝。俟召开国会，选定第一期大总统，世凯即行解职。谨掬诚悃，誓告同胞！

南京参议院既得袁的誓电，也及时致辞，公认他为大总统。电文是：

共和肇端，群治待理，仰公才望，畀以太阿。筚路蓝缕，孙公既开其先，发扬光大，我公宣善其后。四百兆同胞公意之所托，二亿里山河大命之所寄，苟有陨越，沦胥随之。况军兴以来，四民辍业；满目疮痍，六师暴露，九府匮竭。转危为安，劳公敷施。本院代表国民，尤不得不拳拳敦勉者，《临时约法》七章五十六条，伦比宪法，其守之维谨！勿逆舆情，勿邻专断，勿狃非德，勿登非才。凡我共和国五大民族，有不至诚爱戴，皇天后土，实式凭之。谨致大总统玺绶。俾公令出惟行，崇为符信，钦念哉！

六

大任已就，心绪平稳，治国安邦的诸多大事，一股脑儿都涌到袁世凯的心坎上来了。当家了，得理事。他坐在密室里，想静静地思考一番，看看先干什么，怎么干。可是，当他静思谋策的时候，他的头脑反而乱了，甚至乱得连他自己当大总统是真是假也说不清了。

人也怪，常常假事当真事去想时，一切都那样真真切切，有条有理；若事情真到眼前时，却又茫茫然然，不知所措。袁世凯做过总统梦，他认定自己有能力当总统。今天，他真的当上总统了，却显得束手无策了，而且糊里糊涂自言自语："我当总统不会是假吧？是革命党拱手所让，是十七省代表全票选举，是参议院有文通过的。"他又把参议院的致辞拿过来，从头到尾读下去。他笑了。"我是大总统，我是大总统……"

不知袁氏太兴奋了，还是心血来潮？觉得自己是一国之主了，得有个人王地主的架子，人王地主的凭证。他忽然想起了一件事（据说历代的皇帝，手中均有一块玉印，那就是玉玺。秦始皇就在庙里受过玉玺。以后，均以传玺为换代，手中有玺为最高权力象征）。李商隐诗中说："紫泉宫殿锁烟霞，欲取芜城作帝家。玉玺不缘归日角，锦帆应是到天涯……"袁世凯想："若是玉玺到手，我便是正儿八经的一国之主，谁人也不敢把我怎么样。我得有玉玺，我得去要玉玺。"玉玺是在宫中一朝一朝、一代一代往下传的，本朝最后一个皇帝是宣统溥仪，这小家伙登极只三岁，玉玺不可能在他手里；载沣、奕劻也不可能有。思来想去，袁世凯觉得"玉玺肯定在隆裕太后手里。"

他立即找人跟清室联系，决定去见隆裕太后。

许多日子来，关于退位和优待清室条件等事，袁世凯频频入宫，见太后已成了平常小事。何况，太后也不敢不见他。

一日晚间，袁世凯携带十名一律佩带手枪的随从匆匆进入宫中，让随从肃立门外，他缓步进去。隆裕太后已在八仙桌上首坐定，袁世凯一进宫门，几乎又要跪倒——他习惯了，昔日每见太后，长跪不起，说话都不敢大声。今天，又要长跪了，他忽然想起他已是中华民国的大总统了，是像皇帝一样的人王地主，她太后只是小皇帝的娘，又不是她袁世凯的娘，他大可不必跪她——真是，他终归没有跪。只说"腿疾未愈，不能拜跪"，只行了三个鞠躬礼。

隆裕让他坐在她对面，寒暄了几句，随后问他："进宫有什么事吗？"

袁世凯欠了欠身，又坐下，这才说："大清退位，现在已是民国，传国玉玺，应归民国收回。希望太后交出来。"

隆裕哭丧着脸，冷冷地笑了一声，说："这件事，你该知道吧，此物早在元朝顺帝北逃时已经带走了，国朝和前明都没有传国玉玺。"

袁世凯惊讶得"哦哦"着，表示不知。

隆裕又说："我知道的这事，是孝钦显皇后亲口说的。我听说孝钦显皇后也曾对你说过。"

袁世凯一听，冷了。再想想，又觉此举荒唐，便讪讪地说："既然此物已丢，也就作罢了。只是，希望太后不要声张出去，以妨有人信口乱说，惹出非议。"

隆裕一笑，说："这里没有人多嘴。你要嘱咐你的从人就是了。"

袁世凯没趣地退出宫来，回府后，给随去的从人每人赏洋五十枚，但交代说："今日之事，谁泄露出去，便拿谁是问。"

强取玉玺不得，袁世凯甚为扫兴，但也没有办法。稍事平静，他便按参议会决定的六条条件准备组阁。就在这时候，参议院已经通过决议，将原拟的《临时政府组织大纲》更改为《临时约法》予以公布。袁世凯的组阁，当然得以《临时约法》为准，考虑阁员。当袁世凯把这两个文件搬来对比的时候，他忽然暴跳起来。"什么《临时约法》？这是约制我的，给我施政设置的障碍，设置的防线！"

《临时约法》是从《临时政府组织大纲》演变来的，改变最大的，便是将总统制改为内阁制。这就是说，总统只是一个虚位的元首，而国家大政落到内阁头上，袁世凯只能当一个空头总统了。只不过国务总理的人选还是由总统提名定的。"争了许多日子的总统，到头来却没有权了，我当这个总统何用？"总统能不当吗？再出山，逼清帝退位，谈判议和，又都是为了什么呢？不当总统岂不前功尽弃了？不当总统又去干什么呢？还回洹上村去做渔公？袁世凯不甘心。"既然我有权为国务院组阁，我就得组织一个属于我调遣的国务院，国务总理得是我的人，听我的。"

"让谁去当总理呢？"袁世凯在他的"北洋"圈子里用梳头的方法在梳理，从早梳到晚，从晚梳到明。能当总理的人很多，但有的人不能去当，他在别的位子上更有作用；有的人要去当，参议院却不能通过，也就是说他不能去；要选一个可以去，可以做他袁世凯的替身，而且又为参议院中那些属于革命党的人能够接受。袁世凯闭起眼睛，一遍一遍地自言自语："难。难。难哪！"

难归难，人还是有的。袁世凯想到了唐绍仪，想到了唐绍仪和他相处共事的三十年——

唐绍仪，广东香山人，比袁世凯小三岁，1874年十三岁时便留美，后来和袁世凯一道去了朝鲜。从此之后，便一直在袁左右，成了袁的臂膀，做过清政府的天津海关道，外务部侍郎，署邮传部尚书，铁路总公司督办，奉天巡抚，赴美专使，为袁氏的权势立过汗马功劳。南北议和期间，作为袁的代表在上海与南方周旋，给革命党人留下了颇佳的印象，是个能够被参议院接受的人物。和谈期间，袁虽然对他不满，一度取消了他的代表资格，不久，还是起用他，仍做代表。唐绍仪尤为神秘的是，南北议和期间，他竟接受孙中山、黄兴的劝导，加入了同盟会，成为孙、黄的"同志"。想到这件事，袁世凯欣喜地笑了："你孙中山想利用唐绍仪来反我袁世凯，至少是与我离心离德，而我也想在革命党中安插一个'内线'。"由此，唐绍仪成了"两楼"人物。

袁世凯把唐绍仪找到面前，亲切地呼着他的雅号说："少川，南方的事情，大局是眉目清爽了，但是，我们同革命党，一时还消除不尽隔阂。孙中山的把戏，我是看穿了……"

唐绍仪心里明白，议和成功，革命党给袁世凯设下的第一道防线便是让他到南方去，一定在南京就职。目的是，把他控制在革命党势力范围内。没想到如此冠冕堂皇的事，竟被袁氏父子略施小计（北京兵变）便突破了。现在，又依据《临时约法》实行责任内阁，明白人一看便知是孙、黄给袁设的第二道防线。所以，当袁提到"孙中山的把戏"时，唐绍仪急忙插话："我们可以因势利导，顺水推舟嘛！"

"就是这事，才找你。"

"还要到南方去周旋？"

"不，是顺水推舟。"袁世凯说，"既然组阁权在我，我就组我的阁。"

"这道防线一定还得打破！"

"总理人选我定。他们的防线又垮了。"

"人定了？是谁？"

"就是阁下。"

"我？！"

"对！"袁世凯说，"如此大任，非君莫属！"

唐绍仪一阵紧张，胸口有点急促地跳动。

唐绍仪不是没想过当总理，想过。只是他觉得在袁世凯面前不一定排上他。谁都知道，袁世凯是靠北洋军起家，北洋军中有王士珍、段祺瑞、冯国璋"三杰"，那是被喻为龙、虎、狗三将的；另外还有被后来人称为"筹安六君子"的六大员：杨度、孙毓筠、严复、刘师培、李燮和和刘瑛，再加上朱启钤、段芝贵、周自齐、梁士诒、张镇芳、雷震春、杨杏城等所谓的十三太保，论资排辈，唐绍仪都得朝后摆摆。今天，袁世凯毫不犹豫地提出了他，他真有点受宠若惊。

"袁大人，"唐绍仪平静了一下，说，"总理位置，是不是另选他人？"

"为什么？"袁世凯问。

"民国新建，万事从头起，只怕少川难以胜任。"唐绍仪谦虚地说。

"新政事艰，这是实话。胜任不胜任，可就得三说三解了。"袁世凯说，"事态摆得很清楚，人家（指革命党）对咱们还是不放心，怕咱们权大了有异。你还不明白，由《临时政府组织大纲》到《临时约法》，并未改去'临时'二字，却把总统制改为内阁制，什么道理？就是怕你权大。让别人当总理，参议院还不得找麻烦？找来找去，找了几位，但又否定了。你不同，他们没有必要，也没有理由否定你。所以，你当总理，是最理想的人选。"

唐绍仪这才平心静气地想想。"袁项城有远见，当初让我参加同盟会，就看到了这一步棋，今天走起来，得心应手，连革命党、参议院也不会反对。"这么想着，也就着着实实地给了袁世凯一个顺水人情和定心丸："既然袁大人如此厚爱少川，少川唯可报的，便是一切听从便是。还望大人多多提携。"

"别说提携的话，为了咱们共同的命运吧。"袁世凯说，"我马上就向南京参议院发推荐电报，你可以考虑内阁组织人选了，先提个名单，咱们再商。"

第七章
袁政府难产，产下来尤难

做了大总统的袁世凯，没有兴奋几日，便感到了日月困难，连自己的人也不像昔日那样顺。

内阁既是内阁制的产物，那位"两栖"总理竟不想当傀儡。于是，萧墙之祸频出。

—

刚刚到了"知天命"之年的唐绍仪，由于为袁氏的大总统终日奔波，还未定型的发福相又消瘦下来，连精神也显得疲惫。只是大任临身，他要组织民国共和后的第一任内阁了，不得不抖擞精神，继续奔波。

继续奔波了几天之后，他忽然皱起眉来："《临时约法》规定得明明白白，责任内阁，是具有处理国家一切事务的权力机构，总理与阁员共同负责。因此阁员应由总理自行遴选。可是，我的阁员全部得临时大总统指定，我岂不成了傀儡了吗？这哪里是内阁制，依然是总统制。"唐绍仪心里不高兴了，隐隐约约感到上当了……唐绍仪虽然看清了这一层，不高兴归不高兴，袁总统提出的阁员名单还得照办。

3月25日，唐绍仪带着袁世凯点头的组阁名单奔赴南京，准备向临时参议院提交。

南下的路上，"首任内阁总理"顾不得欣赏沿途秀丽的春色，也不想接受地方官员的盛情迎送，他在惴惴不安中，还是比较专心地思索他这个执政的班子和这个班子搭成之后如何开展工作。"在其位了，就得谋其政。不能当一任总理，就让人骂八代祖宗。"唐绍仪还是个想办成点事的人，他思索了中国的国情，思索了中国的现状，他想把南京临时政府中原有九部改为十二部，除外交、内务、财政、陆军、海军、司法、教育七部不动外，把实业分成工业、商业、农林三部，交通分为交通、邮电两部。这样，既可以专业明确，又有利于南北各方的人事安排。

唐绍仪把他对内阁组成的打算向参议院汇报之后，参议院提出异议，不同意交通、邮电分开，而实业也只准分工商、农林两部。这样，唐绍仪的九部变十二部的计划只能九部变十部了。于是，他便以十部规模向参议院提交了人员名单：

> 外交总长陆征祥；
>
> 内务总长赵秉钧；
>
> 财政总长熊希龄；
>
> 陆军总长段祺瑞；
>
> 海军总长刘冠雄；
>
> 司法总长王宠惠；
>
> 教育总长蔡元培；
>
> 农林总长宋教仁；
>
> 工商总长陈其美；
>
> 交通总长梁如浩。

唐绍仪的提名内阁阁员人选，有很大的迷惑性：蔡元培、王宠惠、宋教仁、陈其美这四人是同盟会员；陆征祥、刘冠雄一个是无党派，一个是无所属的军人；熊希龄是君主立宪派；只有赵秉钧、段祺瑞二人是北洋派；那位叫梁如浩的交通总长又未能获得参议院通过，虚位由总理兼任。这样，以同盟会为主体的内阁自然为国人所接受。

参议院通过之后，唐绍仪急电北京袁总统，袁也立即发出任命书。至此，民国政府的首任内阁便正式诞生了。

然而，细心的人都会发现，这个内阁依然姓"袁"，是北洋系的总代表。

唐绍仪的假同盟会员，是不必再说了；表面上无所属的陆外交、刘海军，早已是北洋派的朋友；再加上赵秉钧、段祺瑞，北洋派仍占了绝对优势。这是袁世凯的心愿，也是他的安排。所以，他那任命书也发得特快。

总统有了，内阁也组成了，孙中山先生不食言，便于1912年4月1日向参议院提请辞职，并说一片肺腑之言：

……中华民国成立之后，凡为中华民国国民，均有国民之天职。何谓天职？即促进世界的和平是也。此促进世界的和平，即为中华民国前途之目的。依此目的而行，即可以巩固中华民国之基础，盖中国人民，居世界人民四分之一，中国人民，若能为长足之进步，则多数共跻于文明，自不难结世界和平之局。况中国人种，以好和平著闻于世，于数千年前，已知和平为世界之真理……本总统解职之后，即为中华民国之一国民，政府不过一极小之机关，其力量不过国民极小之一部分，大部分之力量仍在吾国民。本总统今日解职，并非功成身退，实欲以中华民国国民之地位，与四万万国民协力造成中华民国之巩国基础，以冀世界之和平。

言毕，即交出临时大总统印。参议院议长林森接受大总统印后做了答词：

中华建国四千余年，专制虐焰，炽于秦政，历朝接踵，燎原之势，极及末流，百度隳坏。虽拥有二亿里大陆，率有四百兆众庶，外患乘之，殆如摧枯拉朽，而不绝如缕者，仅气息之奄奄。中山先生发宏愿救国，首建共和之蠹，奔走呼号于专制淫威之下，濒于殆者屡矣，而毅然不稍辍，二十年如一日，武汉起义，未一月而响应者三分天下有其二，固亡清无道所致，抑亦先生宣导鼓吹之力实多也。当时民国尚未统一，国人急谋建设临时政府于南京，适先生归国，遂由各省代表公举为临时大总统。受职才四十日，即以和平措施使清帝退位，统一既定，迄未忍生灵涂炭，遽诉之于兵戎。虽柄国不满百日，而吾五大民族所受赐者，已靡有涯诶；固不独成功不居，其高尚纯洁之风为斯世矜式已也。今当先生解临时大总统职任之日，本院代表全国，有不能已于言者。民国之成立也，先生实抚育之；民国之发扬光大也，尤赖先生牖启而振迅之。苟有利于民国者，无间在朝在野，其责任一也……

孙先生感谢议员之后，鞠躬告退。至此，中国便成了袁氏天下。

天下既然都姓袁了，议会之民主也便有了倾斜性——不倾斜又能如何——4月1日，议会再度开会，便决定改以北京为首都。参议院也于4月29日迁往北京。

国都已定北京，责任内阁当然要到国都去，而不能再在南京。唐绍仪在南京又把施肇基补为交通总长，而后，便同阁僚们一起起程北上。唐绍仪到了北京，急办的事办了办：安排办公处，发布公文，把前清总督、巡抚官阶一律改为都督，内而政府、外而各省，总算都就绪下来，这才到铁狮子胡同陆军总部去同大总统好好谈心。

袁世凯满面春风，那长期住地窖子时的灰暗早已扫光了。北京城趋于平静了。早时暗杀他的人大多被杀了头，不稳定分子也多被驱逐走了，而南方的形势又是按照他的算盘在演变，袁总统感到安全了，他早就从地窖子中钻出来，住进宽敞的办公室，并且把门窗也都推开，让那明媚的阳光和娇艳的早春花香一起向他扑来，他贪婪地享受着，以弥补日久昏暗日月的耗损。

袁世凯是在小客厅接见内阁总理唐绍仪的。似乎二人都有了充分的精神准备——或许礼仪上就有如此明白规定——唐绍仪不再管袁世凯称"宫保"或"大人"或"先生"，而是亲亲切切地叫了声"总统"，袁世凯也不再称唐"先生"或"少川"，而是亲亲切切地叫了声"总理"，并且相互深深鞠躬，还按照同盟会新兴的交谊方式相互热烈握手。

"你辛苦了，辛苦了！"袁世凯一边让座，一边对唐说。

"您更辛苦，更辛苦！"唐绍仪一边坐，一边说。

"一切都安顿好了，就好好休息几日。"袁世凯说，"要办的事情太多，慢慢来，别着急。"

"总统也得多多保重。"唐绍仪说，"内阁业已就绪，大家会各负其责的。以后有事，总统只管吩咐一声就行了。"

袁世凯脑门热了一下，眼皮跳了跳："怎么，以后只要我说说就行了，大权是他内阁的了？"一阵不悦，但又在想："不至于吧，谁给他的内阁总理？是我给他的。他能把我踢开？不会吧。"袁世凯不想把话说得更明白，怕相互之间产生误会，便找了一件所谓的急事对唐说："有件事，得抓紧办一下。"

"总统，你交代。"唐说。

"政府和国务院都定了，名正言顺的国都也定了，你们要向清室交涉，要他们让出地方咱们办公。"

"是的，总统。"唐绍仪说，"我想到这件事了，我会马上派人去办。"

二

作为"大内"范围之一的中南海，位于皇宫西侧。本来是金代离宫——万宁宫所在地，元代营建大都时划入"大内"。中南海占地一千五百余亩，其中水域为七百亩，清季以来，大兴土木，水面周围先后建成了丰泽园、崇雅殿、瀛台；西岸还有怀仁堂、紫光阁、武成殿，东北岸有万善殿，南岸有宝月楼。殿台楼阁布置有序，建筑形式丰富多彩，是一片风光极其秀丽的地方，国内著名的皇家园林。这片园林只有一个大门出入，叫新华门。除了皇亲贵胄之外，别的人很少能够进来。清帝退位的时候，这片园子仍归皇家所有。

唐绍仪的总理府搬到北京之后，奉了袁氏总统的命令，把那些大大小小拖着辫子的"鞑虏"通通赶出园子——名义上是清皇室退出了这片园林。那些自命不凡的皇族老少，瞪着眷恋的目光走了之后，袁世凯便从铁狮子胡同陆军部搬进了中南海。他是大总统了，大总统就是一国之王，普天之下，皆是王土，除了他，谁能住中南海这样的地方呢？若非还有一点对大清王朝感恩的"习惯"的残存和自己亲手制定的优待清室条件，袁世凯便必定搬进故宫，到太和殿宣布就职，到中和殿去视事，到保和殿去过除夕、元宵，宴请外藩王公贵族和自己属下的文武百官。袁世凯搬进中南海，自己住进了居仁堂。居仁堂楼下东首是他的办公室，西首是会客室、会议室（这里是只会高客的）；居仁堂前院有个叫"大园镜中"的房子，那是他会一般客人和属员的地方。中国的吏治就是如此，一人升官，鸡犬上天。袁世凯进中南海了，妻妾子女自然得随着进去。于是，大车小辆，随人侍女，一群群都进了中南海：夫人于氏、二姨太、大儿子克定夫妇、四儿子克端夫妇住进了福禄居；大姨太、三姨太、次子克文夫妇、三子克良夫妇住进 × 字廊四合院；五、六、七、九四个姨太和她们的孩子住在与居仁堂有天桥相通的后楼。这样，这片皇家庞大的园林便成了袁家的私宅，自然，楼阁中的所有陈设也都成了袁家的私物。

袁世凯是怕人暗杀才从石大人胡同搬到铁狮子胡同陆军部地窨子里的。那里有军队保护他，不会再发生东兴楼事件了。现在，他从铁狮子胡同搬进中南海了，中南海是"大内"，自然比铁狮子胡同更安全，而他本人，也不是总理大臣而是大总统了，谁敢再暗杀他呢？搬进中南海的那天，他极为高兴，拄着他的藤手杖"梆梆梆"地一直在殿阁之间漫步，在垂柳之中观水，把腰板挺得直直的，面仰着，仿佛是在虔诚地感谢上苍。

可是，为时不久，袁世凯面上又悄悄布满了愁容——

袁世凯理想的国务总理，是他的一个服服帖帖的属员，责任内阁只是一块障人耳目的招牌，没有他袁世凯的点首，谁也不得定夺一件事。可是，唐绍仪毕竟是他用错了的一个人物，此人在西方生活有时，同治十三年便留美，颇醉心于西方民主，对个人独裁不大赞同。《临时约法》既定内阁制，内阁自然有权处理国家事务，不必事事请示总统。所以，他便自作主张决定了南方裁军问题，决定了国民捐资支助国家问题及某些大员安置问题。这样做，首先引起了袁周围的心腹不满，有人便在袁面前说话了。"唐总理跟孙中山是同乡，如今又是同盟会员，坐上高位之后变了，只怕不是咱们北洋的人而是孙中山的同盟者了。"

袁世凯听在耳中，又想想连日来发生的事情，觉得颇有道理。于是，便把几位心腹找到居仁堂，商量对策。袁世凯是有影响的，他在内阁中安的人是听他的，内务部总长赵秉钧说："内阁不是咱的了，咱不要他便是了。"于是，他再不出席国务会议；唐绍仪电话催他，他便说："我忙呀，忙得焦头烂额，抽不出时间呀！"其实，他的身影终日藏在总统府里，仿佛内务部便是直属总统领导的。财政部总长熊希龄倒是按时出席国务会议，每会必闹，总说"总理侵犯了财政总长的职权"。有一次，熊希龄面质唐绍仪："向华比银行借的一百万镑款子用到哪里去了？"唐坦然地说："那是作为到南京接收临时政府时支用的。"

熊希龄说："你知道这笔借款给政府带来的麻烦吗？谁去收拾这个残局？"

——所谓华比借款，那是因接收事急，唐绍仪不得已而为之。谁知这件事竟引起了企图垄断中国经济命脉的英、美、德、法四国财团所组成的四国银行团的反对，他们竟由四国公使联合名义向袁政府提出抗议，说袁政府违反了自己不向四国之外的银行贷款的承诺，向四国之外借款了，并以"以后停止借款"来相威胁。这件事唐绍仪早已气炸了肚子，不想作为财政总长的熊希龄又提出质问，便不耐烦地说："四国银行也太霸道了，他们不同意中国向别人借款，可是，他们与清政府签约，并为我民国政府接受了的币制改革和川粤汉铁路借款却又违约不付，这是什么道理？"

熊希龄冷冷地笑了。"唐总理，你太心急了吧？四国借款是有条件的，清政府退位了，人家要等南北议和后有了统一政府才付款。你借款时南北政府成立了吗？"

"我正是为了成立南北统一政府才急着用款，"唐绍仪说，"没有款我怎么南行？"

"这个人家不管。违约了就得赔礼道歉，违约了就得改正过来。"

唐觉得熊希龄这是无理取闹，便怒冲冲地去找袁世凯，他以为袁世凯会用公正态度来处理这件事。谁知一见面，袁世凯便阴阳怪气地说："少川，我老了，你来做大总统吧！"

少川这称呼，已令唐绍仪惊讶：自新政府成立，互相之间均以"总统""总理"呼之，今日，却忽然称起名号来；再者，莫名之中，怎么就让起总统来了？唐绍仪心里一冷："袁项城下'逐客令'了，嫌我这个总理多余，碍事了。"于是，便笑笑说："慰亭，我也老了，咱们索性一起都让出位置好了。"

袁世凯望了望唐绍仪，只淡淡一笑，并未说话。

唐绍仪冷静有时，便说："王铁珊督直的任命，是不是抓紧发出去？"

袁世凯装糊涂，讶然了半天，才说："此事尚待商量，以后再说吧。"唐马上站起，问："不是一切关节都说明白了吗，还商量什么？"——王铁珊，即王芝祥，直隶人，辛亥革命前为广西藩台，响应革命被推为桂军援鄂司令，桂军改编时去职，由黄兴介绍加入了同盟会。作为酬其起义之动。参议院同盟会员主张推他为直隶都督。按照新制，一省都督应由该省议会协商推荐。包括顺天府在内的直隶议会依法做了推荐。此事在南京办理交接时，黄兴当面对唐绍仪说明，唐也表示对王信任，努力促成。唐绍仪南京归来，即向袁做了说明，袁也答应了的。因此，王已从广西来京，准备走马上任。

现在，袁世凯变脸了，说是"尚待商量"，其实是不同意了。唐当然有意见。

王芝祥的督直，原本是商定了的，有人在袁世凯面前煽风点火说："姓王的是同盟会员，把这样一个异派分子摆在京畿，由他掌握一省军政大权，岂不等于'引狼入室'？"也有人说："任免各省都督，应是大总统的特权，各省议会推荐只能参考。怎么也不能一推荐就成事实了。"袁世凯在权力上本来独裁且多疑，听了众言，马上变脸。唐总理追问，他只借故说："不是我不让王铁珊做直隶都督，是直隶全体军人反对。我也没有办法。"说着，还把自己导演的以"直隶五路军人"名义反对王为都督的通电拿出来给唐看。

对于这样的把戏，唐绍仪是十分了解的，南方五专使到京后的那出"兵变"早已大白于天下。兵变那样的大破坏，袁世凯都干得出，搞一个联名通电，岂非小事一桩。唐绍仪不看电报，却愤愤地说："军人干涉政治，乃民国之不幸！"

袁世凯说："王芝祥，我决定另派重用。"

"用到何处？"唐绍仪问。

"让他出任南方宣慰使，回南方宣慰军队去吧。"

唐绍仪怒火猛增，顾不得礼仪了，他大声说："这样做，是出尔反尔，我不能同意总统的意见。"说罢，便起身走了。

唐绍仪是扭不过袁世凯的。袁世凯是不会被任何人的反感改变主意的。次日，他即派人拿着总统府对王芝祥的委任状要总理副署盖印。唐绍仪看也不看，原件却还。说："袁项城欺人太甚，既答应在前，召之进京，又令其南返宣慰军队，不但失信芝祥，且失信直人。这等乱令，我绝不副署！"

唐总理不副署，袁总统便不顾约法，单独行令。6月15日，便以大总统名义发布了王芝祥的任命状。

唐绍仪傻眼了，叹息了。冷静地想想，这个总理当得太可怜了：内务总长不照面，财政总长闹不休；前天，他从总统府出来，竟遇数十人的卫队拥一高车驷马迎面而来，连总理的乘车也敢撞，并大声喊叫"让开，让开！不要惹恼了老子！"打听一下，原来只是一个总统府拱卫军司令段芝贵。气得唐绍仪不知说什么好？奇事一串串，唐绍仪心灰意冷了："君主立宪国，所发命令，尚须内阁副署。我国号称共和，却仍由总统一个人说了算。我既无权副署，我还做这个总理干什么？"第二天，6月16日，做了不到两个月总理的唐绍仪，留下一道辞呈，连向总统一声道别也不说，便乘车去了天津。

三

王芝祥的任命状发出之后，袁世凯扬扬得意："你总理不副署，我也照发命令！"正在这时，有人呈上唐绍仪的辞呈。袁世凯展开一看，见是：

> 因感风寒，牵动旧疾，所以赴津调治，请即开职另任。

"啊，唐绍仪不辞而别了？"袁手握唐的辞呈，心中不快，"留下一张纸走了，走就走吧，难道我找不到人当总理？！"想是这么想，如今毕竟形势变了，共和、民主的词儿叫得响了，袁世凯还得做做表面文章。于是，当即发了电报挽留，并给假养病，一面又派秘书长梁士诒赴津劝驾，并且暂命外交总长陆征祥代任总理。

表面文章归表面文章，唐绍仪并非看重假面子的人，无论是电还是人，一概不理，独在津门"闭门思过"。

民国实行的既是责任内阁，总理辞职不干了，全体阁员自应连带去职。于是，在唐下台之后，同盟会阁员教育总长蔡元培、农林总长宋教仁、司法总长王宠惠、署理工商总长（总长陈其美不到任）王飞廷率先向袁世凯提出辞呈；财政总长熊希龄见阁员多半辞职，不好恋栈，也提出辞呈；独内务、陆、海军三总长巍然不声不响。而袁总统，对呈递辞呈的阁员，一律照准；对默不作声的阁员，亦默不作声。

民国第一内阁，袁世凯知道它是短命的，他对它没有抱大希望。可是，他却不曾想到它的命会短到不足六十天，这太令他措手不及了。再组一个内阁并不难，难的是举国这种舆论：袁世凯无能治理国家。何况，这个政府是南北统一后的、打出共和旗号的新型政府。不足六十天便夭折了，算什么新型政府！内阁解体了，同盟会成员辞去了，这意味着什么？袁世凯不能不忧心。慰留唐绍仪不住，袁世凯又假惺惺地去慰留蔡元培等人。

那是一个漆黑的夜晚，袁世凯微服简从在一个幽静的小客厅里接见了蔡元培等人，他心事重重地说了新政面临的形势，而后说："鹤卿，我多么想咱们这班人能够做一番比王朝更轰轰烈烈的事情，让国人知道共和就比帝制好。可是，咱们，咱们……"

蔡元培笑了。"大总统，你应该明白，国人是不喜欢只听宣言的，他们要看行动，要看事实，要看共和究竟比君主好在哪里？"

"我们是在履行诺言嘛。"袁世凯说，"总得让我们有时间呀！慰亭不忍心这样匆匆聚散，我以四万万同胞的名义请诸位能够留下。"

蔡元培说："我辈所以积极身体力行反对皇帝，是因为帝制给中国人民带来的灾难太深重了。我们之所以热心共和，是因为共和能够发挥更多人的智能，能把中国建设富强。既然总统连内阁也不放心，我也以四万万同胞的名义请求总统批准我们的辞呈。"就这样，假留的留不住，真走的竟走了。

唐内阁解体已成定局，陆征祥则不必久以"代理"名义，于是，袁世凯便提请议会正式通过，然后任命。

中国形势，风云突变，几乎与唐内阁倒台同时，参议院也发生着突然的变化，议长林森已去职回籍，副议长王正廷也因署理工商总长而谢职，替补议长为奉天吴景濂，副议长湖北汤化龙，而议员则由同盟会和以章炳麟、张謇为首的统一党、以蔡锷为首的统一共和党三家成员组成，共一百二十一席。

唐内阁倒台时，孙中山与同盟会其他领导人决定，同盟会员不参加下届内阁，其他小党派又推不出总理人选。所以，在参议会通过总理人选时，虽同盟会议员反对，而其他党派便都举手赞同，陆征祥的继任总理被通过。6月29日，袁世凯发布内阁总理任命状。

总理人选定了，阁员却难产了。既是内阁更届，即必须阁员全换，但前任内阁除陆征祥外，尚有内务、陆军、海军三部总长在恋栈，只算补充了六位总长，成了名副其实的"补充内阁"。就是这样的补充内阁也处难产之中——

拟补充的六总长为：财政总长周自齐，司法总长章宗祥，教育总长孙毓筠，农林总长王人文，工商总长沈秉坤，交通总长胡维德。明眼人看得出，新增的这六总长自然全是袁总统的"院中人"，清一色的北洋派。袁世凯也怕这个阁群太刺眼，通不过，便把陆征祥叫到总统府，关起门来，名单放到他面前，说："子欣（陆征祥，字子欣，一作子兴），内阁名单就这样定了。我想，参议院通过时，可能会有些麻烦。"

陆征祥外交经验尚佳，内务却缺乏主张。他以为自己的总理人选参议院已通过了，其他成员还会如何？便说："我看，不会有乱子。不就是让他们举举手吗？"

"不！"袁世凯说，"那些人可不是只会随声附和，挑剔着呢！"陆征祥呆了。"那怎么办呢？"

"作为内阁之首，你必须有一篇入理、动情且宏伟有诱惑力的施政演说。"袁世凯说，"用你的演说去博得参议员的信任。有了他们的信任，他们才会不挑麻烦事。"

陆征祥，上海人，同文馆毕业，曾任驻荷兰公使，驻俄公使，虽然已经过了不惑之年，却依然一派书生气。他觉得"既然同洋人打交道并未遇到麻烦事，同自己人打交道还会如何？"于是，便满不在乎地说："这个容易，参照国际经验，把演讲稿写好，让他们都满意就是了。"

袁世凯也以为他久在外交战线上，了知一些西方国家情况，又有一张外交嘴巴，准会演出一幕好戏的。于是，也就点头敛口了。参议院开会那一天，陆征祥修饰打扮之后，乘着马车到会。议员们见他进来，又是那么一表人才，装束入时都以为他必有特殊政见，故全体起立，报以热烈掌声。

陆征祥眼见得热情，耳闻得掌声，感到了参议院对他的信任，心里十分高兴。已拟定的阁员名单早交出，他只需依讲稿发表演说即可。谁知这位新总理独善英语，竟疏了国语，开口时连套话也语无伦次了，简单介绍了各位阁员之后，竟大声说："有了国务总理，断不可无国务员。若国务员没有才望，单靠着一个总理，是万万不能成事的。鄙人忝任总理，自愧无才，全仗国务员选得能干，方可共同办事，不致溺职。现已拟有数人。望诸君秉公解决。比如有人家做生日，也须先开一张菜单，拣择可口的菜蔬，况是重大的国务员呢……"

此语一出，全场讶然。参议员们窃窃私语，不知所措。

陆总理也真是洋相出尽，竟把自己的内阁比成一张菜单，似乎想表明：我的内阁萝卜、白菜、小葱应有尽有，喜欢什么尽管挑。不喜的只管扔。"这哪里像什么施政演说，简直像邀人吃一顿喜酒。"有的参议员便说，"民国初立，百废待兴，全赖有才干的总理，才能完成大业。这等人物做总理，还有何望？"有的参议员则大声笑道："陆总理西餐吃惯了吧，对菜单兴趣甚浓。我等是从乡下来的，鱼肉也很少吃，知道什么大菜？""怕是总理生辰到了，请我们去做寿，先给我们一张菜单看看，也好挑几样合口的！"

会场上的议论和嘲弄，陆征祥听得见，看得出，又气又怒。于是，连体面也不顾了，收起讲稿，匆匆退出会场。

同盟会的参议员本来是反对陆征祥做总理的，一见此情，便大发议论："我们本来是不同意这样的人做总理，怎奈其他诸君多投同意票。是不是都受了他的收买喽！"

这么一闹，其他党派参议员也纷纷相抗。结果，待到投票时，无论是新增阁员，还是继留阁员，全部被参议院否决。

阁员全被否决，阁自然也就不成阁了。于是，参议院再经过商议，遂提出弹劾总理案。

正是袁世凯为自己的新内阁沾沾自喜的时候，一篇弹劾呈文送到他面前，像是一盆冷水冲头浇来："啊？阁员被全盘否定，连总理也不要了？不要总理要谁？这还了得！"袁世凯生气了，他坐在椅子上，瞪着眼睛，鼻子里发出一声声叹息似的"嗯嗯"声，不住地拍着桌子。

袁世凯怒起来，总在喘着粗气"嗯嗯"叫。可是，千万别以为他一怒就昏了，一"嗯嗯"叫就糊涂了。他不。他"嗯嗯"叫的时候，正是头脑活动最激烈的时候，也是他最出"计谋"的时候。他在自己房子里"嗯嗯"半天，着人把总统府拱卫军统领段芝贵叫到面前。"知道内阁发生的事吗？"一照面，袁世凯便冲着他问。

"听说了。"段芝贵说，"那不怪内阁，得怪参议院。"

"嗯嗯。"袁世凯点着头，说，"是参议院。这个参议院……"

段芝贵明白了，他知道袁世凯叫他来干什么了。"总统请放心，我马上就让人做点颜色给他们看看。"

"注意方式，不可太露。"

"知道了。"

段芝贵是袁世凯小站练兵时的旧人，原本只是一个候补同知，但他却与袁世凯的文案阮忠枢极好，常来常往，便与袁密切了关系，他又是段祺瑞的本家，段是袁的女婿，而段芝贵则拜在袁膝下成了义子。袁世凯洹上复出、率军南下时，段芝贵便成了前线军队指挥，又兼了湖北总督；袁进京做总理了，做总统了，调段芝贵为拱卫军司令。此人是极会看袁眼色办事的，袁示意了，他便急忙去办。于是，在参议院否决内阁组成的第二天，北京城便出现了以"北京军警特别联合会"名义的通电，大骂参议员"破坏国家政务，不顾大局"；更有些人制造传言，说"参议员若再敢胡闹，便以手枪对待之"；有人大声疾呼，"坚决解散参议院"。一时间，谣言四起，腥风凄雨，弄得参议员人人惶恐不安。

段芝贵把北京的"气候"改变了，袁世凯心里也平静了，他一方面吩咐人对新内阁改提补充阁员，一方面让北洋旧人陆建章、姜桂题和段芝贵联名宴请参议员和北京新闻界人士，大谈"军人绝不干政"，但却在宴会上操纵恶人向参议员发难。有人举起手枪说："明天如果参议会再不通过补充阁员名单，即杀死全体议员。"

果然，7月26日参议院再度开会时，袁世凯提出的阁员全部通过，陆征祥自然也去当他的内阁总理。

四

新政府的第二任内阁总算产下来了，袁世凯这才轻松地舒了一口气。此人办事，常常是只顾效果，不看手段的，有了内阁总比总统跳光杆子舞好。他把陆征祥和阁员们叫到面前，该说的不该说的，只要他想说的，通通说了一通。但到该说"新政府先干哪些政事"时，却无话说了。别人说不出道道，袁世凯尚未动脑去想——他只顾忙着阁员"正位"的事了。现在位正了，干什么事该提到议程上来了，他猛然感到茫然起来。"大家都定位了，各人先想想自己该干的事，都拿出一个办事单子，然后汇总。该干什么，便清楚了。"

阁员们走了，袁世凯心里还在乱——他不能不乱呀！

袁世凯明白，他的大总统还只是个"临时"的。要把"临时"二字去掉，还得有个手续，有个过节，那就是按照《临时约法》所定，十个月内必须召开国会，由国会选举才算数。国会在哪里？现在只是参议院。参议院变国会，可是一个烦琐的过程，参照西方国家的路子，国会要有参议院、众议院两院组成。参议院议员由各省选出，众议院议员由各地人民按每八十万人选一位选出。这就要选。一想到组织全国性的两院议员选举，袁世凯心里就慌：他这个总统"统"下的地盘，尚未给他一个和平的环境让他去按部就班地选议员，下边还乱着呢。

袁世凯就职临时大总统之后，第一着措施就是在南方裁军。裁谁的军呢？当然不会裁他的北洋军，而是裁的革命军和向革命军起义的原清政府军。

裁减军队，人心乱了，那么多军人成了游民，无职无业，逼得谋乱。结果，南方的苏州、南京、芜湖、合肥、滁州，北方的济南、奉天，先后发生兵变，虽经派兵镇压，总是造成灾难。唯革命发起地湖北，却是压不胜压，不仅兵乱，还在谋划独立，连军械库也被抢了。黎元洪发兵去剿，剿来剿去，却是军务司副司长张振武、将校团团长方维为主谋干的。这便引起了北京一场大动杀机——

黎元洪在湖北，是个没有多大威信的人，尤其是在起义军中，人人都说他是革命党从床底下死拉活拖才出来的，如令当上副总统了，人五人六的，便有些瞧不起他。张振武，武昌起义时是起义军领导人，与孙武、蒋翊武并称"三武"的，更对黎不恭。黎元洪曾把他推到北京去，想让袁世凯控制他。袁世凯给他一个"蒙古调查使"的空衔，想"发配"到边疆，张振武却不去，又回湖北，整顿旧部。裁军事起，他当然情绪抵触。黎元洪便假惺惺地劝他再去北京活动，并说"总统亦望你去蒙古调查"，而且还让方维等十三人相随。张振武上当了，他领人去了北京。就在这前后，黎元洪又有密信专送袁世凯。要袁"务必除了张、方二人"。袁世凯接到黎元洪的密信，心里迷惑不安起来："张振武既然在湖北率兵谋乱，你在湖北杀了他不就完了，怎么又把他推到北京来了？你是想借刀杀人。"这事袁世凯本来是不想干，不愿干的。但是，由于南北方都有兵变，袁世凯正想找个人物开开杀戒，以示警告，却又怕惹起革命党人反对，才未敢下手。现在，黎元洪想借他的刀杀张振武了，他也想借张振武的头示众。"设或日后革命党人质问起此事，一概推给副总统便是了，现有他的密信可以做证。"袁世凯这么想着，便做了布置。

在袁世凯的"家中"杀一个革命党人，那是易如反掌的事。究竟如何杀？袁世凯锁起眉来，久思不定：暗杀不行。天子脚下，杀一个起义将领还要偷偷摸摸，袁世凯不干。明杀，得杀得名正言顺，有根有据。黎元洪的密信可以做据，但是，将置黎于何地？

袁世凯忽然又菩萨心肠了，当初除吴禄贞，杀良弼，是何等的利利索索，今天怎么啦？

袁世凯有袁世凯的苦衷：他毕竟是同同盟会、革命党人合作，趁着武昌起义才有今天的，那大总统也是革命党人让给他的。杀革命党的主要领导人会有什么后果，他不能不想想；为黎元洪而杀革命党人，他也不能不衡量衡量得失？然而，袁世凯终归不是革命党的同盟者，从合作的第一天起，他便不打算同他们合作下去，何况，今天的革命党人又在四面八方起来反对他。思来想去，他觉得杀张振武值得。"杀了张振武，今天可以震慑革命党，明天，便可以排斥副总统黎元洪。一举两得，何乐而不为！"

袁世凯决心已定，便先把冯国璋、段祺瑞和姜桂题找来，如此这般交代一番；又把军政执法处处长陆建章找来，这般如此也交代了一番，并把黎元洪的信交给陆建章，同时附发了一份总统令……

这些天来，最令袁世凯焦急的并不是一个张振武。那样的事只需交代一声就行了。他急的是如何把国会这个摊子拉起来——他得做正儿八经的大总统，没有国会不行；有个不听他指挥的国会还不行。这就难了，他不能去一省一省地选两院议员，得由各省去选。因而，各省的都督便成了关键人物。

袁世凯拿出他这几天和陆征祥、梁士诒等人商量好的各省都督名单，想再认真看看。那一共是二十二个省的都督人选，有依旧是往日的，有易任的：除了有老北洋之外，也有革命党中的老官僚和革命后的新统领。筛筛选选许多遍了，有的人虽不称心，但再也找不到合适的了，他只打算让他们干着看。果然掣肘太甚呢，便想随时更换一下。袁世凯对于这类的省和人，多少心中还是有点数的。他拿出名单，又在一省一省地看，一人一人地审：

直隶都督冯国璋，奉天都督赵尔巽，吉林都督陈昭常，黑龙江都督宋小濂，江苏都督程德全，安徽都督柏文蔚……

他没有看完便把纸掩合起来。他不想看了，这些人在他头脑里反反复复映了许多遍了，就像娶到家的媳妇一样，好赖就是她了。再看，眼都有些累了。

放下，他却又心不静，仿佛这些人中就暗藏着危险分子，剔不出来，就会像东兴楼的暗杀一般扔过来两颗炸弹。他又把纸片掀开。当他看到"山西都督阎锡山、广东都督胡汉民、云南都督蔡锷"的名字时，他的目光陡然闪了一下，精神也随之一紧。"这些人……"他感到了危险，可他却又说不了危在何处，险在何方？

这些天，袁世凯太累了。东兴楼前扔下的炸弹，使他躲进了陆军部的地窖，但他夜间可以舒坦坦地睡个好觉。中南海的居仁堂虽然比陆军部的地窖更安全，他却怎么样也静不下心来。他不是因为做了国主忧国忧民，他是感到了树大招风，峰高险大，怕因为总统连命一起丢了。

袁世凯心神不定之际大儿子袁克定进来了。他走到老爹面前没有说话，站立着，只把两只眼睛投向老爹面前那张名单。

"这几天你到哪里去了？"袁世凯瓮声瓮气地问："昨儿让人找你，竟是找不着。"

"没到哪里去。"袁克定说，"娘这几天身子不好，我不敢出去。"儿子说夫人病了，袁世凯自然免不了慰问几句，说："让医生看了吗？可到宫中御医房去请个医生取点好药。"

"去了。药业经服过了。"袁克定说，"娘的身体已经大安了，我才过来的。"

"外边听到什么事情了吗？"

"没有听到什么事情。"袁克定说，"大爷，这几天，我在娘身边守着，忽然想起了一件事，感到很是不安，想说给大爷听听。"

袁世凯没有马上问他，只给了一个侧窥的目光——这段时间以来，袁克定常常用这种方式给老爹出一些"奇计"，有真奇的，也有假奇的；有令老爹高兴的，也有令老爹摇头的：袁世凯不去南方任大总统，儿子就起了莫大的作用。但清帝退位的时候，袁克定三番五次建议老爹"将过去与咱们对立的清室王公大臣，均治罪处死，对溥仪左右亲信的人员一律流放黑龙江，永不叙用"，袁世凯就认为"不是个好主意"，说"那样做恐遭众议"，而作罢。这次又是什么主意？袁世凯想听听。

袁克定知道老爹的性格，默不作声便是默认，愿意听。于是，这位大公子便放开胆子地说："大爷，现在，你已到极位了，要图大业，必确保兵权。我想，咱们最好先培养训练军队中的核心骨干力量，把北洋派在全国的军中骨干人员集中起来，加以训练，使之达到君臣、师生一体化的程度，一切听从指挥。"

其实，儿子这意见并不新鲜，早年皇族在军队中搞的德国那一套"强干弱枝"就是。但是，袁世凯今天听来，却动了心。这不是别的原因，是近来袁世凯觉察到陆军总长段祺瑞有点儿桀骜不驯，心中颇为疑惧。所以，儿子的话说到点子上去了，他马上点头说："可以试试，可以试试。"于是，父子俩把各省都督的事暂时放下，聚精会神地研究起军队的了。

湖北军务司副司长张振武在将校团团长方维等人陪同下到了北京，先后受到直隶都督冯国璋、陆军总长段祺瑞等人的轮番盛情款待，淮军老将姜桂题还邀约了北方军人联名发起召开南北胞泽大会，热烈欢迎张等的到京。张振武被这种热情冲昏了头，他在北京著名的六国饭店宴请参议院中的同盟会、共和党两党议员，以表明期望南北一家，完成革命大业。哪里料到，次日一大早，张振武、方维等人便被警方逮捕。当日逮捕，当天便由军政执法处处长陆建章亲自审问，当庭判处二人死刑，立即执行。一场非法杀害武昌起义有功人员的行动，以迅雷不及掩耳之势发生了。

五

张振武被杀的消息顷刻传遍南北。案件发生在北京，又是以军政执法处名义，人们自然认定是袁世凯干的。张、方二人均是同盟会员，于是，有些舆论便说："袁世凯开始杀革命党人，要为清朝皇帝报仇了。"这时，在北京的湖北另外两武——孙武和蒋翊武，即亲到总统府见袁，要求发给"免死证"；上海同盟会即由黄兴出面，打电报质问袁世凯："杀人要有证据，张、方二人真有罪，请政府拿出真凭实据来。"北京方面，同盟会参议员张伯烈等也提出质问案，要袁世凯拿出张、方的罪证。一时间，举国轰动，南北声张。

袁世凯不慌张，他知道自己第一个目的——震慑革命党人——达到了，现在该实现第二个目的——给黎元洪点颜色看看了。于是，他把黎元洪给他的密信原文公布出来，然后，轻描淡写地公诸了这样一段文字：

> 查张振武既经立功于前，自应始终策励，以成全人。乃披阅黎副总统电陈各节，竟渝初心，反对建设，破坏共和，以及方维同恶相济。本总统一再思维，诚如副总统所谓爱既不能，忍又不可，若事姑容，何以慰烈士之英魂？不得已即着步军统领军政执法处长，遵照办理。

袁世凯不仅把杀害张、方二人之责任一股脑儿全推给了黎元洪，并且发给张、方二人遗属各三千元优抚金，还对随张、方来京的其他人员各给千元川资，令其回籍。

袁世凯这么一做，对准他的舆论抨击，一下子都转向了黎元洪。这个素以"忠厚长者""和平天使"著称的副总统，一下子成了最狡猾的政治阴谋家，最凶恶的刽子手。

黎元洪"灰"了，丑了。尽管他的刀笔饶汉祥又为他撰了洋洋数千言的长电列举张、方的罪证，同时也表示"其功不可没"而给予厚葬、厚抚，可是，终被人认为是鳄鱼的眼泪，是一副藏着刀的笑脸。黎元洪也是个会做戏的人，伪善面目被揭穿后，舆论又无法挽回，便装模作样地引咎辞去湖北都督之职并请裁撤副总统职，但却又怕真的把本兼各职都丢了，又指使湖北军官发通电挽留……最后，这场风波在同盟会让步的情况下，总算不了了之。

一场戏谢幕了，一场戏又敲响了开台锣鼓，于是，许许多多人又得进入角色——

在临时大总统位置上的袁世凯，天地间给他的舞台太大了，他生怕冷落了上帝，总在自己的"节目单"上排得满满的。杀死张振武的事件尚未平息，他又在导演一幕文戏——他要在北京举行一次党政首脑会议，来讨论一番民国成立后要办的大事情。盛世太平，刀枪入库，不搞建设干什么呢？何况，历来用厮杀手段夺取政权的人，坐上大位之后最怕的便是厮杀再起。为了不让别人对他厮杀，他会不择手段去厮杀那些不安分分子，包括和他同一条战线上的战友。于是，袁世凯热情洋溢的邀请电报，在张振武的血迹未干时，便送到了孙中山、黄兴和黎元洪手中。

袁世凯真的在忧国忧民吗？他是这么说的，可是，却不是这么想，更不打算这么做。什么党政首脑会议？孙中山早做了声明，同盟会革命党不参政了，连总统都让出了，还想干什么？黎元洪，本来就是一个傀儡、幌子，张振武事件之后立足地都没有了，还有什么政治资本？只是袁世凯这个临时政府在国人心中尚不光彩，而在同盟会等一些政治派别的人物面前不能把腰杆挺直，袁世凯不得不找点支撑。

电报发出之后，袁世凯在他居仁堂的小客厅中燃起雪茄，仰在太师椅上，一边吞云吐雾，一边遐想联翩——梦做得美极了：袁世凯预感到孙中山、黄兴不会贸然来北京与他"共商国是"。张振武是革命党人，武昌起义首领之一，在北京被杀了，无论什么理由，一个革命党的头人被杀了，其余革命党人不能不有所震撼和疑虑。袁世凯坚定地自语："孙中山不敢冒险来北京！"因为，当初他不敢贸然去南京就是这种形势。那时候，他还是去就任临时大总统呢！袁世凯喷了一团雾，笑了："果然孙中山、黄兴都不来，我便可以记下他们这一笔账，作为同盟会无诚意合作的证据，日后我便有了讨伐的借口。"不过，袁世凯也不是太自信，他同时又想到孙中山会来北京。他仍然笑了："他们果然来了，表明我们的合作很好，中国真正统一了。这样，既可以争取各国承认，又可以压制同盟会中一些激进派，让他们谁也不敢再闹下去。"袁世凯太会利用形势，太会打算盘了，都是打着"对我生财"。

谢了临时大总统职务的孙中山，已经在沿海各省游历，考察许多日子了，到处受到欢迎，他自己也觉得能把中国的实业抓起，也算平生一大幸事。中国不就是实业太落后才屡受外夷侵略吗？实业兴旺发达了，外国人也得另眼相待。孙先生兴致勃勃地刚刚回到上海，便接到袁世凯的电报。他心中一惊："袁项城邀我去磋商建设大计？与我共商？……"孙先生锁起眉，沉思了。

孙中山并未与袁世凯晤过面，说不出相知。但是，孙先生对袁世凯其人，还是了知的，他那一张"升官阁"孙先生心里有数。只是，孙先生并非小肚鸡肠，他的目光总放在国家、民族的荣辱兴衰上。武昌举事之后，袁世凯能够按兵不动，南北议和，能够在推翻封建王朝、驱除鞑房事情上出一把力，做一些中国百姓还高兴的事情，孙先生不仅谅解了袁世凯，而且一直把他当成英雄看待，并且把临时大总统的位置再三拱手相让。现在，新政刚建，百废待兴，"袁世凯真的在忧国家之忧、忧人民之忧吗？果真那样，我倒是可以去北京，同他畅谈国家大事。"

孙先生决定"复电袁世凯，不日北上"！

孙先生身边的同盟会同志听说他要应袁之邀北上，纷纷劝阻，认为袁不怀好意，不能冒险入虎穴。黄兴也说："袁慰亭已经开了杀戒，下一步他想干什么，一时还摸不准，我看不可贸然前往。要不，就派几位同志做您的代表，探索一下再说。"

孙先生摇着头说："不，无论袁世凯怎么想，我们务以诚恳态度相待。政权已经交出去了，合作共事就应该维持下去，争取有个好的结局。"

"这太危险了。"黄兴说，"我看还是要十分慎重。否则……"

"你们的意思我明白，"孙中山说，"是怕袁世凯杀了我。"

"防人之心不可无！"

"我个人早把生死置之度外了。"孙先生坦然地说，"袁项城有可能杀了我。那样做了，他就彻底完蛋了。那是他自己把自己推到四万万同胞的敌对席上去的，四万万同胞会给他做出一个恰当的结论。如果我一个人的头颅会换来全国同胞的觉醒，那是值得的。我的去志已定，同志们不必再劝。"

黄兴见孙先生态度如此坚决，便说："那好，我也决定去北京。孙先生先走，我随后便到。"

孙中山北上的电报几乎是在他动身的同时发出的。袁世凯先是不相信，他认为是他的属下人耍的一个花招；当他确信了之后，他又感到十分惊讶！往日，孙先生电邀他率领文臣武将到南京去就任临时大总统，他竟惊慌得不知所措，甚至不惜发动了一场兵变，才搪塞过去。而今，孙先生只身一人，竟敢离开自己的根据地，毅然到他袁世凯的天地中来，这种气魄，让袁世凯自叹不如。他不得不把种种非分之想收藏起来，用一种隆重的方式去欢迎孙先生。

为了迎接孙中山，他把自己所乘的金漆朱轮马车重新装饰了黄缎子窗幔和椅垫，连驾者、马匹、卫队人员通通更换装束，并令北京全城市民家家悬挂国旗，中山先生所经的街巷，军警警戒；自前门车站至孙先生下榻的石大人胡同，组织成千上万北京市民，手持旗帜夹道欢迎，待孙中山以大总统之礼。

从火车上走下来的孙中山，见两旁人山人海、拥拥挤挤，心中一惊，不知要发生什么事情？当各界人士纷纷投递名册，表示欢迎时，他才明白，便拱起手来，频频向两旁人群致谢！

孙先生是 1912 年 8 月 24 日到达北京的，时令虽是新秋，酷暑依然未消。孙先生稍事休息，即前往中南海居仁堂拜谒袁世凯。

六

袁世凯邀请的三位客人，只有孙、黄答应如约，而黎元洪，由于张振武被杀事件他不敢与孙、黄相见赴约了。袁世凯本来也是把他当成陪衬，这样一来，他只淡淡地一笑，算作了结了。

孙中山突然赴京，给袁世凯一个措手不及，他邀人家来"共商国是"，商什么国是？连他自己也不知道。临时制造的"热烈气氛"完了之后，袁世凯才冷不丁地感到尴尬："孙中山是个务实的人，我总不能天天'热烈欢迎'，这怎么办？"

一切都乱了，袁世凯的如意算盘让孙中山给他拨弄乱了。孙中山的北京之行仿佛不是应袁之邀，与袁商量大事，而是他主动上门，专来戏弄这个临时总统的。所以，在孙、袁第二次会谈时，一幕一幕的滑稽场面便出现了：

——孙中山阐述他的"耕者有其田"构想，言犹未尽，袁世凯便赞不绝口："好极了，妙极了！这真是解决中国农民问题的正确方针。"

——孙中山谈到发展实业以厚民生时，主张大办铁路，发展交通运输，袁马上说："好极了，妙极了！这真是解决中国实业问题的正确方针。"

——孙中山谈到吸收各党人才参加国家建设时，袁马上说："是的，是的。我上年组织内阁时，便请梁卓如（梁启超字卓如）担任司法部副大臣，他虽然没有回国，却给我来了不少信，表明他的政治主张已经大变。这样的人才，就得用他。"

——孙中山谈到关于召开国会后成立正式政府时，表示"本人决不竞选正式总统"，并代表黄兴放弃竞选，袁世凯猛然站起身来，激动不已地说："孙先生，您所谈的一切事情，样样都是对的，非常之对。我都赞成，非常之赞成！只有这件事我不能赞成，我非常之不能赞成。我是什么人，何况年以衰朽，出来维持目下这个危局，已是极为勉强了。现在，无论是内政还是外交，军事还是经济，问题实在太多了，太多了。只有您这样年富力强而又志大才高的人才能担当正式总统，我怎么成，绝对不成！"

孙中山笑了，笑得非常坦诚。他对袁说："我们不但今天要您担任正式总统，而且将来还要您连任下去，担保十年之内不换总统。"

袁世凯受宠若惊，万分讶然！一方面消去心上一块大病，觉得自己大位已稳如泰山；一方面真戏假做，力表辞谢。"孙先生，您怎么把话越说越远了？您不体谅慰亭的心呀！我实话对您说吧，我只能勉力维持到国会选举正式总统的那一天。到了那一天，我就请求您允许我仍然回到洹上村去，去做一个太平盛世的百姓，而且是一个安分守己、奉公守法的百姓！"

孙中山说："洹上您是不能去了，我也不回香山。到那时，我们可以分工，十年之内，您练成精兵百万，以抵抗外夷侵略；我造好铁路二十万公里，以发展国民经济。这样，我中华便可以国富民强！"

9月11日，黄兴来到北京，袁世凯对他同样是一番热情。只是，袁对黄却不像对孙那样轻松，他觉得黄兴是个不易收服的人，得时时处处小心。三十九岁的黄兴，对袁世凯是抱有很大的戒心的。他觉得此人居心叵测，必须提防。孙中山北上他是不同意的。既决定北上了，他就决定要跟袁较量一下。谁知孙中山到京之后，袁世凯竟然如此"坦诚"以待，而孙先生又从北京电报告知黄兴，"弟到京后，与项城接谈两次。以弟之见，项城实陷于可悲之境遇，而绝无可疑之余地。张振武一案，实迫于黎之急电，非将顺意，无以负黎之望。弟到此以来，大消北方意见。兄当速来，则南方风潮亦可平息，统一当有圆满之结果。"黄来京后，又见袁如此热情，芥蒂便也消失了，并且产生了一个幻觉，要把袁世凯及其亲信拉入革命党，还想把革命党领袖大位也让给袁世凯。北京，毕竟是袁世凯的天下，孙黄的一举一动，自然都在他的视野之中。袁世凯除了自己装模作样，暂不加入革命党之外，他让他的亲信赵秉钧、杨度等都去加入革命党。

对于袁世凯来说，孙黄到北京之后，他便渐渐地由惊慌到平静，由平静而主动了，他想假借这两人名义，办一些该办的事。

袁世凯面前该办的事情太多了，各省的国会议员选举就是一件刻不容缓的大事；更令他焦急的是：责任内阁总理陆征祥自从被参议员们戏弄之后，便抱病不到职了，后来干脆辞了职，而只好以首席阁员赵秉钧代理国务总理。赵把国务会议搬到总统府去开，内阁事实上成了总统府的办公厅。社会舆论当然大哗，因为内阁是按《临时约法》组成的，《临时约法》明文规定中国目前是实行内阁制。既然是内阁负责国事，总统包揽了，当然不行……这一系列的事都缠着袁世凯的心。

黄兴到京不久，袁世凯即亲去拜谒。寒暄之后，袁世凯心事重重地对黄兴说："克强（黄兴字克强）呀！我是日夜盼你到京呀！国事千头万绪，都要和你商定。你来了，就好了。"

"南方留守善后一直未能了结，"黄兴说，"动身不能。何况，内阁已完备，我总觉得自己无事干，所以未及时北上。"

"你说到内阁，我也正想提这件事。"袁世凯叹声气，说，"内阁是有了，可是，那位总理却……"袁世凯摇摇头，"陆子欣是个好外交家，但理政有困难，他自己辞退了。内阁不能没有总理呀！我思之再三想同你商量一下，确定人选。"

"有目标吗？"黄兴问。

"我想请沈秉堃先生出任。"袁世凯说，"据悉，沈先生是阁下十分信任的人，阁下又是他的入（革命）党引荐人。他是最合适的人选。"

"不行。"黄兴毫不犹豫地摇摇头。

"为什么？"袁世凯问。

"我和孙先生早已表明，国民党人在国会成立之前不参加内阁。"黄兴把同盟会这个词隐去不提了，而是说"国民党"。这是因为在他和孙先生都到北京之后——即 1912 年 8 月 25 日，国民党在北京举行了成立大会，从此，便不再用"同盟会"这个名字。国民党选举孙中山、黄兴、宋教仁等九人为理事，九理事推孙中山为理事长。故黄兴第一次对袁世凯用了国民党这个词——"何况沈秉堃先生还是国民党的一个新成员，入党不久，不宜让他就此高位。"

袁世凯故作惊讶，忙又说："哎呀，这怎么行呢？总理一席，怎么好久悬不定，希望你和中山先生能够早早定下一位来。"

黄兴又被迷惑了。他见袁世凯如此"真诚"，也觉得总理大位不可久虚，便认真地思索起人选来——

北京的变化非常微妙，黄兴一到，便积极发展他们的党员。袁世凯拒绝之后，他便去拉赵秉钧、杨度。杨度以"洁身自爱"拒绝了，赵秉钧却及时向袁世凯做了汇报，袁世凯不加思索地说："好极了，好极了！智庵，你一定去参加他们的党。我命令你去参加他们的党！"

"这为什么？"赵秉钧问，"你不怕我背叛了你吗？"

"赵智庵若背叛了我袁慰亭，说明我袁慰亭平生不会处人。"袁世凯笑了，"我祝贺你智庵，你要高升了。"袁世凯又把脸凑到赵秉钧耳边，私语了几句，二人相对而笑了。

黄兴也以能把赵秉钧拉入国民党而自豪。这笔交易，似双方都获利莫大。

想了一阵之后，黄兴说："以我愚见，一动不如一静，关于总理人选，就把赵秉钧的代总理改为正式总理好了。"

袁世凯微笑点头。

黄兴又说："那就让沈秉堃做内务总长。你看如何？"

袁世凯一听黄兴推荐沈秉堃为内务部总长，心一悬，面上的微笑也顿时消失了——内务总长，可是兼管全国警察的一个角色，袁世凯不能把这个权交给别人。于是，他说："沈先生是大才，克强既不同意他做内阁总理，让他做阁员我也觉得太委屈他了，我会大用的。"

一句"深情"的言语，把眼看着旁落的全国警察大权又收了回来——袁世凯究竟会给沈秉堃什么重任，不久便分晓了：原来只是一个空头的"庙堂"——浦口商场（注意：并未开办）的督办。9 月 22 日，袁世凯向参议院咨交的总理人选是赵秉钧，而继任内务总长的是贵州开阳人，任过京师大学堂译学馆监督、京师外城巡警厅厅丞、东三省蒙务局督办、外交部总长的朱启钤（桂辛）。

参议院虽然招牌依旧，"内涵"早变，袁世凯的提议案当然顺利通过，何况还有黄兴在一旁为他做国民党议员的工作。赵秉钧出任内阁总理，为袁氏临时总统的第三任内阁。这届内阁也够微妙的：黄兴认为他胜利了，因为赵秉钧头上罩了个"国民党员"的桂冠；袁世凯也认为他胜利了，因为赵秉钧依然是赵秉钧，不仅皮肉是，衣服是，心也是。

第八章
礼后还有兵，图穷现匕首

国民党人因为"气候"关系大多昏昏沉沉地睡去了，只有宋教仁没有睡，他用冷眼看世界。

袁世凯对大多国民党人都笑脸相待，唯独对宋教仁，笑虽笑，笑里却藏刀。最后，还是亮出刀。

一

八月酷暑尚在以恐怖的色彩笼罩着北京人的时候，九月的秋凉却以迅雷之势来到古城。最敏感的是老人和孩子，他们匆匆忙忙地在添加衣服；随之，树木显见变化：一片一片、一簇一簇的黄叶，离开了母体，零落在黄土地上，零落在街街巷巷。

住在中南海居仁堂的袁世凯，寒暑之感似乎极为不定，热热冷冷，一日多变。有时还和时令相逆。生活规律无章法了。

国民党这个组织在北京出现的时候，袁世凯最早是冷漠的，没有把它放在心上，他只觉得是同盟会变变名称，至多再拉上几个小党派，不会有什么影响的。何况，孙中山、黄兴这样的首领早已是他袁世凯掌中人，而且连内阁也不参加。"国民党又能怎么样呢？"他冷冷地笑笑便把这个党丢到脑后去了。一觉醒来，他忽然觉得"国民党这个组织太可怕了，它是当前中国的一个怪物。国会议员是由政党选出的，国民党既然包括了诸多小党，那便自然形成了国内最大的政党。那么，议员席位他们也会最多。这……"袁世凯有点害怕了，他觉得他的座椅、他的居仁堂和他的中南海都在摇摇欲坠！他焦急了，焦急得通身冒火。

孙中山在北京、黄兴在北京，袁世凯也是热一阵、冷一阵、慌张一阵、平静一阵；他怕孙黄，又不得不贴近孙黄。黄兴推荐赵秉钧做国务总理，这本来是袁世凯意想中的事，可是，赵秉钧果然当上国务总理了，他又怕赵被黄兴拉过去，成了国民党的真正党员。

赵内阁被参议院通过之后，袁世凯便夜以继日地同孙中山、黄兴开会，商讨建设问题。这个会本来是四人所谓"四巨头"的，因为黎元洪不敢到会，只剩下三人、两方会议了。会议总算有了结果，形成了一份《国家元首与政党领袖的协定纲领》。三人把《纲领》电告黎元洪，黎也附署了同意，仍成为"四巨头"决议。这个纲领共八条，内容是：立国取统一制度；主张是非善恶之真公道，以正民俗；暂时收束武备，全国军队由陆军部统一管理；开放门户，输入外资，兴办铁路、矿山，建置钢铁工厂，以厚民生；提倡资助国民实业，先着手于农林、工商；军事、外交、财政、司法、交通，皆取中央集权主义，其余斟酌各省情形，兼采地方分权主义；迅速整理财政；竭力调和党见，维持秩序，为各国承认之资本，等等。条目清楚，方面具体。然而，这个政纲不仅把责任内阁丢到一边，连《临时约法》也从根本上丢弃了。说来说去，集中表现一个中心，那就是袁世凯的中央要集权了，连将来的国会也得听他袁世凯的。

袁世凯却是心花怒放了，他进中南海以来，不，是他再一次进入北京以来一直蒙在面上的阴霾一扫而光。昨天，他还同杨度、梁士诒一起在小客厅里隔着"楚河汉界"厮杀一场，然后又到水池边去漫步。

孙中山要离开北京了，袁世凯率领着他的国务总理赵秉钧、总府秘书长梁士诒和高级顾问杨度等去为孙先生送行。此刻袁世凯的心情轻松多了——孙先生在京期间，虽然只是一个多月，他们却先后进行了十三次之多的会谈。十三次会谈使他重新认识了这位民主革命的倡导者，他觉得他只是一个十足的书呆子，是一个只知道唤起民众而民众被唤起了先干什么、后干什么却不懂的人。"孙中山让出大总统，我原以为是一种手段呢，原来还是那么诚心诚意！"袁世凯既兴奋大位得之容易，又好笑孙中山的轻率。

早几日，袁世凯曾假惺惺地要聘任孙中山为总统高级顾问官，孙先生却慨然表示："公系我国的政治家，一切设施比文（孙中山名文）等总要高出一筹，文亦不必参议。但文却有一私念，政治属公，实业属文，若使公任总统十年，得练兵百万，文得经营铁路延长二十万里，那时我中华民国难道还富强不成吗？"

袁世凯将了将下巴上的短须，暗自笑了。"孙中山把政治和建设看成两码事了，好轻松！"于是，他便说："孙先生，你真是一位善颂善祷的人。但是，练百万兵亦非易事，筑铁路二十万里，尤属难事。试想，练兵需饷，筑路需款，现在财政非常困难，专靠借债度日，似这般穷政府，穷百姓，哪里能偿你我的志愿呢？"

孙中山却信心十足。他说："天下事只怕无志。有了志向，总可逐渐办去。我想天下世间、古今中外，都被'银钱'二字困缚住了。但银钱也不过是一代价，饥不可食，寒不可衣，不知为何有些魔力？假使舍去银钱，令全国统用钞票，总教有了信用，钞票就是银钱，政府不至竭蹶，百姓不至困苦，外人亦无从难我，练兵兵集，筑路路成，岂不是一件大快事吗？！"袁世凯听了这一番话，只淡淡地笑着，半天方吐出三个字"可以吗？"孙中山却坚信地点头。

现在，孙中山要离京了，要到南方去了，袁世凯索性送他一个顺水人情，慷慷慨慨地给他一张空头支票。"孙先生要离京到南京办实业去了。慰亭十分高兴。想起日前所谈大办铁路事，深知先生成竹在胸，必能旗开得胜。那就请先生领'全国铁路督办'一职吧，也好名正言顺，开展工作。"

孙中山欣然接受，说："承总统厚爱，文一定竭尽全力。"

袁世凯又说："黄先生不日也将南去，那就屈驾就任川粤汉铁路督办吧，也好助孙先生一臂之力。"黄兴无可奈何地点点头。

袁、孙、黄、黎四巨头的一场生死攸关大搏斗，以一项铁路建设的虚无经济措施而告结束了。

"明码"交易已如此，半个月后，等到黄兴离京南下时，猛有觉醒，感到"大事坏了"，只以铁路事把《临时约法》所定诸多大事都丢下了，八条政纲是一片浮云。这位激进的民主革命派知道上了袁世凯的当。可是，他却不是采取积极的措施，亡羊补牢，而仍然抱有幻想，企图拉拢袁身边的亲信杨度，以杨制袁，达到目的。

黄兴离京的时候，找到老同盟会会员胡瑛，把拉杨度加入国民党的事便委托了他。这位老同盟会员是杨度的好友，也是一位书呆子，当时虽满口答应，说"一定会做好工作，拉杨过来"。谁知同杨接触之后，竟被杨的一派动人言辞所动，不知不觉间站到杨度那边给黄兴发了个"劝退"电报，说什么"杨本旧时同志，去岁辅助项城宣布共和，惨淡经营，厥功甚伟。既欲邀之入党，其所建议（即取消'政党政治'），理宜委曲赞同"。

黄兴糊涂了，他本来以为可以把杨度拉过来，成为同志，怎么又陈词滥调提出取消政党政治呢？黄不信杨会如此朝东暮西，便直接电达杨度，劝其归顺。杨度回了一个简单而明白的电报，说："'政治内阁'影响总统权力，国民党还是不坚持为好。"黄兴再电胡瑛，胡瑛却跟杨度唱了同一个腔调："杨前电，意志恳切。瑛以为吾党处此时势，急应将事实上之一切障碍误解，委曲解释，以达进行之目的。"

黄兴有点发怒了："这是什么话？！政党内阁是对内阁的完全负责，对于总统也会永远维持尊荣。这是为国家，为民族，国民党才这样做的，你们杨度、胡瑛以前都表示过这样的态度，怎么今天忽变前议，另生枝节，这是何意？"胡瑛这个老同盟会员没有拉来杨度，却被杨度拉了过去，这是事实，黄兴也只好独自生气了。

孙中山离开北京了，黄兴也离开北京了，北京城变得一派洁净。袁世凯把枕头垫得高高的，舒舒服服睡了几天，忽然产生了"国主"的慈悲：天下太平了，内阁又组织得那么叫人放心，作为大总统，他得有点儿表示，得褒扬功臣，得抚优子民。他把内阁总理赵秉钧找到面前，说出了自己的心愿。

"智庵，这事我原想让你以内阁名义去办办，后来觉得那样做不够庄严、隆重，我想还是以总统名义为好。当然啦，具体事还得内阁去做。你看如何？"

这个五十多岁的河南临汝人，袁世凯小同乡，十年前便成了袁世凯的心腹。那时候，袁世凯接任直隶总督，便派他赵秉钧以道员身份去创办警校。不久，清政府便设立了巡警部，赵秉钧任了侍郎。辛亥革命时，更成为袁世凯的得力助手，布置特务，镇压革命党人都是他。袁世凯当上临时大总统了，当初清政府的巡警部摇身变成了内务部，赵秉钧又成了内务总长。现在，袁世凯又把他捧到内阁总理位子上，他当然一切都听从袁世凯的，唯袁氏马首是瞻。但是，赵秉钧的内阁却面临着家贫如洗的困境，外债借不到，内捐收不上，正是度日如年之际，拿什么去奖赏有功之人呢？

"国库十分空虚，只怕……"

袁世凯不待他说出口，便摇手阻止。"这我知道。没有钱就不办事了吗？照办。给他们勋位，高高地给，不就行了。"

赵秉钧点点头，心里明白了，这是袁世凯空口收买人心。便说："是内外都奖，还是只对外？"

赵秉钧说的内，当然是指的他们北洋派，外又自然是国民党。袁世凯毫不犹豫地说："当然是内外一起奖了。只内不行；只外，人家会说咱收买。你说呢？"赵秉钧点头，却不说话。

不久，袁世凯便发布总统命令，特授孙文以大勋位，授黄兴、黎元洪、唐绍仪、伍廷芳、程德全、段祺瑞、冯国璋七人以勋位。大勋是民国最高荣誉，限于赠给外国元首和授予本国前任大总统或有大功于国家的人。袁世凯认为这样做会使孙中山"受宠若惊"的。谁知命令发出之后，孙、黄立即回电，表示不受。气得袁世凯顿时瞪起了眼睛。

二

日月流水般的往前流去，留也留不住。秋去冬来，冬去又逢春。袁世凯忙活在大小交困的事情之中，竟然想起了阴历正月初十日是隆裕皇太后的万寿节，他觉得应该尽一份臣子之心，表示表示。

袁世凯毕竟是在大清王朝的"雨露"滋润下成长起来的。他曾拖着长长的辫子，跪在大清皇帝的面前，跪在大清皇后、皇太后面前，愿以牛马之躯效忠到底的；沾满宫廷尘土的膝盖，最终给袁世凯换来光彩夺目的顶戴，换来赫赫于世的名声。没有大清帝后的赏赐，能有他袁世凯的今天？袁世凯不能忘了这天高地厚的隆恩！是的，大清王朝最后一个皇帝和最后一个皇太后是被他袁世凯逼退的。袁世凯身为重臣，没有起到保驾护国的责任，他得算是大清王朝的"罪臣"。可是，在这一点上，袁世凯也没有忘了大清帝后的天高地厚的隆恩。革命党兴了，他们的头一件事便是"驱除鞑虏"。"果然王朝被革命推翻了，莫说优待条件，怕是连性命也难保了。与其拱手把王权和性命一起送给革命党，倒不如体面地送给自己的臣子。"到了今天，皇族还保持着自己的尊严，还有自己优越的生活，这该是他袁世凯效忠的结果。这样，袁世凯还是心安理得的。

但是，袁世凯今天想起了隆裕的寿日，又想有点表示，该算他的忠心未泯。他把总统府的秘书长梁士诒叫来，语气沉沉地对他说："翼夫（梁士诒字翼夫），隆裕太后的万寿日子到了，我想咱们总得有点表示。君臣一场嘛，不能断绝了情意。"

梁士诒是个精明人，虽然比袁世凯小了十岁，毕竟是个进士出身，在他身边也亲亲热热十多年了，颇知得他一些喜恶。便说："这是一件该做的事情。只是不知总统想怎么办才好？"

"派你做道贺专使，"袁世凯说，"咱们送给她隆重点儿的寿礼，总不可轻慢了。"说着，便让人把礼品搬了出来。

梁士诒一件一件地看着，一次一次地点着头。唯当看见一尊金制的藏佛时，心里一惊："大总统为何送藏佛给皇太后？"但他却也不便问明，只捧着不放，似在掂量分量。

袁世凯淡淡地一笑，说："西藏总算又平静了。平静便值得一贺。"原来在不久之前，英国又提出以中国政府不得干涉西藏内政为条件，来同袁政府谈外交承认问题，袁政府怕激起全国百姓反对，这次没有驯服，而是以《中英西藏条约》为据据理力争，总算把此事暂时平静下来，袁世凯也想表表自己争主权的功绩。梁士诒猛然心领了，便不再说什么。及至看袁世凯又赠的数幅联额，还有一份自己的放大照片，也多平平无奇。当他把一份正式的贺寿"国书"展开看时，心里又沉下来。原来国书上写道：

大中华民国大总统，谨致书大清隆裕太后陛下，愿太后万寿无疆！

梁士诒忽然想起一件往事：当年，慈禧太后万寿时，便有多人送"万寿无疆"联额，有些报纸便把"无疆"的疆字释作"疆土"之疆。说大清王朝快无疆土了。而今天，清帝早已退位，民国已经出现，正是"大清无疆土了"，送此联岂不是"当年一句玩笑话，而今竟然成事实"了。梁士诒也只是想想而已，并未说明。他知道袁世凯果有此意，说也无用，索性听命罢了。

那一天，梁士诒冠戴齐楚，由军役前导，乘着金色的马车，昂然向宫中走去。至乾清门，下车步行入内，至上书房。清总管内务府大臣世续出来迎接，然后领他入乾清宫正门。

袁世凯为隆裕上寿事，早有人报于宫中。隆裕本不想接见，"国都没了，还要什么尊严、礼仪？"袁世凯毕竟是民国大总统，还得靠着他支撑已经倒了的宝座，还得靠着他的优惠条件维持生命，隆裕不能不接见他。她还怕袁世凯为难她和她的失去光彩的皇族。

隆裕太后端坐在殿上，两旁站列着侍女和近支王公，虽还见庄严，但却一片萧飒气象了。这位还差五年才满五十岁的叶赫那拉氏，早已形容憔悴，颇见老态了。昔日，独闷深宫，只有忧伤，而今，又要接见曾经是自己的下臣的民国代表，更是触目心伤，早已流下了两行泪水。一见梁士诒进来，尤加心痛，竟连礼仪也不顾了。

梁士诒走到隆裕面前，从容不迫地行了三鞠躬礼，然后呈上国书。隆裕连看也不看，顺手交给了世续，只对世续招手示意，让他代致答词。

世续从案上取过早已备好的答词，精神不振地念道："万寿庆辰，承大总统专使致贺，感谢实深……"

世续念着，隆裕竟由流泪到抽泣有声，瞬间便成了泪人。

梁士诒见状，知是太后触景生情，悲愤难耐，亦不忍久停，便告辞出宫去了。

梁士诒的到来，袁世凯的"秋波"，给隆裕带来的不是欢乐，不是愉快和安慰，而是怨，是恨，是怨恨交集。为此，她整整怄哭了一昼夜。哭着想着，想今想昔：过去的旧臣，今天竟用着外国使臣的觐见礼了，而皇家的王公大臣，也多半避匿，不见身影，连那御殿楼阁，也大多空寂无人了——起高楼、宴宾朋、楼塌了，只落得白茫茫一片干净。至尊无上的帝王生活，一忽儿便白茫茫一片干净了？隆裕这女人能不格外伤心吗？本来并不健康的隆裕太后，愁上加愁，病外添病，她病倒了，而且病得很重。

一番例行仪式的贺寿之后，袁世凯便把皇宫中的一切都遗忘了。他有他的大事，他不会再惦记着这孤儿寡母了，因为他们既妨碍不了他的政权，也对他毫无帮助，惦记他们有何用呢？只有徐世昌，他尚是清室太保，又在监督崇陵工程的建筑，他还没断绝这条宫道。

久在京外的徐世昌，闻听隆裕太后病重了，便匆匆回到京城，入宫谒见，并想趁机力辞太保职务。

徐世昌还是向皇太后行的跪拜礼，礼毕问安、问病，然后才说："国事业已如此，旧制难以再续，世昌恳请太后准予辞去太保职，但世昌绝无贰志，一定把崇陵修好，告慰先皇和老佛爷在天之灵，也算对太后和幼主的一片忠心。"

隆裕已是哽咽无声，只能以泪作答，还是示意再三慰留，不让他辞职。徐世昌也流着泪劝太后静心养病。徐世昌是袁世凯的部属，小站练兵时起即助袁创办北洋军，任过东三省总督，邮传部尚书，内阁协理大臣。督办崇陵也是受袁所使，此番回京，他自然要去拜谒袁世凯。拜谒时，当然谈及太后重病情形。袁世凯说："我辈人中，唯你会对皇室接近了，你速回宫中，代表我劝慰太后，安心养病，有何难处，随时告我。"谁知，徐世昌再回宫中，只在太后面前提出"袁总统"三字，隆裕便"啊哟"一声，昏厥过去。吓得守侍人等不知如何是好。经叫醒之后，仍在嘘喘不止。

徐世昌不便离去了，只好和世续等商量太后后事，守候病床一边。到了1913年2月21日深夜，隆裕已是弥留之中，忽然回光返照，睁开眼睛，看见小皇帝立在身旁，更觉伤在心头，流着泪说："你生在帝王之家，一事未喻，已是国破家亡。现在母又不行了，你年龄这么小，今后怎么办呢？"停片刻又说："咱们母子要诀别了，沟渎道涂，听你自为，我顾不了你了。"流泪不止，竟然去了。

隆裕太后死了，清室依照祖制为她办理丧仪。袁世凯派了荫昌、段芝贵、孙宝琦、江朝宗、言敦源和荣勋等人前往帮办，并由国务院发出通告两则：通告太后薨逝，盛赞太后"外观大势，内审舆情，以大公无我之心，成亘古共和之局，方冀宽闲退处，优礼长赓，企图调摄无灵，宫车晏驾？追思至德，莫可名言。凡我国民，同深痛悼"。决定"以外国君主最优礼待遇，各官署一律下半旗二十七日，左腕围黑纱"。并决定"崇陵未完工程，应如制妥修，需用经费，均由中华民国支出……"

袁世凯总算没有忘了大清王朝的雨露之恩，尽了一份臣子之心，把最后一个皇后送到她该去的地方。隆裕太后毕竟还是一位聪明的女人，主动退位，赞助共和。民国也好，百姓也好，自然不会薄待于她，祔葬崇陵，优礼有加，体面地了结了一生。

三

在国中紧锣密鼓选推国会议员的时候，有一个人甚令袁世凯寝食难安。他便是湖南桃源县的宋教仁。比袁世凯小二十三岁的宋教仁，像幽灵似的缠着这位临时大总统，仿佛就是他会在一个意想不到的时刻，便会从大总统的宝座上把他拉下来，把他送到历史的垃圾箱里——

宋教仁，一个激进的革命派，弱冠中秀才时便大发宏愿，"断黄河铁桥，击鄂督之头，得志于天下"，并慨叹"中国苦满政久矣！"二十二岁在武昌宏文普通学堂秘密结社，要以革命手段推翻清政府；以后去日本留学，与黄兴相识，发起反清活动。回长沙与黄兴、刘揆一等人成立华兴会，组织力量，准备起义，但未能成功。宋再去日本，1905年在日本结识孙中山，成为同盟会最早的会员。1907年3月经辽宁安东回国，开展革命活动。辛亥革命前夕在上海主笔《民主报》，以"桃源渔夫"笔名连连发表文章，为辛亥革命做好思想准备和舆论准备。武昌起义后革命形势大好，但革命成果渐渐被袁世凯所夺，宋教仁陷入了苦闷之中。

孙中山要让出临时大总统的时候，宋教仁第一个站出来反对。他毫不隐讳地问孙中山、黄兴："难道你们还不了解袁世凯吗？大清王朝对他天高地厚，他会和我们一起，去推翻这个政权？他是在抢我们的果子！"

孙中山笑了。他招手让他坐下，然后说："遁初太冲动了。诚如你所说，袁项城不是我们的同党，不会和我们合作到底。然而，袁项城却是当今中国最有实力的人物，连大清王朝也得惧他几分。这样一个人物愿意和我们合作，并且做了我们流血牺牲也不一定马上就做到的事情——清帝退位了，中国人民从此再不受满鞑的统治。袁项城有功呀，功不可没！我们把总统让给他值得，应该。"

由于黄兴也附和孙中山的意见，宋教仁只好勉为同意。但他却"根据日本和西方国家的经验，中国不应该总统集权制，应该实行内阁制，国家大事由内阁决定，内阁由各实力派组成。要分权，要相互监督"。

宋教仁的意见被写进了《临时约法》。革命后的第一届内阁即按照《临时约法》组成，宋教仁成了这届内阁的阁员。

孙中山以为有约法了，袁世凯便不能专权了；而袁世凯接受《临时约法》却只作为一种羁縻的手段，一旦内阁成立，还得是他说了算。第一届内阁只残喘了四十几天便"寿终"了，革命党的四阁员不得不随之下台。再诞生的内阁，却是地地道道、不遮不掩的袁氏宠儿了。

革命党对袁世凯约束的打算失败了，革命党成了在野党。

宋教仁却不甘心失败，他认为革命党失权主要原因是没有把革命派团结起来，"唐（绍仪）内阁所以短命，在于内阁是各党派的联合体，只有将这个联合体改为某个单一政党组成的内阁，才能团结一致，制止独裁"。他大胆地提出"毁党造党"学说。终于在孙中山到达北京之后，在争取了统一共和党支持的前提下，将国民共进会、国民公党、共和实进会等几个党联系起来，成立了国民党。这个党是以孙中山、黄兴、宋教仁为主要领导人的，成为当时国内最大的政党。又因为孙中山忙于其他事情，黄兴处理善后，党务全权便由宋教仁负责。宋教仁决定采取大步伐，在国会议员的选举中多占席位，力争握有大权……

这便是当时的宋教仁，这便是令袁世凯寝食难安的宋教仁！袁世凯不昏，他在任何处境下都有自己得心应手的办法，他不会眼看着宋教仁去做对他有损的事情。在晚清的官场上，时人有这样的评说：张之洞是有学无术的人物；袁世凯是有术无学的人物；而岑春煊则是个不学无术的人物。术成了袁世凯超人的本领。

宋教仁在袁世凯眼中是个"超等人才"，他要用他全套的笼络人才办法，像当年拉拢徐世昌、梁士诒、冯国璋、段祺瑞、王士珍、曹锟、张勋等那样，把宋教仁拉到身边。"有了宋教仁，我就有了整个革命党！"

那是在宋教仁辞去农林总长不久的一天，袁世凯让还在代理总理的赵秉钧把宋教仁请到居仁堂，以隆重的家庭礼节接待他。他把他手挽手地领到楼下西首招待特殊客人的客厅，自己为他送去香茶，然后大大咧咧地说："遁初，许多日子我就想同你做这样一次无拘无束的谈心。无拘无束。推心置腹。你说好吗？"说着，自己果然无拘无束、无一点身架地笑了。

"总统，"宋教仁淡淡地笑着说，"我已经不是内阁成员了，想您不会是同我谈公务吧？若是与本党有关的问题，最好请总统与孙先生或黄先生去谈。否则，您同我谈了，我还得向二位汇报。"

"一切都被遁初想错了。"袁世凯也笑着说，"今天是私谊谈心。你瞧，这个小小的房子里只有你我二人。"说着，他用手把四壁指了一圈。

宋教仁暗自糊涂。"我同袁项城没有这份私谊，有什么好谈的呢？"是的，昔日，无论是口头上，还是在他办的报纸上，宋教仁没有少骂了袁世凯，而袁世凯也没有少恨了宋教仁。正是一对名副其实的政敌。所以，宋教仁只坦坦然然地一笑了之。

时值新秋，西风习习，黄叶飘落，中南海已觉凉意。袁世凯望了望窗外，先是自言自语："暑去秋来，天要冷了。"又转脸对宋教仁说："遁初，你看又是西风落叶的时候了，你衣着还是那么单薄，我这里有几件衣服，正想送给你，免得你再去南方拿了。"他转脸喊了一声："来哪！"

一个侍从应声进来。"大总统……"

"你到后楼五姨太那里，把我日前购来的一套衣服拿来。"侍从应着"是"，退了出去。一会儿，抱来一个紫红色的包裹。袁世凯亲自打开来，原来是一件貂皮外套，一件獭皮背心，还有一套哈喇呢的裤褂，质地优良，做工精致，称得上极品，少说也得值三千大洋。

"遁初试试，若合体，你便收下，若不合体……"

宋教仁并不客气，一件一件地试穿起来。不想，竟是件件合体——他哪里会想到，这套衣服正是袁世凯派人调查了宋教仁的体型之后专门定做的。这便是袁世凯的"术"之一。他用这种办法，业经笼络了包括奕劻、段祺瑞、冯国璋等一群显要人物。

袁世凯见宋教仁面带微笑，知道他还满意，便说："遁初，这也算是'天公作美'吧，怎么这套衣服就那么合阁下之体！不成敬意，你收下吧。"

"恭敬不如从命，"宋教仁说，"遁初多谢了。"

"区区小事，何必放在心上。"

二人正攀谈中，有人来报："赵总理、段总长求见。"

宋教仁听说赵秉钧、段祺瑞来了，便起身告辞。

袁世凯急忙将他拦住："不，我今天谁也不见，只你我二人好好谈谈。"转身对侍从说："告诉他们，我有急务，脱不得身。让他们改日来好吧。"

这又是袁世凯一"术"：连国务总理、陆军总长都不见，只和一个"退了色"的人谈心，可见此人身份！其实，那赵总理、段总长的影子还不知在哪里呢？

侍从退出之后，二人又攀谈起来，古往今来，人情世故，风花雪月，琴棋书画，谈得十分自然。忽然间，袁世凯从桌上抽出一张纸片，说："日前，无意中见遁初的大作，十分高兴。不想你还是如此大诗人。"说着，把纸片递给宋教仁。

宋教仁接过一看，原来是他为了哀悼亡友、黄花岗起义牺牲的七十二烈士之一陈寿山所写的七律二首。此诗他自己已记不清了，细看看，是：

其一

孤月残云了一生，无情天地恨何平！

常山节烈终呼贼，崖海风波失援兵。

特为两间留正气，空教千古说忠名。

伤心汉室终难复，血染杜鹃泪有声。

其二

海天杯酒吊先生，时势如斯感靡平！

不幸文山难救国，多才武穆竟知兵。

卅年片梦成长别，万古千秋得有名。

恨未从军轻一掷，头颅无价哭无声！

宋教仁看完，心里一跳："袁世凯出示此诗用意何在？"却又平静地笑着说："悼念亡友，寄托哀思而已，不想大总统竟……"

袁世凯忙摇手阻止。"绝无他意，绝无他意。人非草木，孰能无情！至于说到政治，也是人各有志的事，不必强求。黄花岗之壮烈，无论今人还是后人，自会有公论。慰亭只是觉得遁初先生对挚友那片真情，实实感人至深！否则，是道不出'头颅无价哭无声'的。说真的，我也盼着能有你这样的挚友，有一日为我'哭无声'。"

宋教仁猜不透袁世凯是在"猫哭老鼠"还是在"引蛇出洞"？所以，对他的这一番言语，只一笑置之。

袁世凯觉得时机到了，便从怀里掏出一本银行支票簿，一边交给宋教仁，一边说："遁初，这是大洋五十万，你出京，既要游历，又要回家，处处少不得钱。这几个钱算是我个人的馈赠，实在不成敬意，还望不要推辞！"

宋教仁把支票接过来，只轻轻地翻了一下，便不推辞地说："多谢总统。"然后告辞去了。

"遁初动身南行时，我一定为你饯行。"袁世凯说。

"走时定来告辞。"宋教仁恭敬地说。

袁世凯挽着宋教仁的手送到客厅外，二人才作别。袁世凯回到客厅时，轻松地舒了一口气："宋遁初，已是我彀中人了！"

第二天，袁世凯还在悠然的沉睡中，有人将一封急信送到官邸。他拆开一看，原来是这样一封信：

慰公总统钧鉴：

　　绨袍之赠，感铭肺腑。长者之赐，仁何敢辞。但惠赐五十万元，笑不敢受。仁退居林下，耕读自娱，有钱亦无用处。原票奉璧，伏祈鉴厚。知己之极，期以异日。教仁百拜。

　　袁世凯拿着信，脸上一下子被浓霜蒙上了，鼻子里"嗯嗯"有声，连连冷笑。此时，又有人报："宋教仁电话告知，他已由西站出京去了，不再来辞。"袁世凯咬着牙发狠道："这个宋教仁……"

四

　　宋教仁离京的这一天，袁世凯昏昏沉沉地足足睡到黄昏。他不明白，他用重金竟收买不来一个书生。到了晚上，一个沉雷般的消息送到面前，他又昏了——

　　全国议员选举已经结束，结果是：

　　众议院议员总额596名，其中：国民党占269名，其他各党154名，跨党者147名，无所属者26名；参议院议员总额274名，其中：国民党占123名，其他各党69名，跨党者38名，无所属者44名。

　　参众两院议员中，国民党共取得议席392位，占总议席的45%，其他党派合计只占总议席的26%。袁世凯发怒了，他拍着桌子，唾沫四溅地说："宋教仁组织政党责任内阁的阴谋已经实现了，已经实现了！"

　　宋教仁拒绝重贿，又不辞而别，已经惹得袁世凯十分不耐烦了。就是宋教仁走的那一天，他把赵秉钧叫到面前，不绝口地骂宋一阵之后，愤恨地说："我不信他宋教仁会兴起风浪来！我不会坐以待毙的。难道我就没有办法了？我有！有一天我会让他知道我是谁的。"

　　赵秉钧是以道员身份创办巡警部起家的，手下早已培植了一大批特务、警察，是个搞暗杀、镇压出名的人物。目下虽然出任国务总理了，还是袁世凯手下的特务总管。听了袁世凯的话，心里已经明白。便说："请总统放心，我知道该怎么做。"

　　赵秉钧不愧是袁世凯的心腹，说出了也办得到。他亲自布置，安排了一大批特务对宋教仁进行了跟踪。

　　宋教仁从北京起程，一路南行，所到之处，均受到热烈欢迎；他每到一处，即必有演讲。所讲之事，人情入理，但仍不外三条：南北要统一，实行政党政治，与袁氏继续合作。演说之后，听者无不对政党内阁十分热情，从而增强了国民党人的内部团结和信心。因而，在国会议员选举中国民党人势如破竹，赢得了很大胜利。

宋教仁在各地的活动情况，都由赵秉钧的特务们及时报到北京，报到袁世凯那里。袁世凯更是焦躁不安，无名火起。一日，赵秉钧为他送情报时，还附来一首宋教仁在杭州登山时写的五言律诗。袁世凯本来对诗是不感兴趣的，品诗的本领也平平。这次，他却十分认真起来，是想从诗中找到一些什么把柄。但见这诗是：

> 日出雪磴滑，
> 山枯林叶空。
> 徐寻屈曲径，
> 竞上最高峰。
> 村市沉云底，
> 江帆走树中。
> 海门潮正涌，
> 我欲挽强弓。

初看，袁世凯并没有觉察有什么不妥。后来，他和宋教仁这个人联在一起再想，偏又觉得小诗大有文章。"宋教仁热衷'政党政治''政党内阁'，国民党成了大党，国会成了国民党的天下，宋教仁是实际上的国民党党魁，他自然要组织自己的内阁了。噢，他还是从这里徐徐地寻一条路，朝着最高峰走去。"他放下小诗，对赵秉钧说："宋教仁，原来是一个不可忽视的人物！"

赵秉钧趁机说："没多大了不得。着几个人，找一个时间，除掉他算了。"

袁世凯紧皱眉头，心中打转。除掉宋教仁，这是袁世凯想过的事。他对他的强硬对手都是用这种见不得天日的办法除掉的。那一天宋教仁退回去重赇，他就想除掉他。可是，宋教仁毕竟与他昔日的对手不同，他是国中影响最大的政党的党魁，而这个党又正处在蒸蒸日上、大得人心的时期。弄不好，反而会搬起石头砸自己的脚。所以，他迟疑不语。

赵秉钧又说："此人用他是无望了，留下来终究是个祸根。与其以后麻烦多出，还得剪除，倒不如今日先下手为强，免得是非过多。"袁世凯点着头，站起身来，慢吞吞地抽出一支雪茄填到嘴里。赵秉钧忙去点火。他吸着了，但却又顺手捏灭了它，把它放回原处。然后转脸对赵秉钧说："这事可是非同小可。国民党虽无多大的军事实力，但它究竟是全国第一大党。这个党的主张既符合潮流，又获得绝大多数国人的拥护和支持。要除宋，必须做到手脚干净，万无一失，达到神不知鬼不觉。否则，我将成为众矢之的，你也脱不了干系。那样，我们将会身败名裂……"

"请总统放心。"赵秉钧把握十足地说，"要动手，自然得有一个十分可靠的人。"

"此人难找。"

"我去找找看。"赵秉钧说，"我想会找到的。"赵秉钧专干这一行，他手下有人，他不愁一两个杀手。袁世凯相信他。

果然，只隔了一天，赵秉钧便春风满面地来到袁世凯面前。"总统，人选定了。"

"什么样的人？"袁世凯问。

"国务院有个叫洪述祖的秘书，"赵秉钧说，"此人认识一个久历江湖的高手，叫应夔丞，又叫应桂馨，很适合干这种事。"

袁世凯皱了皱眉，似乎在思索这个人。好一阵才说："那个应夔丞可靠吗？"

"应夔丞久历江湖，黑道上的朋党十分广泛。"赵秉钧说，"这种事，就得这样的人去干！"

"对他……咱们放心吗？"袁世凯谨慎，他要为自己留退步。

"他是洪述祖的莫逆朋友。"赵秉钧说，"洪述祖说完全可以信赖此人。"

"这个……"袁世凯还在心神不定。

"总统，要不您见见洪述祖，探探口气。"赵秉钧也做退步的打算，"具体怎么做，自然由我去安排。以后的事嘛，也由我收尾就是了。"

袁世凯这才点点头，说："那就这样定了。你让洪述祖到我这里来一趟，我要见见他。"当晚，赵秉钧把洪述祖领到中南海。

洪述祖，是个年过半百的小人物，官场不得志，靠着江湖朋友办点力所能及的事混日子。原是唐内阁的普通一员，在内务部认识赵秉钧，成为朋友。赵任总理，洪升秘书。人是极精明的。见了袁世凯，竟不知所以地行了个跪拜礼。

袁世凯笑着，伸手示意，说："免了吧，免了吧。自家人，不必如此。"

赵秉钧也在一旁说："总统历来礼贤下士，这里以后你可以常来，不必拘礼了。"

洪述祖从地上爬起来，站立在一旁，垂首说："总统用着小人了，是小人的福气。小人能为总统效力，三生有幸。"

"总理把事对你说了？"袁世凯问。

"回总统，说过了。小人明白了。"

"你那个朋友，你很了解他吗？"

"了解。十分了解。"

"办事稳妥吗？"

"稳妥。十分稳妥。"

"其实，这也是小事一桩。"袁世凯故意淡化了事情，"我凭差个什么人就办成了。之所以想请你这位朋友出面，你该知道是什么用意吧？"

"知道。小人知道。"洪述祖说，"是总统对江湖朋友的厚爱。"

"这么说来，我就得把话说明白了。"袁世凯转过脸，审视着洪述祖，说，"我也是个好朋友的人。我处朋友有个信条：以诚相见。对于那些不诚实的朋友，两面三刀的朋友，我是不姑息，并且是痛恨的。够朋友的朋友，我当然是厚待、厚报的。"

洪述祖听得似懂非懂，便说："我的这位朋友也如此。为朋友可以两肋插刀，赴汤蹈火……"

"好了，好了。只需他对咱们忠诚就行了。"袁世凯说，"具体该怎么办，你和赵总理商量去定吧。"

赵秉钧领着洪述祖走出袁世凯的居仁堂。在路上，赵对洪说："这是一件十分重要的事情，你办成功了，我和大总统是不会亏待你的。至于所需经费，我可以让人给你解决。"

洪述祖找到了正在北京胡混的应夔丞，把话说了明白，然后说："此事是由最上峰交办，要做得万无一失。以后出了天大的事，均由上峰收场，不必担心；其次，酬码可观，尽可以提出。"他又说："只是一件，事情必须办好，还得办得利利索索，干干净净。"

应夔丞听了这件事，心便痒了起来："有大把钱项，又有人收场，何乐而不为！"

——这应夔丞，也是四十岁的人了，黑粗的身条，黑大的脸膛，翘起的两道浓眉，恶煞煞的，一副粗喉大嗓，上海滩上大名鼎鼎的黑煞星，如今冠着两个堂皇的头衔：一个是中华民国共进会的会长，一个是江苏驻沪巡查长。会长是个虚头衔，没人开薪水给他；巡查长除了敲竹杠之外，也是个穷差子。可是，他却有十足的阔佬派头，终日与一班流氓地痞为伍，酒肉征逐，大肆挥霍，使钱流水一般。凭着什么？就是靠着三教九流，串通一起走邪门、混歪道。黑钱来得容易，坏事干到绝处。是个无恶不作的角色。正因为他手下恶人多，谁也不敢与他作对。早几日，为了给国务院推销一笔公债他来到北京。他是洪述祖的好友，才接上了这笔交易。"出个价了吗？"应夔丞问。

"不会亏待的。"洪述祖说，"先干下来，然后再说。"

应夔丞摇摇头："还是先出个价。官场上的人，不是我不信他们，是我了解他们……"他本来还想说下去，说他们都是些"用人在前，不用人在后，两面三刀的家伙"。后来想想，觉得他这朋友也是官场上的人物，便收住话题。

洪述祖本来是摸了底的，对于赵秉钧的许诺也是满意的。所以，他也不便再隐瞒，便说："上边答应事成赠勋后外给三十万大洋！"洪述祖没见过大世面，三十万他觉得是个大得不得了的数字了。

"三十万？！"应夔丞只冷笑了一声，"买头猪秧子的价钱。那家伙是国民党实际上的负责人，是个可以跟大总统竞选的人物。袁世凯的头只值三十万？笑话！你回绝他们吧，咱不干。"

应夔丞一说这话，洪述祖心里蒙了。"乖乖，三十万还不干？！"但转念又想想，"也是。宋教仁可是大人物！要不，大总统怎么会如此记恨他呢？大约是怕他争了位置去。这么说，三十万大洋是不多。"他对应夔丞说："应大哥，你要个价怎么样？"

"当然得要个价了。"

"请讲。"

"你告诉上头，两百万以内，就让他们另去找人。"

"两百万？！"洪述祖惊讶得几乎合不上嘴。

应夔丞又说："这还是看着你老弟的面子。否则，我是不会冒这个险的。"

洪述祖无办法，只得把这个数报了上去。他原想会因为要价太高，就此作罢呢，谁知上头竟是满口答应下来，并且还传下话来："毁宋之后还要酬勋。"

应夔丞得到应诺，匆匆回到上海，一方面派人跟踪宋教仁，一面选择暗杀对象。此刻，有一个叫武士英的年轻人正在应家做客，此人原籍山西，曾在云南充当七十四营二标管带。因军伍被裁，流落在沪，成了应夔丞的座上客。平时，这武士英便常在应面前大夸海口，说自己勇敢，没有不敢干的事；又说自己枪法纯熟，百发百中。"只是英雄没有用武之地，空闲一身本领。"应夔丞想："何不让此人显显身手。"于是，他便把他找来，当面商谈。

这个武士英早在应家闲得不耐烦了，听说应夔丞找他有事，便匆匆来到面前，大大咧咧地说："大哥用着小弟了，请直说，上刀山、下火海，我也在所不辞！"

"让你办一件惊天动地的大事，你干不干？"

"大哥请讲。"

应夔丞把事情原委说了一遍，然后问："怎么样？"

武士英不假思索，便拍着胸膛说："大哥，这事包在我身上了。人我去杀，钱大哥去花，以后有什么'勋'，我倒是想受用一番。"

应看武满口答应了，十分高兴，立即拿出宋教仁的照片，向武交代了相貌特征，目前行迹，又商谈了动手方法，完成后如何撤退，最后说："我派几个人做你的助手，到时候一同行动，以免行刺不中。"

武士英摇着手说："不用了，不用了。不是向大哥夸口，只要有一把好枪，压满子弹，我是有发必中的。一个人目标小，也容易走脱；人多目标大，容易暴露，误事。"但他还是说："大哥若不放心，就着两三个人在外边接应和看风吧。"

应夔丞是个常干这种事的人，粗中有细，答应了武的要求，然后问他："小兄弟，如果案发了，你打算怎么办？"

武士英拍着胸膛，说："我就说是我一人所为，与任何人都不相干。"

"如果法官问你因何杀宋呢？"

"这……"武士英还没想这一步。

"这就坏了。"应夔丞说，"我告诉你，到时候，你就说宋教仁满口空话，欺骗民众，想拉票当总理，你是为天下人除害的。"

武士英笑着，点头答应了。应夔丞怕他临场退缩，又鼓励他："你放心干就是了。这是替袁大总统、赵总理办事。真正有了事，他们会拉你一把的，我也不会看着不管，你顶多坐几天牢。不过，得千万千万注意：无论到何地步，都不许把总统、总理说出来。不然，谁也保不了你了。"

武士英又件件答应下来。

五

袁世凯在他的居仁堂卧室里，眼皮总在不停地跳。左眼皮跳，右眼皮也跳，有时两个眼皮一起跳。"什么事呢？"他自然想到暗杀宋教仁的事。"万一败露出来，那可是万世丑闻呀！"他焦急地把赵秉钧找来，又焦急地问："智庵，能不能做到万无一失？"

"能！"赵秉钧极有把握地说，"我已经把一本密电码给应夔丞了，并告诉他'以后有电，直寄国务院可也'。没有问题。"

"这些人能放心吗？"袁世凯问。

"能！"赵秉钧依然极有把握地说，"洪述祖也是个失意人物，是我在内务部拉了他一把，成了自己人。应夔丞是为了钱，咱们满足了他。还会有什么事？"

"要抓紧，免得夜长梦多。"

赵秉钧答应着，退出了居仁堂。

回家路上，赵秉钧又多了一层心眼，觉得自己让应夔丞直接同国务院联系不妥，日后万一出了事，罪责会马上落到自己头上。到那时，袁世凯不一定会出来说话。这么想着，他便急忙派洪述祖去上海，告诉应："以后不必跟国务院直接联系，由洪述祖居中联系。"

那应夔丞已从发行的公债利息中把酬款扣了下来，管你跟谁联系，他都无所谓，探准时间，杀了宋教仁便完了。

一段紧锣密鼓的角逐，各方面的国会议员总算推选出来了。尽管袁世凯对这群国会议员并不满意，国会还是要开的，再用别的手段对付国会就是了。于是，决定于1913年4月8日在北京召开第一次国会会议。

一直在南方各地演说的宋教仁，3月中旬刚刚回到上海，便接到大总统袁世凯的急电，邀他赴京，"商决要政"。宋教仁感到袁世凯兴许会有所省悟，愿意开诚布公推行共和；再则，自己也想利用国会，组成政党内阁。所以，便欣然答应，决定立即北上。

3月20日，上海。

早春的严寒，尚笼罩着黄浦江，习习的冷风，不时吹进高高低低的楼房。天空阴沉沉的，细雨时断时续。入夜，街巷中的喧嚣随着人流的稀落也渐渐消匿了，只有深巷中断断续续地传来叫卖声。

作为上海门户的火车站，不知是因为春寒还是细雨，还是夜深，显出几分冷落，连灯光也那么暗淡。只有售票处隔壁新增设的"国会议员招待室"里，还不时传出欢声笑语。那是将要去北京参加第一届国会的国民党领袖人物宋教仁以及为他送行的黄兴、廖仲恺、于佑任、陈其美等人，他们畅谈着选举总统，制定宪法和政党内阁等国家大事。

这时，招待室外昏暗的灯影里，不时有人在探头探脑，指指点点。他们便是被大总统出了大价收买的刺客武士英和他的几名助手。

武士英手中有宋教仁的照片，他在暗中几经对照，已经确认了宋教仁。便又认真观察了地形，看明白了宋教仁进站上车的路线，再找准了自己的行动位置。

夜深人静，风停雨止，独有初春的寒冷在增加着浓度。十点四十分，车站一个员工来请上车。

宋教仁拎起面前的小皮箱，同黄兴等人一起外出。当他们距检票口尚有几步远时，背后忽然传来一声闷枪，紧接着又是"叭叭叭"几响，宋教仁大叫一声"有人刺我！"便倒在了地上。

原来，武士英就在宋教仁身后几米处，第一枪击中了宋的腰部，宋教仁一边大声呼叫，一边踉跄前进；武士英虽然连连开枪，但宋教仁都在踉跄中闪了过去。最终，还是倒了下来。

枪声响过，车站大乱，值勤的巡捕吹起哨子，出动抓人。武士英不敢久停，仓皇逃入人群之中。由于新雨路滑，刺客竟连跌两跤，但却匆匆爬起，一边开枪拒捕，一边慌张逃跑，终于消失在夜幕之中。追捕的巡捕只发现他是一个穿黑呢子军服、个子很矮的人。

送行的黄兴等人一见宋教仁倒在地上，赶紧过来搀扶。宋教仁已是全身无力，呼吸急促。他呻吟着说："我中弹了。"他们拦借了一辆汽车，把宋教仁送进了附近的沪宁铁路医院。

待诊的时候，除留下黄兴、于右任照料之外，其余人奔赴市区筹款发电，报案缉凶。时已深夜，医生多已他去。宋教仁十分痛楚，他用手按住伤口，艰难地对于右任说："我痛极了，或将不起。人总有一死，死亦何惜。趁我还清醒，有三件事相托：一是我在南京、北京以及日本东京所存书籍，全部捐入南京图书馆中；二是我家清贫，尚有老母，请你们几位替我照料；三是你们几位仍当努力进行，勿以我遭不测致退缩，放弃责任。我欲调和南北，费尽苦心，不意暴徒不谅，误会我意，置我死地……"

医生来了，经过诊视，即做手术。好不容易取出子弹，弹形尖小，似有毒质，且伤在右腰骨稍偏处，紧挨心脏，十分严重。

下半夜，宋教仁苏醒之后，喘着粗气，断断续续地对黄兴说："现在外患日深，库伦形势险恶。我本打算到北京和其他地方去，调和南北意见，以便一致对外。可是……"说到这里，他感到伤口剧痛难忍，便紧紧地闭起眼来。好一阵，才说："快拿笔来，替我写上，我要发一个电报给袁世凯。"黄兴急忙取来纸笔，照他口中所述，一一记下："……今国基未固，民福不增，遽尔撒手，死有余恨。伏冀大总统开诚心，布公道，竭力保障民权，俾国家得确定不拔之宪法，则仁虽死之日，犹生之年。临死哀言，尚祈鉴纳！"

3月22日晨四时四十八分，宋教仁停止呼吸，时年仅三十二岁。

上海滩上，光天化日之中杀死了一个勃勃兴起的国民党的领袖，自然八方惊动。就连在北京的临时大总统袁世凯，也不得不表示"关注"。宋教仁的电报到北京之后，他便立即回电，咬牙切齿地说："惊闻执事为暴徒所伤，正深骇绝……岂意众目昭彰之地，竟有凶人敢行暗杀，人心险恶，法纪何存？唯祈吉人天相，调治平复，幸勿作衰退之语，徒长悲观。除电饬江苏都督、民政长、上海交涉使、县知事、沪宁铁路总办重悬赏格，限期缉获凶犯外，合先慰问。"当袁世凯闻知宋教仁死了，虽然内心欣喜，还是给上海发电报，令其"重悬赏格，迅缉真凶，彻底根究"。

江苏都督程德全，民政长应德闳，也通电地方官"协拿凶手，限期破案"。上海地方检察厅则早在案发次日即派检察官危道济、法官王长春、录事陶仲牧三人到车站调查。黄兴、陈其美还致函公共租界的总巡英人卜罗斯调查此案。答应破案后付酬一万元，沪宁铁路局也出赏五千元。于是，上海一切可以动员起来的缉捕力量都动员起来了，齐心协力投入这场大刺杀案的调查、缉破工作。

重赏之下，岂无勇夫！悬赏的通告在报上发出的当日，即有一位姓陈的向英国总巡卜罗斯报了案，说："住在宝善街鹿野旅馆里的武士英很可疑，一夜间便由一个穷鬼变富起来，换了崭新西装，皮包里还那么多现钞，刺宋那日他整夜不归，次日便结账走了。"更有一位叫王阿法的古董商向英国总巡揭发了应夔丞以千元为酬买他杀宋，并出示宋的照片，只是"我是个规矩的买卖人，从没干过这种事，心里害怕，马上就回绝了。今天我在报上看到宋先生的照片，正是应夔丞叫我暗杀的那人，我就赶紧跑来报案了"。

线索有了，这些平时无事生非的外国人，一见有人指名道姓说出凶手，怎不下手逮捕？当日晚即在迎春坊妓院抓住了应夔丞，次日一早又在搜查应的家时查出了应与北京等地的来往公文电报，并将应家的人连同客人共二十六人一起带往巡捕房。客人中，正有那个陈姓揭发的武士英。人赃俱获，武士英承认了是他杀的宋教仁，在供词上毫不含糊地画了押。

在应家收获的材料中除有公文电报之外，尚搜出勃朗宁手枪一把，内尚存子弹两粒。经查验后，证明这两粒子弹与宋教仁身上取出的子弹完全一样。更为确凿的证据是国务院总理赵秉钧、国务院秘书洪述祖与应夔丞来往的一应电报、信件。至此，杀宋案的真相已经大白，凶手在案，罪证详细，幕后有人。当法官们查阅了那些函电内容之后，一个个都傻了眼，原来这是一桩由国务院总理主谋的政治谋杀案，而这位总理又是大总统袁世凯的特务头子，怎么处理？谁也不敢拿主张。

六

上海传来的消息犹如声声沉雷，震击得袁世凯神魂慌乱，连吃饭睡觉也乱了套。他把赵秉钧找到面前，先是拍着桌子大骂应夔丞一顿，然后，摊开双手对赵秉钧说："事情没想到恶变得这么快，这些人办事竟那么不利索，一旦武士英那东西都招供了，应夔丞把底都兜出来，你我如何见人！下一步岂不连路也断了。怎么办呢？"

袁世凯问赵秉钧怎么办，赵秉钧也不知该怎么办。凶手被人抓去了，函电都到了人家手里，人赃俱获，铁证如山，抹不掉，抽不出。能怎么办呢？赵秉钧只好垂首沉默。袁世凯又焦急地说："总得想办法，不能这样缩首待判。"

赵秉钧虽然拿不出办法，但心里却明白，袁世凯是要拿他做挡箭牌了，不想办法也得想，没有好办法坏办法也得有。拿什么办法呢？赵秉钧虽然现任着国务总理，但却缺乏政治家的风度，也没有政治家的韬略。有的，只是阴暗的、特务手段，捏造罪名、造谣中伤、暗中破坏，打黑枪、搞绑票。他思索了半天，说："请大总统放心，我会让上海的'气候'变好的。"

袁世凯心里也明白，此人会有见不得人的办法，虽不光明正大，但会稳定局势或混淆视听。便说："那就只好如此了。但是，务必安排周到，切不可再出乱子。"想了想，又说："还得做点正面文章，派个能干的人去上海吊丧，顺便也做做通融。"

于是，袁世凯便把工商总长刘揆一找到面前，交代一番之后，让他作为北京方面的代表到上海奔丧。哪知这位老同盟会员到了上海，刚刚露出"宋案与北京无关，千万不要误会"的话头，就被黄兴大骂一通，说他"做官心切，变节求荣"。刘见形势不妙，即溜回北京。

赵秉钧干了些什么呢？他只匆匆忙忙以国务院名义发了一通混淆形势的通电，说什么："据应夔丞23日函称，上海发现一种监督政府、政党之裁判机关，其宣告内列有宋教仁、梁启超、袁世凯、赵秉钧、孙中山、汪荣宝等之罪状，特先判宋教仁之死刑，即刻执行……"这个通电到了上海，连一点水花也未曾荡起，英法租界的总巡认为是"企图扰乱我们的判断"，而弃之一边。

赵秉钧一招失灵，再无办法。眼看着灾难落到自己头上，他一方面做贼捉贼地向新闻记者发表谈话，说他跟宋教仁如何要好，外间所传谣言（即指他杀宋）实属编造，一方面向袁世凯提出辞呈。

袁世凯一见赵秉钧想溜，心中老大的火气。"这怎么行？在此形势下你走了，岂不更证明是做贼心虚。"他对赵说："辞职不好，离职几日，避避风头，倒是可以的。你就先请个假躲起来，我让芝泉代替你的职务。"

北京城在动荡，"总理暗杀政敌"的传言四起，倾向革命党的人士急呼"惩处杀人犯！"袁世凯虽然心急，但心存侥幸，因为事情只涉及总理赵秉钧，尚未把他拉出来。他当然在积极活动，争取不把自己拉出来。

宋教仁被杀案发生之后，袁世凯便再也没有安安静静地睡一个好觉。面前的事情太多了，多得不容他分清轻重缓急了。他闭上眼睛想想，似乎后悔当初不该杀宋教仁，"杀了他惹出这么多事，件件都挂在自己名声下，几个活口现在人家手中，身败名裂只在一瞬间"。悔是晚了，没有用了，得设法躲过这一场。

正当他心神不定的时候，一件发生在北京的事又给他火上浇油——

北京各界人士为宋教仁举行追悼大会那一天，京兆尹王治馨到会致悼词。这位京官对刺宋事是略知一二的，又曾奉袁之命，要为袁洗清罪名，他便自作聪明地说了这样一段话："去年应夔丞自上海到北京，曾向赵总理毛遂自荐，要动手杀害宋教仁先生。这问题太大，赵总理便向袁总统请示应否杀宋，总统表示，政见虽有异同，暗杀究竟不是正当手段。袁总统当场拒绝了。由此可见，总统和总理都是与宋案无关的。"

袁世凯拍着桌子说："原本还没有人提到我，这个王治馨一解释，岂不连我也牵连了吗！混账，混账东西！"

骂是骂了，骂了有什么用呢？事态在扩大，他怎能不关注以后的发展呢。赵秉钧不可指望了，段祺瑞只是一个武人，梁士诒琐事缠身，袁世凯觉得自己身边孤独了，没有人可以为他排忧解难了。他垂着头，只喘粗气，连雪茄也不想吸了。他做梦也不曾梦到宋教仁案会是这样一个棘手的难题，权力无能为力，更无能人去扭转，一切都要由法律程序而且是外国人的法律程序去办……袁世凯脑子里终于又闪了一点亮光，"既是司法问题，也许司法总长许世英有办法！"他着人把许世英请来。

许世英虽然懂法，却是生性懦弱，当然得唯总统命是听。袁世凯并不隐瞒他，把事情原委说了一遍，唯独只说是"总理赵秉钧主张"，"如今，事已如此，智庵也以假离职，你总要以法律程序了结此事"。许世英想了想，说："不好办的是，他们都关押在洋人手里，口供也在洋人那里。"许世英锁起眉，半天又说："只有设法引渡过来，才好处理。"

"引渡，有困难吗？"袁世凯问。

"困难很大。"许世英说，"犯事人居住和犯事地点均在租界，他们有权处置。"

袁世凯沉默了。

许世英又说："如果英国公使愿意出面帮助，我看还是有希望的。"一说英国公使能帮助，袁世凯愁眉一展，他想起了朱尔典——那是老朋友，他自然会帮忙。"那好吧，我去找英国公使。"

正是二人密谋之际，上海孙中山来电，是由江苏都督程德全转来，电报建议组织一个特别法庭来处理宋案，并推荐黄兴为主裁，王宠惠、伍廷芳为承审官。

袁世凯看到电报，笑了。"这是想把我们排除在外，由他们自己来处理此案。"

"那就更困难了。"许世英说，"不知总统对这个电报有何打算？"

袁世凯还是淡淡地笑着，说："不答应，人家会说我是主谋犯，至少会说我放纵主犯。那就只得答应了。"

"答应？！"许世英心里一惊，"这不是眼睁睁把权让给他们。"

袁世凯思索有时，低声同许世英磋商几句，才说："只有这样做了。"

许世英也点头。

于是，一个回电发往上海：建议专设特别法庭一事，甚有见地。宋案务要穷究主凶，务得确情，按法严办！

孙中山、黄兴等人见袁世凯回电，心中一乐，认为袁世凯如此认真，当非刺宋主凶。哪有主犯下令严查自己的？可是，这封电报的墨迹未干，袁世凯又发来第二封电报："本总统赞成组织特别法庭，奈为司法总长所反对，不肯副署命令，本总统无能为力，所请歉难照办。"

"慷慨"地答应，又"慷慨"地否定，气得孙中山大骂："这个袁世凯，今天他又极端守法了，十个月前的王芝祥任命未经内阁副署，他怎么发表命令了？！"

原来在袁的第一个电报发出之后，司法总长许世英以"不合法制"为借口，反对组织特别法庭，另建议"在地方法院内设特别旁听席以接待与本案有关人士"。这便为袁世凯提供了借口——其实，这是二人演的一出双簧戏。

一场假戏做完之后，真戏开台了：

孙中山、黄兴、程德全等人，坚持意见，终日与领事团交涉，要求交出凶犯和一切证据，以便真能查出主凶；袁世凯则为了敷衍国人，消灭证据，积极交涉引渡。袁世凯的内务部、司法部派出以陈贻范为交涉使的一批人马，先后到了上海，陈便以"洋泾浜租界权限章程，凡中国内地发生事件，犯人或逃至租界，捕房应一体协缉，所获人犯仍由中国官厅处理"等情由，要求将此案交归华官。

陈贻范活动有力，更加上英国公使的暗地相助，英、法驻上海的领事也不想多管闲事。于是，便将刺宋全案人员及证据移解中国官员，当由上海检察厅所接收，将凶犯严加看管。

袁世凯得知武士英等已移交上海检察厅处理，心中大慰，压在心口的一块石头总算落了地。犯人在他手中了，袁世凯有的是办法……

——在袁世凯的诸多事情中，刺宋案毕竟只是一件小事，宋教仁已被刺死，案犯也已引归华官，赵秉钧也丢了总理，还有些波波折折，我们不想耗费笔墨了。袁世凯会怎么干？人们是能够想到的。为了了结此案，这里只说明各人的归宿，想来已够了：

武士英，此人归案之后，反反复复，最终只承认是自己所为。官方也放出言语，不久即可释放，武也准备出狱后领了重赏便去山西老家隐居。然而，到了4月25日晨，他突然在狱中暴死了。法医检验，系中毒死亡。毒从何来？便无下文。

应夔丞，是被他手下的一群流氓劫出监狱的，劫出后藏匿青岛，1914年2月他发电报给袁世凯，请袁"平反冤狱"，并亲去北京要求袁实现"封勋重赏"的诺言，袁一一答应。但在应由京返天津的途中，竟被军政执法处侦探长郝占一枪杀，郝为谁使？不言而喻。

赵秉钧，离开总理职位的赵秉钧闻应夔丞被杀，甚为悲切地说："这样做，以后谁还敢替总统办事？！"不几日，赵也病倒了。1914年2月17日，赵服药后突然七窍流血，大叫而死。人们评说："一生为袁某人诛除异己的高级走狗，终于兔死狗烹！"

洪述祖，宋案真相大白之后，袁令京师警察厅将其放走。洪先潜天津，后改容定居青岛。袁死后他去上海经商，被宋教仁之子宋振吕及宋的秘书刘君白揪住送往法院，1919年4月5日处以绞刑……

天苍苍，野茫茫。春复夏，秋又冬。世界该青的时候自青，该黄的时候自黄。该死的人死了，活着的人还得活动。袁世凯分秒不停地干他该干的事……

第九章
中国有了国会，国会会怎么样？

民国是民做主的国家。民做主了，官怎么办？中国人对这个问题始终弄不清楚。

国会是代表民意的组织，但请注意：国会被官办了，民意便无法表达了。信不信由你！

一

袁世凯的事情太多了，他自己排了排，一天办一件，还不增添新项目也得办一年。

宋教仁的案子总算可以松一口气了，没有人敢再追根究底，喋喋不休。但是，宋教仁造成的局面，却并没有因人亡而消失，国民党在国会中占据的绝对优势没有丝毫改变，而国会又不能不成立，不能不议事，不能不在所有的大事同他袁世凯掣肘。

一想到国会，袁世凯就心慌意乱——这是个不能用枪消灭的团体。不仅不能消灭，还得敬奉，还得给它笑脸。前天，他又把宋教仁案引出来的人和事安排一番之后，精神猛然轻松多了。他把梁士诒和段祺瑞叫到居仁堂，摆下酒菜，舒舒服服地喝了一场。在酒场上，梁士诒想谈谈借款问题——新政初举，国库无银，捐税又收不上来，袁政府只好向西方银行团大借款。而大借款，不仅遭到国民党的反对，举国百姓也一片责骂。有人认为是袁世凯卖国，有人认为是袁世凯借债培养势力——话题一出，袁世凯便摇着头说："今天是家宴，是私谊谈心，莫论国事，莫论国事。"段祺瑞是代总理，虽然他对治政乏策，在其位得谋其政，他想谈谈各地遴选国会议员和因选议员而激起的民怨问题——中国的南方、北方都在民怨沸腾，眼看着民怨而造成了政令无法推行——袁世凯还是摇着头说："今天是家宴，是私谊谈心，莫论国事，莫论国事。"在这些身为总统、身为总理、身为总统秘书长的人面前，中国仿佛已是刀枪入库，马放南山的太平盛世，这些人王地主们只有对酒谈心了。那一天，袁世凯醉了——烂醉。当他躺到五姨太杨氏的罗帐里时，口中还在嘟嘟囔囔："莫论国事，莫论国事。"可是，当他一入梦乡，当他发出雷鸣般的鼾声时，他早已进入了"国事"大圈——

他梦见国会正式成立了，宋教仁被推为议长。宣誓就职之后，宋教仁就找到袁世凯，对他说："袁世凯，你用了那么多心机杀我，却没有杀死我。现在，我当了国会议长了，我的议员全票通过赶你下台。你滚蛋吧，回项城也好，回彰德也好，总之，北京是没有你立足的地方了。滚吧，滚！"说着，上来一群议员，推推拥拥，把袁世凯推下深渊。他大叫一声："不让我当总统了，还得让我当人呀！你们要给我一条生路！"

他醒了。他的心在跳，他额角上渗出汗珠。"宋教仁，阴魂不散！"

经过半年的筹备，中华民国的第一届国会就要于 1913 年 4 月 8 日正式举行开会礼了。袁世凯又发愁了：作为临时大总统，第一届国会开幕他必须参加，他必须有一篇像模像样的颂词。按说，这些都是属于沽名钓誉，拉选票的事，袁世凯应该积极对待。可是，他却如临大敌，坐卧不安。

是的，他明白：国会议员中给他笑脸的人毕竟大大少于给他怒目的人，说不定有几个激进分子会当场发难于他：追问宋案，查究借款，还有……谁说得清楚还会有什么问题使他难堪呢？国会议员是可以代表黎民百姓的，是国家的主人。民主、共和，就是给人民这样的权力，他不敢对抗它。

两天前，他交代老文案阮忠枢为他草拟一篇对国会的颂词稿，这个读惯了"奉天承运"的刀笔手，以"圣谕"的口气编了一大篇堂皇词章，"饬"如何，"当"怎样，又"谕"什么，除了没有"钦此"之类了。袁世凯只看了一半，便弃之一旁。"斗公，你这头脑得换换了。"

"大总统，你在什么场合说话，都得……"阮忠枢只知道帝王的显赫，袁世凯便是帝王之位。

袁世凯一脸寒霜，声调也那么阴沉："糊涂，糊涂！时至今日，你竟连中华民国的'民国'二字都不懂。民国是民做主的国家，民国的国体是共和！以后，一切事务都得民说了算，懂吗？得颠倒过来，民是圣上！"

"那么，总统的权力是什么呢？"阮忠枢没忘极权。

"总统、总统……"袁世凯当然不甘心听"民"的，听民的他做总统干啥？"总统要听老百姓的。斗公，不能抱着老历书不变了，得随潮流。随潮流才能生存。在这样的大会上，我得赞颂潮流，得赞颂黎民，得向他们表示忠心不变。好了，你照我说的，记下来。"

阮忠枢似乎明白了，他拿出纸笔，戴上花镜，便一字一句地记下袁世凯的话。又经过字斟句酌，颂词便定了下来。阮忠枢抹了抹额角上的汗珠，退出来。一边退，一边在想："今后这文案该怎么干呀？"

送走了阮忠枢，袁世凯这才轻松地舒了一口气。他坐在太师椅上，拿过雪茄，吸了起来。有好几天他没有这样轻松地吸雪茄了，有时忘了吸，有时燃着了又不吸，和人谈话时又总是匆匆忙忙，激动不已，顾不得吸雪茄了。现在，也并非因为一篇颂词而高兴，他高兴的是，总算想出了一套对付国会的办法——他要敬重它，把国会捧上天；他要拿主张，把国会当成挡箭牌；他要逐步净化国会，使它成为他的工具；他只打算当一个幌子来办国会。

然而，业经成型的国会毕竟是集中了当代国中的精英，它囊括着各政界的名流，各学术界的泰斗，还有各地方的一方霸主。弄不好，任何一方都会兴风作浪，尤其是国民党。

袁世凯预感到国会一成立便会对他发难——他干了许多不得人心，早在国内沸沸扬扬的事。有国会了，难道没有人质问？"万一在会场上有人发难，有人煽动，可怎么办？"袁世凯历来是刚愎自用，连对部下都是独断专行，何况百姓。但在国会这种场合，他却深知不能使性子，得服服帖帖。他把燃着的雪茄放下，又锁起眉来。

秘书长梁士诒来了。

袁世凯欠欠身让他坐下。"冀夫，我正有些事想找你。"

"众议院的新楼落成了，"梁士诒没待袁世凯再说下去，便说，"今天要行安居礼，请我们去……"

"又是形式。"袁世凯说，"你着个人去应酬一下吧。这么多大事……"

"不好应酬，得郑重其事地去祝贺。"

国会的两院，参议院原有房子，仍在旧处办公；众议院是新摊子，房子自然新筑。落成了，规模可观，便想声张一下。于是，邀请总统府和内阁派员助兴。这件事袁世凯是知道的，他也答应去参加安居典礼的。他想起了自己的许诺，又说："那就你去吧，说我忙，脱不开身。"

梁士诒没有说，只在思考如何应酬。

袁世凯又说："国会就要召开成立大会了，我参加不参加这个会，还没拿定主意。你的意见呢？"

"您当然要参加。"梁士诒脱口而出。他是想让袁世凯跟议员们多接触，取得好感，以后在选票上能多拉些。"这是个极好的机会。再说，会议议程还有总统颂词，你不去怎么行？"

袁世凯没有说话，他重新把面前捏灭了的雪茄拿起来，燃着，然后在桌边缓缓踱步。

梁士诒是熟知袁世凯性格的，他不愿干的事别人无法强迫。要是劝他，他便沉默踱步。看到这种情形，秘书长猛然醒悟了。"大总统难呀！这个会议上对他吉凶都有，可能凶比吉大。他是不会做到真正礼贤下士的。"梁士诒不想去强人所难，他的职位要求他只能帮他解难。于是，他说："如果总统觉得不可在这个会场出面，我看也好。那就得安排一个能代表的人去出席。"

"当然只有阁下了。"袁世凯脱口而出。略停片刻，他又说："只是，现在不必告诉他们，临到会上，再说我无暇脱身。"说着，便将和阮忠枢一起刚刚草成的颂词稿交给梁，"这是斗瞻拟的讲稿，你看看。我看还是可以的。"

梁士诒接过颂词讲稿，边看边想：这可是一次多风险的代价呀！看完讲稿，轻轻放下，说："总统，我做您的代表，义不容辞。只是……"

"说。"

"万一有人当场咨询国事，我该如何回答他们？"

"凡属个人的，见机而定；"袁世凯说，"凡属公府的，均由国务院总理、国务委员去回答。再不，便暂不回答。"

"这是不是把芝泉推到前场去了？"

"我会对芝泉安排的。"

梁士诒拿着讲稿退出居仁堂。

二

四月的北京，业经完全换上了春装，树枝喷绿，花圃呈艳，双双燕子也穿梭于桃红柳翠之间！古城又是一派欣欣向荣。

然而，来自天南地北的国会议员，并没有因为京城的复苏而欢欣鼓舞；也并未因为轮到了中国百姓第一次享受到国家主人的特权而心花怒放；国会、议员，仿佛不是议论国政的殿堂和人士，而是一个战场，是一个充满着血腥和恐怖的战场！北京人似乎也感到了这群没有拿枪炮的人，仍然要在这里展开一场厮杀，一场殊死的搏斗，索性小心翼翼地藏在小巷中的四合院中，任其日出日落去吧！

1913年4月8日，中国历史上第一次所谓代表民意的国会在北京召开成立大会。

这一天，北京城晴日朗朗，温和的阳光洒满街巷。国会会场装饰得庄严而热烈，五色国旗高悬，军乐队门前盛列，鼓乐喧天，礼炮轰鸣。虽然参、众两院所选出的国会议员均未能到齐，总算各过半数，符合法定人数，可以举行国会成立大会。国务总理以下，所有国务员尽行莅会，还有政府特派员，会场挤得满满的。

由于国会议长尚未选出，只好推举议员中年岁最长者杨琼先生为临时主席，由他主持开幕式。会议开始，军乐高奏，礼炮齐鸣，与会人员在国旗下向国徽行三鞠躬礼。然后，由临时主席宣读开会词，无非是一些阐明国会的要意，议员的作用，最后又说了一通："愿我一国，制其中权，愿我五族，正其党偏。大穰旸雨，农首稷先。士乐其业，贾安其廛，无政不举，无隐不宣……"

这个开会词完了，便是该总统致颂词了。众人的目光四处观望，竟不见袁世凯的影子。有人议论了："怎么，总统不致词了？是不是总统不支持国会？""大总统不到会，什么意思？记错日子了？"还有人干脆大叫起来："大总统呢？该同议员见见面，不致颂词也可以。"

正是议员们议论纷纷之际，只见一个人手持讲稿，匆匆走上讲台。有人认识他，便说："这是梁冀夫，公府的秘书长，他什么时候迁升总统了？"

梁士诒走上讲台，不管会场上的情绪，便说："大总统有要务，无暇到会，派我为代表，致颂词。"说罢，便展开由阮忠枢拟定的词稿，朗诵起来：

中华民国二年四月八日，我中华民国第一次国会正式成立，此实四千余年历史上莫大之光荣，四万万人亿万年之幸福。世凯亦民国一分子，当与诸君子同深庆幸。念我共和民国由于四万万人民之心理所缔造，正式国会亦本于四万万人民心理所结合。则国家主权当然归之国民全体。但自民国成立，迄今一年，所谓国民直接委任之机关，事实上尚未完备。今日国会诸议员，系由国民直接选举，即系国民直接委任，从此共和国之实体借以表现，统治权之运用，亦赖以圆满进行。诸君子皆识时俊杰，必能各抒谠论，为国忠谋，从此中华民国之邦基益加巩固，五大民族之幸福日见增进。同心协力，以造成至强大之民国，使五色国旗常照耀于神州大陆，是固世凯与诸君子所私心企祷者也。谨致颂曰："中华民国万岁！民国国会万岁！"

诵毕，便匆匆走下来。

尽管议员们议论不停，国会成立的大礼总算完成了。于是，国务总理、国务员、政府特派员纷纷退席，议员们也离开会场。

国会成立了，往日的参议院自然要解散了。原参议院的议员仍回到旧房子里，又举行了一个简单的解散礼。

国会成立之后，两院分别选举自己的议长，倒是又闹腾个不休。袁世凯无心肠顾他们了，他把梁士诒叫到面前，询问了一番国会开幕的情况，然后说："让他们生灭自如去吧，咱们干咱们的事。"

是的，袁世凯的事情很多，比国会事大得多的事也很多，他不能只想着它。梁士诒是摸透大总统心事的，更不想多谈国会。只顺着杆儿说："让他们去演讲吧，秀才造反，三年不成。一群社会名流若是也能得天下，天下也太容易得了。"

"你说得对，我依然是'老子掀须一笑休'！咱还是谈借款的事。"

袁世凯说的借款，当该说是他的临时政府面临的最大，也是最棘手的问题：他们从清王朝接收的国库，那是一座早已四壁空空的殿堂了，何况还背着累累外债，并且全是有条约在案的。新政兴起，百废俱兴，无一项不得钱；到了1912年，袁世凯萌生了用武力消灭国民党的念头——要用兵，更得钱。为了解决战争经费，袁世凯政府唯一的办法便是向帝国主义国家借款。

借款，谈何容易！帝国主义国家的钱，除了要付给高额利息之外，那是要拿着国家主权做赌注的。早在首任内阁唐绍仪时，因借款已经闹得满城风雨，以致唐内阁不得不向四国公使道歉，道歉之后，借款问题因帝国主义内部矛盾搁置下来。1912年5月中旬，英、美、德、法、日、俄六国银行代表在伦敦举行会议，又谈起对中国的借款问题，经过一个月的争吵，总算达成一致，同意贷款给中国总额六万万两，分五年付清的贷款。但是，这项贷款的用途应由六国加以监督，并由六国政府代替中国征收盐税。以借款干预中国内政了。

由于唐内阁的过早夭折，六国贷款一时无人做主，财政总长熊希龄要求六国政府在大借款之前先成立一笔小借款，以顾燃眉。六国银行拒绝了这一要求。然而，英国一个叫白启禄的资本家愿由自己的克利浦斯公司给中国提供一笔贷款。此时的财政总长周学熙便与之签订了借款一千万英镑的合同，指定以盐税为担保。这个单一国家的贷款毕竟影响了其他国家财团的利益，他们竟以"中国的盐税已经指定为庚子赔款的担保品，不得移作他项抵押"来反对中国政府与克利浦斯公司签约，连英国政府也加入了反对行列，贷款自然成了泡影。

1913年3月20日，美国银行宣布退出六国银行团，自己成立一个银行团来同五国银行团对抗。五国银行团怕夜长梦多，利益被美国吞了去，便于4月26日同中国签订了借款合同，款额为两千五百万英镑。

请务必不要为借款乐观，这笔贷款是按八四折支付的，实际到手只是两千一百万镑，而这个两千一百万镑还得首先把历年来向各国借款、垫款、到期的庚子赔款以及各国在辛亥革命中的损失通通扣除，到手的款只有八百二十万镑了。该项借款利息为五厘，期限四十七年，从第十一年起按年还本。四十七年本息共六千七百八十五万镑。多么巨大的一笔剥削债呀！

如此巨额借款，当然要向国人交代。袁世凯装模作样地编了一篇咨文，交给参众两院。咨文上除了说了一串动听的理由之外，还说："查此项借款条件，业于上年12月27日由国务总理暨财政总长赴前参议院出席报告，均经表决通过，并载明参议院议事录内，自系当然有效，相应咨明贵院查明备案可也。"两院议员一见这样一件咨文，都愤怒了："这哪里是向两院报告，简直是强加给两院的。什么'备案'，我们得审议，得对能借不能借这笔款加以表决！"

参议院最积极，他们认为这是袁世凯"违法擅行"，不待再议，即复咨过去，明明白白加以否决：

大借款合同，未经临时参议院议决，违法签字，当然无效。

众议院也于5月5日开会，就借款事质问政府。

此时的国务院已由段祺瑞代任总理，这个只会玩兵弄枪的人，从不涉足财政，借款不借款，签字不签字他毫无了知。众议院要质问政府了，他先是挺着肚皮大叫："不理他们，不理他们！"有明白人告诉他："这是国体，共和了，民主了，不理不行。"他这才硬着头皮答应。去众议院之前，他匆匆跑到居仁堂，问袁世凯："这事该怎么答复？"

袁世凯沉默一阵子，怒冲冲地说："这群国民党，胡闹！搪塞他们。"

段祺瑞眉头一皱，心里嘀咕："怎么搪塞？这些人难道是搪塞得了的吗？"他呆呆地望着袁世凯，似乎表明不能接受的意见。

袁世凯冷静地想想，觉得搪塞不是个办法。但有什么办法呢？他也茫然。这才说："事已如此了，该怎么说，你自酌情吧。以国务院名义，把此事平息下来。"

段祺瑞一看袁世凯把事情推给他了，这个合肥人也冷了心。"如此大事，那么容易平息吗？咳，大总统办事……"

没有请到具体对策，段祺瑞还得按时到众议院去参加质问会。国会成立之后，两院几经磋商，分别选出议长、副议长。参议院的议长是直隶人张继，本属国民党；副议长王正廷。众议院议长是湖北人汤化龙，民主党人士，副议长陈国祥。参议院对于借款事已经明白表示"合同无效"，不必赘述，现在质问的，是众议院议员，态度虽然温和，却是问题回避不得。段祺瑞是抱着搪塞态度而来的，所以，当众议院提出质问时，他眨了眨眼睛，对大家淡淡地笑着，说："财政奇绌，无法可施，不得已才变通办理，还请诸君原谅！"

众议员们一听，实在哭笑不得：借款大事，关系国计民生，怎么能够"原谅了之"。会场一阵骚动，议长汤化龙站起来，态度依然温和地说："我等并非反对借款，反对的是政府违法签约。政府这样擅行，何需议院？不需议院了，我们这些议员又何须存在？这是政府应该解释清楚的。"

段祺瑞一听，心里一跳，人家问的不是为什么借款，而是政府为什么不通过议院就擅自签约了？这是瞧不起议院，瞧不起议员。他是个军人，只知唯命是从，知道武力解决一切。现在，问题来了，上边没有"命令"，用兵又不行，他有点着急了。急了半天，才无可奈何地说："论起交议的手续，诚是未完备；论起财政的情形，实是困难之极。鄙人于借款问题，前不与闻，诸君亦不必怪我；如可通融办理，自属诸君的美意，余无他说了。"说完了这段话，竟一转屁股走了。

段祺瑞走了，议员们一下子呆了起来："啊？他竟能走？他竟敢走？"这些对于共和、对于民主略知一二的众议员们个个目瞪口呆，他们不敢想象，被他们监督的政府总理竟敢如此无视民主！瞪目归瞪目，口呆任口呆，代行国务总理毫不含糊地走了。

有人大喊："把咨文退回政府去，看他如何向国人交代？"有人大喊："立即弹劾政府，问问他们目中还有没有黎民？"

天真而又善良的众议员们，你们别太忘情了，中国是中国，是走了几千年封建专制道路的中国！权在谁手，军在谁手，礼和法也都在谁手了，那个监督权就是他们给的，千万不能忘记，他给你的监督权绝不是真的让你去监督他的，而是做做样子。你真的去行使它了，最后便监督到你自己头上。

汤化龙众议长只好提出承认、不承认两个条件，让大家对借款问题投票表决。结果：不承认票二百一十九张，承认票五十三张。然而，有什么用呢？就在众议院投票的时候，袁世凯已经派出大批人马，携带重金去做参、众两院议员的工作。结果，他们一张张嘴巴全被封住——国民党议员中也不乏拜金主义者。于是，虽有舆论监督，借款事却任袁总统去借，去花。

三

这些日子来，北京的小报纸上常常出现袁世凯的逸闻趣事、生活掠影，倒是十分吸引读者。中国人好奇，尤好奇于大人物的秘闻。于是，读报传报，也便一时成风。一日，一家小报又见逸闻，原来是袁世凯同他的朋友一段谈心，内容却也一般，袁世凯说：

"我活到这把年纪，没有多大企盼了，我时时刻刻想回到彰德故居，以钓游为趣，度过余年。可是，国人把国家的重担交付与我，使我去之不能。而现在，却有一股暴民鼓吹二次革命，企图破坏国家，我怎能丢下不管呢？你们看，外国人都相信我，如果我不干了，他们老早就动手瓜分中国了。同时，北方军队也只肯服从我，如果我下台不干了，全国秩序也将无法维持。

这些情形，牢牢绑住我，使我想去不得。谁能知道我这个大总统过的是一种什么样的受罪日子？"

人们糊涂了，大总统这些话什么意思呢？

其实，大总统的用心是十分良苦的，他发布一种信息："暴民"要"二次革命"了，要推翻我这个大总统了，要瓜分中国了，你们来吧。外交上，有许多国家支持我；军事上，我有的是实力，谁来我都可以消灭。这还不是目的。袁大总统的目的，是要向"暴民"开刀了！谁是暴民？当然是要"二次革命"的国民党。

袁世凯手下的能人真多，什么样的奇计绝招都能想出来。

袁世凯是熟悉中国历史的，他曾经掰着指头数过，无论汉唐还是明清，历朝历代，任何一个人王地主，从无和别人共掌天下的先例，哪怕是父子兄弟，权总是握在一个人手中。当初，袁世凯为了抓到权，他和国民党南北议和，把权分给国民党一半，他甘心情愿。那样做，他既可以获权，又不被国人骂他"篡权"；共和就共和，民主就民主。如今，大清王朝完了，天下大权落到他手了，他就对分权，对共和、民主得掂量了。"什么共和，什么民主？政权不是合股做买卖，盈利按股均摊。当初，赵匡胤还不许别人在他床下打鼾呢！"他不自在了，心里不平衡了。

议会议员、国民党党员，还对他借款说三道四，还要弹劾他的政府。"这不是分我的权了，这是要做我的太上皇、做我的老爹来约束我了。"袁世凯不答应，他认为这违反祖制，是欺天的行为。他把他的北洋将领秘密找到中南海，抖底儿讲明自己的心事，然后说："你们都想想，咱们这群人从小站练兵起，从未散过板儿，成了今天独有天下的一支军队。没有咱这支军队，大清王朝的皇亲贵胄就没有今天的安居生活，咱这支军队一鼓作气朝南打下去，也没今天他国民党。咱们是不忘皇恩，保有清亡而清室不散，生活有依的；不忘国人灾难，息兵罢战，和平演变，才有了今天一统的共和天下。国民党算什么？自己都说不清自己的政治主张，'驱除鞑虏'的任务完成了，他们就没事干了；光靠他们的兵马去驱除鞑虏，怕是早被鞑虏赶下海了。现在，自不量力，打起旗号来争权夺利了。简直……简直……孰不可忍！"

袁世凯说得满口唾沫，桌子拍得震天价响，脸膛都气青了。

方丈发怒了，小和尚们正闲着没事，怎不想闹腾一番。何况，这些时日以来，这群只会操练的武夫，早被共和、民主、议会闹得晕头转向、愁眉苦脸了。现在，他们的头儿发怒了，他们当然不甘落后。一个个摩拳擦掌，大呼小叫："灭掉国民党，杀死黄兴！杀死黄兴！灭掉国民党！"

一番准备之后，行动开始了，北京城里，以攻击国会为主，大街小巷，许多人大骂国会在借款问题上"不顾大局，无理取闹"，降低国会威信；在外地，便举起刀来：

——黎元洪在湖北，以改编军队为名，排斥起义有功人员和国民党军队，引起鄂军倒黎（元洪）反袁（世凯）。鄂军八师师长季雨霖为首掀起这场怒潮。结果，被黎元洪镇压下去了，季雨霖弃职逃走。袁世凯依据黎元洪报告，便对季发出通缉令，说"国民党在湖北组织军队造反，背叛政府"，"要捉拿首犯季雨霖"。

——张勋在兖（州）、徐（州）一带组织定武军攻击国民党军队，黄兴派人到兖州去劝说张勋，要他以国家为重，"不要只孝忠袁世凯一人"。张勋即将此事向袁世凯做了密报，说"黄兴破坏团结，预谋造反"，"是叛国的罪人"，当严惩。段祺瑞起了横劲，他以陆军部名义呈请袁世凯撤销黄兴的陆军上将。袁世凯便于5月15日下令照办。

——在东北的奉军师长张作霖也在袁世凯下达撤销黄兴陆军上将后发出通电，骂黄兴"倾陷政府，危害民国"，拍着肚皮表示："作霖对民国存亡，不能坐视，唯有国民公意，负弩前驰，为我庄严灿烂之民国，扫除妖氛！"

——毅军翼长赵倜，河南护军使雷震春联名发通电，骂黄兴"争总统不成而捣乱"；北洋大将冯国璋、姜桂题、段芝贵、张勋联名发通电，要大总统"大张挞伐"……

每一个动作都是一剂兴奋剂，虽然幕后指挥都是袁世凯，可袁世凯见到这些行动，还是捋着短须暗笑；而社会上却产生了阵阵迷雾，上述这些"誓死捍卫共和"的英雄，两年前还是"誓死拥护君主的"大清王朝的孝子贤孙，不知他们为什么脸膛变得那么快？

一番舆论之后，袁世凯坦然地笑了，他在自己居仁堂的小会客厅里，陪着一把把空落落的太师椅，边吸雪茄，边在暗自唠叨："孙中山呀，孙中山！在争权问题上，我还是高你一筹的。下一步，我肯定还是比你更高！"

孙中山是没有走好这一盘棋。到目前为止，他几乎步步被动，步步是被袁世凯指挥着的。当他冷静地在上海思考这一切时，他对他的同志说："大权失去之后，一切都无须再谈了。"孙中山锁眉了，孙中山也瘦了，还不到五十岁的人，几日之间便显得苍老了。

五国贷款成立之后，孙中山致电五国公使要阻止其付款，说是"这笔贷款将促使中国内乱"。结果就像一片黄叶落入大海，既没有得到微弱的回音，连一朵小小的涟漪也不曾荡起。

孙中山发怒了，他要采取革命的措施了：他电令广东省独立，"以为各省之倡"，用革命推翻袁世凯的反革命。广东都督胡汉民给他回了电，但却说："广东情况复杂，独立尚非其时。"

"什么时候是'其时'？"孙中山怒道，"你们广东不干，我就在上海打响第一炮！"于是，他同陈其美商量，让他行动。结果，陈其美伙着一批国民党人到孙中山面前去劝阻，说什么"上海有外国租界，在这里用兵，必将引起外人干涉；我们又无海军，闹不好退守也无处"。

一切都振振有词，唯独孙中山之见是不可行的。孙先生叹息着摇着首说："既然一切都举步维艰，我也不好强求各位了，我只好再到日本去，重新组织革命力量，再与袁世凯争个高低。"

就是这样，也还是不行。有人阻止孙先生说："千万不可如此。到日本去组织反袁力量，袁世凯一定会说我们'引外援以启内争'，事情更难收场！"

果然，国中发生的两件大事国民党的最后决议是：宋案——由法院去解决；借款——让国会去阻止。

上海的一举一动，孙中山的一气一怒，袁世凯都了如指掌，他不气也不怒，他在想如何利用国民党给他提供的"温馨"气候，去干他该干的事——

一年多来，袁世凯没有少费心思，光是军事方面他就实实在在而又偷偷摸摸办了几件大事：在南方，在国民党的范围，通过裁、撤、改组，那些令他心神不安的武装，渐渐缩小，失去战斗力了；还有的，业经成了他袁氏的鹰犬。在北方，经过梳理、调整、装备，他的北洋军业经更加强大，就连远在长城之外的奉系张作霖，也屡屡向他表忠心，而被国民党视为"战友"的黎元洪，早已疏远了"朋友"而回到老上司袁大总统怀中。

"时候到了，时候到了！"袁世凯在他的幽静密室里，审时度势，决定着该如何走下去。

此时，人报："汪瑞闿求见。"

"哪个汪瑞闿？"袁世凯脱口即问。

"就是那个到江西去的汪瑞闿。"

袁世凯心里一动，暗想："汪瑞闿不是去江西任民政长了吗，怎么又回到北京来了？"

——江西、安徽、江苏、广东、湖南等省，都是袁世凯势力并不占优势的地方，他虽然想用"军民分治"的办法来分散这些省的实力，除都督之外再设一个行政长官——民政长。但由于这些省国民党占优势，民政长的推荐仍多是国民党。江西都督李烈钧便抢先一步，推荐自己的老师汪瑞闿为江西民政长。李烈钧正是袁世凯眼中最大的钉子，因为在袁大裁南兵时，他竟私自买枪两千支，袁几乎要除了他，曾派人监视他却被他先下手，就连袁派的新任九江镇守使也被李挡了回去。幸亏有人中间调停，矛盾才暂缓下来。李烈钧推荐民政长，袁本不想同意，但对江西毕竟鞭长莫及，不同意也得同意。谁知这位做过江西陆军学堂总办的汪瑞闿，还念念不忘大清旧制——"二品以上大员上任必先到京陛见"，先去向袁世凯谢恩。谢过了，袁世凯也就忘完了。不想今天又匆匆来京。眨了眨眼，袁世凯说了一个字："请！"

汪瑞闿进来了。一个鬓发斑白、装扮清秀的老头。见到袁世凯便行起大礼。"大总统，大总统……"

"你不是到南昌上任去了？怎么……"

"一言难尽。"汪瑞闿说，"我到南昌后，按例先去拜都督。可是，去了许多趟，他却挡驾不见。"

"李都督得算是你的高足，"袁世凯说，"你先去拜了，这已是厚礼有加，为何挡驾？"

"他命人传话说：'你已拜过总统了，何必再来拜我！'就为这……"

"啊！就为这？"袁世凯顿时大怒，他起身扶起汪瑞闿，说，"我……我饶不了他！"

四

国会，对于中国人来说，似乎该算舶来品，那是资本主义国家的产物，也叫议会。一般由上下两院组成，也有只设一院的。有了议会，便可以实行立法、行政、司法三权分立。议会是立法机关。在内阁制的国家，议会有监督政府的权力，议会授权才可以组织内阁，议员有权对政府提出质问，要求答复，议会如果通过了不信任案，内阁就得下台。颇似权力归人民了。其实，那不过是一套装样子的玩意儿，资产阶级的权力依然在资产阶级手中。

中国人是听惯了"圣旨"的，"万岁爷圣明"，小百姓是"愚民"。把人家的假东西搬到中国来，当然只会更假。但要明白：假的有时比真的还"真"！

国会产生之后，又经过一番折腾，袁世凯早已厌烦了。"一切都是多余的，所有的人都得为我所用！"

袁世凯要除国民党，又不敢明目张胆，他要拉同盟军，拉支持者。黎元洪是作为有实力的、武的代表人物拉拢的。黎虽非北洋嫡系，但对袁已是死心塌地。袁还是不放心，他在千方百计地拉黎的心腹饶汉祥。这个以骈体文章见长的湖北广济人，自然愿意抱袁世凯这样的大柱子，袁世凯略施小计另加点小惠，他便服服帖帖，代黎元洪并表自己的心计对袁说了句"元洪备位储贰"的肉麻话，像儿子一般忠于袁，以至社会上刮起一股"黎元洪和袁克定争位"的风潮。袁世凯却放心地笑了。武的归顺了，文的怎么办呢？

当时文场上著名人物有二，一是广东新会人和康有为一起发动"公车上书"、倡导变法维新的梁启超，虽然维新失败他逃跑了，可是，他资产阶级社会、政治、经济的学说，却在国中极有影响。一个是浙江余杭人因倡导革命触怒清廷、被捕入狱，后又参加同盟会与改良派开展大论战的章炳麟（太炎）。梁启超早已没有"公车上书"时的锐气了，袁世凯组织一届内阁时给了他个司法部副大臣的纱帽，他便倾心于袁了；国中国会运动紧锣密鼓时，他从海外归来了，一到北京就盛会招待报界，说了一大堆拥护袁世凯的话，袁世凯自然乐意接纳他。现在，他得想尽一切办法，把章炳麟拉到身边。——在庄严肃穆的勤政殿，袁世凯俨然以大总统之姿坐在正位上；刚从上海赶来接受"勋二位"的章炳麟，来京后借友人一套礼服穿在身上，深深地对袁行了三鞠躬礼，然后双手接过勋章，说："太炎真诚地感谢大总统的厚爱，愿为大总统的千秋大业鞠躬尽瘁！"说着，又是一鞠躬——昔日那种冷嘲热讽袁世凯的语言不见了，连神态也变得温驯、服帖了。

袁世凯欠了欠身，朝着身旁一把预备好的太师椅示意一下，让他坐下。然后，笑着说："太炎先生道德文章，皆是四海同钦，同是安邦治国之大才。日后，慰亭为国事，自然少不了聆听先生指教！"

"大总统谦虚了。"章炳麟受宠若惊，想站起来，行大礼。袁世凯反应灵敏，马上示意谢止。章坐下，继续说："太炎日前在上海已有文章问世，以愚浅见，当今天下，以项城之雄略，黄陂（黎元洪黄陂人，故称黄陂）之果毅，左提右挈，中国宜无灭亡之道。"

袁世凯仰了仰面，轻轻地"哈哈"两声，说："尽人事，听天命。慰亭德才鲜薄，唯靠国中仁人志士。"

章炳麟觉得大总统把他当成治国栋梁了，有点昏昏然。他忘乎所以了，文学泰斗的身架不顾了，泼妇般地张开大口骂街了。

袁世凯许久想说而没有敢说出口的话，没想到会从这个文豪口中淋漓地说出来，他心里那个高兴，竟不知如何是好？他虽然给了他一个应夔丞为他杀了政敌宋教仁都没有谋到手勋位，却又觉得"很不够"，好在他手里像"经略使""宣慰使""筹边使"之类的"空头支票"式的纱帽多得很，也就毫不吝惜地拣一顶，送给了章炳麟。"太炎先生，真当今大才！勋二位，不足以志其荣，当请先生出就吉林筹边使，如何？"

已经有点发疯了的章炳麟，听说"封"他为"使"了，竟心中猛跳，觉得这是一个大得像太阳发出的光芒一样的显位，急忙问道："筹边责任重大，未知总统要筹何要事？"

袁世凯知道章炳麟当真了，便暗自好笑。"不过给个衔儿，有名目领钱罢了。还有真权给你？"他却笑着说："中国之大，举世无几；边陲事多，于今尤烈！东北复杂呀，日俄两国，虎视眈眈，野心俱大，且冰天雪地，又难安居，太炎先生虽领了筹边使，但在北京待着也是一样，不必急于就任吧。"

袁世凯其实已把话说明白了，章炳麟偏偏呆气太足，竟把棒子当成了针。又说："总统盛情，令人感激。但养兵千日，终是为用。我既领了筹边使职，决心东北一行，以固边疆。"

此刻，袁世凯又有点怕他真的去东北了。"此人胸有韬略，文章震世，在边疆闹事怎么得了？"于是，他决心留客了。"太炎先生道德文章四海钦仰，撰文一篇胜过雄师三千，何必亲往东北呢？"

偏偏这章文豪不理解袁总统的苦心，坚持说："不到其地，不知其事，理应一行。"仿佛一顶纱帽罩了顶，他便成了东北的救世主，他不亲去东北，便对不起天地良心。

袁世凯无由推辞了，一个身心都扑在黎民庶务上的大忠臣良将，怎么好把他"藏在闺中无人知"呢？他暗自笑道："好吧，那就让你去东北，去过过'筹边使'的瘾，尝尝这'使'的滋味吧。"于是，便关切地说："太炎先生既然如此尽职，我也不便再留。只是，不知先生打算如何去法？"

"但愿有一万开办费用，太炎便可去吉林上任。"

"宝眷是否随行？"

"尚未成婚，孑然一身，举止无挂。"袁世凯当即满足所求，支付现洋一万，让他去了——章炳麟此行为如何？待后再续。

章炳麟成了袁世凯"圈"中人之后，袁世凯便转而抓黎元洪了……一切都是为了一个大的行动：袁世凯要向国民党发起总攻了。他要把自己圈子之外的一切势力都清除干净，尤其是国民党。他习惯的是一呼百应，是唯我独尊，权是不可分散的。他用最焦急的语气告诉黎元洪，说"国民党许多地方不服从中央"，说"国民党鼓动'二次革命'，意在推翻中央政府"。他诚诚恳恳地向黎元洪请教，问他"该怎样对待时局"？

黎元洪早已不是武昌城头炮响时的心态了，都督也好，副总统也好，他认为与国民党无涉，还得靠袁世凯。如今袁世凯又这样"器重"他，他当然得向袁表示忠心。于是，他秘密地给袁世凯发了一个效忠电报，说："元洪唯知服从中央，长江下游，誓死堵住，决无瞻顾。倘渝此盟，罪在不赦！"

袁世凯高兴了，他没想到黎元洪会如此忠心，会发此誓言。于是，也给黎一个密电，赌咒发誓表达心情，说："世凯若有欺天下之心，利一己之见，罪亦不赦！"

准备就绪之后，他把段祺瑞找到家中，先以翁婿之情，叙说天下与自己的心思，然后说："芝泉，形势越来越明白了，国民党不是咱们的同道，咱们再委曲求全，也无法全得了了。"

自从袁世凯让段祺瑞做了代总理之后，袁段之间曾经出现的隔阂便渐渐消失了，段依然唯袁是从，袁依然视段为肱股。在旧人的相比中，袁世凯认为段祺瑞比所有的人都可信，而段也认为袁是最牢靠的靠山。听了袁的话，段说："对于国民党，该做的礼节都做到了，现在，到了该用兵的时候，不必再犹豫了。"

"是的。"得到段总理的"副署"，袁世凯自然高兴，何况段祺瑞又是陆军总长，用兵之事当然不必顾及。便说："用兵同时，政治还是不可少的。"

"一切听从大人安排。"

袁世凯笑了。又说："你是责任内阁，又掌管陆军，该你做的事，还是得由你出面。"

密谋已定，行动开始——兴师讨伐国民党的行动分两路开始了：

第一路，以段芝贵统率毅军翼长赵倜、第二师长王占元、第六师长李纯，由河南通过湖北直趋九江；

第二路，以冯国璋统率辫子军张勋，淮军雷振春及第五师一部由山东经苏北攻南京。

之外，又命扬州徐宝山率二军出兵侧击津浦路中段；命倪嗣冲率部由皖北取安庆，而后攻江西。

在用兵的同时，袁世凯又连续任命欧阳武为江西护军使，陈廷训为江西要塞司令；调胡汉民为西藏宣慰使，以陈炯明为广东都督；调柏文蔚为陕甘筹边使，派孙多森兼代安徽都督。该走的调走了，该来的到任了，一番紧锣密鼓，袁世凯的阵布好了，一场大厮杀，即将在长江中下游展开。

五

四十八岁的孙中山，过了两年云缭雾绕的岁月。武昌之役，该算他的思想一次发扬光大，中国人需要他孙中山，孙中山的革命学说能够救中国；那个业经腐朽了的封建王朝，必然会寿终在孙中山的旗帜下！孙中山在回首他走过的路程时也颇为自信和欣慰："1894 年创立兴中会以来，我的道路虽然走得坎坎坷坷，但毕竟是向前进了，我的学说毕竟是见到作用了……"

兴中会——同盟会——国民党，都是遵从孙先生"驱除鞑虏，恢复中华，建立民国，平均地权"的纲领去奋斗的。为此，孙先生呕心沥血，又创造了一种"民族、民权、民生"的三民主义学说。目的是在推翻了封建王朝之后，会使中国人民、中国国家有一个欣欣向荣的新局面，中国人能以强者之姿屹立在世界各国人民之中！武昌的烽火燃起之后，一日一日，一月一月，两年过去了，孙先生渐渐感到他的学说、他的奋斗目标都那么缥缈，那么遥远，甚至都那么快捷地成了泡影。

他相信袁世凯，袁世凯面对面地同他讲了一串串动听的言语，向他表示了一串串志同道合，目标一致的见解。孙中山相信袁世凯会实现他的学说。可是，握着大权的袁世凯，却一步一步地和他分道扬镳了，走向反面了。

孙中山相信自己的战友，他的学说，他的奋斗目标，是同他的战友共同创造出来的，他们和自己精诚一致，去实现它！然而，他的战友每至关键时刻，却总是表现得那么畏首畏尾，举步艰难的他被逼到日本去了。去日本又能如何？

就在孙中山举棋不定的时候，袁世凯却一天比一天兴奋。居仁堂的"大圆镜中"，夜以继日，人来人往：有等待被传议事的；有等待接受命令的。这座平时只接待一般客人的场所，如今也有一些特殊客人在等待。而居仁堂楼下西部那个只会身份特殊客人的会客室，却也有许多只管听命的人被随时叫进去。整个居仁堂，日间人流如梳，夜晚灯火辉煌，成了它建成之后最兴旺的岁月。居仁堂最常来的，是段祺瑞。

由于国民党的事情缠着袁世凯的心，他和段祺瑞之间的不愉快退到不值一提的位置上来了，他要用他呢，让他代理国务总理就是这个意思。段祺瑞也是个比较务实的人，他明白自己的处境，没有袁世凯做靠山，他扎不牢根基，更腾达不起来。袁段毕竟还有一层翁婿关系，胳臂肘子要往里弯，对待国民党他们还是志同道合的。

那一天，居仁堂楼下会客室的宾客都走完了，袁世凯留下段祺瑞，以长者的口气说："芝泉，这些日子以来，我总觉体力有些不支；思想也乱。咳，岁数不饶人呀！我还得应酬，我总在想，该你办的事你只管大胆办。把你放到这个位置上了，又是责任内阁，你放手办就是了，别顾前顾后的，不必样样都问我。让我清闲些吧。"

只比袁世凯小六岁的段祺瑞，对于袁世凯在他面前的倚老卖老，早已心怀不满。有时他还后悔，悔不该续娶了袁氏的表侄女张氏，弄得他在他面前低了一辈。但是，封建传统占主导地位的官场，总是以家天下为主。段祺瑞又为有这层关系而自豪，也便甘愿低他一辈了。特别是把他捧到国务总理位置上，他又一次领略了家族的作用。听了袁世凯的话后，段祺瑞说："我知道大人最近忧虑过多。其实也不必放在心上。政治解决不了，就用军事嘛。前几天我已让冯国璋、姜桂题、段芝贵、张勋等军人联名发出通电，呼请以大总统名义对他们大张挞伐。"

袁世凯点点头，知道段祺瑞做了一件他想做的事。

段祺瑞又说："河南护军使雷震春、毅军翼长赵倜也联名发了通电，指责黄兴'争总统不成而捣乱'。趁这个形势，该用兵了。"

袁世凯既点首又皱眉，想说什么，却又张不开口。段祺瑞笑了。"大人更不必顾虑名声问题，把南方撇开，以北方为主、以军人为主，开一个会议，例行一个手续，不就成了正式大总统了吗？到那时，谁还敢放个屁！"

袁世凯这才深舒了一口气，笑了。

袁世凯在用兵的同时，于 1913 年 6 月 8 日连连发出命令，又是免了江西都督李烈钧的职调京候处，又是让黎元洪兼领江西都督，再让江西一师师长欧阳武为江西护军使节制全省陆军，再任金鸣坡炮台司令陈廷训为江西要塞司令，节制九江、湖口炮台，风风火火，大张旗鼓摆开了消灭国民党的战斗。

袁世凯军政一起用，来势不可挡。以上海为根据地的国民党这才大梦方醒，知道和平的美梦做不下去了，国会、约法通通都不起作用了，这才破釜沉舟，准备来一次真正的"二次革命"，反对袁世凯。

7 月 7 日，李烈钧在江西湖口组织讨袁军总司令部，12 日江西省宣布独立讨袁；

7 月 14 日，黄兴到南京，次日，江苏通电宣布独立，发表反袁宣言；

7 月 18 日，安徽第一师师长胡万泰以代理都督名义宣布独立，并逮捕了袁政府任命的都督孙多森；

7 月 18 日，广东都督陈炯明宣布独立；

7 月 19 日，陈其美自称上海讨袁军总司令，23 日拂晓向袁政府的制造局发起攻击；

7 月 20 日，福建独立；

7 月 25 日，湖南独立……

烽烟四起，战火八方，南半个中国一时间竟不是袁家天下了！袁世凯本来是想对国民党不宣而战，以趁他们措手不及分而吞之。不想半月之内，竟有八省独立，再加上云、贵、川、黔本来就不听从他的边陲省份，眼睁睁大半中国去了，不是他"不宣而战"，而是国民党"战而不宣"。这时，袁世凯才正儿八经地公开任命段芝贵为第一军军长兼江西宣抚使，统率第二、第六等师进攻江西，并同时发出通电，痛斥国民党人"推翻共和，破坏民国，全国公敌，万世罪人"。袁世凯在他的居仁堂大言不惭地说："我的大总统是由立法机关选举出来的，中华民国不是我袁氏一家之事，临时议会也不是我一人所把持。"对于用兵进攻江西，他又说："本大总统和黎副总统业经商量，不得已才为之。"到了 7 月 23 日，袁世凯便采取大行动了，下令通缉除孙中山之外的国民党领导人黄兴、陈其美、柏文蔚等人，并分别悬赏大洋十万、五万。

袁世凯的军队毕竟是经过近二十年的精心训练的。二十年中，除了武昌之外，并无较大的战争摧残，是一支战斗力较强的军队。而国民党的武装又是那么的幼嫩和杂乱。打起仗来，双方势力悬殊太大，国民党独立各省渐渐不支，7月25日，江西湖口即被北洋军占领，张勋率领的辫子军由山东兖州南下，7月22日占领徐州，29日攻占南京，江苏都督逃走；8月4日广东发生内讧陈炯明被赶走；8月28日北洋军阀倪嗣冲占领安庆，安徽归了袁世凯；8月9日福建都督孙道仁宣布取消独立；8月13日湖南谭延闿宣布取消独立；上海的讨袁军也于8月12日被迫放下武器……7月中旬在中国南方兴起讨袁运动（有人称之为"二次革命"，也叫"癸丑之役"），不到两个月，便以国民党军队的全部失败而告终，深居北京居仁堂的袁世凯终于轻松地笑着躺到高高垫起的枕头上。

六

国民党从政治到军事都失败了。失败虽然是暂时的，但失败却是事实。唯一可以告慰的是国会中还有些席位，按党派划分，还称得起大政党。只是作为国民党员的议员，大部分已不是这个党的意志的代表了，有的被袁收买了，有的偷偷南下，有的脱党另谋他路了。这样，袁世凯御用的第二大政治团体——进步党，便成了国会中的核心力量。这个形势，对于袁世凯重新组阁，非常有利。

袁世凯在他的居仁堂舒舒坦坦躺了两天之后，便思索起组织一个他自己的内阁的问题。

因为刺杀宋教仁案，赵秉钧从总理位子上跌下来了，段祺瑞是代理总理。老袁也曾想过，就让段祺瑞当总理算了，他还算自己人。可是，思之再三，觉得不行，内阁是个架子，权在总统手里，"段祺瑞是个文不足，武有余的人，与其在执政问题上磕磕绊绊，倒不如由他统管军队的好"。袁世凯下了决心，不让段成为内阁的真正总理。

袁世凯想让徐世昌出来组阁，这位前清的阁老，既是袁世凯的老搭档，又是袁世凯的童年朋友，称得上志同道合。于是，他便派一个亲信秘密去了青岛，去邀在那里清闲的徐世昌。

马上就到六十岁的徐世昌，多日来每每在密室祈求吕祖，打探他还有没有出头之日。他是吕祖的忠诚信奉者，二十七岁去京应试应了吕祖的预示高中第一百二十五名举人之后，他便供奉起吕祖来，三十年诚心不移，并且有求必应，有应必灵。可是，这次却不灵了：吕祖叫他"机不可失"，他内心也不甘清闲，可是，他却在袁世凯的密使面前自我标榜，说"生时孤忠耿耿，死后不入《贰臣传》"。他以为这样说了，老朋友只会当成谦词，一笑置之，还得请他出山。谁知袁世凯的心思一忽儿又变了，他怕人说他"拉起旧官僚，恢复旧规章、旧制度，还政于清"。所以，顺水推舟，便把徐世昌丢下了。弄得这位注定腾达的老朽狠狠地跌了一跤。

在袁世凯的居仁堂里，有两位被称为摇羽毛扇的人物，一个是随袁多年、甚得其喜的杨士琦，一个是以智谋超人自居的政客杨度。袁世凯要填补总理缺位了，杨士琦跃跃欲试却极力推荐杨度；而杨度同样跃跃欲试，却极力推荐杨士琦。而袁世凯却总是笑而不答。谁也不敢想象，袁世凯竟让熊希龄出来组阁。

熊希龄组阁的消息一传出，段祺瑞的鼻子就气歪了——这是老段的生理特征。凡遇不顺心的事，他就歪鼻子；心里气越大，鼻子歪得越厉害——他匆匆去见袁世凯。

"听说您让熊秉三（熊希龄，字秉三，湖南凤凰人）组阁。"段祺瑞皱着眉说。

"是的。"袁世凯说，"此人有个进士功底，又做过翰林院的庶吉士……"

"他可是参加过维新变法运动的。"段祺瑞急急插话，"若不是端方袒护，又推荐他做了出洋考察宪政五大臣的参赞，怕此人早无立足之地了。"

"武昌起事之后，他毕竟联络立宪派张謇、梁启超拥护过我们的。"

段祺瑞不再搭话，但他心中还在嘀咕——

熊希龄，是唐绍仪内阁的财政总长，唐内阁昙花一现寿终后，他外放热河，任了都统。就是他上任不久，热河行宫发生了盗宝案件。熊希龄是地方长官，一时间竟有"监守自盗"之嫌。现在让这样的人出来组阁，段祺瑞总觉不是个妥当办法。何况，熊希龄虽是以进步党身份参政，却又不是党首。所以，段祺瑞不能副署这样的安排。

袁世凯却不是这样想。他燃起一支雪茄，慢慢地踱着步子，慢慢地说明了自己的意见。"熊秉三正如你想的，不是个完人。论其才能，他不仅不及徐卜五（徐世昌字卜五），也不及我身边二杨（杨度、杨士琦）。可是，你就把我的用人之道忘了。"

段祺瑞侧目看了看袁世凯，似乎明白了点什么，但又并不明白。只是他不再言语罢了。

"我总觉得，有弱点、有毛病的人更可重用。"袁世凯坦而言之，"凡有弱点的人，自知把柄抓在别人手里，就不得不让别人牵着鼻子走。熊秉三既代表一大政党，又得由我们牵着，全心为我们办事，有什么不好？"

段祺瑞的眉头展开了，歪了半天的鼻子终于正了过来。熊希龄很有点儿城府，凭着机灵、好学，二十岁刚过便中了进士，二十五岁进了翰林院；出洋考察回来，又做了奉天盐运使。论智论勇，都称得上当代一家。唯独没有没有找到靠山，官运不通。应该说袁世凯是了解他、是器重他的，要不，他第一次组织的御用唐绍仪内阁怎么会让他出来当财政总长呢？熊希龄没有做过总理梦，他自知他在袁世凯的天平上，"分量"不够，他称不上袁的心腹。何况，他也自知自己的弱点。现在，袁世凯点到他了，要把他举到内阁的首席交椅上去了，他虽也知道这是一种利用，但他还是想趁机反利用一下。

熊希龄知道自己要组织内阁之后，他并没有先去向袁世凯"谢恩"，而是认真地思索一番自己组成一个什么样的内阁。他不想组织军人内阁，也不想组织好人内阁或御用内阁，而是想组织一个全国第一流的人才内阁，要挑选国中大名流，组成将来办最漂亮的事的内阁。他苦思冥想，把名人都想个遍……

正是熊希龄兴致勃勃要组织一个人才内阁的时候，袁世凯派一个亲信找上门来，送来一份大总统铨定的组阁名单。其内容为：

> 陆军总长段祺瑞，海军总长刘冠雄，内务总长朱启钤，财政总长周自齐，外交总长孙宝琦，交通总长杨士琦或杨度，教育、司法、农商三部由总理支配。

熊希龄一见这个名单，呆了。"这哪里是总理组阁，而是总统组阁！"他望着空下来的三个空缺，心里暗想："大总统故技重演了，当初与同盟会合作时，就是把这三个冷衙门留给同盟会的。现在，又把这三个冷衙门留给我。"熊希龄有点愤怒了："我能跟同盟会同日而语吗？我组织进步党也是看你大总统的眼色干的，我在任何地方都是为你所用，这还不够吗？"熊希龄拿着名单匆匆走进居仁堂。

原来，在熊希龄接到袁世凯交的名单之前，几个重要阁员他心中已经有数。比如说，他想让梁启超任财政总长，能够为进步党多开辟些财源，以便扩大自己的势力。可是，财政总长被袁安排定了，熊心里有点儿不乐。

袁世凯见熊希龄不请自到，心里便一沉。"他来干啥？"他明白了，肯定是组阁问题。于是，不待熊希龄开口，他便先说了话："秉三，日前我提出的那个名单，只是想同你商量一下，并没有最后定下来。你来了，咱们好好谈谈。"

熊希龄倒是聪明，撇开具体人选，先说空话。他说："大总统把组阁问题交给秉三，我是有点惶恐。但也感激知遇，感激信任。我想把这任内阁树一个良好的形象，组织一个确实能办事的内阁，是一个有名流、大人才的内阁……"

听着，袁世凯心里已老大的不高兴。"怎么，我提的那些人不是人才，不是名流？"不过，他并未说出口，还是笑笑说："好好好，想法甚好。是要有一个名流内阁，要不同于前几任，更要不同于前清的内阁或军机处。所以，我也怕思索不周，留下几个阁员，由你来安排确定。"

熊希龄把名单拿出来，边看边说："总统的思考，自然是十分周全的，只是……"

"没有外人，请直说。"

"只是财政总长的安排……"

"你的意思呢？"

"我想，"熊希龄还是以请示的口吻说，"梁卓如是不是更合适。"

袁世凯一听熊希龄推荐梁启超做财政总长，眉头便急促地皱了一下。昔日，他拉拢过梁启超，给过他司法副大臣的高位，那不过是遮人耳目，沽名钓誉，表明他袁世凯胸纳百川。现在，总理要把财权交给此人了，他当然得仔细思量。皱着眉、闭着目想一阵，才说："梁卓如确实是位大才，但他擅长的是司法。可由他做司法总长。"

"财政……"

袁世凯知道熊希龄讨价还价了，既然是因财政总长谈起，袁便不好不在财政总长一席上做点让步。他说："秉三，你看这样行不行，梁卓如就任司法总长好了，我日前提的财政总长周自齐，那就改任交通总长。"

"财政呢？"

"人事安排不方便的话，你暂时先兼着，容缓几时，咱们再议。"

熊希龄见状，觉得已无法再争取了，只好默认下来。

于是，一个由熊希龄为首的新内阁便产生了，除袁世凯提的名单，三个冷衙门便分别由梁启超（司法）、汪大燮（教育）、张謇（农商）三人坐下了，只是总理兼了财政总长，周自齐改任交通，而杨度和杨士琦最终被排斥在内阁之外。这便是袁总统的唐绍仪内阁之后第四位内阁总理。

第十章
假总统变真总统，真总统变……

由人民选议员，议员组国会，国会来选总统。国会不选他做总统，他竟会发兵镇压国会。

袁世凯在大枪包围中的国会会议上当"选"为正式总统了。他又向更高峰迈进！

一

熊内阁诞生之后，不是为国人办事，仍是为袁总统办事。办什么事呢？第一要务当然是把"临时总统"变成正式总统。谁去变呢？袁世凯指挥，熊希龄去变。

袁世凯忽然间变得沉默了。他常常独自一个人闷坐，或独自一个人在一个僻静处散步，头垂着、眼闭着，思绪却异常乱。

袁世凯愁呀！代替宪法作用的是《临时约法》，《临时约法》只能产生临时政府，袁世凯也只能是临时总统。临时总统又只能根据临时参议院所制定的国会选举法与组织法选举正式国会。现在，这个过程总算完成了。完成了选举国会的过程之后，袁世凯才无可奈何地发愁：因为正式国会要制定宪法，根据宪法才能产生正式政府和总统。这样顺序下去，袁世凯头上的"临时"帽子要几时才能扔掉呢？制定宪法可不是一蹴而就的事，要慢慢来，要参照民主国家的先例，要依据中国的实情，要上上下下地斟酌推敲，要开国会会议通过。宪法出来了，人也老了；再依据宪法选出总统，要等到何年何月呢？！"谁定的这种规矩，为什么要先立宪后组织政府、选总统？"他不想等待，不能等待。他等不及了。国民党的军队被打垮之后，他便迫不及待地要当正式总统。可是，又怕违了《临时约法》，遭全国人民的反对。"咳，《临时约法》，《临时约法》，当时制定《临时约法》咋就没想到这一点呢？想到了，说什么也不能让这个法出世！"

袁世凯把熊希龄、段祺瑞、梁士诒三人找到面前，没头没脑地问："那个《临时约法》你们研究过了没有？"三人不知何意，面面相觑。

"那是应该好好研究研究的。嗯——"他拉了一个长长的虚腔，又说，"那个法，问题不少。认真研究了，就会知道。不研究是不行的。"

三人同时糊涂，他们心里嘀咕："《临时约法》颁布有两年多了，一直代替宪法作用，连他袁世凯这个由《临时约法》产生的临时大总统在内，从未提出过只字的异议。今天怎么一忽儿竟谈起《临时约法》的问题来了，还说'问题不少'。什么问题呢？"这三个人心中无底。但是，谁也不敢悖他的意思，只好顺着他的话柄，连说"是的，是的"。

袁世凯笑了，"哈哈哈"。"你们明白吗，世界上任何一国的法，都是人制的。制法的人，都是为巩固自己的政权的。一旦发现法不为己用了，你们说该怎么办？"

"修改！"三人同声回答。

"对了，对了。"袁世凯这才轻松地舒了一口气，说，"那个《临时约法》，我看就有毛病，就得修改。"袁世凯表明态度了，这三人不敢怠慢，得认真听听"到底何处有问题？应该如何改？"只听袁又说："你们想想看，这个约法规定，先制宪法后选总统，好像总统就得在有了宪法才能选出。这就不好。国会是国民众人之会，群龙无首，谁是主心骨？没有主心骨，谁的思想是制宪的标准？你们都该了解中国古人的一句话吧……"袁世凯停下话题，把目光朝面前的三个熟悉的面孔认真地打量过去，要从他们的面部表情来判断他们对他言语的理解程度。

说真话，这三个人应该说称得上当代中国有本领的人，审时度势，运筹帷幄，都颇有点天才。可是，在袁世凯面前，他们却显得十分笨拙。因为袁世凯是天生的诡计多端，又善于阴阳无度。他的意思你似乎看或听都明白了，但他却摇头，然后再摆出一番不成道理的道理。你成道理的道理也得服从他不成道理的道理。所以，每逢其时，即便你很有把握自己想对了，也得以敛口为上。大家对袁的问话，只好洗耳恭听。

袁世凯最喜欢的，就是这种唯唯诺诺的人。他点着头说："你们心里都明白，只是不想戳破这层纸。你们不说我说，这句话叫'名不正则言不顺'。你们看见了吗，民国诞生一年多了，为什么各国都不承认？就是因为中国没有一位正式总统，即所谓名不正。国际上如此，国内呢？清朝复辟的可能性也很大。这你们明白了吧？明白为什么《临时约法》有问题了吧！"

一天大雾总算消失了。熊希龄先说话："咱们再提倡一种学说，叫'正名论'。用这种学说，别管宪法定不定，先选出总统再说。"

段祺瑞更积极，拍着肚皮说："让军人们联名说说话，谁也不敢说三道四了。"

梁士诒觉得这两人把该说的话全说了，只附和着点点头。

"好吧，该怎么办，要做哪些事，你们看着办吧。"袁世凯说，"事不宜迟，说办快办。"熊等三人起身告辞。

袁世凯送他们走出密室，却又对梁士诒说："冀夫，你留一步。我还有件事和你商量。"

熊段走后，梁士诒跟着袁世凯又回到密室。

袁世凯先给他一支雪茄，然后又为他添了茶，这才说："冀夫，这几天我在想这样一件事，议会果然开会选举那一天，咱们究竟能有多大把握？"

梁士诒燃着的雪茄未吸，微闭着眼睛思索片刻，说："进步党是没有问题的，国民党虽然还是以人数居多自居，但是，大多数议员已经是'身在曹营心在汉'了，问题也不太……"

"那一群所谓的无党派名流呢？"袁世凯用审视的目光，朝着秘书长。

"大势所趋，我想不至于会有麻烦吧。"

"不能凭想。"袁世凯摇摇头，"那些人虽然为数不多，影响却大。何况他们自由放荡得很，动摇倾向严重，说不定会偏过去。"

梁士诒把雪茄填到口中，轻轻地吸着，缓缓地眨着眼，没有说话。袁世凯也缓缓地眨着眼睛，轻轻地吸着雪茄。但他却不沉默。吞云吐雾一阵，说道："得把这些人拢住，务必做到为我所用！"

"拢？"梁士诒心中无数。他的眼神由深思不解，变成了焦灼不安——是的，怎么拢？该撒银钱的早撒过了，能拢住的，自然跑不了，拢不住的，怕是一时也无策。

"我想，咱们可否用这样一种办法？如今不是时兴党派政治吗，最好组织一个什么党，把他们拢在一起。然后，再给他厚点的开办、活动费，他们自然会靠过来。"

既有办法了，梁士诒当然乐得顺水推舟。说了几句赞同的话后，又说："由谁来出面才好呢？"

"谁出面都无所谓。"袁世凯说，"关键是谁来主谋。"

梁士诒点点头，但他心中无数。"让谁主谋呢？"

"我思之再三，觉得此任非阁下莫属。"

"我？！"

袁世凯点点头。

"我行吗？"

"行！"袁世凯信心十足地说，"人往高处走。这阵子以来，由于形势大变。许多人想靠我们还怕通途不畅。我们伸出手去拉他们了，能不过来？"

梁士诒轻松地笑了。

不久，国会中又出现了一个新党——公民党。

其实，国会中多了一个公民党，为选票还是第一步的打算，袁世凯还有更急的事要他们办——

为"先选总统后立宪"的事，熊总理在内阁中是不遗余力，他的阁员们也大多在鞠躬尽瘁；陆军总长段祺瑞是当成"家事"办的，只是这一次他没有领衔，是由黎元洪带头，联络十九个省区的军事长官联名发出通电，主张"先选总统，后制宪法"。文武齐动，国中大震！

震归震，光靠摇旗呐喊是不够的，必须弄点"法"的大旗遮挡一下，哪怕是假的。袁世凯不是头脑简单的人物，他要为自己寻退路，所以，他的脚步既想走快，又想走稳。同高人协谈之后，他暗自做了一个决定：在宪法制定之前，他要把宪法应列条文中的"总统选举法"先抽出来，由国会中的宪法起草委员会提前单独制定，交国会通过，由政府公布。

9月5日，参众两院通过了"先选总统案"。

10月4日，国会宪法会议公布了"总统选举法"。

袁总统决定：第二届双十节前完成正式总统选举任务。

二

　　书生气十足的章太炎，领了袁总统一万元开办费兴致勃勃地来到吉林，选个旅馆住下，便以钦差和上司的身份要召见吉林西南道孟章彝和长春知府德养源。谁知昭示发出三天，这两人连理也不理。一怒之下，他便亲自出马，跑到吉林都督陈昭常家中，大发了一阵雷霆。

　　吉林各官，早已接到袁世凯密谕，对章炳麟"敬鬼神而远之"。所以，无论这位国学泰斗在他面前如何发作，他只淡淡一笑。最后，算是冲着他的"甚高声望"，才备水酒一杯，权作接风。章太炎碰了一鼻子灰，匆匆跑到上海结婚去了。

　　作为曾经被章炳麟痛骂过的孙中山和黄兴，此时均在上海，他们不记前恨，热情地送去一份厚礼。不想此事竟被袁世凯的耳报及时传到了北京，袁世凯十分气恼，立即把军政执法处长陆建章找到面前，拍着桌子大骂："这个章疯子，花着我的银子，却跟我的敌人打得火热。听说他很快就到北京来，你派人盯住他，务必要找到他私通孙、黄乱党的证据，我不会轻易放过他的。"

　　特务头子陆建章，是有名的屠夫，平时无事还找事干。袁世凯有命令了，他更"积极"起来。"那个章炳麟若在北京瞎说、乱跑，劝又劝不住，把他软禁起来算了，以绝后患。"

　　袁世凯还想争取利用他，利用他的声望为他服务。所以，他还不想行动过激，便说："此人声望甚高，不到万不得已不能伤害他。至于说软禁他嘛，你可以见机决定。"

　　果然，不几日章炳麟便来到北京。此番进京，他一方面想向总统诉长春之苦，说那里的官们都不拿他当回事；一方面想以辞去筹边使为砝码，向袁要更大的地位和权力。哪里想到，进京去访袁，袁虽接见了，却只谈"结婚"，"如何对待妻妾"等家事，绝口不谈政治。一杯水未了，便派人送他到东四牌楼钱粮胡同。那书呆子还以为大总统对他优礼有加，来日长谈国事呢，谁知他住下之后，连仆役也是陆建章安排的警探。不久他发现，他向外打个电话，室外也有人偷听。就这样，章太炎一住便是三个月。袁世凯想利用章太炎，为什么又这样厌恶他？

　　章太炎毕竟是个有真才实学的人，有洞察一切的锐利目光，能分清好坏美恶；有一支锋利的笔，会入木三分地记下真假美丑。"为我所用，自然栋梁大材；若背我而动，我的千秋功罪也许就在此人三寸狼毫之下！"章太炎靠到袁世凯身边，袁并没有发现此人为他所用的成分有多大，而总感到此人太不驯服，而且比他大总统还"大"。尤其是对宋教仁案，章是极力反袁的。"这样的人，留不如去，去不如除！"其实，袁世凯这念头并非自己聪明所想，中国历来的主宰人对能人都是同一个观点：非用即除！袁世凯只是承袭了这不成文却是事实的"遗训"罢了。之所以袁世凯尚不敢开刀，是因为章太炎"声望甚高"，杀了此人，他失去的远远大于得到的。因而，便有了今天章太炎既无事，又走不脱的困境。

四十五岁的章炳麟，恃才自傲，目空一切，总把自己当成救世菩萨，并且觉得只要讲清道理，说明利害，包括袁世凯在内的人，都是会听从他的。三个月之后，章太炎闷极了，便给陆建章写信，想让他对他"解除监视"，并表明自己"数日当往青岛，与都人士断绝往来"。陆建章竟是不理睬他，而监管仆人更是礼貌不周，行动粗鲁。章太炎愤怒之余，又给袁世凯写信，信上几乎用了哀求的口吻，说什么"幽居京都，宪兵相守者三月矣！欲出居青岛，以返初服而养痼疾。如何隐忍，以导出疆。虽在异国，臣死不敢谋燕！"他以为袁世凯会放他出去。

袁世凯对这封信淡淡一笑，就像对待他一样，轻轻打入冷宫。章太炎毫无办法，他只好收敛了吵闹，伺机想逃跑出去。一天，趁着监管人员正在赌博，他收拾了一下细微衣物和银钱，偷偷地跳出，匆忙赶往火车站购票时，又被追来的宪兵抓了回去。一怒之下，把袁世凯给他的"勋二位"勋章佩在襟上，气冲冲地朝居仁堂走去——他要当面找袁世凯说理。

章太炎是受过总统勋的，没有人敢拦他。

袁世凯听说章太炎闯进来了，心里一惊："来者不善呀！"皱着眉头思索片刻，决定不见他，只告诉陆建章"好生戒备"，便藏了起来。他以为这样让章太炎坐久，便会自己离去。哪曾想到，章太炎并不是这么容易打发的人。他在那个被安排的小屋子里守着一杯并不扑鼻的香茶，他还以为袁世凯会马上出来接见他呢。可是，他坐了好久，不仅不见袁世凯，连领他进这个房子的京师警察总监吴炳湘也不见了，侍从也不进来了。他望了望那只茶杯，连那缕淡淡的水汽也消失了。章太炎这才猛然感到他被袁世凯戏弄了。"袁项城耍我读书人？好，我也不客气——"想着，便站起身来。起身之后，才又感到茫然："怎么'不客气'呢？人又不在场，吵骂也无人知。"他望望这个小房子，只有茶几和八仙桌上摆放的花瓶、茶具和壁上张挂的丹青。他只好把能砸的砸碎，能撕的撕烂，"稀里哗啦，乒乒乓乓！"一时间，小房子乌烟瘴气，破破烂烂，并且还拍打着高声大骂："袁世凯，袁世凯——"

人报给袁世凯，袁世凯顷刻大怒："这个疯子，如此无理！来人！"

人来了。

"把他送到龙泉寺软禁起来！"

"是！"

"慢！"袁世凯又交代，"不许伤害他，要严加监管。不经允许，任何人不准到庙里去找他。"

章太炎被抓起来了，他何曾受过如此委屈？他挺胸大骂起来："大总统如此对我，欺人太甚！这样逼我，我只有一死了之。我要以死向世界宣布：袁世凯残暴，袁世凯逼死读书人！他是暴君，他是秦始皇！"

无论这位泰斗如何暴跳，自由对他是远离了。他只好无可奈何地在"秦始皇"为他安排的地方蹲下去——直到三年之后袁世凯皇帝当不成死了，章太炎才恢复了自由。这是后话，说到为止。

三

章太炎的事，只是一个小小的插曲，袁世凯没有把他当成大事，他得集中精力，为自己"正位"。

先选总统后立宪从舆论到法律都准备齐全了，袁世凯还是不放心。他怕到时候选票不够，前功尽弃，总统还是当不成。他依然忧心不定，闷在屋里。

是的，选总统虽然有了法律依据，但法律还规定，出席选举总统的国会会议议员必须是总议员人数的三分之二以上，而三分之二以上出席议会会员又必须有四分之三以上选票才能正式当选总统。否则，选举无效。袁世凯盘算盘算，国会中有多少议员是支持他的，会投他赞成票的；有多少议员是反对他的，投他不赞成票；还有多少是脚踏两只船的，会赞成也许会不赞成。这笔账算下来，袁世凯并不乐观，至少是没有足够的信心。

他着人去请参议院新选议长王家襄。袁世凯不找众议院议长。众议院议长叫汤化龙。袁世凯跟汤化龙是什么关系呢？说一件事人们便明白了：国民党和袁世凯在国会问题上第一次交锋，便是谁当众议院议长的问题。国民党提名是吴景濂，袁世凯的提名是汤化龙。第一次选举，当吴景濂的票数早已超过汤化龙时，会场竟乱了，继而连票箱也砸了；又选一次，仍如此。结果有人在会场上大叫："不问你是何党何派，只要你投汤化龙的票，每人给万金！"结果，汤化龙当选了。这样的众议院议长，袁有不放心？！本来，参议院议长是张继，张继这个议长不好当，才让位给袁世凯御用的进步党党员王家襄。袁应该对王信任的，可是，却又不放心，除了怕王不卖力之外，主要是王的身价不同：议会有个不成文的规矩，凡两院共同开会时，参议院议长即为当然主席，而主席在会议上的态度，又每每影响着整个会议的"基调"。所以，袁特别器重王家襄。

王家襄来到居仁堂楼下小客厅，自知其身价不一般，但又因身份不显，颇有点惶恐。只站着，恭恭敬敬地喊一声："大总统……"

"请坐吧。"袁世凯欠欠身，用手示意一下，"要开国会了，心中没有个底。想同你聊聊，看看还有没有准备不妥当的事，还有没有让我办的事？"

王家襄心里亮，袁世凯的"底"就是他当选总统的把握性；什么准备妥当不妥当，还不是摸摸选票！王家襄淡淡地笑着说："请大总统放心，我那个圈子里的人，我敢担保，万无一失。只是……"

"这里没有外人，有话直说。"袁世凯鼓励他。

"现在，共和党倒是可以同国民党抗衡。"王家襄说，"只是进步党中的共和、民主两个派系的人，还有些不定心，得认真想个办法……"

袁世凯没等他把话说完，便摇着手说："想多要几个钱不是？你给他们。我这里有。"

——为了抗衡国民党，袁世凯组织了一个御用的进步党。这个党包括统一党、共和党和民主党三支，还有一些被新收买的议员。这个进步党，只有统一党跟袁的关系比较密切，其他两党和一些散兵与袁素无渊源，只是某种利益所驱，才靠了袁。但却不坚决。比如共和党，自己就分出一部分人，成立新共和党。真正到了关键时刻，会不会为袁所用，袁不放心。所以，他想用重金去"坚定"他们。

王家襄点着头说："只有这个办法了。"

袁世凯一边点着头，一边说："会场上的气氛很重要。好在你是当然主席，到时候该怎么启发、引导，你心中有数就行了。再就是，不该让步的事，绝对不能让步。懂吗？"

这一说，王家襄真的糊涂了，"这是指的什么事？哪些事属于'不该让步'？"但是，他又不敢问明。只好诺诺应着："是是。不该让步的事，我决不让步！"

王家襄走了，袁世凯还是不放心，他着人去叫京师警察总监吴炳湘和军政执法处长陆建章。

袁世凯得算是一个有自知之明的人，在关键时候他不昏然自信，也不消极悲观，他要拿办法，用手段去争取胜利。他知道，放任地去让议员投票，他是不能当选总统的。无论他的手段还是目的，都不得人心；无论明处暗处，反他的潮流都在滚滚，骂他的人比崇他的人多。前日深夜，他在梦中已领略了国会给他的"殊荣"：济济一堂的国会议员，一个个怒目瞪眼，冲着袁世凯破口大骂，还有人用浓痰啐他。他躲闪不及，被推拥到主席台下，被按下了脑袋。此刻，只听一人在台上声嘶力竭地在宣读一篇檄文："袁世凯你还想当大总统，算了吧，滚到你项城老家去吧！中国人都知道你是个坏蛋！对清王朝，你不忠；对革命党，你不诚；对黎民百姓，你镇压；对同僚朋友，你又排又挤。你还算人吗？为了握有极权，你不择手段。我们看清你的脸膛了，我们不会选你当大总统的，并且要揭下你的假面具，让你遗臭万年……"袁世凯又恼又羞，无地自容。他侧目朝上看了看，正在大骂他的那人不是别人，正是被他软禁在龙泉寺的国学泰斗章炳麟。章炳麟冷笑着对他说："你把我困在龙泉寺，困不住。这里有龙相助我。我出来了，我得向世界揭露你的阴谋诡计，让世界人都骂你，还要把你压进十八层地狱，连个虫也不会来救你！"袁世凯仿佛觉得他真的被送进了地狱。他哭了，他求饶了："我不干坏事了，请大师相信我吧。我改邪归正，重新做人……"

他醒了。原来是一场梦。他久久地不安。

这毕竟只是一场梦，片刻的不安之后，袁世凯还是把精神集中放在选总统上。

陆建章、吴炳湘一起来到袁世凯面前。他们知道袁世凯让他们来干什么，但还是以虔诚之心，等待他交代。袁世凯示意他们坐下之后，便开门见山地说："离国会开会没多少天了，我心里不踏实。怎么办呢？你们拿个办法。"

陆、吴都是搞特务工作的，极善于察言观色。国会是国家政治生活的中心，国会的事找到特务了，要干什么，他们心中自然明白。陆建章对吴炳湘轻轻点一个首，吴炳湘会意了。忙说："请大总统放心，国会找麻烦，咱们就给他们点麻烦。只能咱左右他们，绝不能让他们左右了咱。"

袁世凯默不作声——显然，他对这位京都警察总监的回答不满意。怎么"给他们点麻烦"？怎么"左右他们"？空话。袁世凯不需要空话，需要的是行动，是措施。沉默片刻，他才把目光投给陆建章。

陆建章也觉得吴炳湘有点不识相，不该在大总统心焦的时候说空话。这位屠夫式的人物跟袁多年，算得上知音，算得上袁肚里的一条蛔虫，知道袁的为人。在为了达到一种目的的时候，袁世凯是不择手段的。他袁世凯办起事来都不择手段，这些听指挥的人还管什么策略。陆建章暗想，有袁世凯这个靠山，天大的事，"孩子哭了抱给他娘"，任他去。便说："大总统，与其到时候受人摆布，倒不如咱们先布下摆布人的阵容。看来，是非动真的不行了。"

其实，袁世凯心里早已算盘定，只是他不能明白说出而已。有人说袁世凯是个阴谋家，就是指的这些。他考验部下也常用这个办法，想准了要别人办的事，却又不明说，只旁敲侧击。对于那些领会快、反应积极的，他便视为心腹；对于那些经他敲之再三，却还死眼不睁的人，他便认为你笨，认为你无用。那就不用你。袁世凯见陆建章体会了他的意思，知道该如何做，但还是追问："说说，怎么摆布？"

陆建章是玩军耍武的，智谋韬略不足，用兵动武有余。他能有什么锦囊妙计？无非是兵！于是，他便明明白白地说："开会那一天，我派一批队伍，把国会会场包围起来，喊几阵口号，告诉那些捣蛋的议员'小心狗头'，不把总统选好，谁也别想安生。"

袁世凯露出微笑。他知道陆建章把事情看准了。但他还是摇着头说："不是上策。要知道：国会，在中国还是一个新东西，是潮流的产物。对它得热情。第一次开国会你就用兵，只怕会惹乱子。这事得慎重。"

陆建章皱着眉想了想，觉得也是。"国会是民主的化身，民主是世界进步的标志，大兵押着去开国会，总不雅。"他忙又改口说："这样如何？把兵化装，改成民，表明是代表人民大众的。议员在会内表达民主，这些人在会外表达民主，都是为了民主，就名正言顺了，谁也不会记恨谁。"

袁世凯点点,说:"只得如此了。"他顿了顿又说:"也得有个团体名称。否则,像是乌合之众,人家也瞧不起。我看……"

"就叫'公民团'如何?"陆建章说。

"可以。"袁世凯点头,"就叫'公民团'吧。"

吴炳湘忙又表现,说:"我在京都警察中挑选一批信得过的骨干,再训他们几天,派个头领领着,一定能干好。"

国会召开前夕,北京人渐渐知道了军警议会之外,中国又出现了一个"公民团"。这个团是干什么的,谁也说不清。

四

1913 年 10 月 6 日。

虽然快到"寒露"节了,北京城由于多日的秋高气爽,还是一派阳春天气。

颐和园的桂花开了,从万寿山香遍了昆明湖。难得有一个平静的日子,又是气爽花香,北京的男男女女大多从四合院里走出来,走向有树有花的地方,去舒一舒胸闷,去呼一呼新鲜。至于京城中将要发生什么样重大的事件,没有人关心。就像开国会,选总统,虽然中国还是开天辟地第一次——第一次又怎么样呢?昨天,据说有一位像章炳麟式的人物,长衫马褂来到装饰一新的国会会场外,聚精会神地端详了半天,又是摇头又是晃脑,谁也不知他想说什么。端详之后,又有仄有平、有韵有律地念起什么诗来。人们还以为他是个疯子呢,当人们真的注意了,只听到他念道:

……

笙歌西第留何客?

烟雨南朝换几家?

传得伤心临去语,

年年寒食哭天涯。

念完了,他走了,人们也各自去做该做的事了。

日升三竿的时候,国会大厅热闹了,穿长袍马褂的,着雁尾服的、披着朝服改装的大衫的,还有军戎齐楚的,三三两两,前前后后的各式人物走进来。他们是国会议员，是中国有史以来第一次开先例代表"民"来管理大事的人。新鲜着呢！

与议员走进会场的同时，一群群不三不四的人士也来到会场之外。会场外没有座椅，他们便比肩而立。后来，人群里忽然竖起来醒目的标牌，标牌上大书着"公民团"字样。路人才明白这便是日来传扬的一个新鲜玩意儿。它是干什么的？难道也是国会成员？也要投总统一票？但又不进选举会场。疑虑的目光不断交织，但谁也得不到答案。不久，散乱的公民团开始规矩了，一群群、一队队，归拢之后，又各占一方。瞬间，便把国会会场里三层、外三层地包围起来。随之，便是口号声：我们拥护袁世凯做大总统！国会要选袁世凯当大总统！

选不好大总统，谁也别想从会场上走出去……

果然不错，参议院议长王家襄主持了开天辟地的中国第一次国会大会，但却极不顺利——

王家襄，有点发福的体型，罩一件银灰色长衫，光着刚刚剃去辫子的、有些青紫的脑袋，鼻梁上架一副并不深度的花镜；长长的脸膛，大约是感到了负担太重，一直蒙着冰霜。

他终于站起来，手里捧张纸片，端详了半天，才仰起面来，对着寂静无声的国会会场用低沉的声音说："今天到会两院国会议员共七百五十九人，符合法定人数，我宣布：国会会议开幕！"

场内奏起音乐，场外放起鞭炮，热闹一阵之后，王家襄又说："本次国会会议议程，是选举大总统。根据总统选举法规定：总统选举以选举人总数三分之二以上出席，用无记名投票行之，以得票满投票人数四分之三者为当选。但两次投票无人当选时，就第二次得票较多者二人决选之，以得票过投票人之半者为当选。"

王家襄嘟嘟囔囔读着文字，会场嗡嗡响着嘈杂声。似乎这些铁定的标准并不是人们关心的事。众多议员是在想，真的要选总统了，自己的那一票有"价"了，该怎么用好它？能不能如按自己意愿来用？国会议员们大多是有才有识、聪明伶俐的，他们都看得清清楚楚，会场之外那群"公民团"，是一伙公民之外的家伙组成的，他们要夺议员的权，议员要听他们的。不听他们的，就会有一场大乱事。想到这些，这群代表人民大众的议员，连自己的生命安全也有些忧虑了。"秀才见了兵，有礼说不清。"秀才若是见了流氓、恶棍，连"说"也给你剥夺了。这些议员不能不有所顾忌。会场一阵嘈杂之后，大会主席、参议院议长着人把选票发到议员们手中，然后把桌子拍了拍，让大家静静，这才说："选举是庄严的，要以庄严的态度来行使个人权利：你认为有资格当大总统的，就投他赞成的一票；你认为该候选人无当大总统的资格，就投他一张反对票；不赞成也不反对，弃权也可以。现在开始填票选举。"

这同样是一番废话，是没有人进任何人耳中的废话。议员们手捧着选票，心想着生命，该怎么选？心神恍惚呀！此次选举，总统、副总统候选人都是没有竞选对象的，除了赞成不赞成之外，只有把选票当废纸扔了。

会场寂静无声，写票、投票依序进行。然后，检票、查票、数票也依序进行。选举结果：总统候选人袁世凯得票四百一十七张，副总统候选人黎元洪得票一百五十四张，均不是法定当选票数。第一次选举流产。

流产了，议员们有的便想趁机离开会场，让总统这个角色继续"临时"下去。袁氏的御用党——进步党——发难了。几个好汉站出来，大叫："不能散会，今日需要继续选举！"

会议主席趁着这个"台阶"，自然会报袁世凯一片忠心。他宣布："休息十分钟，继续选举。"

第二次选举又流产了——袁世凯的选票多了二十六张，黎元洪的选票增加了八张。仍然不够法定额。

形势紧张了：选票不够，袁世凯当不了正式总统；袁世凯当不了正式总统，会场外那群"公民团"的好汉们便不放手。此时，红日早已坠落西山，鸡入圈、鸟归巢、街巷中的路灯齐放光明；无际的蓝天天幕上，也渐渐洒满了晶晶亮亮的星星。入夜了，国会议员们的午餐尚未入肚，许多人肚子开演了"空城计"。肚子咕噜噜，口里也嘟囔嚷了："拿不动笔了，腹空眼花手颤，喂喂肚子再开会吧！"

"饿死了。饿死议员连票也无法投了。"

正在此时，忽然有一群人闯进会场。其中一个身材高大的汉子，不顾体统地登上桌子，大声叫道："我等统是公民团，是来观盛举的。今日推选正式大总统，关系重大。袁总统贤良，为诸位所知，若另选一个不满人望的总统，将来把国家治乱了，那就是你们的过错。到那一天，我们公民团是不讲情面的。与其日后遭灾，何不今日审慎。谁不听劝，便休想走出议院一步！"

主席忙站出来劝说，又把两院头脑请到一起，故作心事重重地说："诸位、诸位，我看目下形势，非举项城为总统，恐不得了。你们当该细审，项城左右，统思乘此立功。据我愚见，不如速举项城为正式总统，免得君权复活。请诸位洞明时局，谅也不以为谬。"

软硬措施一起来，更加一条"饿肚子"的苦肉计，一些坚持不同意见的议员们棱角也被磨平了：害怕、厌恶，加上无奈。当王家襄宣布第三次投票时，议员们无可奈何地握着笔，草草地写上"袁世凯"三个字，投进票箱。在深沉的夜幕中，袁世凯终于当选为中华民国正式大总统。

消息从会场内传出，场外一阵欢呼："大总统万岁！"这是"公民团"的欢呼声——好一群忠实的公民团，他们从上午包围会场起，直到深夜呼出这个五个字，共经历了十四个小时，这些人不吃不喝，两条腿直立着，呼喊完了，才离开会场。第二天，要选副总统了，公民党再不光临，而七百一十九人投票，黎元洪竟以六百一十票当选。

总统选出的当日，国务院即向各省都督、民政长、将军、都统、办事长官、经略使、镇边使、宣抚使、镇守使和宣慰使发出通电：

> 本日国会组织总统选举会，依法选举。临时大总统袁公，当选为大总统，特此通告，希转知省议会，并通电所属各县，一体知照。

又由外交部总长孙宝琦照会驻京各国公使：

> 为照会事：中华民国二年十月六日，经国民议会依大总统选举法选举大总统，兹据议长报告，现任临时大总统袁世凯，当选为中华民国大总统，定于十月十日行就职礼。相应照会贵署理公使大臣、署理大臣查照，即希转达贵国政府可也。须至照会者。

五

国会选举大总统这一天，中南海的居仁堂里，从富丽堂皇的客厅、办公厅，到神神秘秘的深宅，到处一派寂静。寂静得像深山老林中一座衰败的古刹，除了几片黄叶的落地和随风滚动声，一切都死了。交替着从国会会场回来传递消息的仆人，也是神秘而来又神秘而去。

　　袁世凯先是闷坐在居仁堂楼上他的办公室，坐在一张紫檀木的八仙桌边，仆从们大多被他打发到国会开会的地方去了，只有他最喜欢的五姨太、天津杨柳青人杨氏在他身边侍候。彰德的那一场家庭大混战之后，袁世凯深悟了家事的烦恼，妻妾的矛盾不是凭着权威能解决得了的。他改变了昔日吹胡子瞪眼睛的办法，而换成了怀柔，换成了八方讨好；心烦的时候，便一概疏远。到了中南海，他作为居室的居仁堂楼上，只有他喜欢的两个女儿静雪和仲祯同住，直到为选总统事大忙了，才把五姨太从后边的楼上移过来。就因为这，和她同居一楼的六、八、九三个姨太还说了许多冷嘲热讽的言语。然后，风风火火地跑到大姨太沈氏那里告一状，说"她第五的真要升升位了"。幸好，沈氏对争名夺利已经心灰意冷了，再加上人已半老徐娘，索性清心寡欲，多一事不如少一事，也便摇摇头任它去了。沈氏的让步，杨氏的有恃无恐，整个居仁堂都成了五姨太的天下。这女人也真行，上上下下都能拢得住：对夫人于氏，毕恭毕敬，但又能敬而远之；对沈氏虽嫉恨，但又能毕躬献媚，不计前嫌，大事小事狗颠屁股地跑去请个"示"；对其他姐妹，则以宽厚为怀，多加关照。如此这般，举家倒也相安无事，平平静静。

　　杨氏明白这几日京中发生过和发生着的事情，她遵照家训，绝不插嘴，只是用柔情，去稳定、去温暖袁世凯的心，尽做些他想吃的，尽说些他想听的。人都走了，袁世凯反而觉得寂寞了，心中焦焦急急的事，便只好同杨氏唠叨几句。

　　"小五，"袁世凯用极庄重的语气对杨氏说，"你过来，我有事问你。"

　　杨氏凑过来，紧紧偎依着他的座椅，说："大人，这两天寝食都乱了，瞧你瘦的！还老是这事那事的乱想想，不能清静清静吗？"

　　听着这娇声娇气的话，袁世凯心里热乎乎的。但是，他还是一本正经地说："小五，选总统这事，你看是成的成分大呢，还是败的成分大？"

　　杨氏明白，选总统的事是最关心的事。这几天，她目睹耳闻的都是这些事，乍喜乍惊的也是这事。她和袁世凯一样，盼着成功。一人当官，鸡犬升天。何况一人当了总统，那全家还不都成了天上的第一等人！所以，她尽管知道麻烦事不少，还是态度坚决地说："成，一定成。绝不会败。"

　　"为什么？"袁世凯喜不起来，他知道反对他的人不少。

　　杨氏之所以敢说这句大话，是因为她心里明白，袁世凯已派大兵包围国会了，国民党千军万马都斗不过袁世凯，何况几百个手无寸铁的芸芸众生！但是，杨氏毕竟是机灵人，她不想揭穿袁世凯不愿揭穿的秘密。所以，她只淡淡地一笑说："大人，你是想考考我，对吗？"

"就算吧。"

"我可不是瞎蒙。是实话。前几夜里我睡得迷迷糊糊，就见一个白胡子老头走进屋里来，笑嘻嘻地说：'恭喜你了，贺喜你了！'我说：'我有什么喜呢？'他说：'你家老爷就要做大总统了，中国都姓袁了，怎么不喜！'我想再问他点什么，白胡子老头早笑哈哈地飘上云端了。"

袁世凯像六月天吞了一块凉西瓜，从口甜到心窝，一阵飘飘入仙之感。但他还是晃着脑袋说："梦中之景怎可相信，不过是一种幻觉而已。好了，好了，你去忙你的吧，我想养养神。"

杨氏点着头退了出去。袁世凯望着她飘去的身影，还在思索着白胡子老头的言语。

日偏西了，洒在地面上的树枝阴影已慢慢地移到粉墙上；天空从遥远的东方起，渐渐把一幅巨大的灰色幕帐扯向西方；北京城由明丽进入了朦胧。

国会会场传来的消息，使袁世凯一直展不开的双眉锁得更紧，有点僵硬的体型，增添着呆痴。选举是不顺利的，他早有预测。否则，他不会把一大批军警化成"公民团"，不顾体统地包围几千年古国出现的第一件新生事物——国会。可是，真的不顺利成为事实了，他又感到意外。第一次投票有了结果，他的密探满头大汗跑来报与他时，他像屁股上挨了一猎枪似的，猛地跳起，怒目对着报信人，仿佛就是他造成的这个下场。怒视有时，终于还是无法自控地扬起巴掌，狠狠地朝报信人扇了过去。口中还喷着唾液，大骂道："放屁，放屁！我不信有人敢……"三个小时后，当密探第二次跑进来报告他第二次又落选的讯息时，他没有跳，也没有怒目，更没有扬巴掌，而是像一只穿了洞的皮球，气漏完了，只剩下一张软乎乎的皮躺在太师椅上，闭目垂首，一声不响；搭在椅子扶手上的一双手，也有些颤动。许久许久之后，才缓缓地扬起右手，示意报信人："去吧，去吧。"

小房子里静悄悄的，他不许别人进来，允许进来的人他也撵出去了。现在，只剩下他自己了，他油然产生了孤独感，觉得自己掉进了深渊，没有人来挽救他，他自己连呼救的力气也没有了；透窗吹进来的风，忽然间便裹含着冰霜般的寒凉。

五十五岁的袁世凯，早已感到了"老之至，万一这一次腾达不起来，这一生的政治生涯便了结了"。他认定老天爷不会给他时间了。养疴彰德，他虽然五十岁了，心不老，他预测形势会瞬息万变，他有回旋的余地。现在，清王朝不复存在了，革命军的国民党也没有用武的能力了。战争暂时平息了，一切国家大事都以政治解决，都依赖着民心向背。"国会就是不选我当总统，我总不会把全体议员都杀光的吧？那又怎么办呢？"争总统毕竟不同于争一城一地，枪杆子并不能完全解决。这一次国会选举若是良机失了，明天自己将是庶民了。袁世凯不甘心。"难道我枪林弹雨大半生，最后竟倒在'选票'之中吗？！"

他派人去"火速把陆建章找来！"陆建章满头大汗来到他面前。

"难道就眼睁睁地败在选票下吗？"袁世凯气急败坏了，"我不相信，咱们连大清王朝都有办法对付，武昌乱得那么凶也成不了气候，眼下……"

陆建章一直在国会会场左右，会场上发生的一切，他了如指掌。他也着急呀！他比袁世凯还着急。这个杀人如宰鸡的屠夫，早想扬刀了，只是刀不那么易扬，袁世凯还没有交给他"镇压"这个任务。现在，他站在袁世凯面前了，看见袁世凯盛怒了，他倒是收敛些了。

"我已经让人冲进会场了。"陆建章说，"不过，请大总统放心，不是镇压，而是震慑。另外，王家襄也正在开各派各地有影响人士会议，让他们作保，进行第三次投票。"

"万一第三次再不行呢？"袁世凯心神不定。

"第三次……"陆建章迟疑着说，"我想不会。"

"我是说万一。"

"万一倒是好了。"

"为什么？"

"总统都不要了，咱们还要他议员、国会干什么？"

"嗯，是这个道理。"袁世凯呆痴的双眼闪了一下光。略一沉思，他又说："你的话说得好，还是先用'震慑'的办法，以办成事为目的。动干戈不是上策。"

"我马上到会场去看看，把您的话告诉王议长。"

深夜十时，陆建章、吴炳湘领着"公民团"的头头们，兴致勃勃地跑进中南海，刚刚望见居仁堂的房影，便齐声疾呼："大总统万岁！大总统万岁！"

已经焦急得半死不活的袁世凯，听得院外有人欢呼，知道大事已如愿，立即转忧为喜，来了精神，又像充足了气的球，"腾——"地跳起，双手推开屋门，大踏步迎了出来。一忽儿，中南海里所有的楼阁厅榭亭台，所有有灯的地方，灯火齐明，处处辉煌；所有在这片地方的男女都被叫醒了，大家欢呼着向居仁堂走去！居仁堂顿时一片欢腾！同时，居仁堂和这里所有有炉灶的地方都生起了火，大大小小的餐厅全都布排了八仙桌，安定太师椅，摆上最著名的陶瓷炊具——一场欢乐的夜宴开始了。要知道，中南海在这一天，从早八点起业经断了炊烟，谁也进不去水米。现在，大总统选定了，他们都感到饿了，早有人呼"饭"去了。

六

一夜东风紧，天明万树花！

中南海的金秋由浓变淡了。当一夜的狂欢度过之后，朝阳送来的，却是一派盎然春色！

袁世凯把他的妻妾子女、老伙、老干们通通召到居仁堂的大厅里，正儿八经亲口宣布他成为"正式总统"了，"要和大家一起欢庆，所有的人不分高下，都是家人，务必尽欢！"

袁世凯来到于氏夫人面前，面对那位满面皱纹，头有霜发的发妻，不知是忽然良心发现，产生了内疚，还是因为即了大位、大喜过望，竟然洒出了泪，把几十年如一日，偶尔相见时只说的一句"太太，你好！"也更新了内容："太太，慰亭亏待你了，对不住你。"比袁世凯大两岁，却比袁世凯见老十岁的于氏，含着两眼泪，想起了几十年的"活寡"岁月，但却强作笑颜地说："今天是大人的大喜，是咱全家人的大喜，我向大人道喜！"一句戏言、同床异梦三十余年的夫妻，总算在忧伤之外，又添了一抹情思！

袁世凯来到大姨太沈氏面前，朝着这个曾经对他拔刀相助，扶他渡过难关的女子深深鞠躬，但却一言不出，只给她一副带着歉意的笑脸。沈氏莞尔一笑，还了他一个示意性的"万福"，然后说："恭喜大人，贺喜大人！"

当袁世凯与其他家人点首示意之后来到大儿子克定面前时，他停下脚步，仿佛有许多话要对他说。但是，他只轻轻地叹了声气，然后拍了拍他的肩，便离去了……

10月10日，中华民国的第二个国庆日。袁世凯将在这一天，在前清皇帝登基以及元旦诞辰受百官朝贺的太和殿正式就任中华民国大总统之职。

太和殿是故宫三大殿之一，为外朝前殿。始建于明永乐十八年（1420年），初名奉天殿，嘉靖四十一年（1562年）改名皇极殿；清顺治二年（1645年）改叫太和殿，俗称金銮殿。殿建筑于三层汉白玉台基之上，四周皆有石护栏。面阔十一间，进深五间，殿内有沥粉金漆柱和蟠龙藻井，金漆雕龙宝座。是封建皇权的象征。袁世凯在这样的地方就职，显然是含有代清受命的意思。

这一天，太和殿中，洒扫清洁，布置整齐，陈设华丽。有戴全金线军盔、着蓝色制服、佩带军刀的卫士三百二十人分两排站列在殿中，形成一个警卫胡同。参加大礼的官员有参众两院议长、议员和简任以上、上校以上文武官员，还有各国公使，清室代表贝子溥伦以及蒙古族代表，在野官僚，名流士绅，金融、报界人物。

十时将至，先来了四人抬的彩舆四座。走下来的四位是：总统府秘书长梁士诒，秘书夏寿田，皆着燕尾服；侍从武官长荫昌，军事处参议代理处长唐在礼，皆着钴蓝色军礼服，戴叠羽帽，佩参谋带。最后是袁世凯乘的八人抬彩轿。

袁世凯从轿中下来，着一身金线装饰的也是钴蓝色的陆海军大元帅礼服，神情略显呆滞。下轿后即由梁士诒等四人拥护前行，登上主席台，面南而坐。肃穆的大殿中有人窃窃私语："大总统怎么着元帅服？难道是军政府？"

"袁即靠练兵起家，当然是军政府了！"

大礼官黄开文见一切准备就绪，即命赞礼官程克赞礼。无非是说些吉祥、热烈的言语，宣布"袁世凯当中华民国大总统了"！按照事前的"导演"，袁世凯知道是该自己出场的时候了，便站起身来，面向议长、议员席，拿出一张事先别人代拟的"誓词"词稿，故意沉默一下，而后宣誓：余誓以至诚，谨守宪法，执行中华民国大总统之职务。

誓毕，袁世凯向各方鞠躬。

旁列众人随之高呼："万岁，万岁！"袁世凯微笑点头。

大礼官又将长篇宣言递袁，袁重新起立，宣誓。无非是些民国好，国运昌，他以后如何忠于职守，带领国民建好国家之类的词调，没多少新鲜玩意儿；几句许诺，也是空空洞洞。他虽然振振有词地朗读，听者却提不起神。宣言读完了，大礼也就完成了。秘书长梁士诒这才陪着袁世凯去召见各国公使。

对于袁世凯的这个民国，最初，各国均抱观望态度，只有美洲少数国家表现友好；美洲之外的国家，多在彷徨却顾，不肯承认。自从国会通过，又确定择期就职大仪，于是，才有欧洲国家匆匆致中国外交部照会，"承认中华民国，愿敦睦谊"。因此，参加总统就职的外国使节便有：俄、法、英、德、奥、意、日、比、丹、葡、荷、瑞、挪等国。袁世凯十分高兴，这证明他再三论断的"民国有了正式总统，各国才肯承认"的鬼话是"真理"。

召见完了外国公使，又忙着召见清皇室代表。贝子溥伦是袁世凯的老熟人了；因为他是皇室显贵，昔日袁世凯总是仰脸相对他。今天，他虽然当了大总统了，仍觉这贝子的身份不一般，还是厚待他，拱手、打躬、问候，并且将早已拟就藏在身上的给大清宣统皇帝的一封信从衣袋中取出，一边递给溥伦，一边说："请阁下代我向皇帝陛下致意。"溥伦接过信，也不伦不类地叫了一声"万岁！"但是，心中却在嘀咕："袁世凯把我大清王朝灭了，他当了大总统，今天又致信给皇上，这是什么意思？"袁世凯离开他们之后，他便偷偷地打开，却见上边写着：

大清皇帝陛下：

中华民国大总统谨致书大清皇帝陛下，兹于宣统三年十二月二十五日奉大清隆裕皇太后懿旨，将统治权公诸全国，定为共和立宪政体，命袁世凯以全权组织临时共和政府，含汉满蒙藏回五族完全领土为一大中华民国。旋经国民公举为中华民国临时大总统。受命以来，两稔于兹，深虞陨越。今幸内乱已平，大局安定，于中华民国二年十月六日经国民公举为正式大总统。国权实行统一，友邦皆已承认，于是年十月十日受任。凡我五族人民皆有进于之明，跻于太平之希望。此皆仰荷大清隆裕皇太后暨大清皇帝天下为公、唐虞揖让之盛轨，乃克臻此。我五族人民感戴兹德，如日月之照临，山河之涵育，久而弥昭，远而弥挚。维有董督国民，聿新治化，恪守优待条件，使民国巩固，五族协和，庶有以慰大清隆裕皇太后在天之灵。用特报告，并祝万福。

中华民国二年十月十九日　袁世凯

溥伦把信原封藏好，心里暗自嘀咕："袁世凯究竟是不是曹操？"

下午，又在天安门广场举行了盛大的阅兵式。

袁世凯终于当上了中华民国正儿八经的大总统。

第十一章
非法国会，会选出合法总统？

比平地高的，是大山；比大山高的，是白云；比白云高的，是蓝天；比蓝天高的，是人心！

国会被迫把袁世凯选为合法的大总统了。然而，袁世凯却宣布国会是非法的，竟下令解散了。

一

几天来，夜以继日的欢腾，把个中南海几乎闹得底朝天，树木、花草、楼台亭榭，连那几池清澈的积水都累了。当人们需要嘘唏喘吁的时候，一切都顿然死一般的寂寞。这片辽时开辟、金代称为万宁宫、元建大都时划入"大内"、明时有了大发展的京中禁苑，虽然有过自己的光彩岁月，但她不过是皇家的园林之一，却不曾有过作为国家最高权力机关的殊荣！现在不同了，这里作为总统府了，大总统坐这里了，又是开天辟地中国第一个大总统，更是不同。累是累了，但她更光彩了，那布置有序的楼台殿阁，那丰富多彩的建筑形式，都让人觉得她美！

袁世凯在他居仁堂寝室睡了个够，把几天来的兴奋、劳累都驱走之后，在洒满阳光的窗下洗漱完了，这才推开门扇，从高旷的天空，看到壮观的瀛台和紫光阁、宝月楼。他暗自笑了："天下是我的了，北京是我的了，中南海里的一草一木全是我的了！"连日的狂欢，袁世凯对一切都感到满足。有什么不满足的呢？想得天下，天下都归自己了。袁世凯也曾暗想：贵为天子了，上承天命，下抚黎民，为我们这个疮痍满目的国家尽心尽力地办些好事吧，忘却昔日的恩恩怨怨，心胸要像大海一样，容纳百川，把所有的人都团结起来，共同建设一个富强的中华民国，自己成为一代有口皆碑的明君！

不过，袁世凯这种善良而美好的想象，只在一夜之间便消失了。当他望尽了这片蓝天白云下的秋高气爽之后，他猛然间觉得自己错了，觉得自己犯了孩子的幻想。"天下有那么太平？我身边全是好人？要夺我权的还大有人在！我绝不高枕大睡！"几天来挂在脸上的微笑不见了，舒展开的眉宇又锁起来，一直裂开的大嘴也闭上了，一抹杀气出现在额上。他把推开的门扇又关闭起来，移动着沉重的身子坐进太师椅。

袁世凯沉默地吸着雪茄，任那股茫茫白烟在他面前飘来飘去，他却在思索着熟悉的人，思索着人结成的团体，思索着团体在干什么，会干什么。

袁世凯在原籍河南项城还是孩子时，便萌生出要当"孩子王"的思想。和孩子们在一起玩耍，总要孩子们都听他指挥，谁不听他的，他便把谁挤出去。挤来挤去，最后只剩下他自己了。那些被挤出去的孩子竟结成了一个牢固的同盟，绝不与他为伍。袁世凯被孤立了。二十一岁投山东淮军，也是抱定"只指挥别人，不受别人指挥"的傲强心。这种心态，就像他孩子时肚皮上生的一个毒瘤疱一样，疱虽好了，那个铜钱大小的疤痕却永远也除不掉了，并且更坚硬了。这几年，表现最突出的，是他彰德复出，一个被朝廷贬家的庶民，给个都督、钦差大臣，够高抬的了！可是，他非要那席内阁总理不可。谁能比得了他这般？！现在，大总统到手了，位居极峰，在峰巅要干什么，他自己没有一套成熟的措施。可是，对于在极峰上的人曾经干过什么，怎么干的，比如皇帝，他是一清二楚的，也是曾经垂涎羡慕、决心效法的。他沉思了许久，雪茄也燃尽了，他也想出办法和目标来了——他感到当前最令他不舒服的是国会。"国会要监督我，国会制定这个法、那个法要约束我，我这个总统当下去还有何意思？"他愤恨了半天，又想："我不能够听从国会的，我要国会和它立的法都得为我所用。否则，我将不要国会！"

袁世凯就职大总统的第八天——即10月18日——突然派出施遇等八人代表他列席宪法会议，并向主持宪法会议的国会交去一篇咨文，命令式地对国会说："本大总统既为代表政府、总揽政务之国家元首，于关系治乱兴亡之大法，若不能有一定之意思表示，使议法者知所折中，则由国家根本大法所发生之危险，势必酝酿于无形，其或挽救无术。因此，特饬国务院派遣委员八人列席宪法会议，代达本大总统之意见。"

国会在"先选总统后立宪"的问题上已经表现了极大的让步，引起大多议员的不满。如今，总统选出了，要立宪法了，大总统却又不伦不类地派出八名代表，企图控制立宪，这简直是"岂有此理！"何况袁世凯在他的咨文中已明白提出要把"责任内阁制"修改为"总统制"，并把《临时约法》所规定的"大总统得制定官制、官规，得任命国务员及外交使节，得宣战、媾和及与外国缔结条约，但均须交参议院议决或取得参议院之同意"等条文，取消"但书"。这就是说，大总统想干什么都无须国会同意。

议员们愤怒了，有人说："这是大总统无视国会，干涉制宪。"有人说："大总统这是要我们制定一部只供他个人所用的宪法。国会成了招牌，议员成了摆设，我们不干！"

宪法会议拒不接受八代表，并退回了袁世凯的咨文。

八代表被拒之国会门外，袁世凯头顶炸了一个沉雷！这是他当了总统之后的第一招，没想到第一招便大失脸面。袁世凯发怒了，他拍着桌子，唾沫四溅大叫："不得了，不得了！国会选我当总统，国会根本就蔑视我这个总统。我知道，这是国民党议员起的横，是国民党对我的发难。国民党是坏人的党，是祸国殃民的党。我们不能要这个党了，要宣布这个党是非法的，要解散它！"

袁世凯历来是想得出，做得到的。他手下有人，文武齐全；文武齐用，不怕你反抗。10月25日，袁世凯下了一道密令给各省军民长官，要他们五日之内每人写来一篇声讨国民党和国会的"檄文"，必须骂他们"操纵、把持了宪法起草委员会，宪法草案侵犯了政府特权，消灭行政独立，形成国会专制"。要务必把国民党、国会臭骂一顿。

一声令下，四方出动。袁世凯本来还想着各地"檄文"送到北京，由他挑选通电发出。谁知他的部下更积极，竟是独自从各地便把通电发出了。最早行动的是：辫子军大帅张勋，淮军老将姜桂题，安徽都督倪嗣冲。接二连三，南北齐动。张勋自告奋勇，"诛助叛逆，万死不辞"；姜桂题则主张"取消党会，扫除机关"；倪嗣冲咬牙切齿主张"解散国民党"，说"凡该党身居要津者，均驱之回籍"；主张解散国会者，更几乎是人人之愿。一时间，闹腾得满天乌云，一片狂吠！国民党、国会眨眼间成了非法组织，成了全国人民的公敌！

这样做，痛快倒是痛快，连袁世凯在内，他们却在做一场荒唐的把戏，而且做得十分拙劣：这些武夫们口口声声所骂的国会，他们所拥戴的正式大总统，不正是由这个"国民公敌""叛逆机关"所选出的吗？就像一头老驴生下一只小驴一样，老驴若是假驴了，小驴能是什么货色呢？

正式总统刚出生，天下大乱了，国中有识之士以为不祥。一些怀有忧国忧民思想的人便想"为国效力"，共挽残局。司法总长梁启超从法的角度思考，觉得袁世凯要解散国民党"是一个极大的失策"，便匆匆忙忙地跑进中南海，要竭力劝袁，"慎举此步"。可是，居仁堂的侍卫却死死地拦住他，说："总统有要紧的公事，请总长改日再来。"

梁启超急了，他大声说："我正是有最要紧的公事，才来和总统商量！"

"总统有令，今日不见人。"

"总统不见的是外人，"梁启超说，"他不会连我这个总长也不见。"说着，硬是往里冲。

梁启超来到袁世凯面前，喘息未定，便说明来意。正想劝阻袁不要采取过激行动时，袁世凯摆着手，淡淡地笑了。

"卓如，你来晚了，解散国民党的命令已经发下去了。"

"啊？！"司法总长傻了。

二

11月4日，袁世凯发布了解散国民党的命令。

解散国民党的命令是以通电的形式快速向全国发布的，捏造的罪名为："乱党首魁与乱党议员潜湘构煽"，危害国家。命令规定："自湖口倡乱之日起，凡国会议员之籍隶该党者，一律追缴议员证书、徽章，一面由内务总长从速行令各该选举监督暨初选监督，分别查取本届合法之参众两院候选人，如额递补。"与此同时，又下了一道命令："广东、湖南为该党之根据地，暴民专制，土匪横行。嗣后如再有以党之名义演说，开会及发布传单者，均属乱党，一律拿办。"

命令发布当天，袁世凯便派出军警三百多人包围了彰仪门大街国民党北京支部，次日，又包围了参众两院。同时派军警去抄查国民党议员的家。从京城到全国各地，一时间，消灭国民党的行动接连展开。有人说，这场运动比在袁世凯的老家河南剿杀白狼起义军的声势还要大许多倍。

袁世凯消灭国民党的行动，也同时打击着他的御用党——进步党。

进步党是袁世凯对付国民党的工具，在国民党气息奄奄的时候，过分地打击国民党议员，已经使进步党议员产生了"兔死狐悲"之感。精明人都清楚，袁的真正心腹是枪杆子，是他小站拉起的武士。袁世凯今天可以用武力镇压国民党，明天便会用武力镇压别的党。谁不知道，袁世凯是乘着国民党、革命军武昌起义发迹的，更是依靠国民党有了高位、大权。他得恩不报，反而为仇，谁还敢同他相处呢？早在袁世凯酝酿解散国民党时，进步党便感到前途可悲即与国民党议员联合起来，组织一个"拥护民主、拥护宪法草案"的民宪社。他们主张"对国会议员的除名问题应由国会自行决定"。袁世凯对国民党采取行动之后，进步党另一个领袖、众议院议长汤化龙也很着急，他认为"议员除名问题，应由国会本身解决，外力干涉是不合法的。政府如认为某些议员有附乱嫌疑，可以提出确实证据，咨交国会依法处理"。他要议会办公人员"以后开会发通知，不论任何党派议员，一律照常投递"。他自己还鼓起勇气，去向袁世凯请求发还议员证书、徽章，以保持国会正常活动。不过，袁世凯只给他一个冷眼，便把他阻了回来。

国民党成为非法的党了，国会"升级"了，升级到成为袁大总统的主要绊脚石。

赵匡胤当初是不允许别人在他床前打呼噜的，那是为他大宋一统江山；而袁世凯为他的一统江山，怎么能允许别人在他面前指手画脚呢？他皱着眉头，想了许久，最后下了决心，像对待国民党一样：解散国会。

解散国会可不像解散国民党一样，加一个"乱党"罪名就可以下一道命令。解散国会，可得堂而皇之地行文，还得内阁副署。熊内阁能否副署，又成了袁世凯的胸中大惑。

1913 年 11 月 3 日。

北京又是一个天高气爽，阳光明丽的日子。

国务院总理熊希龄应大总统袁世凯之约，来到居仁堂议事。四十四岁的熊希龄，面上过早地呈现出老态了，一副疲惫像，眼神也显得不足。他素常不是这样，二十几岁做翰林院吉士时，以标致、机灵风流朝堂，他是光绪同科进士中的佼佼者。要不，维新运动他被革职之后，怎么还会被派作参赞随五大臣出洋考察宪政？熊希龄得算袁世凯的心腹，他帮袁夺权出过力。所以，他不仅当了袁政府的首任财政总长，现在还是袁政府的内阁总理。

大约正是官大了，事多了，熊希龄的心思也多了，愁肠也多了，和袁世凯的关系也出现了鸿沟。以致，每当袁世凯与他单独相聚时，他都揣着惶惶不安的心情。此次来居仁堂也是如此。

熊希龄和袁世凯一见面，就有点慌张地说："大总统，你好吗？"袁世凯微笑着伸手示意让座："秉三，请坐。我有事同你商量。"

熊希龄点头，坐下，正要答"请"，忽有人进来。"报告总统，有外国公使来谒。"

袁世凯一愣神，一边答应"有请！"一边对熊希龄说："秉三，你先到我办公室坐坐，我应酬一下就来。"

公府常规，礼节上先外后内。熊希龄自然不感意外，便点头退到袁的办公室。袁世凯自去接待公使。

熊希龄在袁办公室坐定，无意间朝桌上一搭眼，心中便猛然一惊！原来那上面是放着一摞前司法总长许世英查报的"避暑山庄盗宝案"文书。熊希龄颤动着手，翻阅起来——

早在唐绍仪内阁倒台之际，袁世凯便让任着财政总长的熊希龄改任热河都统。热河，清初设厅，后改承德府，设都统；民初，改特别区，仍设都统，其管辖地区，除热河道外，还有蒙古喀喇沁、敖汉、翁牛特等旗。区划与权治并未完全明确。熊到任后，特别青睐这片避暑山庄，就大力革新，将热河都统公署改称热河行政公署，把自己的办公室、居室也搬进了山庄。熊住进以后，曾派亲信、公署总务科长杨显曾清点庄内宝物，自然免不了混水摸鱼，并将其中一件乾隆喜用的折扇送给了淮军老将姜桂题。哪知这位熊以为是朋友的人却不够朋友，他随时将这把折扇送给了袁世凯，并告密说"熊希龄在避暑山庄盗了宝"。之后，熊希龄想摆脱干系，曾以"庄内古物，久经年所，恐有被前任经营人员偷换"情事，向袁世凯报请运京，袁世凯因为"心中有数"，便未表示可否。不久，便传出了"避暑山庄盗宝案"，熊希龄自然成为嫌疑主犯。袁世凯历来用人都是有"术"的，越想大用，越是下狠心抓你的小辫子。在他决定由熊组阁时，便派许世英去查盗宝案。许世英明察暗访，搜集材料，汇成文书，呈报给袁。袁世凯想解散国民党，解散国会了，他怕熊希龄不与副署，便略施一条小计，让熊希龄先"见识见识"，敲他一锤。

熊希龄心中有鬼，又胆小怕事。盗宝卷看了个大概，便心惊胆战，满脸惊慌了。他明白，袁世凯想除掉他了。但他却是不理解，他自觉还是忠于他的。"在这个时刻，他袁世凯刚刚当上正式大总统，为什么要除掉我呢？"他又想："袁世凯既然要处置我了，为什么还把这个材料明三亮四地放在眼面上，不避讳我？难道是粗心大意吗？不，不是粗心大意。袁世凯在这些问题上总是慎之再三，杀了你也不让你知道刀从何下的。"他迷惑了，他又惊又恐又锁眉，却不知下一步会出现何事？

"外事"完了，袁世凯推门进来。一见熊这模样，便以关切的口吻说："秉三，你昨晚别是因为太忙没有睡好觉吧？瞧你，为什么面色这样不好看、精神这么疲惫呢？"

熊希龄忙摇头，说："没有，没有什么不舒服。我挺好，挺好的。大总统太关心秉三了，偏爱得眼神也花了。"

"这就好，这就好。"袁世凯把茶杯推到熊希龄面前，又从烟盒中抽一支雪茄递给他，这才叹息着说："真正像秉三你这样的忧国忧民之士太少了，国事不好向前推进呀！"话说到这里，又猛转话头。"噢呀！我忘了对你说了，这份材料你看了吗？"他指着许世英的那个调查"盗宝案"说："有的人，干正事无能，多方找别人的麻烦倒是大有能耐。有人提出了这件事，我又不能不表面应酬，因而，许世英便走了个过场。我心中有数，你熊秉三不是那样的人。你在都统任上就积极主张把国宝运京，若是想占，早就占了，何必去盗。你当初的呈报信我还存着，可以做证嘛！"说着，把那个"盗宝卷"收拾一下放进一个柜内，"不必再提这件事了，我只想对你谈国事。"他把雪茄点着，又为熊希龄点着，才又说："国事不好向前推进，都因为国民党、国会凡事故意刁难掣肘，真令人痛心。我们现在是责任内阁制，若不将国民党铲除，不将国会解散，内阁既不能顺利执行职责，总统也更不能行使权力。根据目前形势，我们要把国家治好，非立即解散国民党、取消国会不可。我的意见如此，秉三，你看呢？"

"不是已下令解散国民党了吗？"熊希龄说。

"国会还在。"袁世凯说，"我不能不同你商量，这是要内阁副署意见的。"

熊希龄这才恍然大悟：原来袁世凯对我是又打又拉、软硬兼施，其实是要我为他副署意见的。熊希龄内心早已恐怖，又迫于袁世凯的威慑，只好惟命是从。"大总统的意见是对的，是为国为民着想的，内阁当然全力支持。"

袁世凯见熊希龄完全就范，即将已准备好的"大总统令"拿出来，熊希龄俯首签上自己的名字。

国会被解散了，军警出动，勒令所有议员及其家属立即离京。于是，北京大街上又是一片仓皇景象。

三

隆冬的北京，早又一派冰雪世界。解散了国民党，又解散了国会的大总统袁世凯，顿时觉得通身轻松。透过窗户看看世界，绿叶不见了，红花不见了，从楼顶到树枝、到地面，一色的银装素裹，耀眼明晶，单调倒是单调了，但却纯洁了，纯洁得令他心里甜滋滋的。他竟拿着未燃的雪茄，轻轻地在手中荡着，口里轻吟起来：

> 家住苍烟落照间，
> 丝毫尘事不相关。
> 斟残玉瀣行穿竹，
> 卷罢《黄庭》卧看山。
> 贪啸傲，任衰残……

他心里一惊，戛然停住了。"这不是山阴陆放翁的《鹧鸪天》吗？那是他罢官家居时，用任情适性、潇洒豁达的笔触，婉转表达自己不能为国效力、惆怅失意心情的。我正是春风得意，我要兴我的国家，兴我的民族，兴我的袁氏……我吟此词何意？"他急忙燃起雪茄，狠狠地抽了两口，喷吐出一片烟雾。可是，他此刻的心情却真的惆怅起来，真的有点儿"衰残"感了。人报："英国公使朱尔典来谒。"袁世凯忙说："快请！"

一个细高身条、淡黄头发、白脸膛、高鼻梁的英国人被领进来。他一进客厅，便恭恭敬敬地向袁世凯行外国使节晋见他国元首礼，那燕尾服刚刚翘起，便被袁世凯拉住了。

"老朋友相会，有失远迎，更不敢当此大礼。快请坐，请坐！"朱尔典仍在谦让。"阁下是大中华民国大总统了，我怎敢造次。"英国人的汉语说得地地道道，真不愧是"中国通"。

"好了，好了。"袁世凯说，"这里是我袁慰亭的私宅，阁下正是我的故知，一切俗礼都免了。要像二十年前咱们在朝鲜相识一样，推心置腹，海阔天空，我和你来个千杯少！"

"大总统不怕小可失礼？"

"家不序礼。"

"你不怕国人说你越规？"

"你知我知，天知地知。"

"那咱们就打破国界了。"

"世界大同！"

二人携起手，仰面哈哈大笑起来。

袁世凯是崇拜洋人的。崇拜到迷信的程度。他想得到更多的洋人撑腰，有了洋人的撑腰，他才感到骨头硬，才能更有力气在中国人面前作为。他时时处处要借重外国人。为了让外国人承认他的政府，他迫不及待地强迫国会选他为大总统；外国人承认他了，他便更加有恃无恐，采取激烈措施，打击政敌，扩大自己的势力。现在，他在春风得意，蒸蒸日上之际，英国人来到他面前，他自然有些受宠若惊，故而，怎敢怠慢。朱尔典，称得上西方世界的典型代表，也是西方人最了解中国情况的典型代表。六十二岁的人了，在中国几乎度过了他人生的一半，从1889年出任英国驻华使馆书记起，他便精心收罗中国情况，了解中国的历史和今天。他是在出任朝鲜总领事时认识袁世凯的，臭味相投，一见如故。特别是他1906年出任驻华公使以来，怀着一个不可告人的"英日同盟，侵略中国"的阴谋，选中了袁世凯作为他们的代理人、走狗，处处"关心"袁，"支持"袁，拟通过袁掠取中国的矿山、铁路以及更多资源。朱尔典许久不见袁世凯了，但他却一时一刻也没有忘了袁世凯，更没有丢下袁世凯。袁世凯的一举一动他都了如指掌。当袁世凯爬上正式总统宝座之后，是他积极带动西方国家率先承认；现在，当袁世凯解散了国民党、解散了中国国会之后，这个英国人忽然惦记起"中国向何处去"的大事，所以，他迫不及待地赶来中南海。

"本人当选大总统之日，承蒙阁下和贵国政府率先承认，这是对我和我的政府的最大支持！"袁世凯亲手为朱尔典泡上香茶，又捧给他雪茄，毕恭毕敬地说，"我向公使阁下，并通过阁下向贵国政府表示最诚挚的感谢！"

朱尔典忙说："我本人和我的政府，均以最大的热忱，祝贺阁下取得的最大的成功！"

二人又相对仰面哈哈大笑。

居仁堂的小客厅，一改昔日的肃穆和恐惧，变得温和、欢快起来，连桌上放的那只转动着珐琅烧成的小人的金钟钟声，也显得格外清脆、嘹亮。

朱尔典吸着雪茄，从太师椅上站起来，踱步到袁世凯面前，轻轻一笑，说："我刚才进来时，看见你这楼下的腊梅都开放了。雪中观梅，这可是中国文人雅士最有兴致的事情。大总统连日操劳，何不到雪中梅边觅点补赏！"袁世凯惯于看外国人眼色做事的，听朱尔典要赏梅，自然附会。忙说："公使阁下若不提醒，我倒真是忘了。实话说，我还真是为了恋梅才到这里来住的呢。"

"啊！大总统原来还有如此雅兴！"

"何敢称雅兴，偏爱而已。"

说着，二人走下楼来，慢步来到梅树边，再举目，但见簇簇枝头，吐着金黄透明的花朵，朵朵如腊，散发清香。英国人想卖弄自己了，他边赏花，边说："腊梅是落叶小灌木，属腊梅科。中国有一本古书，叫《学圃杂疏》，那上边说'腊梅原名黄梅'。是什么时候改名的呢？似无考证。但是，你们古时的文人王安国，北宋熙宁间尚咏《黄梅》，而到了元祐间，苏轼、黄庭坚便改称'腊梅'了。这样看来，腊梅之名称应起在1068年至1094年间。大总统说对吗？"

袁世凯何曾研究过这些事。王安国也好，黄庭坚也好，他们的作品他也很少读过；苏轼的作品他虽然读过一些，因为情调不合，也是读过便丢下了。此刻，他猛然觉得这个英国人对中国的历史、文化知道得太多了，称得上"中国通"。心里更加敬服他。所以，他便随口答道："是的，是的。公使阁下对中国历史文化之熟悉，令我们中国人敬服！"

朱尔典微笑着又说："中国的梅，品味最多，《粤雅》《梅谱》《花史》，连《本草纲目》都曾做过分门别类详述，大约不下十几种，并且多与文人雅士的轶闻趣事有关。实在是中国文化的一片高洁天地。"

袁世凯被说得频频点头。但他不知，朱尔典冒雪前来，究竟为的是什么？只为赏梅？他不相信。

其实，英国人真的不是为了赏梅，但却真的是以梅作媒，引出话题。

英国人"关心"中国、"关心"大总统呀！袁世凯的一举一动，朱尔典心里都清清楚楚。国民党被解散了，国会被解散了，英国人彻底明白了袁世凯想干什么。可是，又怕袁世凯沽名钓誉，迈不开步。朱尔典便以公、私双层身份走上门来，想进一言，确又怕落了个"干预中国政事"的劣名，故而便借（梅）题发挥，环顾左右。

赏梅之后，他们又回到办公室。朱尔典此刻露出真面目了。他一本正经地说："我并且代表我的政府向大总统阁下致意！我们很想知道一下，大总统下一步棋打算如何走，达到一个什么目的？"

袁世凯也正想向这位莫逆的外国朋友求教，便坦诚地说出自己的打算，那就是建立一个没有党派争权的，变内阁制为总统制的中国型的共和体中华民国。"世界潮流是民主、是共和，我中华有五千年文明史，我们不能在新的历史阶段落后。"

朱尔典笑了，但却不是点头而是摇头。"民主、共和，自然是势不可挡的潮流，也是表示一个国家进步与否的标志。但在中国却未必！"

"为什么？"袁世凯急着问。

"中国的历史和中国的现状都不允许中国做到这一点。"

"我不明白。"

朱尔典说："您应该明白。您会明白的。"

"请阁下说明白点。"

朱尔典点点头。"我想问阁下一个问题，果然实行民主、共和了，国会是国家最高权力机关，议员是国家的主权代表，大总统只能在国会和议员的意志下活动。中国行吗？"

"我不是业经把国会解散了吗？"袁世凯说，"把总统制写进宪法，总统权力得到了保证，民主不是得以实现了。"

朱尔典望望袁世凯，觉得他和二十年前一样不成熟。他则不隐遮地单刀直入了。"您是想以大总统的权威，来驾驭这个有四万万人口、五千年文明史的古国？难！"

"难吗？"

"难！"朱尔典说，"您应该知道，在中国，能够享受至高无上权力的，不是什么大元帅、大总统，而是皇帝！哪怕只是一个三岁的孩子，他说的话也是'金口玉言'，没有任何人敢于抵制他。大总统能做到这一点吗？这不是别的原因，这就是中国的文明史。尊重这种文明史，你就前进了，稳定了；标新立异，你就得碰壁，你的路就走得不畅。"

袁世凯陡然打了个寒战，仿佛他的中枢神经被刺了一下。但他却不再言语，只把眼睛闭起来，陷入沉思。

英国公使站起身来，一边告辞，一边说："大总统阁下，我的话从某种意义上也代表了我的政府。但只作为友好国家的意见，还请大总统阁下慎思。以后我还想同大总统阁下一起探讨这件事。"朱尔典走了。袁世凯还在紧锁眉头。

四

进入 1914 年的时候，北京城又要召开一个代替国会的政治会议。明眼人是看懂了，这是袁世凯耍的一个小把戏，是为他实现由责任内阁到责任总统做铺垫的。这个会议的议长便是袁世凯的老同僚、前清末年领衔奏请提前立宪和召开国会的云贵总督李经羲。政治会议忙活了好多天，该决定的定了条文，该办的事也安排人去办，也算是有头有绪、按部就班了。

政治会议在干什么？能干什么？袁世凯都没当回事放在心上。他心中有底，第一，这伙人是他拉起来的，不会干对他不利的事，哪怕不干事；第二，有这伙人，民主这块招牌便依然立着，谁也不会不承认是实行的共和。

袁世凯还是无法平静下来。朱尔典的来访，他情绪乱了几天，最后，他承认自己像对腊梅那样陌生于中国的国政。"英国人说得对，中国最有权威的官是皇帝。我要是皇帝，咋会出现是先制宪还是先选总统的事，闹腾得人心惶惶，逼得我如今还得捏把个政治会议挡箭！"袁世凯萌起了当皇帝的念头。然而，中国人毕竟对皇帝深恶痛绝了，推翻皇帝，举国欢腾。再树起这块牌子，无论是张皇帝还是李皇帝，中国人会重新深恶痛绝他的。袁世凯有点害怕。"我会不会落万世骂名？"他深深地抽了一口气，一再告诫自己，"慎思，慎思，慎思！"

正是袁世凯喜怒无常之际，内阁总理熊希龄忽然出现在居仁堂。往日，总统见总理，总是热情有加，一句一个"秉三"的亲昵。今日，却有点反常。袁世凯望见熊希龄时，只冷着脸膛吐出一个冰冰凉的字："坐！"而熊希龄也冷丁丁地站着并没有坐。沉默片刻才说："大总统，蔡松坡没有去湖南？！"

袁世凯点点头，说："让汤芗铭去了。"

"听说又派一个混成旅入湘？"

"是的。"

"国民党在湖南的势力已经被打垮了，"熊希龄说，"没有派军入湘的必要。中央军（指袁世凯北洋军）到湖南，只能引起湖南人的误解，无利于中央。"

袁世凯发怒了，他训斥道："你身在中央当局，不能再有太深的湖南观念，应当开导他们服从中央才是。"

熊希龄把脖子挺了几挺，还是把想说的话咽了下去。

——还是让我们把目光向后望望吧。袁世凯当初命熊希龄组阁时，目的在于利用他们先办正式总统选举，然后解散国民党和国会。内阁，只是袁的一把刀而已。解散国民党和国会的任务完成了，刀当然用不着了，要扔。而熊希龄和他的进步党呢，并不只甘于做袁总统的工具，而是幻想着和大总统分享荣华富贵，哪里甘心被扔。一个厌恶了，一个赖着不走，这便是今天总统、总理的关系。

其实，这关系早就表现出来了。熊希龄组阁之初，是建议梁启超做财政总长的，袁却狠狠地摇摇头，熊只好自兼；熊兼财长了，袁心中不悦，便把财政上的困难事通通推到他面前。熊无力应酬，提出"裁兵节饷"，将全国陆军减为二十个师，以解财政之急。而袁世凯的心腹、陆军总长段祺瑞却拍着桌子大骂："本总长职权所在，你有什么资格裁我的军？"熊希龄兼着这样艰难的财长，而袁世凯的秘书长、聚敛之臣梁士诒竟组织了一个控制全国铁路交通事业的"交通系"，铁路、邮电所有的收入只能由交通总长周自齐供总统"特别支用"，国务总理和财政总长不能过问。熊希龄被架空了。

熊希龄湖南人，湖南是国民党的根据地之一，袁世凯早已另眼相待了。可熊也怕乡人骂他"卖省求荣"。大革命兴起时，湖南都督谭延闿曾宣布独立；国民党失败后，熊希龄有意保谭继续掌湘，在袁面前说了谭许多好话。可是，袁世凯最后只表示："祖安（谭延闿字祖安，亦叫组安）独立虽情有可原，但中央为整饬纲纪，对于盲从附乱的人，也不能不有一番惩戒。你可以告诉他，叫他到北京来一趟，我一定免于处分，不久还另有借重之处。"

熊希龄见保谭无望了，才退一步提出"湘人治湘"，主张调云南都督、湖南邵阳人蔡锷督湘。袁世凯答应了，却又反派汤芗铭去了湖南，这才引起今日总理不请自到总统府。

熊希龄在政治斗争的手腕上，不知比袁世凯要低几筹，他不仅忘记了当年唐内阁推荐王芝祥为直隶都督的教训，他更没有估计透袁世凯今天在想什么。打垮国民党之后，袁世凯是决心以北洋武力统一全中国的。他知道，西南六省不是他北洋的范围，他要用武力强占。而湖南正是大西南之门户，不派兵占湖南，就无法进攻云贵两广。熊想阻止北洋兵入湘，办得到吗？！

望着熊希龄这副呆痴的样子，袁世凯还以为他有点血性，会立即提出辞呈呢，哪知这位总理十分恋栈，就是不辞这个呈。袁世凯倒是着急了，他冲着他说："秉三，我们是执政者了，执政天下要以天下为重。当然包括你的故乡湖南。湘人治湘，那是一种割据的局面。今天，天下统一，我们可不能有这个思想。"

熊希龄眨着眼睛，没有表示可否。半天，才站起身来，说："总统，我回去了。"

业经平静了的袁世凯，见熊希龄不热不冷地要走，知道激他"功成身退"无望了，自己一时又想不出应急之计，便背过身，瓮声瓮气地"嗯"了一声，连个礼节性的送别也没有。

熊希龄走了，袁世凯独自坐了好久，终于下了决心："这个熊希龄，这个进步党……"

1914 年来了，北京城上一年留下的积雪丝毫没有减少，气候还是那么严寒，人们的起居饮食还是如旧。可是，国务总理熊希龄却坐卧不安起来。原来，在北京的报纸上，重又提出"热河行宫盗宝案"，且有渐进凶猛劲头。熊希龄不能不想到避暑山庄，不能不想到袁世凯办公桌上那一摞由前司法总长许世英写的那个调查报告。他觉得"大祸要临头！"可是，他又怀有幻想："大总统表示过态度的，他说他'心中有数'，他说我'不是那样的人'。言犹在耳，他身为大总统，不会出尔反尔吧？"可是，报上明明又重提此事，白纸黑字，千真万确，"这会是谁捣蛋呢？"

报纸上关于"盗宝"的事情渐渐多了起来。有一家报纸还隐约透露出"乾隆折扇"的事，熊希龄心里慌了。"乾隆折扇？！这是我送给姜桂题的。难道这位淮军老将真的会出卖我？不会吧，这个人平时不错。"他又想："难道是记者瞎猜的？不。报上虽然不明说，却是含义清楚，其中必有所指。"他渐渐觉得姜桂题此人不可靠了。"他跟大总统的关系毕竟不一般！我，我还算不得他们'小站'家族成员。"熊希龄心冷了。为了顾及个人名誉，他主动致函给内务部转知京师警察厅，让他们"查究其事"。他本来想这样主动一下，内务部、警察厅都会给个面子，把此事压下，也就完了。因为这些部门都属国务院管辖。谁知谁也不买账，最后将函件转至地方检察厅去处理。这时，熊总理方知"来头不小"，而自己也再无退步，只得称病请假，继而呈请辞职。袁世凯也毫不客气，于 2 月 12 日批准了熊内阁辞职——这个被世人称为"名流内阁"的熊希龄内阁，从 1913 年 9 月 11 日诞生起，到 1914 年 2 月 12 日垮台止，只"活"了五个月，便寿终正寝了。

现在，由孙宝琦代理内阁总理。

五

套在袁世凯头上的紧箍咒，渐渐地松了，由松到脱，眼看着就要全脱下来了。袁世凯也渐渐地把膀臂舒展开来，挺起胸脯，对着白云蓝天做着深呼吸。这些天，食欲也大增，更加上五姨太的精心，朝朝暮暮增加点莲籽羹、人参母鸡汤什么的，体型也渐发福起来，额上闪出奕奕的光彩。

不过，要说袁世凯高枕无忧了，也不是事实，在他的秘密"议程"上，尚未完成的"大事"还有几项；已经办过的事也有许多遗留问题。比如，熊内阁"寿终"了，新内阁怎么安排？大总统就颇费了些思索。按说，一届内阁倒台了，所有的阁员无疑的都得回家抱娃子去。熊内阁倒台，进步党的阁员是无一幸免地走这条道了。熊内阁中的袁党，却一个不动，有的人还升了级或移到了要害部门。这样，孙内阁的财政总长便换成了周自齐，交通总长换成了朱启钤，章宗祥任司法总长，严修任教育总长。熊希龄毕竟是为袁世凯解散国民党，解散国会立过汗马功劳的，不能贬为庶民。结果，给他个全国煤油督办的衔，总算还有顶纱帽；另外又给了梁启超一个币制局总裁，给张謇一个水利局总裁的空衔，总算又完备了新的内阁。

现在，袁世凯翻开议事本，思谋许久，觉得应该把制定新法提到首位上来了。

袁世凯对于法，历来是儿戏的。"什么法？中国几千年来有几部法？靠着《论语》治天下，《论语》算什么法？只是一个人的一本书。哪个皇帝都有自己的书，照出盛世！"但就袁的发家史来看，他又不是不信法的人，有时还把法捧上天。依照《临时约法》选他为临时总统时，他就挺着肚皮宣誓"拥护《临时约法》"。三个月前，即 1913 年 10 月中旬，他向国会提出法律公布权时还说《临时约法》是"国家根本大法，绝对不允许有所违反"。现在不行了，本来是说由国会制定宪法，由宪法代替《临时约法》。国会被解散了，无人制定宪法了，袁世凯竟另设了一个造法机关——政治会议。由政治会议议员来制定宪法。政治会议议员当然是依照大总统的"条件"推选出的；政治会议共六十名议员，他们是前清遗老，民国新贵，近袁的绅士，一个个都是行将就木的老古董，是只会举举手，说声"好"的一群。政治会议是为制定新法的，会中又成立了约法会议，约法会议的头脑人物自然是袁的亲信、走狗。议长孙毓筠，虽然以老同盟会员自居，可他早已变节向袁了。

约法会议开会前夕，袁世凯把孙毓筠找到居仁堂。和他一起进来的，还有袁的幕府奴才、总统府法制股成员、约法会议秘书长王式通。袁世凯没有把他们当成无名卒放在角落里，而是当成客人，让他们坐在八仙桌边，虽然是下首。茶水自然是下人送上的。袁世凯从烟盒里抽出一支雪茄，没有谦让他们便填进自己口中，一边吸吐着，一边慢声拉语地说："你们那个约法会议要召开了吧？"

孙毓筠刚刚捧起茶杯又急忙放下，陡身站起，双手下垂，头也低着，说："是的，大总统，就是后天，3月20日。"

"嗯！——"袁世凯拖着长长的鼻音，说，"你们的任务是增修约法。任务很重啊！我希望你们把这件事办好。我想了几条意见，写在这里了，你们可以参考斟酌着办。"说着，把一张准备好的材料交给孙毓筠。

孙毓筠是个法盲，袁世凯只是因为他曾经是同盟会员，有点影响，才拉他。所以，关于增修约法的事，他还得靠王式通这类人。他把材料随手便交给了王式通。

王式通是在总统府法制股的，袁世凯这份材料虽非出自他手，可他是参与商讨的，材料上说的什么，他心里明明白白。所以，当议长交给他时，他故作谦虚地推让道："还是请议长先看看。该怎么办，我听议长的。"

孙毓筠这才收回来，正想展开来细看，袁世凯朝他摇摇手，说："不忙看，不忙看。拿回去你们商量商量，再说如何办。立法嘛，在中国，是新事，又是大事，要慎重。"

孙毓筠恭恭敬敬把材料收拾好，放在文件包里，说："我们一定按大总统的意思，慎重办。"

袁世凯的雪茄吸尽了，他又呷了一口茶，然后捋了捋下巴，继续说："中国帝制已久，共和民主实在是一件新事，比起欧洲国家，我们得算落后的。所以，政府一成立，我们就请了几位东方的、西方的、政治的、经济的、还有军事的专家，作为我们的顾问，帮助我们复兴中华。咱们是应该这样做的。你们说呢？"

孙、王同声答道："应该，应该。大总统看得远，英明！"

袁世凯笑了。"这算什么英明？世界在进步，科学在发展，自己不知道的东西当然要去学。当年老佛爷……"他想说慈禧派留学生的事，脱口出了个"老佛爷"，顿觉失口，急忙卡住，改了话题："大清王朝这么守旧，还向欧洲派留学生去学习呢。我们得向先进国家学。"

孙、王又是同声说："是的，是的。大总统看得远，英明！"

袁世凯又从自己桌子里拿出一卷纸，分开来，先抽出一张："这一份是我的顾问、美国法学博士古德诺先生的条陈，他主张中国应该废除国务院，实行总统制，各部总长直属总统。"说着，他又翻出几本小册子，是印铸局新近印成的。说："这是我的日本顾问有贺长雄先生的条陈，也是主张采行总统制的。他主张'大总统为行政首脑，置国务卿一人赞襄之'。你们把这些材料带上，一同斟酌。好的呢，就吸收借鉴；不合中国情况的，就放一边。怎么样？"

孙、王唯唯应诺着。看看事已谈毕，便主动退了出来。

袁世凯终于站起身体，笑嘻嘻地送客，却又说了一句："时间紧迫，争取尽快把约法增修完毕，以便向国人公布。"

二人回头应着"是是！"

孙毓筠回到自己的住处，关起门来，依照"圣训"，认真地研究起那些材料来。此人虽对司法陌生，当初在入了同盟会之后，也了知了一些法度情况；变节附袁了，赶上中国出来了《临时约法》，这法又有过不大不小的争议，他又略知一二。好在这些新法并无多么深不可测的奥秘，大体都定了如何组府，什么权力，多是可以看得懂的。日、美两家顾问的条陈，一目了然，唯袁世凯的"意见"，却沉甸甸，不可测。袁世凯把建设民国分为两个时期，即增修约法时期和制定宪法时期。约法如何增修、宪法怎样制定，袁世凯明明白白提出七条大纲：

一、总统得与外国宣战、媾和，得与外国缔结条约，毋庸经参议院之同意；

二、总统得制定官制、官规，得任用国务员及驻外使节，毋庸经参议院之同意；

三、实行总统制；

四、宪法由国会以外国民会议制定，起草权属于总统及参议院，制定后由总统公布之；

五、有关公民权利之褫夺与恢复，总统得自由行之；

六、总统有发布紧急命令之权；

七、总统有紧急处分财产之权。

孙毓筠看完了，看明白了，心里紧张得"嘣嘣"直跳。暗想："这哪里是增修约法，而是要把《临时约法》完全废掉，再制定一个付与总统独裁制的保证法！"他不敢做主。他拿着这些材料去找约法会议副议长施愚。施愚和王式通同样身份，都是袁氏的家奴，他只对材料扫了一眼，便说："大总统的意见是对的。在中国，只有这样内容的法有效力，才能行得通。否则，制定了，也无用。"

议长、副议长、秘书长都认可了，约法会议其余云云众议员均不长于法。结果，仍然是施愚、王式通再加总统府法制组几位御用以及日、美顾问，经三十多个日夜的奋战，一部包括十章六十八条的新约法便出世了。约法会议把它呈给总统，同时还有一份把《临时约法》骂得一无是处的《致大总统咨文》。袁世凯于1914年5月1日正式向全国人民公布。明白人又会一眼看出，袁世凯不是增修《临时约法》，而是彻底毁了《临时约法》；他也不是制定的建设民国法，而是制定的建设帝国法。新法公布后，因为法中勾销了责任内阁制，再不提内阁一词，袁世凯便下令撤销国务院，在总统府设立"政事堂"，拟任命徐世昌为国务卿。"卿"自然只能"赞襄"总统，成为总统府里一个工作员。

袁世凯又轻松了一层，他的腰板又挺了挺，气喘得更顺了。

六

五月的中南海，柳翠花艳，水绿草青，燕子穿梭，黄莺啼鸣，一派浓浓的春色。出入在各个厅堂的男男女女，也都春色满面，喜笑颜开。

中南海随着大总统的喜怒在喜怒。袁世凯事事春风得意，中南海自然春意更浓。

中南海中最忙、最欢快的人，要算五姨太杨氏，她是最贴近袁世凯的人。袁世凯喜欢她，她会料理袁世凯的衣食住，样样都料理得他心满意足。这些日子，袁世凯事多，常常顾不得寝食，杨氏便精心用意地调理好环境，让他处处称心；安排好主副食品，令他见了就增加食欲。袁世凯喜欢喝人参汤，那是他在朝鲜时养成的习惯，大姨太沈氏做得最好。沈氏失宠之后，这味汤便渐渐免了，袁世凯常常惋惜得叹息摇首。杨氏花了相当的心机才弄清这个遗憾。她暗自笑了："她沈氏能做汤我也能做；她能做成什么样我也能做成什么样。"为了做好参汤，她特地把御膳房的孙绍然、王玉山两位大师傅请到居仁堂，手把手地教了十天，做出汤来，都把袁世凯喝醉了。"好汤、好汤！是大沈的手艺吧？"

杨氏抿嘴冷冷一笑："大人，别以为除了你的大沈，天下就没有人会做参汤了。常言说得好，'死了张屠夫，也不吃连毛猪'。这汤是我做的。"

"啊？小乖乖，你还有这个手艺？"

"不信，当面做给你看看。"

"信，信！凭你那机灵劲，你会做出这样的好汤。"袁世凯哈哈笑着，说，"你只知道我喜欢喝参汤，却不知道我喜欢什么时候喝。"

"喝参汤还要搬皇历，查吉日？"

"这是一门营养学问，我研究过。"

"什么时候最宜喝？"

"午睡醒来。"袁世凯说，"腹中既不饱又不空，此刻喝了，既不因腻而伤食又不因淡而坏胃。"

"好好好，我也在你每天午睡起来为你做好参汤。"

袁世凯拉着杨氏说："这还不行。好食品还得有好器皿。我这里有件宝物，你拿去，每天用它盛来。"说着，从身边的珍宝橱里拿出一只玲珑剔透的汉制玉茶杯，交给杨氏。

杨氏接过，瞥一眼，笑了。"我说什么宝物呢？原来一件玉杯。咱们家中遍地皆是，像农田里的坷垃块一样，还宝物。"

"这你错了。"袁世凯说，"是你不识真香玉。"

"看不出哪里香。"

"这是大内的珍品，地地道道的汉制。"袁世凯说，"全中国只有两只。

一只在皇上手中，一只在老佛爷手中。"

"怎么到你手中来了？"杨氏说，"是不是一件赝品？"

"不，是真品。"袁世凯说，"那一年，老佛爷西京回銮，唯有我一人是哭迎她到郊外的。老佛爷倍受感动，回到北京就把这件心爱物赐我。"

"噢，我明白了。"杨氏把它看成宝了，拿回去之后，交给自己贴身的使女叫秋艳的，并且一再告诉她"要千万千万珍爱，要当成命根子珍爱。这是咱们的传家宝"。

秋艳精明伶俐，真的像对待自己的性命一样对待这只御赐的汉玉杯子。

那一日午后，秋艳捧着盛满参汤的玉杯走上居仁堂二楼，在袁世凯卧室外略一停立，听得室内尚无动静，便轻轻地走了进去。她已摸清他的习惯了，知道他该睡醒了。他起身之后必定喝参汤。她便把汤放在固定的地方，等他喝完了，她再来收拾玉杯。不想刚跨进房门，袁世凯竟是来了个一百八十度的大转身，还长长地"咳——"了一声。这一"咳"，秋艳马上六神无主、心慌意乱起来——三天前，也是这个时刻，也是她捧着参汤，也是袁世凯大翻身。不想就在袁世凯翻身的时候，他竟折身站了起来，睡眼蒙眬地张开双手向她扑来，猛可间便把毛蓬蓬的大嘴巴贴在她唇上。秋艳慌了，又不敢叫，只得用力挣扎，口中不停地"老爷、老爷"呼饶。袁世凯抱了她半天，吻了她半天，才撒开手。幸亏她机灵，就在袁世凯松手时，她抽身跑了出去，大半天，心还在扑扑通通地跳。秋艳虽然已是十八九的大姑娘，因为久居"深宫"，她身边的太太、姨太太终日争风吃醋已闹得鸡飞狗跳了，她怎敢再动春心，更不敢对这个令人望而生畏的庞然大物心生是非，只有害怕。现在，又碰到这种情形了，顷刻魂飞天外，通身发抖。身子抖，手发颤，玉杯从手中脱落下来，坠到地上，"啪——"摔得粉碎！

玉杯的"身价"秋艳知道。现在，它粉身碎骨了，珍宝成了一堆碎石片，秋艳知道自己犯了弥天大罪，没命了。遂软瘫在地上，口目都死了。

一声脆响，把袁世凯惊醒了。他睁眼一看，地面上散洒着一片玉杯的碎片和参片汤水，他猛折身坐了起来——由于前几天的"风波"袁世凯对这个侍女已怀有怒气，现在又见她摔了他的珍宝，更是气上加怒。他瞪着鹫一般的双眸，大声吼道："你活腻了是不是，嗯？你知道这是一只什么宝贝吗？你的命，你们全家的命，你们几代人的命也抵不上这只杯子！"吼着，一时竟也想不出一个良好的惩治她的办法，只气得直打转转。

秋艳自知闯了大祸，躲也躲不过，何况又有前嫌。索性等死吧。心里一静，竟是急中生出智来，不慌不忙地爬起来，双膝跪倒，流着泪说："大人，大人，我是吓傻了，才失手摔了杯子。"

"什么吓的你？"袁世凯还是大声吼，"这屋里有鬼，有虎？"

"大人，大人，不是鬼，也不是虎，我看见了……看见了……"

"你看见了什么？这里除了桌椅用器之外只有我，你看见了什么？"

"大人，我端着参汤进屋来的时候，明明看见大人床上躺的不是大人……"

"不是我能是谁？"

"是一条金黄灿灿的大龙。我一怕，手一软，杯子就摔下地了。"

"什么，什么？"袁世凯瞪着的眼睛立即收缩了许多。

"真的大人，是一条金色的龙！"

袁世凯的满腔怒气，不知从什么渠道，瞬间便消得一干二净，并且变得十分舒畅。背过身去，平了平气，又说："你是胡说八道，去吧。以后不许对任何人说此事。"

——其实，秋艳姑娘也并非聪明到了绝顶的程度，能够在生死攸关之际想出如此化险为夷的高招。那是她心里早已有了烙印，只是临时抱佛脚而已。

就在英国公使朱尔典告诉袁世凯什么人在中国权最大时，袁世凯思索了好几天，沉默了好几天，又兴奋了好几天。兴许是思索出条理来了，他把五姨太杨氏接到身边，一本正经地对她说："五，我来问问你，是总统大呢，还是皇帝大？"

"问这干啥？"杨氏心不在焉。

"有用。你得回答。"

"还用我回答？"杨氏说，"你不早说过了。当初你当临时大总统的时候就对我说，'如今是共和了，共和的国家大总统就是昔日的皇帝。我是跟宣统、光绪一样大的人了'。怎么今天反过来问我？"

"那只是比方。"袁世凯说，"其实是不一样的。"

"怎么不一样？皇帝管着全中国，大总统也管着全中国。又不是皇帝管总统，我看是一样的。"

"不一样，不一样。"袁世凯狠狠地摇着头，"皇帝，人称他真龙天子。

大总统谁管他叫真龙天子？龙，你懂吗？龙是中国最神圣的代表，口是金，言是玉，叫谁死只是一句话。大总统能吗？"

杨氏迷惑了。"这么说，皇帝跟大总统真不一样？"

袁世凯点点头。"我曾对你们说过的事，不知你还记得吗？当初我在项城老家的时候，有个看风水的蛮子，就说我袁家寨是一片藏龙地，并且指着我的家说龙就出在我的宅上。咱们在彰德住时，有个叫李久延的堪舆家，又说洹上是一片卧龙地，咱们房上有龙气。北京有个郭三威，著名的阴阳家，我和他素不相识，一照面就说我全身龙气。这些人都不是瞎说，看来，我是一条龙。是真龙天子。"

"那你还不当皇帝，当什么大总统？"

"时候不到。时候一到，我这条龙便会腾云驾雾……"

袁世凯做梦都想做龙，想当真龙天子。秋艳耳闻目睹，都记在心上了。她还幻想着有朝一日袁世凯真的腾云驾雾了，她必然会跟着五姨太升天呢！所以，在危难之际，她想起了龙，搬弄"龙"来，救自己一条小命。

秋艳爬起来，收拾一下地面上的玉杯碎片，揉了揉额角因惊吓流出来的冷汗，这才退着步子想出去。

"站住！"袁世凯又喊了一句。

秋艳刚刚落下的那颗心，又悬了起来。

袁世凯没有发怒，只是顺手从抽屉中抓出几十枚银圆，一边递给秋艳，一边说："看把你吓成这个样子，怕是要吓出病来了。出去买点好东西补补身子。剩下的，便捎给你爹娘。你去吧。"

"谢大人，谢大人！"秋艳接过银圆，这才退了出去。

第十二章
总统不忘前清，宰相依旧入阁

有些旧事不该忘，忘了就意味着背叛；有些旧事该忘，不忘岂不复古了。

有许多该忘的事，袁总统都不忘，于是，除了辫子之外，北京又复古了。结果……

一

中南海的瀛台。

暮春的夕阳，还在西山之腰，这里已经是一片灯火通明；昔日冷清的大厅，陡然摆设了盛宴的桌椅：灯红酒绿，菜香扑鼻。那些邀来作陪的大员，鱼贯而入，笑语欢声，缭庭绕院：副总统黎元洪——这个很少在京城露面的人物，今日也春风满面，握着内阁代总理孙宝琦的手，仿佛有说不完的军国大事；政治会议议长李经羲跟约法会议议长孙毓筠寒暄两句之后，便默默地坐到一个角落里去了；李经羲坐下之后发现杨度坐在一旁独自沉默，便走过去和他聊天；最忙碌不定的，是总统府秘书长梁士诒。显然，他以主持人的身份在应酬八方。夜幕刚刚降临的时候，大总统袁世凯陪着一位比他略见苍老的人走进来。所有在场的人一齐起立欢迎。此人便是袁世凯拟任命为国务卿的徐世昌。徐世昌，刚到花甲之年业经明显老态了，那并不高大的身躯有点驼背，鬓角也见银丝，双眸有点内陷；唇边那抹短须却修饰得齐齐整整。他并没有因为"民国了"感到失落，他步履轻盈，满面带笑，频频向人们抱拳致意，间或寒暄几句。自然，那些月光环绕着他转动。

"大家入座吧，入座！"梁士诒大声叫着。

在中间一个八仙桌上，袁世凯入了主座，徐世昌坐进宾席，大家依次坐定，盛宴方才开始。

袁世凯举起杯来，对着大家笑笑，说："各位，各位！今天我们相聚，为我们的老相国徐卜五阁下洗尘。卜五不辞辛苦，从东海之滨的青岛来到京城与大家聚会叙旧，我们应为之举杯！"大家起立，共同举杯，齐呼："老相国好！"

徐世昌是做过前清内阁协理大臣的，故称他为相国。他和袁世凯已有三十多年的交情。

辛亥革命之后，随着大清王朝的覆灭，这位皇帝的内阁协理大臣便隐居青岛，抱定了不做民国的官，不剪辫子，不受民国的勋的"三不"主义。1913 年 12 月，北京举行光绪帝后崇陵奉安大典，徐世昌也匆匆忙忙来到北京，参加了没有"国"的"国丧"。有人问他："老相国，你的老朋友当选为正式大总统了，在就职那一天还授你勋一位呢。这是民国最高荣誉呀！你是为受勋位而来的吧？"

徐世昌淡淡笑着，摇摇头。"我是有'三不'主义的，此行是来参加先帝移灵典礼，也顺道看看老朋友，向他表示祝贺。"那一次，徐世昌却连老朋友也没看便走了。

早时，袁总统要改国务院为设国务卿了，又想起这位老朋友，并派他的学生王揖唐去青岛劝驾，才有此次瀛台盛宴。

酒过几巡了，袁世凯端起酒杯，离开座位，来到徐世昌面前，呼着只有当年他们文社朋友才呼的徐的雅号说："菊人兄，让我们再度携起手来，奋斗在一条绳上如何？"

徐世昌端起杯，还是淡淡笑着。"菊人老矣，有负众望。"

"老当益壮！国家、黎民都盼望你。"

"盼我？"徐世昌摇摇头，"我……'玉楼金阙慵归去，且插梅花醉洛阳。'罢哩，罢哩。这些年，一切都习惯了，'诗万首，酒千觞，几曾着眼看侯王？'诸位，喝酒，喝酒！"

在一旁沉默多时的杨度，心里猛然动了一下。"啊？这个发了霉的老相国真的要学那朱希真一心爱山好水去了吗？果然如此，倒也是一个聪明之举。"

在今日的宴会上，杨度是比较消沉的，他下定决心，像当年徐庶进曹营一样，一言不发。有什么好说的呢？民国了，杨度认为一切都不维新的维新了，他心向了袁项城，倾其全力，要实现一片新天地。他无意与袁平分秋色，他只决心做一个辅佐袁的好"内助"——当一名有作有为，又不显山不露水的"宰相"。许多时来，他在中南海也没以宰相自居。不想，袁世凯当了正式大总统之后，宰相这一缺并没有青睐他，而是三邀四请要托付给大清王朝的内阁协理大臣。杨度心灰意冷了。若非十分不得已，他真不来参加这样的宴会。他本来想，这次宴会的结果是：袁世凯在大庭广众之下拖也把徐世昌拖出来，按也得按到"国务卿"的位子上；而徐世昌，一定是半推半就，造成一种无可变更的事实。现在，袁世凯是初衷不改，恳请再三，那个徐卜五，却真的不愿出山。尤其在他明明白白地朗诵出朱敦儒的《鹧鸪天·西都作》之后。他心上的一块沉沉的石头总算落了地——朱敦儒，字希真，南宋绍兴进士，为秘书省正字，擢兵部郎中，迁两浙东西路提点刑狱。晚年他离开官场，过起遁世隐居的生活，再不出仕。徐世昌借他的词句，显系有效法之意。杨度终于端起杯，来到徐世昌面前，恭恭敬敬地敬了他一杯。

和杨度同病同态的，是政治会议议长李经羲。这个曾经领衔奏请朝廷立宪和召开国会的原云贵总督，此番出任政治会议议长便打定主意夺"相"位。李经羲的政治会议确实为袁总统的立法立下了汗马功劳。就在李翘首以待相位时，他也发现了袁世凯青睐的不是他，而是徐世昌……

在杨度敬完酒之后，李经羲满面笑容地走向徐世昌。

天下事无不是奇妙的，杨、李二位的良苦用心都是无法获得良好结果的。因为他们并没有窥测出大总统的良苦用心——

英国人朱尔典的"肺腑相劝"，侍女秋艳的"亲眼见到"，已经大大地动摇了袁世凯的"共和"之心，他左思右想，认定"中国是不宜实行共和"的，还是君主好。就在他一手捧着"共和"，一手捧着"君主"在等量之际，他的原籍河南项城祖坟看守人韩诚来了。一个老态龙钟的庄稼汉，背着一块长方形的石板，说是来给"送宝"的。老汉被引到袁世凯面前，双膝跪倒，连声"报喜"！袁世凯慌忙拉起他，说："老人家免了免了，大老远来了，身子骨还好吗？"

"好，好，"老人爬起来，说，"托袁家祖上的福，好着呢！"

"这么远的路，老人家还背块石板……"

老汉神秘兮兮地说："正为这事，才专门跑来。不瞒东家老爷说，这事只有东家老爷你才能批解得开，别人谁也没有这能耐。"

"啥事呀？看老人家神的。"

"神事，神事！"韩诚拉起衣袖，揉了一把额角渗出的汗水，说："东家老爷，你说奇事不奇事，老太爷仙居旁边长出一棵紫藤树，几年间就丈多高。奇就奇在通身上下像一条盘龙，头像龙头，尾像龙尾，人工做也做不那样像！你说奇不！"

"真有其事？"袁世凯又惊又喜。

"还有呢，"韩诚说，"老太爷的墓边上，常常红光四射。有一天，我被红光耀醒了，爬起来一打量，嘿！红光像大扫帚一般，直往上喷花，耀得半天通红。我越想越觉奇。第二天，我就在墓边仔细寻找，竟发现裂了一条地线。顺着线缝儿往下挖挖，更奇了……"

"怎么样了？"袁世凯急着问。

"这不，原来土层深处竟有一块古物。我怕走了风水，便急忙送到京城来了。"

袁世凯迫不及待，忙将包石的布片取开，却见一方腐蚀像颇浓的石块，他用手拂去面上的尘土，竟露出苍劲有力的四个楷书大字——"天命攸归"！袁世凯还疑为是花了眼呢，再用手抚摸一番，果然不错。"'天命攸归'……天命……"他明白了："我的祖坟，我的祖坟……"从那一天起，袁世凯便不满足干那个正式的大总统了。

就是因为不甘心只做大总统，袁世凯才想起了徐世昌。"除了他，还有谁能够更熟悉宫廷那一套呢？！"

宴会上，徐世昌反复表示，他只想"且插梅花醉洛阳"。但是，他却再三表示感谢袁世凯对他的"盛情款待"。

二

徐世昌离开中南海瀛台，但却没有离开北京城。袁世凯对徐宴会上的冷漠虽然感到失望，但却并不绝望。他这位青年时代的朋友盘旋北京，就说明他出山的可能还存在。于是，宴会的第二天，他便派遣国务院代总理孙宝琦和陆军总长段祺瑞来到徐世昌的下榻处，继续劝驾。

徐世昌此番见到大总统的代表，不仅绝口不再谈"且插梅花醉洛阳"，而且对时局颇说了一些肺腑之言。这更令总统代表有了笑脸。

原来这位前清相国中南海回来，便虔诚地向吕祖进行了祈祷，竟然讨了一个"良机莫失"的签。徐世昌皱起眉沉思有时，笑了。

"老相国既然对国事洞察秋毫，自然胸有治国良谋。大总统的重托，看来真是慧眼识栋梁了。"孙宝琦对徐世昌拍马屁了。

段祺瑞也说："卜公为人为政，朝野有口皆碑。国人无不翘首以待，敬候阁下出山。"

徐世昌笑了。"这么说来，我对国家还有点用？"

"岂止'点'用，乃是栋梁！"孙、段齐颂。

"好吧，我就姑且出来过渡过渡，帮帮老朋友的忙。"徐世昌站起身，朝着孙、段微笑。又说："可是，有两件事情得先说清楚：第一，我绝不接受民国的官俸；第二，我是过渡，务必请他随时物色替人。"

"一切听从老相国吩咐！"孙、段二人终于满意而归。

徐世昌接受国务卿，愿意出山，袁世凯十分欣喜，立即在总统府的最幽静处——遐瞩楼——为他安排了办公室，并再三叮嘱总统府所有人员对徐一律以"相国"尊之，自己也常至遐瞩楼虚心聆教。徐世昌刚刚住定，袁世凯便以老朋友馈赠名义送去大洋四千元，"以备零用"。因为不是俸禄，徐世昌也坦然收下了。

徐世昌既不愧前清重臣，又不负朋友之托，做了袁政府的国务卿之后，着实大刀阔斧地帮他做了一串惊天动地的大事。如：果真以政事堂代替了国务院，政事堂除国务卿外又设置了左右丞二人；总统府的秘书厅也改成了内史监，袁的老笔手阮忠枢也由副秘书长擢升为内史；公府中的"谒见礼"也改为"觐见礼"，各省民政长通通改为巡按使，观察使改为道尹，都督改为将军；文官分为九秩，勋授实行五爵，连业经通行全国的无官职称谓"先生"，"君"也一律恢复为"大人""老爷"。一切都回到了前清盛世！端阳佳节这一天，徐世昌还换了一套朝服，戴上红顶花翎，乘坐肩舆前往清宫，以太傅身份向退了位的宣统皇帝溥仪叩头贺节，并参加了清室的节宴。徐世昌想帮助袁世凯干什么，岂不一目了然了吗！

袁世凯对徐世昌的作为十分满意，他坚信用人用对了。"徐卜五之外，谁也没有这么大的影响，谁也没有这么熟知章法！"他尤为满意的是，徐世昌采取的措施实行起来平平静静，没有波折，更没有人反对。"中国人还是喜欢帝制，留恋帝制的。朱尔典说得对，皇权才是极权。极权不灭！"

袁世凯毕竟是官场上的老手了，这条道上的坎坎坷坷，酸甜苦辣，他是饱受了，他明白自己举步维艰。他常常抓住袖筒里的胳臂还在问"是真是假"。徐世昌帮他采取的种种，他很满意，但他依然悬着心。

新领了内史监的阮忠枢慌慌张张地过来了，他喊了一声"大总统"，而后有点慌张，他不知道该行鞠躬礼呢还是该行长跪礼？"大总统"是叫了，还要不要再续上"万岁、万万岁"？

这个比袁世凯略长几岁的文案、刀笔，近年来也在沉沉浮浮：本来，他是袁世凯一号笔杆，袁的所有行文，无不出自他手，他对宫廷、官场的文牍熟悉到纯青程度。民国成立，行文从格式到词语都变了，他陡然逊色了，几乎成了闲员，袁世凯也打算给他几个养老金让他回原籍去。现在，他突然又红了起来，并且一下子便跳到内史监的宝座。照官例，他得算内阁大臣了，他有点惊慌不已。他说不清大总统厚爱他的原因。

"斗公，我正要找你，有些事想同你商量。"

"大总统，你吩咐。"阮忠枢恭恭敬敬。

"不是吩咐，是商量。"袁世凯说，"你说说，昔日的那种祀天、祀孔大礼，是不是就必须废掉呢？"

阮忠枢是望着袁世凯眼神办事办习惯了的，他的话音他一听便听了个明白。忙说："是的，是的。中国五千年文明史，就是一朝一朝、一代一代积累下来的，几代、几十几百代人的心血啊！都废了，不是没有文化，不要祖先了吗？不行。有些事不能废。"

"你就说祀天、祀孔这些事。"袁世凯觉得他把话说远了。

"不能废，不该废。"阮忠枢说，"天道不可违。圣人之训，惊天撼地，一部《论语》不朽于天下，谁能与之伦比？！得祀天，要祀孔。这两件事件件废不得！"

袁世凯舒心地笑了。

不几日，便有一道"大总统命令"发布出来：

　　特牲之篇，著仪于戴记；圜丘之制，辨位于周官。钦若昊天，亭毒万物，粤稽古训，祀事孔昭。改革以来，群言聚讼，辄谓尊天为帝制所从出，郊祀非民国所宜存。告朔饩羊，并忘其礼，是泥天下为公之旨，而忘上帝临汝之诚。因疑祀祖为王者之私亲，转昧报本为人群之通义，遂使牲牢弗具，坛墠为虚，甚非所以著鸿仪崇盛典也。且天视民视，天听民听，民之所欲，天必从之。古之莅民者，称天而治，正以监莅之有赫，示临保之无私，尤与主精神隐相翕合。前经政治会议议决，嗣由礼制馆拟定祀天通礼，业已公布施行。兹据内务部呈称：本年十二月二十三日为冬至令节，应举行祀天典礼。本大总统届期敬率百官代表民国亲自行礼。各地方行政长官代表地方人民，于其治所致祭，用扩古义而答洪麻。

振振有词，名正言顺！这道命令使中国四万万黎民都目瞪口呆！

果然，在距1915年还有七天的那日，从黎明起，自新华门至天坛，沿途路面一律加铺黄土。早在三天前沿街各家已不许留宿亲友，且户户需具十字连环切结；正阳门和天桥等处的摊贩一律赶走，天坛四周布满警察和荷枪实弹的士兵。

钟鸣三声，袁世凯乘装甲汽车出总统府，在南坛门外换乘礼舆——那是一辆双套马的朱金轿车，四周垂以璎珞；舆抵昭亨门再换竹椅显轿至祭坛前。

袁世凯下了显轿，在荫昌和陆锦等高级军官的搀扶下缓步走上台阶，去行祭祀礼。

袁世凯头戴爵弁，身穿十二团大礼服，下系印有千水纹的紫缎裙，俨然以一副皇帝气派出现在天坛，连祀天祝版也是清朝皇帝用的样式。唯独见新花样的，只是祝版上皇帝例用的"子臣"二字换成了"代表中华民国国民袁世凯"字样。北京人由于"久违"了这种场面，虽戒备森严，远处人山人海。这一点，又令袁世凯兴奋不已。"黎民百姓还是打心眼里拥戴皇帝的！"

三

天有不测风云，人有旦夕祸福。

就在袁世凯"帝梦"渐酣的时候，中国内外都发生了令他十分头疼的事。在他的老家河南揭竿而起的白狼暴动，使袁世凯坐卧不安，他下了决心消灭他。起初，他任命毅军翼长赵倜为"剿匪督办"，并悬赏五千元捉拿白狼。结果，赵倜大败而归。之后，袁又令河南、湖北两省会剿。还是剿不灭。再后来，他派人到紫荆关掘了白狼的祖坟，撤换了河南都督张镇芳，改派陆军部总长段祺瑞坐镇信阳，费尽九牛二虎之力，白狼起义军还是越发壮大，势力不仅河南，且渐至湖北、陕西、甘肃。到了1914年4月，白狼军以暴风骤雨之势向西北急进，经永寿、长武、平凉入甘；5月占领秦州（天水），6月又迂回礼县、阶州（武都），并很快逼回西安。袁世凯慌了神，不仅派北洋干将陆建章督陕，并且调集五省都督联合剿白。一万人的白狼军，竟弄得北洋系段祺瑞、张镇芳、赵倜、王占元、陆建章、张敬尧、倪嗣冲等一群大将及十万大兵惶惶不安，成为民国以来北洋政府最大的一次镇压农民运动，更是最大的一次农民运动。然而，白狼军终因寡不敌众，失败了。

正是袁世凯喜庆讨白狼"胜利"之际，1914年7月28日第一次世界大战爆发了。世界乱了：先是奥匈帝国向塞尔维亚宣战；8月1日和3日，德国先后向俄国、法国宣战，并于4日大举进攻比利时；8月4日，英国向德国宣战；又不久，土耳其、保加利亚、日本、意大利、罗马尼亚、希腊、美国都卷进了这场大战。

对于这一场以欧洲为中心的大战，袁世凯政府只表示了一个"严守中立"的态度。然而，中国能中立吗？中国中立不了。

8月15日，日本政府借口英日同盟和"确保东亚和平"，向德国发出通牒，要求德国将在中日两国海面上的军舰解除武装，将胶州湾租借地无条件交给日本，以便将来交还中国。

德国则答复：可以考虑将青岛交还中国，但日本也应将台湾交还中国。

8月23日，日本对德宣战；27日，日本第二舰队公然宣布封锁胶州湾。

9月2日，日本侵略军两万人配合少数英军以对德宣战为名，在山东龙口及莱州附近登陆，当日占领了黄县、莱州。9月12日占领即墨，25日领占潍县，10月5日占领青州车站，6日占领济南车站，10日占领博山煤矿……世界大战的战火尚未波及中国，而日本侵略者已经占领了中国的东海海域及几乎山东全省。

面对着日本的大举入侵，袁世凯政府的外交部只对"日军在山东境内发行纸币，毁伤稻田及虐待人民"提出抗议；而另一方面，则命令各省当局"严禁人民抗日"，取缔"排斥友邦"之小学教科书。战云弥漫，领土被侵。

作为大总统的袁世凯，该怎么办呢？他能怎么办呢？

袁世凯，别看他"治人、抓权"很有一套，但外交，却是庸才得很。他只从崇拜得五体投地的老师李鸿章那里学到一个秘诀，那就是"以夷制夷"。不同的是：他的老师是以俄制日，而他则是以英制日。他认为世界上最强大的国家是英国，英国能帮中国一下，别国就不敢入侵中国。

袁世凯把他的老朋友、英国公使朱尔典请到总统府。

"公使先生阁下，欧洲之战，业经波及中国。"袁世凯带有诉苦及哀求的口吻说，"日本军队对我大举入侵，山东大部被占，胶州湾主权已为掠去。我们盼望大英帝国能够公正地干预此事。"

朱尔典明白袁世凯在向他们求救了。他端起茶杯，眨眨眼睛，先表示个无可奈何的架势，淡淡地笑了笑，才说："总统的心意，我们理解而且同情。不过，我也坦诚地奉告：日本已经加入了协约国，站在我们一条战线上。你们还是中立国。我们没有理由帮助一个中立国来抵制自己的盟国。"

"这么说来，贵国就没有办法了？"袁世凯有点着急。

"办法也不是绝对没有。"朱尔典卖了一个"关子"。

"什么办法？"袁世凯又有一线希望。

"如果中国也加入协约国，"朱尔典神气了，"情形就完全两样了。那样，中国也是我们的盟国，又是日本的盟国。我们总不能看着盟国欺侮盟国。你说对不对？"

袁世凯点点头。

"再说，都是盟国了，日本就没有理由再来欺侮自己的伙伴。"

"中国加入协约国是可以的。但是，中国没有力量出兵欧洲呀！"袁世凯明白自己的国力和兵力。

英国人摇摇头，说："出兵不出兵，是无所谓的，只要中国人在精神上和物资上尽可能支持我们，就可以被认为尽了盟国的义务。"

袁世凯想了想，觉得这是一件有利无害的事：在国际上，可以争取盟国保护，不致被侵；在国内，还可以以参战名义扩张军队。于是，袁世凯便满口答应参加协约国了，并且提出了入盟的三个条件，即：由协约国垫款整顿中国兵工厂；协约国不得签订与中国有关的条约；中国租界不得包庇中国政治犯。

这三个条件英、法、俄都同意了，但日本政府不同意，并且态度强硬地说："以后凡与中国有关的问题，必须先与日本磋商。否则，日本不能认为有效。"

英国人傻眼了。袁世凯也傻眼了。日本人却得寸进尺，大肆侵略了。

11月7日，日军攻占青岛。11日，日本内阁议决在欧洲战争未结束前，青岛及山东交战区一律实行军事管制，青岛守备，山东路矿及海关均派日本人管理，并派相应官吏。在军管期内，中国人出入青岛需领取日军许可证，胶济路上的中国护路军队要撤出……

袁世凯从李鸿章那里学来的"以夷制夷"政策完全失败了，他崇拜中的那个英夷并没有力量制服侵略他的那个日夷。他装模作样地也发出了抗议，发表声明，强作精神要维护"主权"，但是，他却始终抱着不抵抗主义——他无力抵抗。

袁世凯把个人的事想得太多了，而把中国的事又想得太少了。世界大战会怎么样？他心中无数；日本人想在中国干什么？他心中的数也并不大——

日本人对德宣战，日本人进攻中国的山东，并不只想胶州湾，也不是只想山东省，他是想实现其蓄谋已久的"大陆政策"，想在吞并朝鲜之后进一步吞并中国，以实现其称霸亚洲的野心。日本人很聪明，当西方帝国主义在中国拥有相当特殊权利的时候，日本人还不敢把手向中国腹地伸得太长，他只能着眼东北的满蒙地带。世界大战爆发了，西方各国在欧洲战场拼得你死我活，谁也顾不得东方了，日本人的机会来了，他们要把中国从世界地图上消灭的野心变成了现实行动。

战火在胶州湾燃起之后，袁世凯的觉也睡不好了。一天，他把他的日籍顾问有贺长雄找到居仁堂，问他："日本政府究竟对中国抱什么态度？"

有贺长雄笑笑，说了一句题外的话："大总统阁下，如果中国改行君主立宪制，中日两国政治制度相同，便有利于两国间的提携合作。"

袁世凯锁了锁眉，觉得此话有点耳熟。他想起来了，早几天，他让中国驻日本国公使陆宗舆向日本表示抗议时，日本首相大隈重信曾向陆说："如果中国改行君主立宪制，日本则愿意从旁协助。"日本驻华公使日置益，也曾向袁建议："中国现行民主共和制，并不适合国情，中国仍然需要一个皇帝。"

袁世凯想了这些，又惊又喜：他惊日本人精明，能看透他心里的奥秘；他喜的是日本人同情他，他有转危为安的希望。他对有贺长雄点头笑笑，说："阁下的意见容我再想想。"

有贺长雄毕竟只是袁世凯的顾问，他不必做出公文式答复。但是，日本公使日置益，却是日本政府的代表，同他来往就不是说说而已。

1915 年 1 月 18 日，这个日置益便正儿八经地交给大总统袁世凯一件重要公文，并且明明白白地告诉袁世凯，"这是解决中日悬案的重要公文"，并要求"在两国直接交涉过程中，请大总统保密"。

外国公使直接把文件交驻在国总统，已是怪事。袁世凯略看几行便十分吃惊，原来这是一份包括五号二十一条件的"侵略计划书"。他一时不知如何回答，想了一会儿，说："这是属于外交争端，请贵公使找外交部交涉吧。"

四

作为日本侵略中国的铁证，作为中国人民永远的耻辱史，1915 年 1 月 18 日日本公使向袁世凯政府递交的"二十一条"都会永远地记入史册。"二十一条"简而言之共为五大内容：

一、承认日本继承德国在山东享有的一切权利，并加以扩大；

二、延长旅顺、大连的租借期限及南满、安奉两铁路的期限为九十九年，并承认日本在"南满"及东部内蒙古的特权；

三、汉冶萍公司改为中日合办，附近矿山不准公司以外的人开采；

四、中国沿海港湾、岛屿不得租借或割让给他国；

五、中国政府须聘用日本人为政治、财政、军事顾问，中国警政及兵工厂由中日合办，日本在武昌与九江、南昌间及南昌与杭州、潮州间有修筑铁路权，在福建有投资筑路和开矿的优先权。

袁世凯锁眉了，他在自己的房子里缓缓地踱着步子，思索着接受这"二十一条"会给中国带来什么？要是阻挡出去又会带来什么？尤其是或进或退会给他自己带来什么？他不能不认真思考。袁世凯拿不出决定意见。

他的驻日本国公使陆宗舆从日本给他传来密报，说："日本外相加藤明白表示：中国政府如果不承认日本政府所提出的条件，日本政府将暗地帮助国民党人进行反（袁）政府活动；相反，如果承认这种条件，日本政府将协助中国政府。"陆公使还说："日本外相说，大总统在朝鲜时期便颇有反日情绪，今后如欲变更国体，首先必须取得日本政府支持。只有接受日本政府的条件，日本政府才会有好感。"

陆宗舆是袁世凯手下办理对日外交的"四大金刚"之一，是个很注重分寸，很会利用外交辞令的人，袁世凯明白：陆宗舆传来的日本政府态度是被调和了的中性语句，日本人的态度必然是更恶劣的。这更增加了袁世凯的压力。

日本人找上门来了，又是那样气势汹汹，不理睬是不行的。袁世凯把他的外交总长，陆军总长以及国务卿召到一起，开了一个秘密会议。

外交总长孙宝琦把"二十一条"逐条讲了一遍，大家面面相觑，谁也没有表示什么。屋子里一时间寂静得有点恐怖。是的，形势挺严峻，排除又排除不了，接受又是亡国灭民，谁承担这个千古罪名呢？国务卿徐世昌觉得自己是个"过渡"的官，是应酬门面的，袁民国的困难由你袁民国拿主张去好了，我听之任之；外交总长觉得自己是国际关系中的"联络员"，"二十一条"传达完了，责任已尽，怎么办？那是总统、国务卿的事，他也听之任之；陆军部总长段祺瑞，以军人的素质抱着"服从命令为天职"的宗旨，等待接受命令，所以，他也默不作声。这样，屋子里除了"死"再不会有什么了。

袁世凯耐不住沉默——日本人不允许他沉默，他得有个明明白白的进退。他望了望面前木雕泥塑般的三个人，心里有点气："你们是我的左右臂，是我的辅佐大臣，到了生死存亡的时刻怎么一个一个都成了没嘴的葫芦？难道你们这些大员连匹夫也不如吗？国家兴亡，匹夫还有责呢。怎么办？你们总得说话呀！"

段祺瑞先站了起来，他对着孙宝琦说："日本人太猖狂了，这些条件，我们绝不能承认。把这些东西却还给日本政府，免得唠唠叨叨。"

袁世凯瞪了段祺瑞一眼，略有怒气地想："幼稚！能却还还用你提？"他只是这么愤愤地瞪了一眼，还是说："我们虚弱得很，倘若原件却还，一条不依，定致邦交决裂，酿成战衅。这却如何是好？"说话间，他的目光早投向徐世昌，盼望国务卿能给以支持或献一个良策。

徐世昌圆滑，他懂得袁世凯这个目光的内涵和分量。他转过脸就把这份"情意"转赠给了孙宝琦。他说："折冲樽俎，责在外交，此事应由孙总长往会日使，婉言解释，表明为难情形，要他们改换条约，以达到双方都能接受。"

孙宝琦坐上外交总长位置，已属勉为。他知道，这把交椅应是陆宗舆、曹汝霖、章宗祥或汪荣之之辈中之一的座位。尤其是曹汝霖，他精通日语，又是早期的留日学生，前清时他便由外交部主事提升至侍郎，他更是情理中的外交总长。所以，当国务卿点了他的名之后，他却不冷不热地说："宝琦不才，恐难胜任，请大总统另选贤能，宝琦情愿辞职。"

袁世凯一听，怒了。心想："国难当头，作为国家重臣，不能鞠躬尽瘁，为国解难，反而临阵脱逃，这算什么忠臣良将？"他真想狠狠地臭骂他一顿，然后把他贬为庶民。可是，他暗自气怒了一阵子，还是吞了下去，只说："你若去职，让谁替代呢？"

孙宝琦说："最称佳者，莫过陆子欣。"

"陆征祥？"袁世凯重复了一句。

"是陆征祥。"孙宝琦说，"他算是对日专家了。"

袁世凯无可奈何地叹了一声气，把脸转给徐世昌。"且让陆子欣挡冲挡冲如何？"

徐世昌闭着眼睛没说话。段祺瑞却沉不住气地说："既然孙总长觉得陆子欣比他更合适，大总统当然得用一位'更合适'的人去跟日本人交涉了。"下边他还想说"当初就不该让不合适的人占着位子"。但他还是没有说出来。他望了望袁世凯，又说："礼用尽的时候，还得考虑用兵的事。"

袁世凯知道段祺瑞也对孙宝琦有意见，便接着话说："是的，是的。对待入侵者，不该忘记反抗。"

陆征祥被召到总统府，表面上推辞一番，袁世凯温言相勉，他也就不得不勉为其难，答应下来。

陆征祥接任外交总长之后，即同总统、国务卿商量同日本进行谈判，并即日照会日本公使，约定谈判日期。

一场中日之间的艰难谈判开始了。一家是以强欺弱，横行霸道，拟把别国领土纳入自己的版图；一家是屈膝求荣，步步后退，想以乞怜之姿换取敌人的"慈悲"。

就"二十一条"的中日谈判，是从1915年2月5日正式开始，到4月17日，两个半月之中，共举行二十五次会谈。会谈，一直是在讨价还价之中。袁世凯的代表只敢对"二十一条"提出修正，而日本代表，始终坚持一成不变。到了 5 月 26 日进入第二十六次会谈时，日本政府竟自行提出了修改方案。中国代表兴奋了一阵子，但修改文本到手之后，他们又傻了眼睛。日本人不仅对自己的侵略条件一丝不改，而在形式上又耍了个花招，把"二十一条"第四号部分日本的侵略要求改成"是袁世凯政府自动提出而不是日本政府强加的"；又把第五号部分涉及其他国关系条文抽出做悬案处理，其目的不过是缓和西方国家干涉而已。中国代表把日本人的"修改条约"交给袁世凯，袁世凯叹息着摇摇头。

谈判，只是日本人侵略的方式之一，那不是全部。早在 3 月 8 日中日第七次会谈时，日本公使日置益就明白地对中国代表曹汝霖说："如果数日内谈判仍无满意之进展，恐将发生意外。"袁世凯吓坏了，怕日本人真采取"意外"。于是，在第八次会谈中便对旅顺、大连的租借期及南满、安奉两路期限等条款做了很大让步。让步归让步，日本人还是采取了"意外"行动：

3 月 14 日，日本向中国的东北、天津、山东等地增兵三万人，以示示威；

3 月 18 日，日军一部公然开入沈阳。

日本外交官、武官到中国各地到处收集情报，化装资本家、学者、旅行团偷盗中国机密；5 月 7 日，突向袁政府提出"最后通牒"，"限于 5 月 9 日下午六时以前，对日本修正案为全体承认之答复。否则，帝国政府将执行必要之手段"。这就是说，四十八小时之内，中国政府必须对"二十一条"做出或可或否的明确答复。

外交部把这个通牒送到袁世凯面前，陆征祥只站着轻声地喊了"总统"二字，便转身退出去，而袁世凯也并未留他再谈什么。

5 月的北京还是一派温和气候的，一年一度的百花又盛开在中南海。袁世凯感到他的房间里很冷，冷得他总想加衣服。日本人的通牒无论从内容还是从时间，都没有退步了。要么全盘接受下来；要么原封退了回去。袁世凯在自己面前握出两只拳头，他反复掂量，哪一只比哪一只更重还是更轻？他衡量不准。在他面前，还有几片纸头，是由江苏将军冯国璋领衔、联络十九省将军发来的电报。这个电报他已经看过好几遍，现在，他把握紧的拳头又舒展开来，重新展开这张电报：

> 日款发生，亡国预兆。国家既处如此危险之地位，国璋等对于
> 中华民国同膺捍卫之责，义不容袖手旁观，一任神州之陆沉，且天

下兴亡，匹夫有责，国璋等分属军人，必尽其军人救国之天职。凡欲破坏吾国领土之完全者，吾辈军人必以死力拒之。中国虽弱，但其国民尚能投袂奋起，以身殉国。所望大总统与政府，群起严词峻拒，勿稍畏葸，我军民等当始终为后盾也。乞鉴察！

看着这份电报，他又想到了长江巡阅使张勋的电报，想到广东惠州镇守使龙觐光的电报，都是决请政府拒约的。昨天，陆军总长段祺瑞还当面向他表示主战的决心……"中国人心里愤怒呀！"

袁世凯有些发愁！

五

在中国近代史上，日本人强加给中国人的"二十一条"，是中国人永远不可忘记的耻辱事件，是中国人民心灵上永远永远烙下的一块伤疤。

作为普通的中国人民，袁世凯是不会接受那个耻辱性的"二十一条"的，在他给冯国璋等军人的复电中便曾明白表示："立国于此风云变态无常之世界，必具有一种自立不挫之精神，有自立不挫之精神，人虽谋我，焉能亡我？"但是，作为梦想着要做中国皇帝的袁世凯，他想得更多的，是他现在的"宝座"能不能坐得牢？他走向"太和殿"这条道是否"顺"？所以，在隔了几日之后，在他又给军人们的电报中便变了脸，说什么"惟该将军既属军职，自应专致力于军事，越俎代谋，实非所宜"。最后，命令似的对将军们说"……不必兼顾外交。如有造谣生事者，仰该将军协同地方禁止，至要勿误"。

一夜之间，判若两人。国人对袁世凯惊讶了，"这是一个什么总统？国难当头，他一时要人们'具有一种自立不挫之精神'，一时又抱怨人们'越俎代谋，实非所宜'。究竟怎么才好？"

无论如何对待国人（军人），日本人的"最后通牒"是发出了，四十八小时是个界限，袁世凯必须有个态度——不管可否。5月8日，袁世凯把副总统、国务卿、各部总长通通找到中南海的春藕斋举行会议，希望由大家拿出办法，至少是做出决定。并希望立即召开一个参政院全体会议，由参政院——袁世凯把参政院看重了，他要参政院做他的挡箭牌子——做出最后决定。

上午的会开得很冷清，除了决定"下午开参政院全体会"外，没有任何一个人对"通牒"表示可否。连那些平时气愤不已的军人也怕因"越俎代谋"而敛口。

下午，在去纯一斋出席参政院全体会议前，陆征祥慌慌张张地跑到居仁堂，愁眉苦脸地去见袁世凯。袁世凯一见外交总长眉脸，便问："怎么，有急事？"

陆征祥说："英国公使到我家去了。"

"谈什么？"袁世凯有点吃惊。他不知这位老朋友为何避开他而去会外交总长了。

"关于日本的通牒事。"

"他什么意见？"

"很糟糕。"

"说！"

"朱尔典说，'中国已面临最危险的时候了。我在中国四十年，跟大总统有三十年交情，今天不能不过来讲几句极诚挚的话。日本的最后通牒，只能回答可或否，没有讨价还价的余地。现在欧洲各国无暇东顾，中国如果与日本开战，将自陷于万劫不复之地，我们虽然同情，却是爱莫能助。中国政府除接受日本全部条件而外，别无自全之道'……"

"接受全部条件？！"袁世凯皱了皱眉，背过身去。

"朱尔典还说，'中国暂时忍辱负重，从此整军经武，埋头十年，或者有与日本抬头相见的一天……'大总统……"

袁世凯转过身，等待他的外交总长说出最关键的言语。

"英国公使让我把这些话全盘告诉你。"陆征祥说，"他还逼着我必须同意他的意见，必须毫无条件地接受日本的条件。"

袁世凯又背过身去，苦苦地思索着英国人的意见。

陆征祥又说："美国公使芮恩施也找我了，他们提出了与英国相同的劝告。"

5月，正是燕赵的仲春天气，中南海的居仁堂，却又显得暑气蒸人。外交总长在不断揉着额角的汗渍，大总统也在揉着额角的汗渍。"没有余地了！"袁世凯暗暗自想。不接受日本人的条件吗？明显，一场恶战立即会在中日两国之间展开。"中国有战胜日本的可能吗？"袁世凯是经武出身，中国现有的军队都是他培植起来的，有多大战力他清清楚楚。"果然一战，中国人的英雄豪气倒是打出来了，但是，中国也将从此灭亡了。中国灭亡了，大总统也不可避免的是亡国之君，是日本人的奴隶。再高的理想，通通化为乌有了。"袁世凯流汗的额角，猛可间添了一层冷冰，他通身寒战起来。

"接受'二十一条'，"他退上一步想，"那样，固然有失中国人的品德，但是，中国毕竟只是失去了部分主权，并没有亡国。"袁世凯没忘他的"大业"——做大总统也好，将来当皇帝也好，都得有个主权国家，占山为王还得有一片山呢。"只要中国不亡，我就有回旋的余地。"袁世凯想起了朱尔典的话，"整军经武，埋头十年"。"是的，埋头十年我就不相信没有与日本人抬头相见的日子！"想到这里，袁世凯陡然感到轻松了，房子里的空气也凉爽宜人了。袁世凯问陆征祥："你是怎么想的？说说看。"

"我看朱公使的意见有道理。我们不能硬拼。"又问："参政会议的议员会怎么样呢？"

"把利害摆明白，争取他们理解政府吧。"袁世凯不再说话。

8日下午两时半，参政院会议在中南海纯一斋召开。为"二十一条"召开的参政院会议，先由外交部总长做了"引导"的发言，他在说明了中国所处的形势之后说："日本已撤回了'条件'中的第五号部分，此外，凡属自居优越感以及侵犯中国主权的各项条件，经过我们力争，也都得到修正，比起原案来，我们挽回不少。""二十一条"竟变成了"侵犯中国主权的各项，都得到修正"。那就是说这个条件已经不存在侵略中国主权了。

袁世凯在陆征祥说完之后也上了台，他的脸色非常阴沉。他对着鸦雀无声的会场观看了好一阵，才以"沉痛无比"之言说了一段中国面临的"沉痛无比"的形势。最后，才表明自己的态度。

袁世凯说："我们的力量不如人呀，不能跟人家对打。英国朋友关心我们，朱尔典公使关怀我们，其情可感。我们应该记住朱公使的话：埋头十年，卧薪尝胆，将来或者还有抬头的一天。否则，亡国之祸必不可免！"大总统的话说得具情具理，谁还敢再说什么呢？

参政院，本来是袁氏家族中的一群食客，他们都是看着袁世凯的脸色办事的，当然对于袁世凯业经默认的"二十一条"只得全体通过不敢做任何异议。

现在，就是由外交部履行手续了。距离日本政府的"通牒"最后期限还有七个小时，负责中日谈判的中国代表、外交次长曹汝霖又一次走进总统府，把那份将要公开发表的承认"二十一条"的公文文本送到袁世凯面前，请他签发。袁世凯接过文本细看，觉得与昨天下午看的文本不一样，便问是怎么回事。曹汝霖吞吐着说："文本草稿经日本公使过目，他们有异议。"

"什么异议？"袁世凯业经看明白了，便说，"那就一定要在第五号条款下加'日后另外协商'六字？"

曹汝霖只微微点头。其实，刚刚日本公使那里就为此几字他已吃了不少白眼。原稿上只说"第五号与此次交涉脱离"，日本人大发雷霆说："此项回文与原议不符，本公使未便接受。"曹不得已只好加上"日后另外协商"几字。

袁世凯大怒了。"你太胆大妄为了，这么大的事情为什么不请示我？你做得了主吗？"

"是，是。"曹汝霖惊恐着，说，"我再去找日本人谈判。"

袁世凯压着文本的手却没有松开，怒发完了之后却默默地低下头，轻轻地叹着气。大约是感到"回天无力"了，他还是对着外交次长摇摇头，然后，一字不改地签上自己的名字，批准了这个将要公开发表的文本。曹汝霖于通牒期限前两小时送达日本公使馆。

5月13日，中国外交部向各国公使宣布中日（关于"二十一条"）交涉始末。

5月25日，袁世凯政府同日本侵略者正式签订了那个"二十一条"的丧权辱国条约。

六

袁世凯接受那个丧权辱国的"二十一条"，在全体中国人民的心灵上打上一块羞耻的烙印。羞耻激起人们的愤怒，激起人们的仇恨，激起人们做出他们能够做得到的反抗行动。以抵制日货作为突破口的爱国反日运动，一瞬间便在全国范围内荡起：不用日货，不坐日船，不跟日本人来往，处罚贩卖日货的奸商，成了爱国人民的行动公约。

青年华侨自愿回国抗日。

海外留学生组织回国请愿团，请愿抗日救亡。上海人民发起救国储金运动……

善良的中国人民，竟忽略了这天大的羞辱还是因为自己的政府、自己的总统卖国投敌所造成的，应该着力反袁、反卖国政府。人民没有激起反袁怒潮，袁却再三再四下令压制人民的反日救亡运动。接受"二十一条"之次日，袁世凯便向全国发出"密谕"，把日本人说成"三头六臂"，为自己不抵抗政策做辩护；不久，又以政事堂国务卿名义再发"密谕"，仍然为自己的罪责解脱。欲盖弥彰，袁世凯这样做了，反而引起了国人的注目。于是，一股"不承认'二十一条'""出兵收复山东""诛卖国贼以谢国人"的呼声震撼全国。袁世凯惊慌了。他挖空心思，想让外交总长做他的替罪羊。陆征祥无可奈何，只得通电辞职。陆不想承担全责，在自己的"辞职通电"中写入"曹次长误签"条约几字，曹汝霖发了怒，他也在辞职通电上毫不掩饰地为自己辩护说："此案和平了结，一出于大总统之独断，一出于各部总长之公意。日使要求第五项尤力，经用电话请陆总长向主座请示后，方敢加注'容日协商'。"这话一经公开，袁世凯恼羞成怒，拍着桌子大骂曹汝霖："混账，混账！还不曾亡国，就把自己的主子出卖了。"一怒之下，把他已经决定授给曹汝霖勋三位以奖其签约之功的命令也取消了。

曹汝霖毕竟是为袁总统卖了力的，怒归怒，骂归骂，袁总统还是不忘他的"贡献"和忠心，袁世凯不仅不批准他辞职，反而还给了曹"仪同特任"，享受总长的待遇。以后，中国在一个漫长的岁月里，一方面是人民的反日情绪与日俱增，一方面是袁政府对爱国人民镇压的升级。爱国有罪，成为中国人民最痛心无不蹙眉的现状。

"二十一条"接受下来了，卖国已成为事实。乍听这个词，袁世凯还有点冷飕飕的颤抖。听得多了，耳朵大约是适应了，并不感到刺激了。他只想把这件事先丢下，去办那些该办的事情。

什么事情该办？什么事情最急呢？紧紧张张度过了许多天的袁世凯，仿佛觉得没有太急的事可做了。"二十一条"虽然蒙受莫大的耻辱，但毕竟没有亡国，而袁世凯还是名正言顺的中华民国大总统。是大总统他便执掌着治理这个国家的一切大权。无论"二十一条"把多大主权丢掉了。割地了，赔款了，划出租界了，任他去，中国的版图还得是中国的版图！这么思索着，袁世凯该干什么自然由他了。

中华民国快到她的四岁生日了，袁世凯的复出也快到四周年了。当因为"二十一条"而遭到的咒骂声渐渐离他耳朵远了的时候，他舒了一口气，想心平气和地回顾一下这四年。往日，内外交困，烽火狼烟，他顾不及。现在，仿佛温和了，也该回顾了。

事情也真够多的，当他想从冗杂的项目中找一两个"头等"的时候，又仿佛都是头等、都不是头等。

正是袁世凯心神不定的时候，人传"有一个河南同窗一定求见"。袁世凯问了姓氏，却毫无记忆了。便说："大约是一位老乡在北京受困了，给他送点银钱，就说我很忙，无暇见他。"

侍从却说："他说他不缺钱，是来给你送比钱还贵重的东西的。已经等待你好多天了。"

"什么东西？"

"他不告知，说'只当面交给你'。"

袁世凯眨眨眼，说："让他进来吧。"

一个清瘦的儒生被领进居仁堂，约五十岁上下，衣着朴素，满面带笑，操着标准的河南口音向袁世凯问好，但只鞠了个躬。

"请，请坐吧。"袁世凯还在打量他，"从河南来，有何见教？"

"大总统不认识我了？"那人淡淡一笑，"我是唐天喜将军家的塾师，叫任芝铭的，见过大总统的面。大总统还欣赏过我的诗呢！"

袁世凯望了望他，毫无印象。便说："噢。你有什么事吗？请讲。"

"我刚从河南来，河南老乡都惦记你呢！"这位自称任芝铭的人说，"你有个表弟叫张镇芳，对吗？是沾了你的光做了河南都督。很为河南人办了几件难忘的事。"

"是吗？"袁世凯心里高兴。

任芝铭说："这不，大总统把国民党灭了，你的表弟便在河南大肆屠杀革命党。还在开封西门外为革命党招魂、开追悼会。结果，竟把骗去开会的上万人全杀了。小的写了一首诗，读给大总统听听。"说着，从衣兜里取出一片纸，平仄有韵地念道：

帝乡人命贱如麻，
冤血三年浸碧沙。
我欲招魂魂不至，
腥风吹赤半天霞。

"大总统见笑了，见笑了。"

袁世凯眯着眼睛，慢慢思索起来——屠杀革命党，那是他部署的；张镇芳在河南杀人，他也知道。唐天喜的塾师写诗骂张镇芳，他觉得不可能。因而，他再次打量那个来人。"你……你是任芝铭？"

"是的，大总统。"

"这诗是你的心里话？"

"是的，大总统。"任芝铭说，"不只这一首，还有。"

"还有？什么诗？"

"国家经济困难，国家又须用钱。"任芝铭说，"别的省份闹独立捐税不好收，河南是你的原籍，所以，一年竟收两次人丁税。河南人真'高兴'。小的也写了一首诗。"说着，又从衣兜里拿出一张纸，念道：

> 豫民生计本无聊，
> 丰沛恩泽愧汉高。
> 翻使渥承优待处，
> 岁输履亩助新朝。

"怎么样，还可以吧？"

"你……你……你什么人？敢来本总统面前戏弄？来人！"袁世凯发怒了。

几个侍从闯进来。

"把这个疯子给我捆下去！"来人七手八脚，抓起那人。

"我不是任芝铭，也不是河南人。可那事却千真万确；那诗，也千真万确是任芝铭写的。我只是觉得挺好玩，才冒名顶替送给你，请大总统好好读读吧！"

袁世凯软瘫瘫地坐在太师椅上。

第十三章
袁世凯说，中国还得有皇帝

　　"二十一条"是中国人的耻辱，国人无不刻骨铭心地记住它，并且决心去洗雪它！

　　袁世凯没有记它。他关心的是有个什么前程？他要把自己推向最高的权力地位。

一

　　在居仁堂的一个密室里，坐在袁世凯对面的是他的大儿子袁克定。父子俩都在沉默着，相比之下，袁世凯的眉头锁得更紧。那个惹祸的"二十一条"签订之后，整个中国都像开了锅一般，反袁反日，反日反袁，一股愤怒的反潮，波及中国的所有阶层：工人、农民、学生、商人、士兵，连军官、地方官、名流绅士也都卷了进去，华侨更是行动积极。袁世凯成了过街老鼠，他连洞口也不敢出了。这些天来，自发起来的游行队伍，由队伍中呼喊出来的愤怒口号，像决了堤的洪水一般包围着中南海，从早晨到傍晚，从傍晚到深夜，有时通宵达旦；高高的红墙却无法挡住怒潮的冲击。袁世凯焦急不安了，他没有估计到贫穷落后的中国人，竟有如此高昂的爱国热情！他也没有想到国人起来骂他了，竟无人出来制止！"人心，人心呀！"袁世凯猛然感到他太孤独了。他想到段祺瑞，想到冯国璋，想到王士珍，想到从小站练兵起被他拉拔起来的一个一个文臣武将。"哎呀，今天一个一个都不出头，不顶事，不能为我分忧解愁了。"只有儿子，儿子还是自己的。

他着人把儿子叫到面前时，他真想守着儿子大骂天下，"天下尽是不顺心的事，我得改造天下！"可是，他没有骂，"现在既不是骂街的时候，也不是躲在床前充英雄的时候。是如何对待眼下这个局面"。因为他尚无策略，所以，把儿子叫来了。儿子来了，他竟沉默起来了。

袁克定同他老子的心情不尽相同，"二十一条"他不放心上，"中国眼下弱，人家要什么条件你都得答应。有朝一日我强了，他小日本来进贡我还不一定收呢！"中国土地上出现的反袁反日怒潮他没有当成多大的事，"反吧，怒吧，几只鸦雀在枝头吵闹，影响不了参天大树的枝繁叶茂！"袁克定想得远，有心胸。"果然有一天闹到中南海来了，大不了开开杀戒，动动刀。我不信中国人都不怕死。"最近，就在袁世凯跟日本人交涉"二十一条"的时候，袁克定集中精力为他的老爹抓军权，想造一支袁家的御林军，保袁家的江山。

袁克定雄心勃勃，自从他得悉在他老爹示意下修改成的总统选举法，他更增大了雄心。那个法上规定，以后再新诞生总统必须是在原总统提出的三个候选人中选举之。他老爹是总统了，有一天他老爹不能干了，还有提名权，莫说提三个，就是提一个，也得是他袁克定。于是，他"皇储"自足了。"今天帮老子打天下，明天就是我的天下！"他深刻懂得了老子的良苦用心。

父子俩对坐有时，袁克定从老爹的低沉情绪上看明白了一切，不待老爹发问先开了口："大爷，眼下的事你也不必犯愁。照我想，一事解决了，百事都定了。"

袁世凯心里很乱。本来想把儿子找来谈的事，儿子来了竟乱得忘了。现在，儿子仿佛知道了，先提出了，却又含含糊糊。他瞪了儿子一眼，问："哪样事解决了，百事都定了？"

"还是老话，'强干弱枝'，抓军队。"

袁世凯背过身，没说话。他知道，这是儿子早年从德国回来时，德皇威廉二世把他曾经对清朝摄政王说过的话又重复说给袁克定听的，希望袁氏父子也抓一支能够左右中国命运的、相当于"树干"一样的军队。那样，就不怕那些枝枝叶叶的散军捣乱了。袁克定对他老爹提两点具体意见，一是迎王士珍来京，代段主持军队，一是在总统府内设陆海军大元帅统率办事处，为全国最高军事机构，由大总统掌握。袁世凯虽然都接受了，但却对夺段祺瑞的军权下不了决心。袁克定便认为老爹的"强干"意识不坚决，故旧话重提。

袁世凯沉默半天，说："不是在逐步实行中吗，如此大事，怎么好一蹴而就呢？"

是的，袁世凯是在军队问题上做了文章，文章做得还不小：他首先同意在总统府建立陆海军统率办事处，让儿子到正定死拖赖拉把王士珍请到北京，授为陆军上将，派为统率办事处坐办。陆军总长段祺瑞和海军总长刘冠雄、参谋总长黎元洪也都是办事员。不久，又下令改各省都督为将军，以削弱地方兵权。可是，不仅王士珍在治军上缺乏大刀阔斧的魄力，担不起袁的重托，而段祺瑞也渐表掣肘。因为"二十一条"引起的全国反袁反日怒潮，他段祺瑞竟无动于衷。这便是今天袁氏父子心中最为放不实的问题。

袁克定说："大爷的求稳态度，固然是好的。可是，直到今天，却不见（军队）改观，形势又那么恶劣，咋办呢？"

袁世凯叹着气，说："我何尝不清楚，小站旧人，大多暮气沉沉了，冯华甫每日十二点才起来，段芝泉总不问部事，北洋派成什么样子了如指掌。早时，皙子让我把蔡松坡调到身边。我把他调京了，也让他做了统率办事处办事员，可是……"

袁克定明白，老爹想用蔡锷，但却又觉得蔡锷不是自己人，对他放心不下。蔡锷到京了，却并没有给他实权。

——袁克定像他的老爹了解他一样了解他老爹，知道他做梦都在想权，尤其想军权；做梦都怕丢权，尤其是怕丢军权。由临时总统向正式总统过渡期间，袁世凯便仿照清王朝建立禁卫军一样建立一支由他自己做团长的模范团，这个团一方面用北洋派二三流人物来主持工作，一方面挑选最忠于他的中、下级军官为兵士，以逐渐由这个团扩展开来，建立一支超乎北洋派的袁家军，以取得加强袁氏集权的预期效果。

"还是要把模范团办好。"袁克定说，"大爷，你不是说要把模范团扩大吗？扩。抓紧。"

袁世凯点点头，然后把话题转了："记儿（袁克定乳名），别的事不说了，我只想问你一件事，你说说意见。"

"说吧，大爷。"袁克定说，"啥事？"

"芝泉令人伤心呀！"袁世凯剖明心思了，"'二十一条'交涉的时候，人心焦急，陆军部竟然上一道呈文，请求增加部员薪金……"

"大爷不是驳回他了吗？"袁克定说，"听说你批了八个字：'稍有人心，当不出此'！够严厉的了！"

袁世凯叹了一声气，"唉——"又说："事情接二连三，危难之际，乱事总出在他身上。"

"那个茶役埋藏炸弹的疑案不是真相大白了吗？"袁克定想起了不久前发生的一件事，日本报纸早些天传出一个消息，说陆军部里有茶役埋下炸弹，想炸死段祺瑞，并且含沙射影说是袁世凯干的，是一个政治阴谋案。但是捕风捉影，并无实据，也就不了了之。此事虽未扩大，影响却不小，国人皆知袁、段情感已大有裂痕。"今天谁还谈它呢？"

袁世凯不饶人，没人提他提。当然不会以此反击，却可以指桑骂槐。"那事就过去了。现在，'二十一条'引起大波了，他竟是不出面了。当初……"袁世凯又叹声气，"唉——"

"怎么了，大爷？"

袁世凯故意表了个"痛心"的情绪。才说："他何尝胆壮呢？"袁世凯想推卸责任了，他把反日比较积极的段祺瑞说成投降派。因为段的投降，而不敢以武力抵抗，才造成今天这局面。

袁克定一听这话，高兴了——原来在这之前，为了老爹的卖国罪责，他业经在外面说了段祺瑞不少坏话。他对人说："'二十一条'逼紧的时候，老头子问段总长'可否武力抵抗'？总长说'果然发生战事，三天之内可以亡国'。陆军如此无能，总长所司何事？"袁克定的这片谣言，今天竟和老爹不谋而合，他有了"靠山"。于是，他大着胆子说："既然大爷一切都明白了，也该下决心了。"袁世凯没说话，只管沉默。

袁克定又说："是的，大姐夫——段的续室张氏，是袁的表侄女，因家败随袁长大，袁做主续段。段成了袁家婿——是小站老人，出过力，建过功。那只是过去。再说，你也没有亏待他。现在他这样了，你也不必有顾忌了。"袁世凯终于点点头。

袁在排段的同时，段也在做着自己的打算。袁段裂痕已非一日，段祺瑞自知军权太大了，"权大压主"。袁世凯在艰难时盼着他的权大，权大别人不敢惹他，他被清朝廷贬官时也是如此。他被遣出京城"养病"的时候，曾经秘密对段说："日后有无出头之日，就看芝泉你了。"不仅如此，还将自己花了三十万元购买的府学胡同私宅赠送给段祺瑞。然而，到了袁当上临时大总统时便变了脸；正式大总统被选上了，脸变得更不同了。段祺瑞最震惊的一件事，是袁世凯杀了赵秉钧。赵秉钧被袁毒死之后，不仅国人惊讶，北洋派无不心颤。段祺瑞问冯国璋"有何想法？"冯说："赵智庵对项城的卖力，远在你我之上。智庵尚且有此下场，你我怎能高枕无患？"有一次，段祺瑞就赵死一事私问陆建章，连这位杀人不眨眼的大屠夫也说："我们参与老头子的机密太多了。老头子总有一天要消灭痕迹的。"最令段祺瑞不安的是最近一件事：陆海军统率办事处成立之后，陆军部有关人员变动事呈送一文报告，是由陆军部次长徐树铮办的。袁世凯问到段，段说："容我到部查明。"

袁世凯怒斥道："你的呈文已经送来了，怎么还待查明？"

段祺瑞一见袁世凯这模样，真想顶他一句："既然有文呈上，你批示不就完了，何必再问。"可是，他没有敢说，他只愤愤地记在心上。接下来，便是袁克定的谣言，王士珍的调京，陆海军统率办事级的成立，等等。段祺瑞心灰意冷了，于是，他以"养病"之名隐居西山。不久，提出辞呈。

1915年5月31日，王士珍受命署理陆军总长。

二

四十一岁的杨度，因为"宰相"问题一度消沉之后，很快便振作起来，重新拾起他思考了许久的"军国"大事，要为袁氏天下立一个头等功劳。

杨度超人的精明，他对袁世凯的窥视，达到了惊人的透明："袁氏想干什么，我明白了。"

袁克定来访杨度，给他送来一篇墨迹未干的文章《共和与君主论》。文章的署名是美国人古德诺，但文章却是华文。令他惊讶的是，这篇文章竟是法制局翻译散发的。"这么说，美国顾问的意见又加上了中国官方的认可了。"杨度微微一笑，把文章放下，正想同袁克定讨论一番时，袁克定却转了话题。"皙子，你说徐卜五这个人怎么样？"

"国务卿？"杨度说，"好呀！不食'君'禄，亦报'君'恩，哪里找这样的人去。"

袁克定明白他是指的徐世昌"不受民国俸禄"的"明志"。便冷笑着说：

"不说俸禄说'馈赠'，不是照收嘛。"

"他还是为老头子鞠躬尽瘁的。"

"曹操。一个典型的活曹操。"袁克定颇为气愤地说，"不谈这个人了。这篇文章你认真读读。该怎么干的就干，功劳不能都让外国人抢了去。"说罢，他竟调转屁股走了。

杨度自从进了中南海，便春风得意，觉得从此腾达。谁知命运多舛，许多机会只是可望而不可即。他便决心对袁世凯这个人做一番研究。谁知这一研究，竟发现了秘密。袁世凯原来正在做着皇帝梦！这位湘潭才子本来就是主张君主立宪的，无论是他为清政府出洋考察宪政五大臣起草的报告，还是他与杨笃生等共同创办的《游学译编》，还是他做宪政编查馆提调，他都毫不含糊倡导君主立宪，把君主立宪说得天花乱坠；后来他做《中国新报》（月刊）主编时，更呼吁清政府召开国会，实现君主立宪。由此，他和袁世凯的"情感"更贴近了。这些日子来，杨度知道有两个人在袁面前活动频繁，一个是日本人有贺长雄，一个是美国人古德诺，都是贴着高级顾问的标签。日本人、美国人都是竭力鼓吹君主立宪的，他们仇恨中国的共和、民主。杨度想："这位美国顾问若是为此事而呈递来《共和与君主论》，这岂不又助我一阵东风！"

杨度把美国人的"论"精心着意地读了一遍，仰面笑了。"美国人，美国人果然用心良苦！"

正是杨度兴奋的时候，内史夏寿田来访。总统府秘书厅改为内史监以后，阮忠枢坐了第一把交椅，夏寿田便成了阮的得力助手，成了袁的传声筒。杨度知道他，他来访，必有要务。于是，盛情款待。"欢迎夏公，欢迎夏公。"杨度让座，"夏公光临，必有见教。"

"大总统多日不见先生，命我来看望。"夏寿田谦虚有余，"顺便有一事相托。"

杨度明白："顺便"是假话，"相托"更是谦词。于是说："请夏公直说，皙子无不尽心。"

"有两位名士叫丁世峄和徐佛苏的，曾向总统进言，有个呈文，关于改制问题。总统未示可否，想请先生先看看，而后……"

杨度明白了，所谓的名士，不过是两个善于察言观色的政客，改制自然是改为帝制，便不看"进言"而明白一切。笑着说："不必看了，我估计是和古德诺先生意见一样的。我倒是想听听总统对此事的意见如何？"

夏寿田和杨度都是袁世凯翼下的卒子，谁都不说谁长短。既然事情说出了，索性说明岂不更好。于是，夏寿田开门见山地说："大总统自然是想请先生拿个主见。不过，大总统只想把一点尚未深思的意见告知先生：国体事大，是不是请先生和徐佛苏等诸位先组织一个研究国体的学术团体，联络一批名士，造出一番舆论。至于先生个人嘛，大总统的意思还是不出面为善，以免招至不测。"

杨度笑了。心想：袁世凯终于阐明观点了，但却又留下后路。"让我做幕后，他便藏得更深了。好良苦的用心！"他还是说："我明白大总统的意思了，我一定会按照吩咐去办。"

夏寿田走了，杨度皱起了眉头。

杨度认定"中国是个非君主制不可"的国家。无论什么能人，都不可超越这个事实。袁世凯称得上当代英雄，新的君主非他莫属！这么想了，杨度便有了自己的打算："如此大事，躲到幕后去，将来由别人做开国元勋，自己做跳加官，我不干。组织名流成立什么学术团体，那得以我杨度为主。"于是，在夏寿田走后，杨度便丢下美国人的文章，自己动起笔来。杨度不愧为当代奇才，一篇《君宪救国》的大文章很快便拿出来了。

当这篇像重型炮弹一般的奇文送到袁世凯面前时，袁世凯简直是如获至宝，如饥似渴地挑灯伏案，一口气读了三遍，连声叫绝，并亲笔写了"旷代逸才"四字制匾赠杨，还专门发了"杨度给予匾额一方"的命令。杨度受宠若惊，立即呈上"谢恩"折：

> ……伏念度猥以微材，谬参众议，方惭溺职，忽荷品题，维被饰之逾恒，实惶悚之无地。幸值大总统独膺艰巨，奋扫危疑，度得以忧患之余生，际开明之佳会。声华谬窃，返躬之咎弥多；皮骨仅存，报国之心未已。所有度感谢下忱，理合恭呈大总统钧鉴。

不久，杨度的妙文便由段芝贵密印分发给各省军政长官。

杨度知道他的"论"被袁世凯接受了，又推向全国了，心里十分高兴，更加坚定了自己创一番大事业的决心：他要争头功，争开国元勋。袁世凯不是想有一个"大名流"参加的团体来为他造舆论吗？好，我就给他组搭一个由"大名流"为主的团体。

杨度有号召力，更有一批朋党，很快，他便邀约到孙毓筠、胡瑛、严复、刘师培、李燮和等五人，拉起了一个改帝制的团体，并于1915年8月14日发出六人联名"通电"，通电罗列了一大串中外形势，各国体制优劣，最后表明，他们这个组织是"学术性的团体"，宗旨是"以筹一国之安"，"将于国势之前途及共和之利害，各抒己见，以尽切磋之意"。通电希望"全国远识之士，惠然肯来，共相商榷"。因为其宗旨是"以筹一国之安"，它的名称自然称之为"筹安会"了。于是，在中国近代史上，便出现一个全是丑角组织的拉倒车组织——筹安会。有人给杨度等人糊了顶高帽，叫"筹安会六君子"。这六位也堪称得起"君子"：杨度，大名鼎鼎，我们已经给了他许多笔墨；孙毓筠、胡瑛、李燮和三人，都是同盟会的变节人物，早为袁所利用，政治风云中的东倒西歪名士；严复，北洋水师学堂的教习，因为"国会"事曾被清政府通令拿办，躲藏期译书自慰，译有西方名著《天演论》《原富》，一时间小有名气。此人颇有一副令人猜不透的脸膛：当初，袁世凯做了北洋大臣想高抬他时，他说："袁世凯什么东西，够得上与我为伍！"袁世凯被载沣赶下台，到彰德"养疴"时，他却又说："此人国之栋梁，奈何置之闲散！"民国之后，他曾被聘为京师大学堂监督，袁世凯还聘他为总统府顾问。筹安会既是"大名流"组成的学术团体，自然少不了他——不过，有人调查过，此人并未著文鼓吹帝制。

刘师培，是国中排满较早的著名人士，曾和章太炎组织光复会。著有《攘书》《中国民族志》，是鼓吹排满的代表作；还著有《国学发微》《读左札记》等。曾投身两江总督端方，随端入川。端方被杀，他又投山西阎锡山，再投袁。在杨度发表《君宪救国论》时，他应声附和，发表了《国情论》，再发表《告旧同盟会诸同志》，颇受袁青睐。

这伙人的"筹安"论调一传出，人们便看得出"来头不小"。果然，先是各省将军、巡按使纷纷派代表到京，表示愿意加盟；后来，各省民政长官也派员到京送来"秋波"。六君子高兴了，他们于8月23日在北京正式成立了筹安会，杨度为理事长、孙毓筠为副理事长，其余四人为理事。于是，一个筹备帝制的大活动，便紧锣密鼓开张了。

三

　　江苏都督冯国璋奉命到北京来了。五十七岁的冯国璋，早打算当此一行。并非公事，他要向袁世凯表示一种情感上的谢意——他的原配夫人去世了，他孤独了几年。是袁世凯体贴了他，把他家的塾师、天津有名的女才子周砥周道如续给了他，使他重新有了一个温馨的家庭。可是，他没有早行，他自己任上的事情太多，他不敢擅自离开。现在，他不能不来了，袁世凯召他来京"述职"，他虽然说不明白述什么，但他是务必要来的。

　　周砥是袁府的塾师，上上下下都很熟，自然有诸位夫人、姨太太接待她。冯国璋当然是到密室向袁世凯汇报。

　　袁世凯简单地问了问江苏的情况，心情有些忧郁地说："'二十一条'之后，原想开一次规模大一点的军事会议。后来决定不开了，才改成单独谈谈，把你请来了。"袁世凯既不吐露"开一次规模大一点的会议"干什么，也不说明因何"不开"的。可是冯国璋早已明白，那个会议是打算废省改道和划分军事区域的，是因为怕日本人误会，惹出麻烦才不开的。所以，袁世凯破了个题，冯国璋也开门见山地说："'二十一条'之后，外患已不是大事，主要是内忧。"

　　"听到有什么传言了吗？"袁世凯很警惕。其实，他心里最清楚，什么传言？还不是帝制风波。早在两年前便有山东人叫裘平治的上书给他，明白提出"总统尊严不若君主"。不久，湖南人章忠翊又进《劝正皇位表》，提出正位理由"有六"。青岛有位遗老引经据典写了篇《共和解》，又写了篇《共和解续》，自作聪明地说："总统之任，必有满期，退位后无异齐民。其实白龙鱼服，无以自卫，怨毒所蓄，得而甘心，不测之炭，必难获免。项城识略过人，必早虑及此。"这些人的言行，袁世凯虽表面极力反对，但内心却是甚为高兴；要惩办制造"危言"者，却又不行动。不仅如此，还在此期间先后聘出前清旧臣、遗老赵尔巽和王闿运为清史、国史两馆馆长，修编清史、国史。袁世凯真怕人把老底给揭出来。

　　冯国璋说："江南诸位，对时局颇为关注。传言渐起，华甫心神不定，又不敢置可否，故心事颇重。"袁世凯本觉还是含而不露的好，见冯国璋挑明了，说："华甫，你我是自己人，难道你不懂我的心事？我想谣言也不是无所本的，国中早有人说过，共和不适国情，我在口头上也曾流露过愿归田里或还政清室。近来新约法颁布，有总统颁授爵位一条，有人便认为要更换国体了。我早就说过了，五族权力一律平等。既然各族都可以封王封公，对汉族同胞封王封公有何不可？授爵条文对各族都通用……"

冯国璋想说点什么，但又插不上口，心里却是焦焦急急的。"传言这么多，你自己也不否认，何必解释呢？表个态度不就完了。"

袁世凯大约看出了冯国璋的心情，便换换口气说："我的心事不妨直对你说吧，现在我的权力和责任，已经与皇帝没有区别，除非为儿孙打算，我实在没有必要做皇帝……"

冯国璋冷飕飕地颤动一下："这么说，为你的儿孙打算，你真的要做皇帝了？！"他的眼神有点走样，脸膛顷刻蒙上乌云。

袁世凯却坦然地摇摇头，笑了。"至于我的儿孙，你也是个个清楚的：大儿子身带残废，本来就不是成大器的人；老二一心想做名士，琴棋书画，三教九流，给他个排长他也干不了；其余几个，更不成器。让他们担负国家重任，我不放心，国人也不放心呀！"说到这里，袁世凯叹息着，摇摇头，"华甫，中国一部历史你我都清清楚楚，帝王家总是没有好下场的，即使为儿孙打算，我也不忍心把他们送下火坑里去。正是醇亲王奕谭说过的：'财也大，产也大，后来儿孙祸也大。借问此理是若何？子孙钱多胆也大，天样大事都不怕，不丧身家不肯罢。'"

冯国璋半信半疑，说："皇帝可以传贤而不传子嘛。"

袁世凯马上说："总统也可以传贤。总统和皇帝不是一样吗？"冯国璋是"北洋三杰"中的狗，他的杰才每每是望着主人的眼色在变幻的。本来，他想劝劝袁世凯，"别走帝制这一步，中国人对皇帝早已深恶痛绝，何况，全世界都在高扬民主、共和潮流，拉着历史往后退，是办不到的"。但是，他一听袁世凯如是说，而且又是动了感情说的，就那副"真诚"像，也够同情的。于是，冯国璋的话题也变了。他说："总统说的是肺腑之言，华甫明白。可是，总统功德巍巍，众民盼治，将来天与人归，大总统虽谦让为怀，恐怕推也推不掉的。"

袁世凯一听这话，有点怒了。"华甫，这是怎么说呢？我绝不干这种事。实话对你说吧，我有个儿子在英国读书，我已经叫他在那里置了点产业，万一有人逼我走那条路，我就只好远走外国了。"

冯国璋这才把心中藏了许久的"袁世凯要帝制自为"的问题放了下来，

又说："南京对于改革国体，并非不赞成。只是时间问题。"袁世凯说："无论什么时候，我是不会去做皇帝的。"

"既然大总统如此审时度势，我想，各方也不会过于勉为。"

冯国璋得算袁世凯的膀臂。否则，怎么能标得上三杰之一呢？冯国璋1893年投淮军，曾担任过中国驻日本军事随员，结识了几位日本军界名人，编写了几本兵书。袁世凯小站练兵时把它当成了宝贝，夸冯是"军界之学子无逾公者！"练兵中，冯的地位便由督操营务帮办升为步兵学堂监督，再升督操营务处总办。那之后，一直随袁世凯左右，听从提调。袁世凯彰德"养疴"时，摄政王载沣是想拉拢冯国璋——袁北洋的势力的；武昌起义后，清廷派冯国璋组织第二军，派荫昌率第一军南下镇压。冯军迟迟不行动，一军南进不得，造成了清政府非再用袁不可的局面，袁世凯终有机会再度出山，方有今天。这样的交情，冯国璋是完全相信袁世凯的话的。等到袁世凯同他谈完了军事问题之后，冯国璋便携着新夫人匆匆返回南京。谁知冯国璋回到南京之后方才知道，中南海里竟然有人组织了"筹安会"，并且发出宣言，紧锣密鼓为袁氏称帝忙活了，他只好承认自己上当了，在他的总督府里干自生气。"老头子真会做戏！他哪里还把我们与他生死与共的人当成自己人？"

四

中南海的居仁堂，连日来朝朝暮暮迎来的是将军，送走的是将军，他们都是来向他们的总统"述职"的。冯国璋是第一位，冯国璋走了，山东的靳云鹏来了；靳云鹏走了，江西的李纯来了，山西的阎锡山、奉天的张锡銮、湖北的段芝贵，像买好了戏票进剧场一样，脚尖顶着脚跟往里挤。在这些省份的将军纷纷被召的同时，有人发现不是督理一省军务的将军也被召来了，如奉天的二十七师师长张作霖，湖北的第二师师长王占元。人们有点诧异了："他们也进中南海了？！"

对于这样一个大范围的"述职"运动，袁世凯是当成头等大事来对待的：在形式上，首先造成一番不寻常的气氛，采用了疆吏见大总统的礼节，设案摆桌，礼仪按章，袁世凯头戴白缨军帽，身穿金线肩章大元帅蓝色制服，威威武武坐在大总统宝座上，他进来和出去时都是鹅行鸭步。但是，其"述职"内容，却又离奇可笑：述职，顾名思义，该是派往外国或外地去担任特殊使命的人，被召回后报告自己的职务履行情况。可袁世凯却不，当述职将军进来了，他竟主动寒暄，问家常、问省内治安、问民情；问又不等人答，便急匆匆转了话题，说："咱们办共和办了这几年，你们说说，究竟办得怎么样了？"

这种问话，使一些将军十分惶恐："这叫什么事？大总统是共和的大总统，我们只能说你大总统好，共和好，还敢说什么？"所以，有人被问得目瞪口呆。后来，还是筹安六君子中人"机灵"，事先如此这般对被召将军透点"秘密"，这些将军便坦然自若了。袁问时，他们便胸有成竹地答："咱们办共和实在没办出成绩来，老百姓盼望大总统多多负责，把国家的事办得更好些。"袁世凯眉开眼笑，频频点头。

酷暑七月，下旬，一个晴明的上午，二十七师师长张作霖在军政执法处处长雷震春的引荐下来到中南海。当他们坐在居仁堂楼下一个等待接待的小房子里时，这个红胡子出身的师长竟然一下子惶恐得手足失措——

从拉杆子打家劫舍起，张作霖便"老子天下第一"，奉天都督张锡銮把他从鬼窟里变成人，重用了他，还认他为义子，结果，老帅竟被义子搞得立不住脚，终于灰溜溜地走了。袁世凯想把他张作霖弄出奉天，安到僻地黑龙江去，以免他地盘巩固，兴风作浪，他竟发了一个拒绝外调的回电，并且不伦不类地说："辛亥、癸丑之役，大总统注意南方，皆作霖坐镇北方之力。"气得袁世凯拍案大骂："土匪，活土匪！讹诈！什么'坐镇北方之力'？难道在我南征之际你敢在北方造反？！"现在，袁世凯单单召他来京了，他暗暗吃了一惊，他不敢不来，又不敢单独去晋见，才拉着雷震春同行。官方都知道：袁世凯接见下属是极讲究等级的：关系最好、身份较高的，是在居仁堂楼下小会客室相见；关系一般又无多显赫身份的，只在"大圆镜中"会见。照张作霖身份，他是进不了小会客室的。意外的是，袁世凯竟在小会客室召见了张作霖，连军政执法处长都感到吃惊。

袁世凯还是穿着大元帅服，面南背北地坐在八仙桌上首，四位随员站在身后。张作霖虽然昔日不把袁世凯放在眼中，今天却不同，他是大元帅、大总统，无论哪一项权力，都可以置他于死地——张作霖从奉天动身时虽然带了一营卫队作为护身，同时也想显示一下威风，可是，当他一入京城，便立刻感到他这样的官在这里，连个小小的芥菜籽都算不上；就连比他大两个、三个阶梯的官员，在京城也只得小心翼翼地走动。他的卫队不敢带了，他的胸脯也不敢像往日在二道沟拉柳子，在奉天当师长那样挺了再挺。进得中南海来，他就心跳，他就腰弱。当他随着雷震春走进居仁堂的小会客室尚未见到袁世凯时，他的腿便软了；一进门，见到八仙桌后坐着的人那副威严，他知道他就是袁世凯了，便双膝跪倒，先行了一个三叩首的大礼，嘴里还连连呼着"大总统……大总统……"——他不知道是该叫"万岁"还是该叫的什么称谓？袁世凯坐地不动，只抬了抬，说："张师长，请坐吧。"

张作霖觉得这口气并不多吓人，心里稍定了点。还是跪着说："二十七师师长张作霖拜见大总统……"他几乎带出了"陛下"二字。

"坐下说话吧。"袁世凯说，"跪拜的大礼，我已明令免去了，只是大家尚不习惯新礼。以后还是行个鞠躬礼就行了。"说着，又把接见别的将军时用的"套子话"开始询问张作霖。

居仁堂的这个小小会客室，是袁世凯从大内搬来的古瓷名画、金钟玉匣装饰的，一派金光耀眼——北壁安放着一架多宝格子，格子里摆设着古玩器物，其中一个丝绒盒子，里边放着四块打簧金表；每一个表的边上环绕着一圈珠子，表的背面是珐琅烧的小人，造型极其精致逼真。张作霖虽然在沈阳旧宫也见过一些奇异古董，但比起故宫大内的，那得算又小又土的玩意儿。所以，他看得有些眼花神乱；尤其是对那四块金表，眼神儿竟像是被吸了去一样。袁世凯暗自好笑："这红胡子，真没见过世面。"

"张师长挺喜欢那四块金表是吗？"袁世凯转脸对身后一人说："取过来，就赠给张师长吧。"

刚刚坐下的张作霖，忙又起身，连声说："不，不！……那是大内——不，是总统府上的珍宝，雨亭（张作霖字雨亭）不敢当，不敢当。"

雷震春在一旁提醒："大总统赏赐，是不能不受的！"

张作霖忙又跪倒，说："谢大总统赏赐！"

就在张作霖受宠若惊、诚惶诚恐的时候，袁世凯这才把他固定基调的问话向张作霖提出来。

张作霖早已受到高人示意，又收了袁总统的厚礼，自然要做袁总统称帝的忠实走狗，忙挺着胸膛说："东三省人民渴望帝制甚殷，此事不可稍停了。"又说："关以外有异议者，唯作霖一身当之；关内若有反对者，作霖愿率所部以平内乱，虽刀斧加身，亦不稍怯。"

袁世凯本来还对这个红胡子悬着几分心，听他如此一说，笑了。但却说："如此大事，还得慎思。"

张作霖想表忠心，又搜肠刮肚说："大总统，作霖此意，绝非为私。吾今已四十一岁，位至中将，子女成全，田产亦足以仰事俯蓄。今日之言，实为国计，非为希荣。若有贰心，天实殛之！"他动感情了，眼中仿佛也冒出了泪花。"大总统若不俯顺舆情及将士之心，诚恐天下解体，国家之祸更不堪设想！"一片代人求愿之诚，溢于言表，使袁世凯也极为激动。他竟站立起来，伸出双手，连连称好！

袁世凯频频召见将军的结果，收到的是各地将军的拥戴通电，他们都异口同声痛论共和制度之不善，请求早日建元称尊：

8月25日，湖南将军汤芗铭通电说："伏望我大总统俯从民意，速决一尊，申数千年天泽定分之大义，慰亿万苍生一心一德之归诚。"

张作霖怕"口说无凭"，一回到东北便把他当着袁面说的话用通电发出。

袁世凯的义子段芝贵更别出心裁，联合了广东龙济光、湖北王占元、陕西陆建章、河南赵倜、山西阎锡山、云南唐继尧、浙江朱瑞、湖南汤芗铭、江西李纯、安徽倪嗣冲、山东靳云鹏、四川陈宧、吉林孟思远、黑龙江朱庆澜等十四省将军联合上了一个"请速正大位"的密电。

袁世凯乐了，他感到现在真的到了"天与人归"的时候了，他不能不俯顺民意……

五

中南海卍字廊后边的四合院里，终日静悄得令人生畏。那里边住着失宠的大姨太沈氏、忧伤的三姨太金氏和一心做名流的二公子克文夫妇、只知享受的三公子克良夫妇，他们自称"这里是失落的部落"，是一片丛生着"细菌"的地方，被人们遗忘了。可是，一天，最受袁世凯垂爱，住在居仁堂楼上的三小姐叔祯，竟风风火火地来到四合院，并且急匆匆地走进袁克文的屋里。

克文、叔祯都是三姨太金氏所生，地地道道的中朝混血儿。由于偏爱女儿，叔祯一直在父亲身边，兄妹两人相聚时间不多。现在，妹妹匆匆找上门来了，哥哥有点惊讶，叫着妹的雅号说："静雪，你怎么来了？"

"二哥，有件奇事，奇得不得了，才来找你。"

"什么奇事？"

叔祯从袖筒里拿出一张报纸，放在克文面前，又说："二哥，你看看这张纸。"

克文看看报头上的日期，笑了。"旧报纸，过时快十天了。"

"旧报才有意思呢！"叔祯从袖筒里又拿出一张报纸，"这也是一张旧报纸，你再看看。比比看。"

"静雪，我不看了。你想说什么，只管说好了，我听着。"

"二哥，这两张旧报都是《顺天时报》，奇怪的是：同一天的报纸却是不一样的内容。一个把君主制捧上天，说中国只有君主制才能富强；一个把君主制骂个臭，说中国落后就落后在君主制上，非改君主制不能富强。这到底是咋回事？"

袁克文这才把两张报纸放在一起，仔细对比着看下去。

《顺天时报》是日本人在中国办的汉文报纸，创刊于1901年10月，初名《燕京时报》，是支持亲日派军队的报纸，是帝国主义侵华的重要工具，在北京影响极大。袁世凯最爱看这张报。袁世凯做皇帝梦时，送进中南海的《顺天时报》版版篇篇都是赞扬声：外国人赞扬，中国人赞扬，连袁世凯的敌人也在这张报上高谈阔论，说"袁世凯实行帝制，是做了一件利国利民、值得千秋歌颂的伟业！"喜得袁世凯看完了报纸总兴奋得手舞足蹈，摇头晃脑，认为自己确确实实做了一件应天顺民的大事。而今，袁叔祯却发现一张声调完全相反的《顺天时报》，这张报上，对于袁世凯要做皇帝这件事，版版篇篇一片咒骂声：外国人骂，中国人骂，连袁世凯的属将也说三道四。"这是怎么回事？"她想不明白，便拿着去找二哥。

袁克文把两张同日的报纸对比着看了一番之后指着那张外边发行的报纸问："这张报你从哪里弄来的？"

"我身边一个丫头回家探亲，回来时为我带回一包黑皮的五香酥蚕豆。这张报纸就是包蚕豆来的。"

袁克文点头笑笑，没说话。

"二哥，"叔祯问，"你说，这报纸，一天还会出两张吗？为什么内容相差那么大呢？"

"三妹，同一天出两张报纸不奇怪。"袁克文说，"奇怪的是，同一天两个报纸竟是两个面孔、两副肚肠。"

"是呀，这咋回事？"

"你看到的只是其中的一张。"袁克文说，"这样的报纸已经出了许多天了。只是，像你包蚕豆这样面孔的报，却从来传不进中南海。"

"往天你也看到过？"

袁克文点点头。

"父亲看到这样的报纸，还不气死了！"

袁克文说："让父亲多高兴阵子，还不是好事？何况……"

"怎么样？"袁叔祯追问。

"有人愿意用这种办法让老爹高兴。你揭穿了，其不连'好心'人也得罪了。"

"此人是谁？"

"还能是谁？"袁克文说，"除了我们那位宝贝兄长，还有谁干得出！"

"那班'筹安会'的六君子，会不会也在内？"

"也可能，只是没抓住证据。"

袁叔祯不说话了，她锁起眉陷入深思——这位三姑娘大约昔日受宠太多了，总把自己的家看得太清净、太崇高；把自己的父兄看得太正人君子。虽然她对极权还衡量不出它的斤两，但她相信，中国人、外国人都是会极崇拜她的父兄和他们的事业的。许多天来，由于筹安会的唠唠叨叨，由于袁世凯的慌慌张张，改制的事情早已闹得沸沸扬扬了。可是，她却相信改制是一番天经地义的事情；是大势所趋，是人心所向，父亲是被大势和众人推向皇帝宝座的。中南海天高气爽，风和日丽，一切都令人欣喜！现在，当她从一张只能包裹黑皮五香酥蚕豆的报纸上看世界的另一面时，她一下子心灰意冷、焦灼不安了，仿佛看到了老爹业经成了千夫所指的罪人……再往下，她不敢想了。她只有沉默，她感到了恐慌。

袁克文没有妹妹那么紧张，就像他看到父兄为改制事兴奋不已时自己并不兴奋一样，平平淡淡。他猛然间看到妹妹如此惊慌失措，觉得一个小小的女孩子家也被这官场沉浮搅得神魂颠倒，有点儿担心。"何苦呢？不是女孩子该想的事呀，想它干啥？"可是，他又不想去劝妹妹，觉得此时此刻是无法劝得了的。于是便说："三妹，这件事你敢不敢对老爹去说？"

袁叔祯不含糊地说："我敢！"

袁克文笑了。"要注意方式，别把老爹气昏了。"

袁叔祯点着头，把报纸收拾收拾，便走出去。

这些天来，袁世凯的食欲和睡眠都特别好，心情也特别愉快，从早到晚，总是满面带笑。无论对老伴，还是对张干李干，都是微笑。每天餐桌上的清蒸鸭子，他都吃得差不多只剩骨架子；摆在清蒸鸭左右的肉丝炒韭黄和红烧肉，他也频频挑挑夹夹。前儿午餐，他本来业经吃得差不多了，做梦似的，硬是叫三姨太金氏给他添一盘高丽白菜，气得金氏到处找梨丝、萝卜丝和葱姜丝。

人逢喜事精神爽呀！袁世凯想当皇帝，他的文臣武将个个拥护，通电、密函、孝忠信雪片似的飞来，这不正是"天与人归"了吗？袁世凯得顺天意而应民愿，他不能拉着潮流倒退。那天晚上，他饱饱地吃了一顿清蒸鸭子之后，打了一阵饱嗝，忽然想起了杨度。"这个杨皙子，两天不照面了，干啥去了？"其实，杨度昨天早上还向他详细谈了"筹安"工作的进展呢，只是袁世凯心急，等不得。他望望窗外的天空，一片漆黑，连星星也似隐似现。他想让人去请杨度，问问他"筹"到几时可"安"？正是他转身的时候，三女儿竟不请自到。袁世凯趁着灯光一打量，这女儿焦急的脸膛上竟像是还有泪痕。忙问："怎么啦，这时跑来干啥？"

"爸爸，你不能在高高的枕头上睡大觉，天下不太平呀！"袁叔祯是老爹的宠儿，撒娇是常事，何况有正儿八经的大事。

"慢慢说，别着急。天大的事我都听。"

"我也没有天大的事。"袁叔祯把握在手中的两张报纸递到袁世凯面前，"爸爸，这是两张同一个日期的报纸，你看看，再比比，就明白是咋回事了。"

袁世凯顺手拿起一张，展开来看了看，说："这张报我看过了，没甚稀奇。"

"你再看看那一张。"

袁世凯把手中报纸放下，又捡起另一张。看了报头再看日期，当他的目光投到在报头下的那个头条标题时，他的脑门一下子"嗡——"了起来。他不相信那行大字是真的。他用手摸摸，再细瞅瞅，确认无疑。那行字是：

袁世凯想当皇帝，是自掘坟墓！

"这是哪里来的一张报纸？"他大声问。

"外边买东西包来的。"女儿答。

"这不是真的！"

"爸，别糊涂了。"女儿有些惋惜地说，"《顺天时报》北京只有一家，咱家的《顺天时报》是伪造的，才是假的呢。"

"我不信，谁敢如此大胆？"

"这事在中南海也只瞒着你自己，二哥在外边也早看到了，只是他不敢对你说，怕你生气罢了。"

"这是谁干的？谁出的假报？"

"爸爸，你先别生气。"袁叔祯倒是心平气和了，"你细想想，谁在中国的北京有这么大的胆子？谁在北京的中南海有这么大的本领？一想不就明白了吗？"

袁世凯深深地叹了一声气，又把那张真的《顺天时报》看了一遍，虽然心惊肉跳，还是平着气说："你去吧，去玩去吧。"女儿走了，袁世凯跳动着的心再也平静不下来。

六

袁克定被老爹"请"到居仁堂楼上，他心里便有些嘀咕不安。往日，他颠着屁股上楼时，老爹业经警告他："该办什么事自己去办好了，屁大的事也上来唠唠叨叨，不像个成事的样子。"除了有极重要的事之外，老爹是不叫他的。今天，老爹不仅着人南里北里找他，还加一个"请"字。大公子——大太子感到有点儿反常。及至他走上楼来，对着老爹搭眼瞥时，他突然寒战了一下："咋，老头子满面怒气？"他站了片刻才说："大爷，你找我？"

"我哪里敢找你，我得请！"袁世凯更怒了。

"大爷，我做错了什么事，您……"

袁世凯把两张报纸朝儿子面前一摔，说："你自己看看吧，看明白了再说。"

袁克定一看是同一天的两张《顺天时报》，顿时寒了脸腔，他知道东窗事发了——

袁克定得算袁世凯肚里的蛔虫，他极了解他的老爹，他也曾为他老爹出谋献计，鞍前马后卖力地拼搏。父子关系，有什么好说的呢？袁世凯遇事的大刀阔斧，雷厉风行，儿子是打心里佩服的；袁世凯的老奸巨猾、诡计多端，儿子也常常感叹自己不及的。袁世凯当了大总统之后便做皇帝梦。这件事给儿子启发最大——中国的皇帝是世袭的。老子做了皇帝，老子死了要儿子继承，"我是长子，又是正出，天经地义我是继承人"。他巴不得老子一觉醒来就宣布登极改元。可是，袁世凯偏偏又在沽名钓誉，抱着"共和""民主"的新招牌，就是不积极称帝，袁克定着急了："称帝这事，老子不完成，我是无本事的。现在，得千方百计促使老子去完成。他在太和殿里哪怕只坐一天，我也就名正言顺了。"这么想着，他便绞尽脑汁地去做"促使"工作：为老爹拉选票、拉名流，促使杨度成立筹安会，活动各省将军发拥戴电，就连祖坟守墓人往北京送石碑，也是他袁克定做的戏。紧锣密鼓，快马加鞭。袁克定知道老爹崇拜洋人，又知道老爹平时最爱看日本人办的《顺天时报》，于是，便伙同筹安会的个别人一起，每天造一张假的《顺天时报》，只印几份，全拿进中南海。由于这张报权威性很大，又是天天整版整版地咋呼拥护中国帝制，拥护袁世凯改元称帝，着实对袁世凯刺激不小，他信心百倍，要在中国称帝。就在这时候，一张真的《顺天时报》放在他面前，他才恍然大悟，原来中国人是不喜欢皇帝的，不仅不喜欢，而且是深恶痛绝，口诛笔伐，打翻在地，还得再踏上一脚。你说他袁世凯能不气儿子？袁克定能不知他惹了多大祸？

袁克定没敢去捡报纸，便双膝跪在地上。"大爷，大爷！我错了，我知道错了！今后再不敢了，你饶我这一次吧！我马上把假报全都销毁……"

袁克定把假造《顺天时报》的事承认下来了，袁世凯这一气，更是冲天。他顺手摸起一条皮鞭子，抡起来，朝着跪在面前的儿子狠狠地打了过去，左一下，右一下，上一下，下一下，只听得鞭子"唰唰"响，儿子声声求饶。袁世凯哪里肯饶，边打边骂："欺父误国！欺父误国！"

……从此之后，袁克定在老爹面前明显地失宠了。

自从发现《顺天时报》有假之后，袁世凯便再也不看这张报纸了。至于真《顺天时报》上对他企图称帝进行的揭露和指责，袁世凯只脑门冷了一下，对儿子打了几皮鞭，便算把这一页掀过去了。他有心胸："骂尽管你去骂，该干什么我还得去干什么。"

不过，对于真《顺天时报》上的谩骂，袁世凯也并非无动于衷。无动于衷行吗？毕竟国中是有那么多人反对他称帝。就在这时候，那个被称六君子的筹安会，竟不识相地发动了一场以各省"公民代表"为名义的请愿运动。向参政院强烈请求改变国体。这便给那些本来对帝制抱有愤怒的人火上浇油，反抗的怒潮日益高涨。袁世凯把他的"左相"杨士琦找来，要他出面去应酬这个局面。这位早在李鸿章时期便以多谋著称的人物，今日忽然计穷了，反问袁世凯"怎么做"？袁说："参政院不是要开会吗？你代表我到会上去说明情况，莫使这股（反改制）怒潮蔓延。"

杨士琦锁着眉，没有理解袁世凯的心思，却问："大总统的意思是……"

"解释一下嘛，"袁世凯说，"要对他们说明，'维持共和国体，为本大总统应尽之职责。近见各省国民纷纷向立法院请愿改革国体，与本大总统居之地位，似难相容'。"说到这里，袁世凯停住话题，看了看杨士琦。杨士琦也正在惊讶地望着袁世凯。

杨士琦不相信这是袁世凯的话。"闹改制业已到了白热狂潮，大总统向参政院申明坚决维持共和？！那样的话，筹安会又是谁指挥着干的呢？"杨士琦迷惑。

袁世凯只稍顿了一下，又说："不过，也得申明：'本大总统现居之地位，本为国民所公举，自应仍听之国民。'"

杨士琦一团迷惑，顿时释然。"大总统果然审慎，改制势在必行。今后有人骂呢，他说过话了，'我说改与我的地位不相容，你们偏偏举我，怨我吗？'但又表明，'我的大总统是民选的，我接受了；民选我做皇帝，我同样不能悖了民意'。好一个袁世凯，进退他都主动了。杨士琦这么想着，坦然地笑了。"总统，请放心，我会把大总统的意思向参政院转达明白的。"

杨士琦在参政院全体会议上，把袁世凯的意思婉婉转转地表露出来。果然，蒙住了一些人的眼睛。肃政厅的那伙肃政史们，还以为袁世凯真的不想当皇帝呢，马上上了一道呈文，请袁"下命取缔筹安会"，并且大骂杨度、孙毓筠"倡此异说"，令"人民惊疑"，"应请大总统迅速下令取消，以靖人心"。

袁世凯傻眼了，本来他是做戏的，有人当真了；本来他是耍了个权术，说一个能进能退的话，有人只理解为进，忽略了退。结果把他捧为维持共和的英雄了！袁世凯不想当英雄，他一声令下可以加封成群成队的英雄。他想当皇帝，千方百计也得当。袁世凯的皇帝梦是靠筹安会诸公努力的，他不能取消它。不只不取消，还得弄个理由让它活得更好。于是，他提起笔来，在那肃政厅的呈文上做了如下批示：

世界各国有君主、民主之分，要不外乎本国情为建设，以达其巩固国家，保全种族之宗旨。中国当君主时代，历禁讨论民主政体，而秘密结社，煽惑不绝，一旦爆发，更无研究之余地。前车之鉴，可为寒心。讲学家研究学理，本可自由讨论，但须具有界说，不可逾越范围。着内务部确切考查，明定范围，示以限制。

袁世凯这个批示真有学问：人家"筹安会"是研究学术的，全世界都在研究国体，中国为什么不能研究？至于研究的范围，你们去考查明定吧。

不要认为袁世凯总是被别人牵着鼻子走的，不。只是别人干扰了他的改制计划时他才还击一下，他——一刻不停地在按计划前进呢！

梁士诒为后台的"全国请愿联合会"突然在安福胡同挂出招牌，并及时向参政院举行变更国体的第二次总请愿。

参政院根据筹安会策动的各省代表请愿书八十三件咨达总统府。建议年内召开国民会议，决定变更国体。

北京城中不仅有筹安会，并且早已出现了一个秘密组织大典筹备处。不是筹安了，而是要筹备庆典！

到了1915年11月20日，谁也说不明白是根据什么法、是履行了什么合法手续，全国各省区的"国民代表大会"业经完成了确定国体的投票任务，代表票数共一千九百九十三张，全体赞成君主立宪，没有一张废票和反对票。

尤为奇怪的是，在这个所谓的投票结束之后，全国各省"国民代表大会"不约而同地发出"推戴书"，连推戴词都是一样样的。其词为：

> 谨以国民公意，推戴今大总统袁世凯为中华帝国皇帝，并以国家最上完全主权奉之于皇帝，承天建极，传之万世。
>
> 国人惊讶了！

惊讶归惊讶，袁世凯要做皇帝，已经是无可变更的事实。

第十四章
萧墙祸起，难料不见刀光剑影

一人当官，鸡犬升天。一人当了皇帝，该是一种什么样的局面呢？怕是连老鼠也得给顶纱帽。

于是，在袁世凯称帝即将成为事实的时候，一场萧墙之内的肉搏战，在袁家展开了。

一

自从袁世凯把他的总统府安在中南海，这片著名的皇家园林，便再无安宁之日，一千五百余亩的水陆面积上，连树木、花草鱼虫都在吵吵闹闹，到了筹安会出世之后，这里的吵闹演得更烈了。这不，袁世凯要做皇帝了，袁世凯的妻妾儿女们的面貌自然要随之改变。不想，这也成了吵闹的缘由——

这一天，袁世凯的四子克端、五子克权、六子克桓、七子克齐和八子克珍接到了"大典筹备处"送来的"皇子服"，一个个高兴得手舞足蹈，立即穿戴起来，并跑到将要更名为"新华宫"的原总统府内拍了一张照片，欢欢喜喜地拿着到处张扬。孩子们好稀奇，张扬就张扬吧，也没有人理会。唯有长子袁克定，十分注重这件事，他从四弟克端那里找来照片，认真地端详、比量起来。往日，在弟兄们行当里，袁克定表现得最为大度，处处像父亲的模样，给兄弟们做榜样，关怀体贴他们。他自信，他是正出，是长子，老爹当了皇帝，太子属他，这是天经地义的事。自从《顺天时报》事件出来之后，老爹不仅一怒动了家法，还从此明显地远了他。袁克定不得不动摇了自信；何况他当年在彰德骑马时摔坏了一条腿，左手掌也因伤而不再长皮了，老爹早有言语，说他"六根不全"不能"君临万民"。所以，筹安大典越紧张，袁克定越是注意自己的命运。五兄弟的合影一到手，他便逐个审视。最初，并没有发现什么，五兄弟的皇子服都是仿照英国宫廷内的式样，一律黑色呢料，上身大礼服样式：前身仅及腹上胸下，后身长过臀部，胸襟上满是一横排一横排凸起的金绣，不开缝也不系纽；下身是西装裤，两侧各绣一条金线；帽子扁扁的，上边饰有一大溜黄色的绒毛。五兄弟身上还佩着金色的绶带，绶带下端悬着佩刀。袁克定边看边想，跟自己的一样样的。正是他想把照片还给四弟克端时，却又一眼发现了秘密：这五个人胸前的金花竟不是一个图案，老五胸前是麦穗形的，其余四兄弟胸前全是牡丹花形的。袁克定锁眉了："这是什么缘故？"袁世凯一共十七个儿子，袁克定编着故儿把他们的皇子服都验看了个遍，结果发现，除二弟克文金花和五弟一样，其余十五人都是另一样，袁克定犯起思索来。

原来，在紧锣密鼓筹安的同时，立太子的事亦在言论中。由于袁克定的"六根不全"，袁世凯觉得他不能"君临万民"，便曾露出口风，要在二子克文或五子克权二人中择一立为"太子"。克文极聪明，有才气，袁世凯常在人前夸他是个"天才"。克权待人诚恳，学问也不错，像一个办大事的苗子。这些议说袁克定都听到过的，现在，由皇子服引起的对比，由对比引起的联想，袁克定不安了。

袁克定为争"太子"席位是不遗余力的，《顺天时报》之外，他早查阅了宗法祖制，他懂得世袭的核心是"立嫡立长"。为此，他早已刻了一颗金印，名为"大皇子印"，并屡屡向亲友出示，而亲友也在口头和信函上称他为"大皇子殿下"。现在，他的大皇子地位不稳了，他将对着二弟或五弟俯首称臣了，他怎能甘心！于是，他匆匆跑回福禄居，找到老娘于氏，并且守着二姨太李氏以及四弟克端夫妇，还有自己的太太、姨太太和孩子便大闹起来，说老爹不顾宗法祖制，老爹偏心眼，最后说："如果大爷要立二弟为太子，我就杀了二弟；如果大爷要立五弟为太子，我就杀了五弟！"

老娘于氏本来因失宠早已对任何事心灰意冷了，一听儿子要动刀动枪，家中要闹"血滴子"了，早吓得不知如何是好，只对着儿子说："这怎么了？这怎么了？！……"

听说大哥因为太子事要动杀机，袁克文笑了。心想："大哥呀，你的心胸太狭窄了吧。太子又怎么样？我已再三再四奉劝老爹，千万不要当皇帝，那不是个好差事，会落万人骂的。老爹的皇帝我都反对他去当，难道我还稀罕那个太子？你把我看得太小了！"

中南海里正为要发生"血案"而焦急，家人一见克文回来了，都劝他"赶快回避"，他却微微一笑，走进自己房里，展纸挥毫，写起"明志"诗来：

乍着微棉强自胜，
阴晴向晚未分明。
南回寒雁掩孤月，
西去骄风动九城。
驹隙留身争一瞬，
蛩声吹梦欲三更。
绝怜高处多风雨，
莫到琼楼最上层。

袁克文把这首谢辞太子的《感遇》诗写好后，恭恭敬敬地送到老爹袁世凯面前。袁世凯把诗仔细看了两遍，摇首叹息着，说："既然是一个扶不起来的天子，也就只好不扶他吧。"

二

自从《顺天时报》事情闹出之后，袁世凯便不看报纸了。他不想再从报上得到什么"兴奋"，他细想过，那都是假的：捧你上天，也还得看你上去上不去！贬你入地，也还得看你该不该入地！舆论总是随着权势跑的，就跟历史都是胜利者写的一样。袁世凯抱定主意：宠辱不惊，任庭前花开花落！

可是，他不看报了，报上不一定不"青睐"他。昨天，筹安六君子之一胡瑛便从外边带一张小报送到袁世凯面前，说是报上有"大总统的胞弟、胞妹发表的声明"。袁世凯心里一动："什么声明？自从葬母纠纷之后我早同袁家寨的人不来往了，他们声明什么？"袁世凯接过报纸一看，是他的胞弟世彤和胞妹张袁氏（两广总督张树声的儿媳）发表的声明，是同袁世凯断绝手足关系的。声明说：

> 袁氏世凯，与予二人，完全消失兄弟姊妹关系。将来帝制告成，功名富贵，概不与我弟妹二人相干；帝制失败，一切罪案，我弟妹二人亦毫不负责。特此声明。

袁世凯把报纸朝地上一扔，大声骂道："混蛋！屁话！我还没有一败涂地，即便败了，我也不需要你们这样的东西负责！"

胡瑛叹声气，又拿出一张小报送到袁世凯面前。"还有一些无赖文人也跟着凑热闹。有个无名氏见了'声明'，还写了什么诗。"

袁世凯这些天对外边的诗文嘲弄早深恶痛绝了。早天，也是有人送进一张小报，报上说"广东有个叫张沧海的文人，为袁氏宗族追踪。说袁世凯是明督袁崇焕的嫡裔，推断认为：三百年前清灭明、袁崇焕死；三百年后袁（世凯）灭清是恩仇报应"。这么说也就罢了，溧水人濮伯欣也多事，竟写了一首打油诗，弄得天下哗然：

> 华胄遥遥不可踪，
> 督师威望溯辽东。
> 糊涂最是张沧海，
> 乱替人家认祖宗。

现在，又有什么诗，袁世凯尤加厌恶。但是，袁世凯心空，不想看又不能不看。他还是把小报又捡过来，看看是什么诗。

> 督师世系本麻沙，
> 龙虎宗风一代夸。
> 嗟尔恼人诸弟妹，
> 投生不愿帝王家。

袁世凯没有再发怒，他轻轻地摇摇头，把报纸递给胡瑛，说："以后，这样的报纸我不想再看了。"说着，他把身子背了过去。

袁世凯不想看到的事却不一定就看不到了。有时，他越怕看到的事偏偏接踵而至，弄得他不想问也得问。

一年一度的新春大节又到了，中南海里的袁总统要照例聚全家人一会。袁世凯不想会了，他的心事太多，无暇聚会；他更怕，怕这时刻聚会不会带来欢乐，可能会带来不愉快，带来悲伤。当北京城那么多人忙着帝制的时候，袁氏的萧墙之内却风波连起——《顺天时报》的荒唐，太子争夺的火热，小报的花边文章，还有来自边远省份的七言八语，都牵动着中南海。昨天深夜，袁世凯正是头昏脑涨的时候，五姨太杨氏突然闯进居仁堂。

在妻妾中，杨氏是最受宠的，她早已代替对袁世凯恩重如山的大姨太沈氏，成为袁内府的主宰者。别看这位天津的小家女，姿、识都不怎么出众，那种运筹家事的本领却出众得很。袁世凯很赞赏她，自然很偏爱她。他见她进来，便问："这么晚了，你来干啥？"

"这两天的事怪多，大总统一定心烦了，我看你休息得怎样？"杨氏说，"我能为你办点什么？"

"罢了，罢了。"袁世凯说，"难得你们别再给我添乱子，我就谢天谢地了。"

"我给你添什么乱子？"杨氏撒娇了，"该受宠的受宠了，该封爵的封爵了，该失落的也只有无可奈何。还有什么乱子可出呢？"

"你又听到什么了？"袁世凯听出杨氏话里有话，情绪不小，所以才问。

"没有。我能听到什么呢？"杨氏微微地撇了一下嘴唇，闪了闪并不浓的双眉，说："大人，"她恢复了家人对袁世凯常用的称谓，"我想问你一句话：你说咱桓儿怎么样？"

袁世凯很敏感，太子事闹得他业经够烦心的了，他不想节外再生枝。"你说桓儿怎么样？"

杨氏淡淡地一笑，说："你别多心，我只想提醒提醒你：老大你是说过话了，六根不全；老二呢，又呈给你'明志'的什么诗，他是只想做清高名士；五儿克权倒是不错，照我看，咱桓儿还是比他强一筹的，至少是比他机灵……"

袁世凯摇手阻止了她。他不想再因太子事烦恼了。但是，他却忘记了，立太子是和定皇太后联在一起的事，谁生的儿子成为皇太子了，那她便是未来的皇太后，天下第一等女人！谁能不关注？"你回去吧，还不到议论这事的时候，以后再说。"

袁氏的迎春家宴还是举行了，妻妾子女通通到场。袁世凯进来时，宴会厅里正在叫叫嚷嚷，但却分不清所言何事。他在"一家之主"的位子上落了座，大家才静下来。静下来是等他发话的。这是常例。可是，今天袁世凯却不照常例了，坐下之后便沉默着，连眼皮也不翻一翻，仿佛他已预感到要出什么乱子。

——是的，中南海里不只是太子风波，太子的"娘们"也不安分：袁世凯登极那时刻，别管原配于氏怎样失宠，怎样缺乏风采，正宫娘娘这把交椅是非她莫属，谁也别想争，争也争不去。剩下的还有九位姨太太，除老四吴氏、老七张氏先后病故了，还有七位。早些天，袁世凯曾经口头封过，封爵是：大姨太沈氏、二姨太李氏、三姨太金氏、五姨太杨氏都是妃位；六姨太叶氏、八姨太郭氏和九姨太刘氏都是嫔位。矛盾来了，三位封嫔的都噘起嘴来——原来宫廷中的封爵妃嫔是差了一层等级的，"大家都是一样人，我们为什么比人家低一等？"所以，这三位被封为嫔的肚里窝一团火，都想寻机说个明白。

开宴了，饭菜极为丰盛，端上来之后，袁世凯便以主宰者身份招呼妻妾们同欢。就在这时，六姨太叶氏站起来说了话："大家都聚到一起了，合家欢乐，心里也畅快得很。我有点心闷，想说给各位娘娘、妹妹听听，也请我们家大人给个公道。于氏夫人凭怎么封，我都没意见。我们这几位，倒是分出了妃和嫔。为啥有高有低呢？不知道。要说凭着生养的功劳吧，我们并不比谁差，都是儿女双全的人；总不能以进门先后分高低吧？为啥分，我便糊涂了，想请大人和姐姐给个明示。要是说不清、道不明呢，与其在京中过着低人一等的日子，倒不如到乡下去当百姓。那样，我就领着儿女们回彰德去了。"

六姨太破了个题，八、九姨太随后跟上，都说："是啊，我们也是有儿有女的。要不行，我们都跟六姐回彰德得了。"

五姨太是当职的"管家"，她觉得不该在此刻闹家丑，便挺身站起，扬着嗓门说了话："你们别闹了好不好？你们都当妃子，我不要当了，你们爱管我叫什么就叫什么，行不行？"

六、八、九三个姨太不饶人，顶上去说："你这是说哪里话？你实当我们争你的妃子吗？我们只想评个理。我知道我生下娘肚就没有光彩过，妃子当不当能咋……"

袁世凯一见家里人闹起来了，便把拿起的筷子撂在桌子上，长叹了一口气，说："你们都别闹啦！别闹啦，好不好？你们都要回彰德，回彰德去好呀！等一等吧，等着送我的灵柩咱们一块儿回去吧！"说完，站起身来，对着妻妾们狠狠地瞪着眼睛看了一阵子，就匆匆走了出去。

三

袁世凯没有被家庭纠纷牵着鼻子走，他觉得那些都是小事：儿子不敢杀人。果真杀了人，我就可以把他逐放边疆；妻妾争宠，就让她们去争好了，推不掉，便给她们每人一个"妃"，再闹事，不等她们动身我就把她们送彰德去。袁世凯的头等大事是称帝，称了帝才有更大的一切。

他从家宴上到办公室，只撅了一小阵胡子，便平平静静地去处理该处理的事。

袁世凯累了，无论从眼神还是从脸膛，他都显得十分疲惫；由于消瘦，两腮上的骨骼陡然凸了许多。还不到六十岁的人，就苍老得不像样子了。不过，他倒是挺有精神，起得早，睡得晚，脚手口都不停——他不能停呀！人生没有几多腾达的机遇，袁世凯幸运，摊上了，而是摊上了最大最大的幸运机遇，他不能放下，哪怕拼个死活，也得拼到底！

袁世凯的桌子上放满了"推戴书"，都是这几天各个省区送来的。意思他早明白了，他不必再一份份地逐个阅览。所以，收下之后他便放在桌上了，他只须知道哪些省的"推戴书"来了，哪些省的没来就行了。现在，家人的胡闹把他给闹糊涂了，糊涂得不知该干什么才好。索性把"推戴书"推来看看吧，也算一种享受。袁世凯静静神，把"推戴书"理顺了，拉到面前，一张一张地往下看。不想这一看，竟看出了毛病，这毛病竟令他把刚刚展开的眉头又锁起来——各省"国民代表大会"的"推戴书"都是"谨以国民公意……传之万世"等语，一字不多、一字不少的无一异词的内容，就像是一块版印下来的一个模样。袁世凯摇头了："上上下下的文案诸公呀！你们肚里的词哪去了，为什么不能变它三五个字？就这样，人家不骂我在操纵吗？"袁世凯决定明天一早把杨度和梁士诒都叫来，狠狠地训他们一顿，要他们以后把文字游戏做得高雅一点。

第二天，尚未等袁世凯找杨、梁二人的时候，参政院以"国民代表大会总代表"的名义恭上一份"总推戴书"，而这份"总推戴书"不是用咨文而是用了奏折形式。袁世凯竟惊喜得不知如何是好，连应酬一下送来呈文的人也没有，便展开来，一字一句地认真读起来。

这份"总推戴书"是由杨度、孙毓筠再三推敲草出，并由阮忠枢精心润色的，是一篇文情并茂的极好的文章。袁世凯一遍一遍地读着，被感动了，兴奋了，眼里竟泪汪汪地流出了泪水——"推戴书"把袁世凯推上天了，把呼惯了的"大总统"首先改成了"我圣主"，把袁世凯当皇帝说成"一人有庆，兆民赖之"，"燕及皇天，克昌厥后"，"盖惟应天以顺人，是以人归而天与也"，"斯时大难既平，全国统一，皇天景命，三集于我圣主，我圣主固执谦德，又仍有而弗居也。天惟煌煌帝谛，圣人无利天下之心，而天施地生，兆民必归一人之德"。能搜刮到的恭维词，都搜刮出了，最后像是代表万民跪求似的加重了笔墨："……今者天牖民衷，全国一心，以建立帝国，民归盛德，又全国一心以推戴皇帝。我中华文明礼仪，为五千年帝制之古邦；我皇帝睿智圣武，为亿万百姓归心之元首。伏维仰承帝眷，俯顺舆情。登大宝而司牧群生，履至尊而经纶六合。轩帝神明之胄，宜建极以承天；姒后继及之规，实抚民而长世。"

袁世凯醉了，醉得飘飘欲仙。他闭起目来，仿佛面前就跪着无边无际的臣民，他们手首着地，屁股朝天，响起了"吾皇万岁，万岁，万万岁！"的呼声。

袁世凯醉了一阵，仿佛又清醒了。他心里明白，这份"总推戴书"是怎么来的。充其量只能给杨度、孙毓筠再加上一个梁士诒每人两块大洋的赏钱，再多一点就不值了。袁世凯没有忘记真的《顺天时报》，也没有忘记他的胞弟和胞妹的声明。如果那些吵吵嚷嚷的事继续下去，他不会安生的。想到这些，他感到一股冷风吹来，吹得他通身颤抖。他急忙把阮忠枢找来，先让他看看这份"总推戴书"，然后说："斗公，我想请你草拟一个批文，把这个奏折发还过去。"

阮忠枢不必细看了，那份文字本来就有他的"心血"，他只是不明白"圣主"究竟想用一种什么心度发还过去。"是照奏……还是……"

袁世凯摇摇头。"你告诉他们，我是曾经向参议院宣过誓的，我要'竭尽能力，发扬共和'；还要告诉他们，'吾心但知救国救民，成败利钝不敢知，劳逸毁誉不敢计。本大总统既以救国救民为重，固不惜牺牲一切以赴之。但自问功业，既未足言，而关于道德信义诸大端，又何可付之不顾？在爱我之国民代表，当亦不忍强我以所难也。尚望国民代表大会总代表等，熟筹审虑，另行推戴，以固国基'。斗公，这是我的……"说这番话的时候，袁世凯简直是怀着诚恐诚惶之心，向国民乞求之情，只差声泪俱下了。

袁世凯动情地说着，阮忠枢同情地点着头。可是，这位老文案心里却在想："袁项城呀袁项城，你又在做戏了。别人不了解你，我还不了解你吗？当初你落魄上海，去山东的路上咱们相识，你连饭也没有得吃时，还口口声声不接受我的馈赠。要不是我助你川资，你到得了山东吗？如今你又要那套把戏了。其实，你做梦都想当皇上，巴不得今天就登基，只是还想要点假面子罢了！"不过，阮忠枢这些年还是亏了袁世凯拉扯的，他不能忘情。他唯唯诺诺地说："大总统的心肠，斗瞻最了解；所言之事，实出肺腑，斗瞻立即批文，将'总推戴书'发还就是了。"

袁世凯一听阮忠枢话语如此坚决，却又怕他把话说"死"了，假戏真唱起来，下一步不好走。忙又说："斗公，你务必告诉他们：《约法》内载，民国之主权，本于国民之全体。既经国民代表大会全体表决，改用君主立宪，本大总统自无讨论之余地。唯推戴一举，无任惶骇。天生民而立之君，天命不易，唯有丰功盛德者，始足以居之。本大总统从政，垂三十年，迭经事变，初无建树，改造民国，已历四稔。忧患纷乘，愆尤丛集。求过不赡，图治未遑，岂有功业足以称述？前此隐迹洹上，本已无志问世，遭遇时变，谬为众论所推，不得不勉出推持，舍身救国。然辛亥之冬，曾居政要，上无禅于国计，下无济于民生，追怀故君，已多惭疚。今若骤跻大位，于心何安……"说这番话的时候，袁世凯的表情十分深沉，那真诚劲儿，令人感伤。

"大总统，你的良苦之心，斗瞻全然理解了，将总统之所腹复以文字，再无修饰必要，便是一篇情理具上的绝好批文。待斗瞻录出，再请大总统过目，发了去便是了。

"总推戴书"呈出的当日下午，袁世凯的"申令"即传了下来。杨度拿着申令和发还的"总推戴书"向各省代表恭读一遍，有些人怀疑起来："就是让我等来举手改制的，怎么又把'推戴书'发还下来，还申令再三，表明自己只做大总统，否则，便让另行推戴。"杨度明白，这是袁世凯走的过场，是给自己丑脸膛上涂点脂粉。于是，他对代表们说："大总统盛德谦冲，所以有此申令，但全国民意，既趋一致，大总统亦未便过拂舆情，理应由参政院再用总代表名义，呈递第二次'推戴书'。"

代表们恍然大悟。于是，复推人起草，再把袁世凯的"功烈""德行"

奉承一番，又表推戴的诚意——这都是杨度、孙毓筠等人早已草就的稿子，只顺手拿来打个招呼——便算通过了。再着人缮写出来，呈了上去。

这个"推戴书"一上去，袁世凯笑了。他觉得弓已拉满，不能再拉。再拉便断了，事过三便适得其反了。于是，又由阮忠枢劳动，发下又一个大总统"申令"。首先表了一个不得不遵民意的态度，说什么"……惟当此国情万急之秋，人民归向之诚，几已涌沸腾，不可抑遏。我皇帝倘仍固执谦退，辞而不居，全国民生，实有若坠深渊之惧。盖大位之悬，则万几丛脞。岂宜拘牵小节，致国本于阽危？且明谕以为天生民而立之君，惟有功德者足以居之，而谓功业道德信义诸端，皆有问心未安之处，此则我皇帝之虚怀若谷，而不自知其冲逾量者也"。

拐了一个大大的弯子，还是表白了自己愿意当皇帝。"申令"接下来，便为袁世凯自己评功摆好，造成一个"中国非袁无以安宁、强大"之势，而自己呢，也下定了救民于水火的决心。最后，挺着肚皮向国人表示："天下兴亡，匹夫有责，予之爱国，讵在人后？但亿兆推戴，责任重大，应如何厚利民生？就如何振兴国势？应如何刷新政治，跻进文明？种种措置，岂予薄德鲜能，所克负荷？前此掬诚陈述，本非故为谦让，实因惴惕交萦，有不能自已者也。乃国民责备愈严，期望愈切，竟使予无以自解，并无可诿避。第创造宏业，事体繁重，洵不可急遽举行，致涉疏率应饬各部院本管事务，会同详细筹备，一俟筹备完竣，再行呈请施行……"

四

袁世凯要当皇帝了，虽然还没有登极宣告天下，内外一应事宜，却都要照着皇帝"章程"去办理，他自己先在第二个申令上就把"本大总统"的习惯称谓改为"予"了。12月11日称了"予"，12日他的座椅上便加了黄缎子垫披，13日，便在怀仁堂接受以内史阮忠枢率领的简任级以上文武官员的朝贺；紧接着，奉天将军段芝贵首先称起臣来，原总统府的日本顾问有贺长雄也以"外臣"呈折；随后，便发了一串串"政事堂奉策令"：

不许"好乱之徒"对改变国体造谣煽惑、勾结为奸，否则，当执法以绳，不少宽贷；

封黎元洪为武义亲王；清室优待条件永不变更；

特命清宗室溥伦为参政院院长；修正政事堂组织令；

特命冯国璋为参谋总长；

旧侣及耆硕数人，均勿称臣；

著政事堂饬法制局将民国以来法令分别存留废止；

封徐世昌、赵尔巽、李经羲、张謇为"嵩山四友"，颁给嵩山照影各一帧；

特封龙济光、张勋等六人为一等公，汤芗铭等九人为一等侯，张锡銮等十二人为一等伯，朱庆澜等四人为一等子，许世英等十六人为一等男，李兆珍等两人为二等男；特任陆征祥为国务卿，仍兼外交总长；

……袁世凯用心良苦呀！大肆封爵，公侯伯子男都成群地封，唯独王，却只封黎元洪，并且还专发了册封令。就那份"武义亲王"的册封令，袁世凯就绞尽了脑汁——

袁世凯最怕人骂他是从大清皇帝手中夺权，他虽然背叛了辛亥革命，表面上他还要表扬辛亥革命的功臣。这样，便造成了一种形势：袁氏的中华帝国不是从爱新觉罗氏的大清帝国基础上发展起来的，而是从中华民国基础上发展起来的。黎元洪算是辛亥革命的代表人物，拉住黎元洪——黎既是民国元勋又是帝国亲王，他袁世凯就不能算是背叛民国。再就是，拉住黎便可以稳定一切参加辛亥革命的人们。因而，册封令便成了风靡一时的妙文：

光复华夏，肇始武昌。追溯缔造之基，实赖山林之启。所有辛亥首义立功人员，勋业伟大，及今弥彰。凡凤昔酬庸之典，允宜加隆。上将黎元洪建节上游，号召东南，拱卫中央，艰苦卓绝，力保大局，百折不回。癸丑赣宁之役，督师防剿，厥功尤伟。照约法第二十七条特沛荣施，以昭勋烈。黎元洪着册封武义亲王，带砺山河，与同休戚，磐名茂典，王其敬承。

一切程仪定了，袁世凯便命国务卿陆征祥率领在京文武诸官，开着长队汽车到东厂胡同黎宅去道贺。

黎元洪并不是袁世凯的"知音"，他也不愿意为袁世凯"守节"，他有他自己的打算。

最近，黎元洪跟进步党的关系比较密切，进步党业经同他磋商过反袁大事，他也看出帝制运动是不得人心的，早晚必败。将来袁败之后，他以副总统继任大总统，便是顺理成章的事。若是今天接受王位，他既成了民国叛徒，又必为袁氏王朝殉葬。黎元洪是不会干这种蠢事的。早在9月上旬参政院讨论变更国体时，他便不到任办公，并一再请辞参政院长职，请解副总统职，要"回籍休养"去了。袁不准，他又借口夫人有病，瀛台寒凉，要求迁出。袁世凯这才同意并且把他的私产东厂胡同馈赠给他。从此，黎便不受副总统薪金和办公费，终日装聋作哑，形同走尸。现在，袁世凯厚封他了，他虽受宠却不惊。

陆征祥捧着册封令，来到黎元洪面前，恭恭敬敬地说："恭喜亲王殿下，贺喜亲王殿下！给亲王殿下请安……"

刚刚跨进"知天命"年纪的黎元洪，早已有人通知他加封和道贺的事，他却不兴奋，直到国务卿等走进那个宽敞的会客厅，他才冷着脸膛，一边拒收封册，一边说："宋卿（黎元洪字宋卿）不才，无功不敢受爵。"说罢，便闭起双眼，坐在太师椅上，再也不开口。

陆征祥还想说什么，见黎元洪已经入了静，只得懒懒散散地退出来。

当日下午，袁世凯又派人将一套王服送去。黎仍着人送了回去。袁世凯气恼了："好大的架子，封王还不受！再补一道命令，可以给他加一个'辅国大将军'的头衔。此话传到黎元洪耳中，黎依然摇头拒领。

对于黎元洪封王不成，朝中又不能没有王，袁世凯便想册封那个倒台的小皇帝溥仪为懿德亲王，并且表明"清室优待条件永不变更"。大约是有了"永不变更"优待条件，旧清廷倒是乐意为袁"效劳"。清室内务府重又拾起招牌，参政院一个咨文，由溥伦跪到袁世凯面前念了一通。开首说的什么，袁世凯没听明白，末尾一段他听清楚了，是说"现由全国国民代表决定君主立宪国体，并推戴今大总统为中华帝国大皇帝，为除旧更新之计，做长治久安之谋，凡我皇室，极表赞成"等语。袁世凯见清室如此奉承，十分高兴，当即下令任命溥伦为参政院院长，以代黎元洪，"并赏食亲王全俸，以示优异"。

就在袁世凯匆匆封爵的时候，袁家的老总管，攀附来的族侄袁乃宽匆匆跑到内宅，找到夫人于氏和管家的五姨太杨氏说："夫人，五姨太，侄子有件大事，特来禀极。"

于氏是个不多言语的木头人，她和往日一样，对什么事只淡淡地一笑，不说"可"，也不说"否"。杨氏不同，没话还要找着说，何况上门来找话。

高着嗓门说："乃宽，你是无事不登三宝殿的人。这几天，外边的事忙得脚丫子不沾地，又到内宅干什么来了？"

"不瞒五姨太说，正是为外边事，小侄才急急慌慌到内宅来的。"袁乃宽是总管，又是小一辈的人，说话不忌讳，"外边有困难了，得内宅帮一把。"

"看说得神乎乎的，还不知是什么坏事呢！"五姨太说，"要是你们这些老爷们都感到难的事，内宅还能拿出什么好办法？"

"是这样的，"袁乃宽说，"为了登极，不是有个'大典筹备处'吗，鬼使神差的给了小侄个筹备处会计科的主任职。什么主任，还不是要小侄去筹措各项需用的款子。外边庆典所需，咱可以不问，就说皇帝爷那套龙袍，不瞒夫人和姨太太……我说错了，错了。不瞒皇后娘娘和贵妃夫人，钱就老了！"

杨氏抿嘴笑了。心想：八字还差一撇，就叫起娘娘来了，哪码子事？她说："龙袍该做就做吧，公府里还能做不起龙袍？"袁乃宽说："是的，是的。做是做得起的，只是眼下一手拿出来，怪难。"他转过脸对于氏夫人说："我到市上去打听了，做龙袍的事，自然是山东巨宦开设的瑞蚨祥才能承办。别的不说，那龙袍，就得用赤金线，盘织龙衮，通体饰明珠，嵌入金刚钻；还得有一顶平天冠，要四周垂旒，每旒用东珠一串，冠檐须饰绝大珍珠。光是这两项差不多要六十万银圆……"

于氏笑笑，说："别说这些了，说了俺也不懂。还是说正经事吧，你要俺这些人做点什么？"

袁乃宽点头"是是"，才说："府库一时拿不出这许多，想请娘娘和贵妃带个头，府上的姨太太——不，贵妃们，皇子、公主们都先借出一些银钱来应应急。当然啦，事后我一定负责偿还的，绝不亏待大家。"

杨氏笑了。"乃宽呀，亏你是自家人，人家胳臂肘子往里弯，你倒好，向外弯了过去。咋就把主意打到我们头上了？"

"这不是为了皇上爷光彩，为了能够早日登极吗？"袁乃宽朝杨氏凑了凑，又说，"贵妃夫人，咱这是为公府库上解难，库上自然心里有数。不敢瞒娘娘和贵妃，小侄今日特地找到您门上，自有小侄的用意。筹这个款，人家不白咱，那自然要归娘娘和贵妃夫人了。"杨氏一听有油水，心里热了。"说吧，我们拿多少？"袁乃宽伸出五个指头，"五十万怎么样？"于氏笑着说："让我们办办看吧。"

袁世凯妾多子女多，人头一份，各尽所能。唯独次子克文和三女叔祯，因为不赞成帝制，不愿出资，一家人总还是凑了数十万元。袁乃宽拿着，跑到瑞蚨祥，与店主人签订了做龙袍的制约，约定阳历年取用。

五

隆冬，北京又是一片冰封世界；穿越长城吹来的塞外之风，令走在大街小巷中的男女都把脖子往下缩了又缩。只有国家大事，丝毫不受风雪的影响，最高峰又发出申令：

民国五年（1916年）改为洪宪元年。自1916年元旦起，总统府改为新华宫，总统府收文处改名为奏事处，总统府护卫总指挥部改名为大内总指挥处。

距离袁世凯要登极做洪宪皇帝的时刻只有五天了，除了绝大多数人惊讶之外，一小部分人感到慌张；慌张得失措的人，该算大典筹备处的大员们。

筹备处长朱启钤，得算一位胸怀若谷的人，他手下那批处员，诸如梁士诒、周自齐、张镇芳、杨度、孙毓筠、唐在礼等，哪一位不是呼动风雨的人物！然而，他们却一个一个锁着眉，形如热锅上的蚂蚁——只有五天了，按照政事堂的"奉策令"，以赤色为新朝的代表色，所有宫檐屋顶一律改用红瓦。就这一件事，还不得够忙活的，遍布北京城的王府、院宫都不算，光是故宫里的那九千余间殿宇还不够忙活的，何况有些殿堂的宫檐屋顶还不止一层，而当年修建时又全是以黄瓦为主！"奉策令"还决定把袁世凯就任大总统时要用的太和殿改名承运殿，殿内圆柱一律改涂红色，中间八大柱加髹赤金，并饰以盘龙彩云；御座扶背各处一律雕龙，上披彩龙黄缎；御座前雕龙御案，案前左右两侧各列古鼎三座，古炉三座，御座后设九折雕龙嵌宝屏，两侧各设日月宝扇一对……光是这些，能是三天五天完成的事？除了御用銮仪暂向清室借用外，连同登极、祀天所用仪仗、卤簿等费用共达两千余万元！朱启钤等虽系花钱大手，在这么多钱、办这么多事面前，也不得不显得笨拙、无能。然而，这又是非办不可的事。大典筹备处的人能不愁，能不忙？！除此之外，"奉策令"又决定将中和殿改为体元殿，将保和殿改为建极殿。

新朝仍用五色国旗，上端加绘红日一轮，表示"五族共戴一君"。

万事布置下去了，袁世凯忽然又想到"要有一颗玉玺！"是的，当个小小的芝麻官还得有一块印在身上；当上皇帝了，照中国的传统，他得有玉玺在身。想到玉玺，袁世凯便对隆裕太后很有意见。当初，当上大总统时，他曾去找她索取玉玺，她没有给他，还告诉他"此物早在元顺帝北逃时带走了，国朝和前明都没有传国玉玺"。又告诉他"这是孝钦显皇后说的"。袁世凯只好干生气，却也没有办法。事实上，关于玉玺的事，他也只是听传说，并未目睹。此事便丢下了。今天，袁世凯要做皇帝了，玉玺尤显重要。可是，隆裕太后也早作古了，再去追问，也无下落了。他只好把梁士诒找来，要他"想个万全之策，把这事办妥帖"。梁士诒找到大典筹备处长朱启钤，内务科主任阮忠枢和文牍科主任陈燕昌，商量许久，终于决定刻一块纯金的"代用玉玺"，上镌"诞膺天命，历祚无疆"八个字，又刻了金印五颗。两项合起来，共用去七十二万余银圆。袁世凯终于满意地微笑着点点头。

当个皇帝，也真不容易！光是为了登极盛典，他袁世凯便觉得竟有办不完的事。有的事，该自己去想，想出了着人去办；有的事，是找上门来的，别管你乐意不乐意，你都得去办。为了首先要在军事上实现"强干弱枝"的计划，趁着改制封爵，他把心腹都拉到高位上来了，他们也都向他表示过"尽心效忠"的；他要把一批影响极大的老家伙拉入怀中，把徐世昌、赵尔巽、李经羲和张謇封为"嵩山四友"，前三位都是做过清朝总督的，后一位虽没做过总督，却中过状元，又做过袁世凯的老师，都得列入"天子不得而臣"的故人中，故封册中明明写上优礼五条，即：朝谒时免其跪拜称臣；入宫时赏乘朝舆，到内宫换乘肩舆；皇帝临朝时，设矮几赐坐；赏穿特种朝服；每人给岁费两万元。袁世凯也试图通过这些手段，拉拢一批新旧军政人士，哪想到，事情并不顺心如意——

大典筹备处警卫科主任张士钰匆匆来到居仁堂，瞅着宾客先后都走了，神秘兮兮地走到袁世凯面前，行了一个深深的鞠躬礼，然后说："有件大事要向……"口张着，竟一时不知该呼什么才好。袁世凯摇了摇头，说："有什么事，只管直说。现在，还没有到认真计较礼节的时候，明白吗？"

"是这样，"张士钰说，"京城中，无论官民，都在兴高采烈地迎接一个大喜的时刻……"

袁世凯虽然皇帝梦做得正浓，但是，《顺天时报》的教训他没有忘。他知道，反对帝制的人也绝非少数。他虽然不怕，但他却警惕。张士钰这声调他便有点不愿听："把你想说的大事如实说来吧，别的事先丢下。"

张士钰愣了一下，不得不简练了话题。"不乐意实行帝制的人，京中也有。有的人还很有来头和影响，并且包括衙门中的官员。现在……"张士钰把话停下了，这表明话有点碍口。

袁世凯很平静，除了实现顺利登极之外，天底下没有大事，没有值得他往心上放的事。所以，他不计较张士钰说什么。"只管说，别吞吞吐吐。"

"有些人已经辞职，"张士钰说，"有的人一时辞职有困难，便借着故请假。总之，他们都想离开北京，到远离京城的地方去。"

"到哪里去？"袁世凯有点惊慌。

"不知道。总是要出京的。"

袁世凯背过身，思想有点沉："要走的，肯定是反帝制派。他们能到哪里去呢？"袁世凯不能不虑及反对派的去向。因为，在中国的南方，袁氏政权并不巩固，许多地方还有革命党，他们还在活动。万一这些人和革命党联合了，联合起来肯定是反对我……袁世凯想到这里，着急了。"怎么能让他们辞职呢？更不允许他们外出。"袁世凯对张士钰说，"你去告诉政事堂，筹备大典期间，任何人，不许以任何借口辞职！你告诉北京警事厅，立即安排相应军警，把守车站、码头，所有在职军政人员，谁也不许外出。"张士钰答应着，退出了居仁堂。于是，北京城顷刻出现了紧张状态：大批军警和便衣闯进车站，禁止所有官吏出京。

六

登极改元的日子近了，袁世凯的心情反而十分困惑。一件事他想不通："中国人在中国的土地上当自己的皇帝，管你外国人屁事？你们跑出来咋咋呼呼干啥？"外国人对中国国体变更，许多日子以来便说三道四，后来竟发展到日、英、美、俄、意等五个国家的公使出来干涉。袁世凯厌烦了，他想投靠外国人，现在外国人干涉他了。前天，就在大典筹备处慌慌张张做准备时，日本公使竟单独照会中国外交部，抗议中国政府对缓办帝制的答复无诚意，要求于15日内给予满意答复。怎样才叫"满意答复"？谁心里也没数。袁世凯把兼着外交总长的国务卿陆征祥找到面前，忧心忡忡地说："子欣呀，我想问问你，外国人的态度，到底是个什么斤两？你得说个底儿给我。"

陆征祥深思一阵，说："早几天，五国政府提的问题，您业经看到了。

那基本上是他们的最后意见。"

"就让咱们暂缓帝制？"袁世凯不相信这是事实。

"是的。"外交总长说，"这个意见，最起作用的是日本人。"

"日本人？！"袁世凯有点气愤，"日本人往天说的话就不算数了？算……算……"他真想说一声"算放屁！"但却没有说出口。袁世凯毕竟自觉身份不同了。

袁世凯不说出口，陆征祥心里却明明白白，他说的"往天说的话"是指的早些时中国驻日公使陆宗舆送来的报告，日本政府对中国帝制采取不过问的态度。不久，日本首相大隈发表谈话说："中国推行共和失败，转而回到帝制，乃是一种极其自然的趋势。中国改行帝制，新朝皇帝必须具备统一全国的力量。从这一点看来，袁世凯做皇帝乃是一种必然的结果。这是中国的内政，日本不拟干涉。"陆征祥理解袁世凯的心情，连他自己也对日本人的出尔反尔极反感。但是，外交总长还算冷静，他对日本人不像袁世凯那样迷信。陆征祥想了想说："日本并不是君子国。中国人吃过亏的。"

袁世凯瞪了陆征祥一眼，似乎觉得他的话说重了。陆征祥却淡淡地一笑，说："历史上的教训，咱们得记住。二十年前，日本人出兵朝鲜时，就表示'绝不入侵中国'。结果，我们不是招来了一场甲午之役吗？今天，日本人倒是'进步'了，坦诚地做到出尔反尔。"

袁世凯摇摇头，阻止了陆征祥翻腾陈谷子烂芝麻。他问："当务之急，该咋办？"

怎么办？该怎么办？能怎么办？陆征祥心里也没有数。

中国的政局是受世界政局影响的。早时，在中国起着举足轻重作用的英国人，是牵着袁世凯往前走的，朱尔典导演了一出"南北议和"的戏，袁世凯当上了大总统；而今天的英国，却不是当年了，欧洲战争激烈，英国精疲力竭，尽管他们还想支持中国帝制，但已无力兼顾，他们只好把东方势力让给日本。日本也非当年的日本，他们远离欧洲战场，正可以在中国趁火打劫。所以，他们怕中国乱了，劫不到实惠。在中国大部分省奉命投票赞成帝制时，日本代理驻华公使小幡便伙同英、俄两国公使到中国外交部，提出缓办帝制的"三国联合劝告"，理由是："中国改行帝制，难保国内不引起骚动。因此，三国政府希望中国政府暂缓实行。"

袁世凯正在发着"帝梦"的高热，怎么会答应缓办呢？便指使陆征祥据理说明不能缓办缘由。陆征祥照办了，但是，没有用。

到了11月11日，外交部把日、英、法、俄四国公使请来，陆征祥对他们的"劝告"做了诚实的答复。陆说："现在全国已有二十个省区投票赞成君主立宪，如有少数暴徒反对，无论何时何地，我们都有足够的力量消灭他们。至于说实现帝制的时间，我可以向诸位保证，本国政府决定在年内不变更国体。请各友邦放心。"

解释也无用。次日，意大利又加入了劝告行列。外国人干涉越来越烈，陆征祥作为外交总长，也越来越觉得压力大。袁世凯想要他拿办法，他竟束手无策。二人对面，竟陷入了沉默之中。

回国述职的日本驻华公使日置益回到北京了，他显然是带有最特殊的使命来的。日置益一回到北京就拉着英、法、俄、意四国公使来到中国外交部，提出第二次"劝告"。这一次，不是"劝"和"告"，而是采取强硬态度了。日置益对着中国的国务卿兼外长怀着敌意地说："前此我们几国已向贵国政府提出有关帝制的劝告，我们认为还不到时候，中国有些人对你们还缺乏信任，希望你们缓缓再说。贵国政府声言不急于从事，并担保中国境内治安你们完全有力量、有信心。我们希望你们说的全是实话。为此，日本与四国对中国目前局势决定采取监视态度。"说着，把一份完全符合外交程式的文书交给陆征祥。陆征祥不敢怠慢，立即送给了袁世凯。袁世凯一见此情，打了个寒战："这哪里是劝告，明明是警告。"他认识到问题严重了，他原来想以英、法牵制日本，现在，英、法等国不仅没有牵制住日本人，反而被日本人牵住了。"日本人对中国不是反对帝制，而是以反对帝制为影子来进行对中国讹诈。如得不到满足，他们不会善罢甘休的。"袁世凯想发怒，但又不敢，只好软瘫在太师椅上。

正是外事搅得晕头转向之际，内事也发生着巨大的变化：云南竟在袁世凯的洪宪改元尚未实行之际宣布独立了，他们成立了军政府——罢除将军巡按使名义，合并军巡两署，组成了都督府，公推唐继尧为都督，并且接二连三发出"全国通电""祭天誓文""讨袁檄文"等一系列文告，坚决反对袁世凯改元称帝，号召全国人民站起来，一致反对袁世凯。尤其是那篇讨袁檄文，是以"云南中华民国护国军军政府都督唐继尧、第一军司令官蔡锷、第二军司令官李烈钧"的名义发出的，开宗明义，说"国贼袁世凯粗质曲材，赋性奸黠。少年放僻，失养正于童蒙；早年狂游，习鸡鸣于燕市。积其鸣吠之长，遂入高门之窦……袁氏身奉先朝，职为臣仆；华山归放，仅及四纪，载瞻陵阙，犹以肃恭，故主犹存，天良安在？顾藐然以槽枥余生，不自揣量，妄欲以其君之不可者而自为其可，是何异饰马牛之骨，扬溲勃之灰，以加臭乎吾民，以淫污乎当世？而令我令公先德，皆为其贱淫；白璧黄金，尽渲其瑕秽。此尤我元戎巨帅，良将劲卒，硕士伟人，所同羞共愤，深恶痛绝，而不能曲为之宥者也。汇此种种，袁氏之恶，实上通于天，万死不赦……"檄文详详细细摆了袁世凯十七条罪状，有理有节，铁证如山。檄文最后说："凡兹官吏，粤若军民，受事公朝，皆为同德。义师所指，戮在一人，元恶既除，勿有所问。其有党恶朋奸，甘为逆羽，杀无赦！为间谍，杀无赦！抗义行，杀无赦！故违军法，杀无赦！如律令。"

檄文发出，云南除唐继尧都督留守之外，蔡锷率一军向四川进发，李烈钧率二军向广西进发，一个声势浩大的护国反袁运动从云南点起了熊熊烈火。

五国公使的警告，云南护国的首倡，袁世凯不敢贸然了，原来确定的在1916年元旦举行的登极大典不敢举行了，只在内部进行一场象征性的仪式——

那一天，中南海居仁堂是大典会场。袁世凯出现的时候，他没有按照历代皇帝登极时穿戴龙袍、皇冠，而是穿着大元帅服，却是没戴元帅帽子。他在大厅中站立，目光呆滞，木雕一般。大典司礼官是段芝贵，他也没精打采，只对大厅里散乱的人群扫视一眼，便宣布："皇上有令，大礼从简，只需三鞠躬，一切从免！"

不知是人心慌乱，还是司礼官的"宣诏"含糊不清，大厅里顷刻大乱起来：有的人行三跪九叩礼，有的人撅起屁股深深地鞠躬，有的人在胸前合十；穿西装的撞着穿朝服人的头，穿马褂的踩着穿便装人的脚；穿朝服的尚未扯起袍衿，穿西装的已经碰落了他的纱帽，穿朝服的顾不得尊严，便高声叫骂起来……

改朝换代的大典总算完成了，中国又称中华帝国了，改元洪宪元年。不想——

中南海内，萧墙祸起！

中华大地，萧墙祸起！

第十五章
"皇帝"梦短，生死只有八十三天

得人心者得天下，失人心者失天下。皇帝在中国人民心目中早已变成恶魔、变成灾难了。

袁世凯做了八十三天皇帝梦。因为是与四万万中国人心相悖的，梦醒了，他成了"孤家寡人"。

一

袁世凯许久不看报纸了，他觉得所有的报纸都是黑暗的，是毒瘤，是细菌，沾上它便会致死。今天，他忽然又心血来潮，命人把所有的日报都买来，一份不许少！

一个可靠的消息，梁启超撰写了一篇长文，在报上公开发表了，是谈论国体问题的。什么报纸，什么题目？都不清楚。袁世凯自我猜测，他觉得梁启超会在国人痛骂帝制的时候要为他说几句捧场的话，说不定还会站出来表示个"拥戴"的态度。袁世凯对梁启超不薄呀！不记"戊戌"前嫌，自己一当上大总统便请他回国，还任命他为司法部的次长。是的，梁启超并不赞成帝制，可是，却也没有在公开场合大骂帝制。早几天，当袁世凯得知梁父七旬晋一大寿，他还派人到天津，送十万元为补寿之礼，另送十万元给梁做出国旅费。袁是想让梁远走海外，免得跟着别人说三道四。所好的是，这两笔钱梁启超全收下了，这便给袁世凯一个"定心丸"吃。在此时刻，梁启超公开发表文章，会不会是对袁世凯二十万元的酬谢？这也是人之常情。所以，袁世凯迫不及待地想看看这位曾经因为发动"公车上书"轰动华夏，而又发表《变法通议》、编辑《两政丛书》闻名退迩的梁任公（梁启超号任公）究竟是什么态度对待国体的？袁世凯想："果然他赞成帝制，又愿助一臂之力，我便可以不再缓期登极，而是按期改元。"

报纸买来了，袁世凯一张一张地翻阅查寻，他终于找到了梁启超署名的那篇文章，竟然赫赫地占了大半个版，题目铜钱般大的字，是《异哉所谓国体问题者》。袁世凯不看则已，从头到尾看了一遍，肺都气炸了。"这个梁启超，竟然也跟着一帮混蛋骂起我来了。改制的问题你不也是支持的吗，今天咋又变了脸？"

袁世凯把梁士诒找来，拍着那张报纸说："看看吧，看看吧，你的那位贵本家也赤膊上阵了。"

梁士诒展开报纸仔细看了一遍，笑着说："任公的意思，似乎有可取处。"

"什么可取处？"袁世凯说，"改制成了十恶不赦了，还可取？"

"您瞧瞧这段话。"梁士诒用手指着报纸一角。袁世凯摇着头，就是不看。

梁士诒不知是出于宽他主子的心，还是出于为同族解脱，他竟朗朗有声地读起来："今大总统内治修明之后，百废俱兴，家给人足，整军经武，尝胆卧薪，遇有机缘，对外一战而胜，功德巍巍，亿兆敦迫，受之大宝，传诸无穷……强邻迫胁，吞声定盟之时，果未熟而摘之，孕未满而摧之。"

"任公不反帝制，而是反对在条件未成熟前做皇帝。"梁士诒这么解释。

袁世凯敏感，他明白梁启超文章不是梁士诒解释的那样，是反帝制的，是有大影响的。"不行，要马上找一位与梁启超旗鼓相当的大名流写一篇文章，反驳他一下。"

梁士诒只好顺从了。"找谁呢？"他问。

"最好是张謇，或王闿运。"袁世凯点将了。但他明知这两人均不在北京，即便在，也不一定乐意写此类文章。梁士诒也摇摇头。

"要么就章太炎。"袁世凯又想起一个人。

一提章太炎，梁士诒心里便跳："现在你想起他了，昔日你待他那么狠，没把他处死。"梁说："此事只好让大公子出面，他和章还有一段不寻常的交往。"

袁世凯点点头。

梁启超是以进步党员身份在京参与政事活动的。他本来是支持袁世凯，愿意为他的权力做出付出的。自从袁世凯要实行帝制，因为实行帝制而带来的北洋内部的分裂，更加上外国人和孙中山所领导的国民党人的再度兴起，梁启超看到了讨袁、反袁已是势在必行，而且会波及全国。他所在的进步党是无能扛这个大旗，当不了旗手。梁想：若是别人当了旗手，我为牛后，何以自存？倒不如先打起旗来。于是，梁启超开始撰《异哉所谓国体问题者》。文章写好了，他去找密友，同是进步党的汤觉顿和蹇念益。汤、蹇二人看了文章，觉得撇开进步党以个人名义发表对党不利，同时，也觉得给袁太大的难堪。于是劝道："文章是说到要害处了。但是，要发表的话，是不是留点余地，语气改得缓和些。"这样，梁启超才在原稿中加增了上述一段话。《异哉所谓国体问题者》发表前，梁启超忽然想起了杨度。论私谊、论关怀，杨度对梁都是极尽其责的。他知道杨度是不会附会他的意见，起来反帝反袁的。他便给杨写了一封信，说："吾人政见不同，今后各行其是，不敢以私废公，亦不必以公害私。"

杨度知道梁要反袁了，即请在京的梁的学生蔡锷去劝阻。蔡却说："人各有志，不能相强。"以此拒请。不久，梁文即问世。

被囚在龙泉寺的章太炎，早已对袁世凯深恶痛绝。他觉得和袁世凯同生在一个时代是他人生的耻辱，与其睁着大眼看袁世凯倒行逆施，倒不如永远闭上眼睛，离开这片混浊的世界。他绝食以抗议，绝食寻觅旧宿。他的新夫人汤国黎女士却不，她觉得应该让丈夫先取得自由，而后同他作坚决的斗争。

汤女士变着口气给袁世凯写了一道"陈情表"，表白"从今之后我们远离政治，只在山林过闲云野鹤的生活"，求袁世凯放了章。袁世凯只淡淡地一笑，便把那个"陈情表"弃之一角。后来，由于诸多名人上书，袁世凯怕激起众怒，才派人在钱粮胡同代赁住宅，把章移禁该处，少支生活费却派众警察监督。

自从《顺天时报》事件以后，袁克定的地位便落下来了，他自然也同老爹的关系疏远了。现在，为梁启超的文章，老爹又让他出面去求章太炎，他心里便不乐意干。他怕章太炎不会写这样的文章，他自己也不想为老爹献那份殷勤。于是，他只找到好友孙武、李燮和二位替他到东城钱粮胡同去求章。

孙、李二位来到钱粮胡同，章太炎杜门谢客。好不容易见到了，章又闭口不语。孙、李颇费了些口舌，章太炎只说了一句话："决志趋死，义不受辱。"孙、李吃了闭门羹。

袁世凯又想搬出严复，严也不干。最后，只好以孙毓筠和刘师培两个自封"筹安六君子"的成员分别写了《驳任公论国体文》《国体论》。这些自吹自擂的文章换来的当然是一片唏嘘声。

二

初冬的昆明，还是一派盎然春意：西山龙门，游人如织；大观楼中，花团锦簇；滇池岸畔，柳绿杨翠。这片四季为春的盛地总是生机勃勃，令人振奋！

12月19日，蔡锷将军几经周折从日本回到了昆明。和他一起来到昆明的，还有好友戴戡、殷承瓛和刘云峰等。云南都督唐继尧在五华山举行盛宴欢迎他们。

三十四岁的蔡锷，由于长途颠簸和长期流荡，显得疲惫而又苍老，连那双圆大的眼睛也有些失神。他一身便装，默沉沉地对待一切——

他离开昆明三年了。昆明是他的根据地。十一年前（即日1904年）他到这里训练新军，1911年提升云南三十七协协统，武昌起义爆发，他与云南讲武堂总办李根源在昆明响应，建立军政府，任云南都督。1913年，在袁世凯做皇帝梦时他被调至北京，加以监视。他渐渐认清了袁世凯的面目，决定脱离袁世凯，并且反对他称帝。他和他的老师梁启超一起，策划反袁计划。现在他绕道日本回到了昆明。

"坡公（蔡锷字松坡），一去京华三载，你的好友皙子款待得挺好吧。"唐继尧打趣地说。

"演了一场出色的滑稽戏。"蔡锷说，"正反面角色都当了，而且当得很像。"

唐继尧笑了。他知道蔡锷说的是他对袁世凯帝制事的态度。当初，杨度让他发启"筹安会"的签名，他以"军人不问政治"为由推辞了；在京时，云南会馆举行将校联欢会，有人发起赞成帝制，他又签了名。唐说："你这位日本士官学校中有名的'中国三杰'之一，自然是会顺应潮流的。听说你这次能够顺利出京，还多亏一位红颜知己。此位便是小凤仙吧？"

蔡锷微笑着点首。

"为此事，还大大伤害了夫人。"唐说，"可也称得'苦肉计'了！"大家相对笑了。

原来蔡锷的私生活是很严肃的。到北京发现自己被监禁了，又无计脱身，才转而热衷花柳又遇小凤仙这样的知己，为此造成夫妻反目，惹得老母怒回湖南老家，夫人亦随婆婆离京。这事竟麻痹了袁世凯，蔡才得脱身，远走日本，辗转回滇。

蔡锷回云南，是想把反袁运动大搞起来，收到成效。早时，尽管发出了讨袁檄文，也分兵行动，却不有力。现在，他想亲自指挥，扩大反袁阵线。

就在云南紧锣密鼓策划反袁讨袁时，袁世凯的北洋家族中出了乱子。袁世凯手下的两员膀臂式的大将——段祺瑞和冯国璋，最近忽然活跃了，竟然伙同江西、浙江、山东、湖南四省将军发出"取消帝制，惩办祸首"的通电。

段祺瑞，早在袁世凯面前失宠了，因为他不能恭顺地服从袁世凯的命令。他的军权被夺去了，他到西山风景区去休闲了。冯国璋，早已置身袁氏的帝制之外，对于北京发生的一切都袖手旁观。袁世凯曾经想"重用"他，把他调到北京来。可他，却宁可在石头城里守着那个小小的江苏都督，就是不进京。袁世凯觉得这两个人都到局外去了，他放心了。不想，在北洋大将中他们竟率先发起难来。袁世凯气得眼都直了，拍着桌大骂："他们也发难了，他们也发难了！我袁某人还不到山穷水尽的地步，竟这样落井下石？！"

袁世凯也真该发怒，公情私谊都那么厚，他们不该呀！小站练兵起袁就把他们当成肱股看待，重任交付，地盘划丰，信赖到无以复加的程度。"养兵千日，用在一时！今天，我的将竟先反了我！"论私谊，袁世凯待他们也是特殊的：把自己的表侄女嫁给段祺瑞了，把自己的塾师嫁给冯国璋了。"这样的姻亲关系，你们还忍心反我？"

通电发出了，反是反定了。虽然只是反帝制，不反袁的其他，但帝制不"制"了，袁世凯岂不一切都完了。至此，袁世凯方才感到"帝制原来那么不得人心！"

就在唐继尧五华山宴迎蔡锷等的时候，一封由"南京宣武上将军署"转来的，请"唐将军转交蔡将军"的加急电报到昆明。唐将军转交给蔡将军，蔡锷打开一看，是他老师梁启超发来的。电报上除了重述一下他的《异哉所谓国体问题者》文中的反袁观点之外，还对蔡透露一个袁世凯的新阴谋，说："袁世凯决定派周自齐为赠勋特使，将赴日本，以卖国条款交换日本政府承认袁世凯帝制，盼望松坡有更积极的行动。"蔡锷把电报交给唐继尧，说："冯将军反帝制，看来是无疑了。否则，这样的电报，他是不会替人发出的。"

唐继尧本来对讨袁反帝并不十分积极，他怕自己一隅之力敌不过袁氏天下。今见冯国璋、段祺瑞等都讨袁反帝了，也便下了决心。于是，在蔡到昆明不久，便发生了我们前文说的，由云南接二连三发出的"全国通电""祭天誓文"和"讨袁檄文"等电报。

云南通电发出了，不久，又分路发兵了；在这同时，蔡锷在昆明还逮捕两名袁世凯派遣到云南监视蔡、唐等人的亲信，一个是宣慰特使何国华，一个是开化知事张一鹛。

袁世凯只想暂缓登极，并不想取消帝制。所以，云南的通电他怎能接受得了，何况又是以"中华民国护国军军政府"名义发的。袁世凯斥道："是谁加封的你这个'护国军政府'？是谁承认的你这个'护国军政府'？"袁世凯是不饶人的，于是，他对云南采取了一系列的措施：先是政事堂给唐继尧发出劝阻电，说什么"政见不同，尽可讨论。为虎作伥，智士不为。既经全国赞成君宪，云南亦表赞成，奈何出尔反尔，有类儿戏"。

随后，袁又以命令形式给蔡锷，责问他"请假赴日就医，何以潜行至滇，胁诱唐、任？"并骂他为"诪张为幻，反复之尤"。

12月29日，袁世凯下令剥夺唐继尧云南将军和任澄云南巡按使职，着滇军第一师师长张子贞代理云南将军，第二师师长刘祖武代理云南巡按使，并责成他们"押解蔡、唐等人来京治罪"。

袁世凯恨蔡锷呀，恨得咬牙！中国反帝制的大有人在，他们只是说说而已。唯蔡锷，声讨了，诅咒了，而且另组政府，发兵讨伐了。革去蔡的职，骂他几句"诪张为幻"，那是解不了他的心头之恨的。要是抓住蔡锷了，他会杀他的头，挖他的心，碎他的尸。可惜，蔡远在天边，他鞭长莫及。到了1916年1月5日，袁世凯实在怒气难消了，竟用泼妇骂街的口气，发一道申令，狠狠地骂了蔡锷一通，说什么："天生民而立之君，使司牧之；举数万万人藐藐之躬，举数万万人之生命财产，赖一人以保护之；举数万万人之知识能力，赖一人以发育之，责任何等重大。古称神农憔悴，大禹胼胝，矧在今日，为君之难，百倍于古。"他又说："予昔养疴洹上，无心问世，支持四载，辛苦备尝，真不知尊位之有何荣？无如国民仰望甚切，责备甚严，同为国民，敢自暇逸。"自我标榜一通之后，又说："乃有蔡锷之徒，权利熏心，造谣煽惑。予以薄德，既受国民之推戴，何敢再事游移，贻祸全国。"再想大骂下去，却又搜不出解恨之词，气急败坏了，把国务卿陆征祥找来，唾液四溅地说："你立即以政事堂名义，通知北京各部署，凡与蔡锷有关的人员，一律予以撤职。各省文武机关的滇籍人员以及与蔡有关者，均不可重用。你再告诉湖南巡按使沈金鉴，立即查抄蔡在湖南原籍的产业……"一场灭蔡的大动作在京、湘、滇展开，大有不灭其九族誓不罢休之势。

但，事又微妙：袁世凯对蔡锷一边举起了屠刀，要灭其九族；一边却又捧起鲜花，欢迎他归来——他请来蔡的老朋友熊希龄，盛宴招待之后要他"招蔡来降"；他送貂皮大衣给蔡的老上司李经羲，要他劝蔡"悔罪自投"……袁世凯也知道蔡锷是灭不得的！

三

袁世凯病了。病得很重。

居仁堂他的居室里，除了五姨太杨氏，便只他的文案、内史监阮忠枢一人。杨氏照顾他的起居饮食，内史监为他操理着文牍——阮忠枢虽也是挨近六十岁的人了，却从来不想按照自己的意志去办事，更不想照自己的意志办袁世凯要他办的事。他在袁世凯面前，只会说"好好！""是是！"照着"是是"把事办成之后，也还得恭恭敬敬地捧到袁面前，"请大人过目"。当年上海道上那种解囊相助的慷慨大度，挺胸昂首，早已不见了，他和袁世凯的关系，是明白的主仆关系了。

"斗公，"袁世凯还是谦虚地呼他的雅号，"云南之动，你看会不会形成大的气候？"

显然，蔡锷等人的护国之举，业经把袁世凯弄晕了头，他感到了压力。阮忠枢也为之焦急。云南檄文发出之后，整个北京都处在"树倒猢狲散"的局面中，就像早年袁世凯"逼宫"一样，官场中人纷纷各打算盘：辞职的辞职，请假外出的外出。政事堂下了命令，严禁官吏请假；确需请假，必有三人以上连环保；对于简任以上官员，一律派军警"保护"。阮忠枢是耍惯笔杆子的，对于武行看不透。总在想："值得如此兴师动众吗？云南离北京远着呢。"可是，他只是偷偷地想想而已，说是不敢说的。现在，袁世凯问他对云南形势的看法，他依然按老情调说："请大人放心，滇势影响不了全国，蔡松坡跳一阵会自然消下去的。"

袁世凯只淡淡一笑，心想："文人气量，事态哪是你想的如此简单。"他转了话题说："'征滇临时军务处'的事安排得如何了？"

"一切都就绪了。"阮忠枢说，"现在正在做调动军队的准备。不日，即可分兵征讨。"

"嗯——"袁世凯答应着，又说，"有两件急事，你看看同谁一起去办办，越快越好。一件是，我想把徐树铮请出来，让他做将军府的军务厅长；然后由他出面，请芝泉出来，共济时艰。还有一件事是：再下一道命令，任命冯华甫为参谋总长，请他早日来京供职。"

"是是。"阮忠枢应着，正要退出，袁又说："徐树铮是个目空一切的年轻人。可谁都知道，他是芝泉的魂儿。为了芝泉，千万莫记那个小徐的态度。知道吗？"

阮忠枢又应着"是是。"这才出去。

阮忠枢走出居仁堂，匆匆朝政事堂走去。他要去找国务卿陆征祥，只有他才能完成上述两件事。但是，他却边走边想："现在到了火燎眉毛之际，想起段祺瑞、冯国璋了。当初人家是对你有点意见，你就容不下人，把人家打入冷宫。现在又要起用人家，人家愿意吗？"

果然，当袁世凯的差官找到徐树铮时，这个被时人誉为"小扇子军师"的竟闭门谢客；而当差官找到段祺瑞时，他竟学着辛亥革命时清政府要起用袁世凯时袁说的理由一样，说"宿疾未痊"，谢绝出山——你袁世凯不是让我退下养病嘛，我的病未痊怎么能干事情呢？袁世凯明知这是段祺瑞借故搪塞，却也没有办法。

冯国璋的回答更妙：愿以江苏将军遥领参谋总长职，而不去京赴任。袁世凯气了："该用人了，谁也不出头。难道你们都眼睁睁看着我死？"袁世凯气急败坏，又下了一道命令，要冯国璋以参谋总长兼征滇军总司令职，立即来京就职。

冯国璋也不客气，一方面呈递一份"病假"报告，一方面派江宁镇守使王廷桢代理将军职务，他不问军政事务了。不仅如此，冯国璋还伙同张勋及江苏巡按使齐耀林三人联名给政事堂发了个电报，对帝制问题明白表示"不赞成"。

袁世凯的"病"加重了，重得发起疯来："好，我倒要看看这个冯华甫害的是什么病，会不会马上就病死了？"他立即派一个叫蒋雁行的人到南京去"探"冯的病。

蒋雁行到南京，见到冯立璋，冯国璋竟是毫无病容，蒋纳闷了。冯国璋握着蒋雁行的手说："我跟总统跟了一辈子，总统要我如何我便如何。不知为什么，现在总统不把我当自己人了！亲口对我说他绝不当皇帝，人逼他逼急了，他就跑到外国去做寓公。言犹在耳，他却真的做起皇帝来了。结果，惹得民怨沸腾，云南事起。我怎么能收得了这个摊子呢？"说着，竟流出了热泪。

蒋雁行把冯国璋的情形密报给袁世凯，袁世凯皱着眉思索了一阵子，也想不出好办法，只好一方面密告蒋雁行，要他去拉拢王廷桢起来造冯的反，取而代之；一方面想公开发令，免去冯的职务。谁知这两招都失算了：王廷桢不仅不造冯的反，而向冯告了密，更增加冯对袁的隔阂；免冯的命令尚未发出，消息却走漏了，结果，山东将军靳云鹏，江西将军李纯联名打来电报，"请留冯坐镇东南，切勿轻予调动，以免影响大局"。袁世凯只好摇着头，无可奈何地接受下来。但冯已十分气恼，他决心不再附袁而在北洋派中另立山头，且向南方反袁派暗送秋波。

护国军分两路北上，浩浩荡荡，掠地夺城，宣传反袁。南中国的反帝运动，一浪高于一浪，紧急情报雪片般飞往北京，袁世凯急如热锅上蚂蚁。在无食可择的情况下，他把阮忠枢又找到面前，苦求似的说："斗公，现在只有这一着了，你亲自到徐州去一趟吧，去见见张绍轩（张勋字绍轩），告诉他当前情况，请他调出十营兵力，组织第二批征滇军，以备急用。"

阮忠枢去徐州了，他不能不去——如果袁世凯这棵大树倒了，他阮忠枢这只猢狲是必散无疑的。得设法保住这棵大树，他阮忠枢才不至于散去。

张勋屯兵徐州，养精蓄锐，却不想为袁世凯卖力。他想干什么？看看这支军队从兵到官脑后的辫子便知道了。他不忘皇恩，他要重扶皇帝，但却不是袁世凯这个皇帝，而是"真龙天子"爱新觉罗氏。阮忠枢来徐州，不用开口张勋便明白是来干什么的。他和阮忠枢是老朋友，朋友一照面，寒暄一大阵，张勋来了个先发制人，说："斗公，我早就盼着你来了。今天你不来，明天我就要进京去找你。"

"绍帅，"阮忠枢一直十分敬重张勋，"您有什么事找我？"

"有，有有。"

"请讲。"

"斗公在公府久了，没有瞒着你的情况。全国形势紧张呀！"张勋怀着忧国忧民之心，"徐州，是兵家必争之地，徐州得失，牵动全国。我思之再三，觉得兵力不够用。请斗公转达总统，准我招兵十营，我方能守牢这片重要阵地。"说话的语气和表情，都是那么恳切。

阮忠枢望着张勋，心里犯了难："我奉命前来要调他十个营，他竟先开口向大总统要十个营，这不仅仅是关死门，还是倒打一耙。"他不好开口了，只好环顾左右，东拉西扯，然后转回北京去。

袁世凯听了阮忠枢的汇报，又是一大怒："这个张辫子，竟然先向我下手了！我养你这几年为的啥？"他转脸对阮忠枢说："立即下一道命令，派马龙标到徐州去，以'军务帮办'名义协同张勋掌兵权。"什么是协同掌兵权，明明是监视张勋。张勋暗自打着主意："好吧，我等着这位'帮办'的到来。"

马龙标以"钦差"身份来到徐州，张勋拒不与见。有人传去马的上任公文，张勋便传出话说："我这里不需要帮办军务，要的是统师。他马帮办可以回去换一张将军的任命令来，我让位就是了。否则，请告诉他：从哪里来的还回到哪里去，徐州不欢迎他！"

马龙标被挡回去了。袁世凯又是一气。正当他真想夺张勋兵权时，杨度给他泼了一点冷水。"云南之乱方兴，北洋内部不可再闹意见。请大总统以大局为重。最好派人安抚冯华甫、张绍轩这些一方之王。把他们逼上梁山了，前途更不妙。"

袁世凯只好点头答应，遂派荫昌、田中玉和阮忠枢等人南下徐州、金陵。

四

到袁世凯由大总统向皇帝过渡这个时候，他手下的主力军队基本上是分成三大枝了，他这个"干"就是凭这三个枝支撑着。这三枝是：以段祺瑞为首的皖系集团，以冯国璋为首的直系集团和以张作霖为首的奉系集团。如今，段祺瑞隐居西山了，他手下的大将卢永祥、倪嗣冲等人在前方，也还是听段的，更加上段的"小扇子军师"徐树铮本来就瞧不起袁世凯。所以，这支军队已经离袁远了。冯国璋在南京，南京早已明白宣布不赞成帝制，他手下的大将曹锟、吴佩孚，一个在保定，一个在洛阳，也是以冯为是。现在，只有这个后续进北洋家族的奉系张作霖了——

一想到张作霖，袁世凯就有点摇头。这大概是从那四块打簧金表而起。等于四块金表卖去张作霖大半人格。所以，在袁皇帝大肆封爵的时候，只给张作霖一个"二等子"的爵位，这便埋下了隐患……

东北是老帅张锡銮的天下，张锡銮得算是张作霖改邪归正的恩师。谁知这张作霖手下兵多了，竟欺起主来。也是在这时候，湖北的二师师长王占元跟他的顶头上司湖北都督段芝贵闹矛盾。为了稳住军队，袁世凯决定把张锡銮和段芝贵对调一下：让张锡銮督湖北、段芝贵督奉天。

王占元跟段芝贵不睦，目的不是想换个顶头上司，而是想取而代之。段芝贵调出了，张锡銮却要来了，王占元便首先放出风来，说："等到新任上将军到湖北，我便解甲归田了。"解甲等于同意他造反。袁世凯不能允他辞职，只好放弃让张去湖北的想法，给张一个"镇威上将军"的空衔，让他养老去（七十岁的张锡銮，也该养老了），而让王占元代理鄂督。直到云南事起，袁世凯要借重湖北了，才正式任命王为襄武将军，督理湖北军务。尽管王对这个任命大为不满（将军头上少了一个"上"字）也只好如此了。

张作霖为袁的帝制算是立下汗马功劳的，奉天举行所谓的国民代表大会表决国体时，张作霖亲自率领大队人马监视投票，造成全票通过赞成君主制。张作霖自命为袁的"开国"建了不世之功。封爵之后，张作霖为自己有个"二等子"位沾沾自喜，觉得自己位列九卿之中了。谁知，当他向他的参谋总长、军师袁金铠讨教这"子"到底算个什么品的时候，袁告诉他，"爵位分五等，即公、侯、伯、子、男。子是五等爵中的第四位"。张作霖眨着眼睛想了片刻，说："这么说，公是袁世凯的儿子，侯是袁世凯的孙子，伯是袁世凯的曾孙子，那我便是袁世凯曾孙子的孙子了？还是二等子，得算曾孙子的孙子？！"张作霖发怒了，他扬起巴掌朝桌上拍去，"啪——"的一声响，震得茶碗、茶盖一起跳起。"他妈拉个巴子，袁世凯把我当成小指头一辈的人了，我不干！我要当他袁世凯的老祖宗！把那个爵位扔出去，扔进茅坑里，我不稀罕，我自己造更大的………"

袁金铠笑了。"将军何必如此大怒。现在不是咱求袁世凯赏咱什么，而是袁世凯得求咱。云南起了护国军，护国军要他的命，他得要咱为他保命呢。"

"我不保他。我要给云南发电报，我也'护国'，我从东北发兵！"

袁金铠忙劝阻："将军别说气话了，咱们还得自保。"

张作霖无可奈何地点点头。心里还在嘀咕："袁世凯值不值得一保？"

张作霖请"病"假了，他不再理军。

袁世凯让上将军段芝贵去探病，张作霖竟然挡驾不见。

袁世凯打算提升他为绥远都统，命令未到张作霖便传出话，"绝不离开奉天！"

袁世凯没有办法了，因为还得用他，对于他的违令也不好处理，并且还要顺着他。于是，他又把张作霖召至北京，不愉快的事一律不谈，只谈国家形势，还以哀求的口吻说："困难当头，方见忠臣良将，雨亭将军乃国家栋梁，国家人民多有所赖。侯、公爵位，自应授给雨亭。"奉承了一顿之后，这才转入正题。"云南起事，川湘受危，只有劲旅方可使形势转危为安。我想让将军率军赴湖南以挽狂澜。"

张作霖粗中有细：袁世凯用兵心急，张作霖正好趁火打劫。"你调我的兵，我得要你的钱。"于是，他"真诚"地说："雨亭服从命令，如期赶赴湖南。只是……"

"有什么难处只管说。"袁世凯见这个红胡子答应出兵了，心里挺高兴，感到张作霖比他的嫡系北洋还听话。便说："大约你的饷械有点问题。这不怕，我给你准备了。别的什么难处，你说。"

张作霖一听心想的事袁世凯全答应了，微笑着说："我的军队从未远征过，只在这片白山黑水间。再说，这些年东北少有战事，经济也较困难，便未能装备。如大总统能补充一批饷械，雨亭赶去湖南，再无后顾之忧。"说罢，便不客气地提了个要求数字，而袁世凯也觉得应该出点高价，顾一支劲旅倒也合算。于是，又在张作霖要求之外，增加了一成。喜得张作霖几乎磕头谢恩了。

袁世凯一生中算计过大大小小，上上下下那么多人，差不多都是赢家。没想到，这一次失算了，竟倒在一个大土匪手中——当他把饷械如数如期都交付奉张的时候，他盼望到的，并不是张作霖出兵湖南，而是奉天的工、农、商、学团体以及社会知名人士发来的电报，纷纷挽留张作霖："留在奉天，维持东三省秩序，请勿外调。"而张作霖也以"东北边陲危机，不敢不守疆土"为借口，拒不出兵。至此，袁世凯才恍然大悟："这个活土匪，竟敲诈到我的头上来了，我饶不了你！"

就在袁世凯怒气未消，行动无策之际，张作霖又发来一封密电，揭发新任奉督、上将军段芝贵"擅提奉天公款数百万元"，东北人民"一定要向他查索这笔账"。同时，张作霖在东北放出风来，他已叫袁金铠起草"奉天保安会章程，不日即公布实施"。袁世凯东北有耳目，消息很快传到北京。袁世凯明白张作霖想干什么了，他想：调走一个段芝贵容易。调段之后，东北仍是一块心病——他清楚地记得，辛亥之役之后，奉天曾经组织过保安会。什么保安会，实际上是奉天独立。"今天，又到关键时刻了，难道这个红胡子又想独立？"袁世凯云南"重病"尚无疗法，自然无力再顾奉天。至此，他算认识张作霖了："这是个只认'奶'不认'娘'的东西。我不该派段芝贵去东北，张作霖连他的恩师张锡銮都容不下，怎么能容得段芝贵。"可是，又怎么办呢？袁世凯处于四面楚歌了，他得忍。否则，奉天再乱，整个中国便没有一处姓"袁"了。

袁世凯忍着疼痛，忍着怒气，终于还是给了张作霖一顶"盛京将军"的帽子，命他"督理奉天军务"。袁世凯不曾想到，他这样做便给了张作霖一个最好的发展自己势力的机会——他拼命地扩展军队。不久，便有了一支可以和皖段冯直抗衡的奉军。从此，埋下了皖、直、奉三足鼎立的祸根，使中国大混战了十余年。

五

居仁堂的气候，在一场冬雪之后又冷了许多。草坪是白皑皑的，房顶是白皑皑的，黎明时的一场大雾把高高低低的树木也披上一层白纱；北方吹来的风，挂着哨响朝窗缝里钻。连日来生活失度的袁世凯，今夜又不曾合眼。他不想思索什么事了，但他脑际聚积的事多得令他心烦意躁；他究竟又思索了什么，他自己也不知道。因为他什么事也没有思索成功。黎明时，风紧了；风裹着雪粒，打得门窗"沙啦啦"响。袁世凯思绪更乱了，他轻轻地推开门，走到长廊上，想透透气，舒舒胸闷。可是，当他刚伸出头来，那呼啸着的北风，竟像一把刀子刺向他的脑门，他陡然打了个寒战，头也觉得晕了一下。他急忙缩回来，把门闭上。

对于自己面临的形势，袁世凯一直想不通，他觉得都是不应该发生的；发生了，是形势误解了他，伤害了他，对他太不公平。而站起来反对他的人，又都是些别有用心的野心家，阴谋家；是一些权利熏心的家伙作祟。袁世凯想争得一个机会表明自己的心迹，解除别人的误解；对于那些别有用心的分子，他要铲除他们，消灭影响。可是，怎么可能呢？哪里有这样的机会呢？

天亮的时候，阮忠枢匆匆走来。他有急务，他想向他汇报说明一下一夜之间天下发生的大事。袁世凯如此器重他，他得替袁世凯分忧：患难时才见知己，国家形势这么荡乱，忠臣得显示自己的忠！他站在往日站惯了的固定的位置上，从长衫袋中拿出记录情况的纸笔，刚想开口，袁世凯却有点厌烦地摇摇头。"斗公，今天不谈这些事，天下大乱让它乱去。大不了乱到京城乱到中南海，把咱们赶出去。赶就赶吧，也许天不遂愿，该咱如此。"

"大总统……"阮忠枢想说几句吉利的话，以解袁世凯的心闷。可是，一时又想不出词。

"咱们谈点别的。"袁世凯说，"让我谈你听。听了你记住，也许日后会有一天，你，只有你，方能为我正名。到那一日，我感激你，我会瞑目的。"

"大总统，你的事业正在兴旺，"阮忠枢说，"云南之事，能算得了什么呢？成不了气候。您得振作精神，您是中国的中流砥柱，您不能消沉……"

"这些也别谈。"袁世凯还是摇头，"我想问你几件事，你坐下，静静地听。"说着，他把自己的太师椅往前挪了挪，靠阮忠枢近些，又把茶杯往阮面前推推，这才一本正经地说下去，"你说说看，我这一生是不是最坎坷的人，被人误解最多的人。今天，一点正常的事也招来非议，这是有根源的……"

"没有这么严重吧？"阮忠枢想缓和气氛。

"你不必劝解，我心中有数。只是觉得时候不到，我不想说。"袁世凯似乎到了忍无可忍的地步了，"这一次帝制不帝制暂且丢下，在这之前，有三件大事我蒙冤了——"

阮忠枢心里一惊："大总统也蒙冤了？"

袁世凯说："一言难尽呀。日本人的'二十一条'是我接受的。我有什么办法？中国国体之弱，是前清留下的，靠什么跟日本人对抗？这事轮到孙中山又如何？轮到溥仪又会怎么样？"

阮忠枢忙说："这事已经如此了，'大风吹倒梧桐树——长短自有人去量'！人多口杂，历史是公正的。相信历史吧。"

袁世凯叹息一声，摇摇头，说："还有两件事：一是关于辛亥革命及国民大权问题；一是戊戌变法。辛亥革命，说是我篡夺了总统大权；戊戌变法，说是我出卖了维新派。天晓得是什么状况！"

阮忠枢听了有点发蒙。心想："袁世凯呀！这两件事国人无不在骂你呀！骂你是窃国大盗，骂你是投靠顽固派的坏人。你今天怎么忽然提起这两件事了？提出又如何？"阮忠枢只会唯唯诺诺做人，只会做点文字上的功夫，他心中无度，生怕惹是生非。

袁世凯冷笑着，摇摇头。"骂我的人，不一定都是我的政敌；骂我的人，我敢说大多数是不了解真情。他们站在局外，局内的风风火火，局内的曲曲折折，他们是不了解的。再加上某些人趋于某种形势压迫，只会顺风转舵，而不敢正本清源，说明真假……"

阮忠枢原本想听之任之，而后还是根据"上谕"去做该做的事。现在，听袁世凯话音，与他瓜葛最大的两大"史案"还有隐情，他倒是想听"其详"。"大总统，这么说，那两大历史公案其中还有隐情？"

"有。"袁世凯说，"大得很！"

"斗瞻愿洗耳恭听。"阮忠枢说，"若是与史差之较远，斗瞻不怕肝脑涂地，也要在史书上勘一下误，留一个公公正正。"

"但愿斗公有些肝胆。"袁世凯说，"先说戊戌维新吧。自'公车上书'起，大多有识之士无不拍手称快。"他停顿了一下，说，"对于慈禧，国中人多不了解她，只知道她是一个保守派，是一个骄奢淫逸，只会按祖宗成法办事的人。却看不到她在她的政治权威，骄奢淫逸的生活与祖宗成法不能相一时，她会'两害相权取其轻'的一面。说远一点吧，她政变夺权之后，那是1861年吧，面临太平军的挑战，她便不顾祖宗成法，在内心疑忌汉人的情况下，提拔重用了曾国藩、左宗棠和李鸿章。结果，消灭了太平军，挽救了大清江山，也保住了慈禧的权位。甲午一战，大清面临家破人亡的危机中，慈禧不能不思变法图强。戊戌变法时，慈禧虽然归政于光绪帝了，但大权仍在她手中，倘若她真的顽固守旧，遵从祖法，反对维新，从《明定国是诏》起，那一大堆关于变法的诏书是不能颁布出来的。光绪帝办不到。诏书均在，有凭有据。"

阮忠枢心动了，他仿佛记起了当时的许多诏书，还有皇上的御批。好像他还记得太后还命总署五位大臣详询变法条理，并对皇帝说："变法乃素志，同治初即纳曾国藩议……句可治富强者，儿自为之，吾不内制也。"是的，若无慈禧的首肯，光绪无自主权发诏书的，何况一大堆。但阮忠枢不明白，慈禧支持变法，为什么又对变法的人动杀机、扑灭变法呢？他问袁世凯。

袁世凯叹息着，又在摇头。"康有为太激进了，他想及早推翻慈禧而扶起光绪，让光绪主持变法。他忘了，慈禧是握有实权的，康没有那个力量灭她，反而被慈禧发觉了，才有一场杀机。若是康有为会用慈禧，变法也不至失败。"到这里，袁世凯停了一下，望望阮忠枢，又说："是，如果康有为有本领爽快地杀了慈禧，变法也会有成。"袁世凯说得头头是道，但有一点他回避了——康有为要杀慈禧未动手便被慈禧发觉了。慈禧怎么发觉的？是不是因他袁世凯告密而"发觉的"？他没有说。阮忠枢想问，但又不敢，只得听着，点着头。

由于"告密"一事早甚嚣尘上，他又无法避开，还是说："有人怀疑是我告密。其实天大的冤枉。我到天津见荣禄时，训政之电（即消灭康党）业已自内先发。试想康拟调兵围剿颐和园之大事，能密不外露吗？"袁世凯为自己解脱了。阮忠枢才如释重负。

关于辛亥革命事，袁世凯说："我手里有孙中山、黄兴等革命党人的众多信函，推翻清王朝，建立民国，该由谁来当大总统？件件事说得明明白白。武昌之役后怎么样？我指挥着大清几十万军队，我若阻拦，孙中山北伐究竟能打到哪里？不是实行南北议和，清帝会退位？孙中山是打不进故宫的！他那个'驱除鞑虏'的目标达不到呀！至于说大总统这个位，我是不想当的。是孙中山再三、再四、再五举我出来当的。为什么？孙中山自明。这些铁证如山的事实，有一天会清楚的，哪怕我袁某人死后……"袁世凯说了这么多话，累了。他欠欠身，打了个哈欠，又仰在太师椅上。

阮忠枢心里一惊，知道谈话该停止了。忙说："大总统，您累了，您休息吧，我走了。"

袁世凯站起身，踱了两步，说："走吧。有些事也不是一下子能谈明白的，以后再慢慢说吧。"

阮忠枢走了，他带着满脑子的问号走了——大总统把这些陈谷子烂芝麻翻出来干什么呀？这些事与当前何补？

六

自从袁世凯决定当皇帝起，日子便再也不平静了，直到今天，云南独立了，云南出了护国军，护国军开始了讨伐性的北征。护国军兵分两路北上，一路由蔡锷亲率，自昭通直趋叙州；一路由毕节直趋泸州。袁世凯也组织"王师"征讨"叛逆"，他兵分三路南下：曹锟为第一路、第二路军总司令，第一路由马继增率领开赴湖南西部，第二路由张敬尧率领开赴四川南部；第三路军由广东振武上将军龙济光为总司令，假道广西进攻滇南。两军对峙，大战爆发。

袁世凯想用武力扭转残局，但是，他忘了他手下的武力已远非当年了。"北洋三杰"早已离开了他，皖直奉三家均无"保驾"之决心，用去"讨伐"滇事的三路大军本身也缺乏必胜信心，形势江河日下——

派往四川去把守西南大门的陈宧，既非北洋嫡系，又觉得是受了袁世凯一张空头支票（袁许诺陈入川后由他一手办理川滇黔三省军务，结果，不仅三省未到手，他到川不久袁世凯便派亲信刘一清做他的参谋长。实际是监督陈宧了）。此刻，他想起了昔日同蔡锷的交情，想起蔡锷其人的道德品质，他便不把蔡当敌人了。

贵州是云南的近邻，云南独立了，贵州省督军刘显世，巡按使龙建章便打起了小算盘。

刘显世是地方军阀，袁一直轻视他，只给他个护军使的衔。到形势紧张之后才勉强给个"督理贵州军务"的头衔，且只封给一个子爵。比起别省封公封侯的，刘显世自觉低人一等。龙建章亦非嫡系。贵州见云南独立，先是以"调解人"面目致电袁世凯，劝其取消帝制。袁世凯下令调离龙建章，撤销其男爵，交高等文官惩戒委员会惩戒。龙逃之夭夭。刘显世在贵州人民代表大会促使下宣布独立，被选为护国军贵州都督。

正是袁世凯焦急不安的时候，北京城里发生了一件不大不小的事情：广西提督，宁武将军陆荣廷把自己在京任着公府武官的儿子陆裕勋召回广西去了，连袁世凯一个招呼也不曾打。袁世凯惊觉了——原来，袁世凯怕各省将军不服指挥，便把他们的儿子都弄到北京来，给每人一个"公府武官"的名称，实际是作为人质拘在北京。袁世凯一听陆荣廷把儿子召回去了，知道心有异变，十分气怒，便派人赶往汉口把陆裕勋给毒死了。袁世凯以为解了胸中之气，谁知不久，陆荣廷便在柳州行营发出通电，宣布广西独立，自任广西都督兼护国军两广总司令，并任命梁启超为参谋总长……

袁世凯闷在居仁堂沉思许久，陡然间便"清醒"了，他对自己说："袁慰亭呀袁慰亭，你别做皇帝了，中国人不喜欢皇帝，皇帝太招风了。做下去，还不如爱新觉罗氏的下场好呢！"并不是袁世凯更聪明了，也不是什么高人给了他点拨，内内外外的形势都在逼他呀：五国使团已经表明了坚决的态度，他们不同意中国帝制，不同意袁世凯当皇帝；他们的意见可以表明世界主要国家的态度。国内，护国军在天天增多，从边远到内地的省份，逐渐独立起来。北洋家族又众叛亲离……袁世凯到了四面楚歌、八方受敌的时局，他不想退也得退，不退便走向绝路了。

"相见时难别亦难！"忙碌了许久的帝制，一旦退下来，不干了，袁世凯竟拿不出"退"的良策了。时至今日，他猛然间感到身边可用的人太少了，紧急时能够为自己拿出一招一式的人尤少："我真的成孤家寡人了！"他想起了青年时的老友徐世昌："只有他了。当初我不该辞去他国务卿位。"他忙派人到天津把在那里做寓公的徐世昌找来。

徐世昌也是对帝制略有微词才被陆征祥顶替为国务卿的。已经六十二岁的人，决心在天津了此一生。但是，却又经不起老友的盛情，也想助老友一臂之力。所以，他还是到北京来了。徐世昌一进居仁堂，刚见袁世凯便想行大礼。慌得袁世凯赶紧起身阻拦。"老友这是咋哩？快快请坐。"二人挽手对坐，袁又说："你在天津享清福，我在北京受大罪。把你请来，务必为我想个脱身的法儿才行呀！"

徐世昌明白了：袁皇帝内外交困，当不下去了。不过，他还是说："不瞒总统说，世昌老了，才已尽，权不想，早已无心问世了。今天到来，一是老友盛情，再则，我也惦记您的身体，趁便探望。若为政局起见，世昌不敢与闻，但请转询他人。"

袁世凯哪里肯放过，微笑着说："你我患难故交，今日惠然肯来，足见盛情。我想，你不会不拉我一把的。"袁世凯又说了些内外情况，然后才说明自己进退维谷的困境。

徐世昌毕竟做了一段局外人，对大局看得明白；今见袁世凯确在难中，态度也还真诚，便也推心置腹地说："世昌有一言相问，究竟总统是仍行帝制呢，还是取消帝制？"

袁世凯沉默片刻，说："但能天下太平，我亦无可无不可了。"

"这么说来，平乱想亦容易。"徐世昌说，"不过，有一个人必须请出来。"

"谁？"袁世凯忙问。

"段芝泉。"徐世昌说，"他是北洋武人的领袖，或还能镇压得住。"

袁世凯摇摇头，说："段祺瑞？！只怕他不肯出山。"

"段芝泉不出山，是他不同意帝制。"徐世昌说，"大总统若决定把帝制取消了，我想芝泉绝不会全然无情。"

"那就只得请菊人你劳劳大驾了。"

"我且走一趟看看。"

徐世昌到西山见了段祺瑞，段祺瑞只说一句话："袁必表明撤销帝制，我才肯去。"徐又告诉袁，袁世凯这才沉着脸说："罢哩，罢哩！我取消帝制就是了。"

段祺瑞随着徐世昌来到中南海居仁堂，并未说多少话，事情也就定了。徐世昌说："大总统知过即改，必为众所仰，余事便好商量了。"

袁世凯面有愧色，但还是说："菊人，芝泉都是我好友，往事不记，此后仍须借助大力，共挽时艰。"

段祺瑞态度也转变了，说："大总统尚肯转圜，祺瑞何敢固执。善后事宜，惟力是视便了。"

袁世凯也不得不再说几句有悔的言语，然后便命人草拟撤销帝制的命令。

公元1916年3月22日，袁世凯向天下发布命令，从3月22日起取消帝制，恢复共和。可是，这道命令却用了相当多的文字表明自己是被"人民"推举到皇帝位上去的，自己不能悖了民意，并且说中国历代帝王子孙都是以祸罪身的，"予独何心，贪恋高位？乃国民代表，既不谅其辞让之诚，而一部分人民又疑为权力思想，性情隔阂，酿为厉阶"。最后，才说：

……着将上年十二月十一日承认帝位之案，即行撤销，由政事堂将各省区推戴书，一律发还参政院代行立法院，转发销毁。所有筹备事宜，立即停止，庶希古人罪己之诚，以洽上天好生之德，洗心涤虑，息事宁人。盖在主张帝制者，本图巩固国基，然爱国非其道，转足以害国；其反对帝制者，亦为发抒政见，然断不至矫枉过正，危及国家。务各激发天良，捐除意见，同心协办，共济时艰，使我神州华核，免同室操戈之祸，化乖戾为祥和。总之，万方有罪，在予一人。今承认之案，业已撤销，如有扰乱地方，自贻口实，则祸福皆由自召，本大总统本有统治全国之责，亦不能坐视沦胥而不顾也。方今闾阎困苦，纲纪凌夷，吏治不修，真才未进，言念及此，中夜以兴。长此因循，将何以国？嗣后文武百官，务当痛除积习，黾核图功，凡应兴应革诸大端，各尽职守，实力进行，毋托空言，毋存私见。予惟以综核名实，信赏必罚，为制治之大纲。我将吏军民，尚其共体兹意！

在中国，存在了八十三天（1916年1月1日到3月22日）的"洪宪"年号，终于消失了！袁世凯的皇帝梦醒了。这是一场噩梦。袁世凯的"噩梦"醒来会不会是"早晨"？天知道！

归　宿

一

　　袁世凯宣布撤销帝制的那天，在北京西山发生了一件十分离奇的事：

　　西山，处在北京西郊翠微、平坡、卢师三山之间，三面青峰环抱，南面敞向平原，是一片林木茂密，野草清香，奇石嶙峋，泉水清清的美丽地方，自山麓而上，密林间藏有长安寺、灵光寺、三山庵、大悲寺、龙王堂、香界寺、宝珠洞和证果寺八大处。那一天，在大悲寺后山腰掘山开石的人们，竟然开出一个古洞，宛为一间客厅，四壁空空。唯厅中央地面上，参差不齐地堆放着十个兽雕，刻工倒还精巧。文物家疑是珍宝，经认真考证，原来是熊、獾、鹗、狼、驴、猪、蟒、猴、狐和癞蛤蟆等十种动物。不像陪葬品，又不像单葬。正是专家们捉摸不定时，忽然发现兽身下有字，模糊不清。再经涤洗，竟然发现是十个人的名字：那熊下是多尔衮，獾下是洪承畴，鹗下是吴三桂，狼下是和珅，驴下是海兰察，猪下是年羹尧，蟒下是曾国藩，猴下是张之洞，狐下是慈禧，癞蛤蟆下是袁世凯。有见过袁世凯的人笑着说："像，像极了。袁世凯走起路来，总是迈开八字步，颈短腿粗，真像个不紧不忙的癞蛤蟆。"还有人说："袁世凯有意当皇帝的时候，陶然亭癞蛤蟆'翻坑'，从早到晚叫个不停。"更有人说："当初小丫鬟见袁世凯金龙盘身，吓摔玉茶杯时，怕就是看见蛤蟆吓的吧？"这件事是真是假？没人考证，反正是在京城中传了许久。

传言是在外边传的，袁世凯住在中南海，中南海戒备森严，他听不到，他也没有心肠去打听。皇帝不当了，他还要当大总统。因而，袁世凯还是最忙的人。

陆征祥的国务卿没当好，袁世凯把他头上的这顶纱帽收回了，收回之后交给了徐世昌。徐世昌重又登上国务卿宝座。陆仍当外交总长。

段祺瑞乐意出山了，袁世凯想复他的职，叫他仍当陆军部总长。可是不行，冯国璋拒领参谋总长这角，这一角比陆军总长还重要，由段去做参谋总长吧。

帝制取消了，护国军自然不会再成立了，袁又想拉拢蔡锷。所以放出风来：只要蔡归顺北京，便让他当陆军部总长。这只是袁一厢情愿，还不知蔡锷干不干？

袁世凯心里一直很焦急，帝制给他造成的局面，他自知不是一纸宣言可以安定的；众叛亲离，皇帝不能当了，大总统还有人拥护吗？无论是护国军的蔡锷还是复还官位的徐世昌、段祺瑞，袁世凯都觉得他们之间形成了一条深深的鸿沟；而众多的将军、巡按使，也不是他袁世凯休戚与共的关系了。他感到了孤独，感到了冷落，心里郁郁沉沉闷着一股气，十分压抑。

然而，怕发生的事情，却偏偏接连发生了——

袁世凯在宣布取消帝制后，即让四川前线北洋将领向护国军蔡锷要求停战议和，并且提出了和谈条件：

一、滇、黔、桂三省取消独立；

二、三省治安由省军民长官负责维持；

三、三省所招新兵一律解散；

四、三省派往战地的兵士一律撤回；

五、三省自即日起，不准与官军交战；

六、三省各派代表一人来京筹商善后。

这六条件，仿佛是袁世凯"讨逆"取得全胜了，他只是要求"败军"顺降。可见他仍以总统自居。护国军自然不能接受这样的条件。于是，他们也以胜利者姿态，同样提出六条谈判条件：

一、袁退位后贷其一死，但须逐出国外；

二、诛帝制祸首杨度等十三人以谢天下；

三、大典筹备费及用兵费六千万元，应以查抄袁及帝制祸首的财产赔赏之；

四、袁氏子孙三代均应剥夺公权；

五、依照民元约法，推黎副总统继任大总统；

六、除国务员外，所有文武官吏一律照旧供职，但关于军队驻地，须受护国军的命令。

针锋相对，旗鼓相当。和谈谈不下去了。

袁世凯依然以总统自居，国人愤怒极大，各地军民纷纷揭竿而起，讨袁声势波及全国，连一些帝制派也纷纷调头转向，成了反袁派：广东独立了；浙江独立了；山东酝酿独立未决时，陕西独立了。

更有些人趁火打劫，利用独立争夺权力：张作霖以准备独立的姿态，取得了盛武将军封号督理奉天军务大权；许兰州以独立为要挟取得了黑龙江军务帮办之权；就连张勋也乘机取得了督理安徽军务大权；倪嗣冲取得长江巡阅副使兼署安徽巡阅使职……烽火四起，战乱纷呈，这本来已够袁世凯焦心的了，日本人也跟着打劫。日本政府以"保护各国侨民"为借口，出兵中国，命第二师团整装待命。在日本人策动下，前清肃亲王善耆等在大连召集宗社党开会，要组织"勤王军"，复兴大清；日本人又勾结蒙古巴布扎布在海拉尔举行暴动。紧急情报夜以继日地飞到北京，袁世凯安不下心了，他在居仁堂团团打转，再也想不出良策。

就在居仁堂乱成一团乱麻之际，黎元洪气冲冲地来了。这位和袁世凯久不照面的黄陂人，一见面便说："帝制不制了，您得有一道正儿八经的命令取消我的王位。我不能做您'洪宪'的'殉葬品'。"

袁世凯对他苦笑笑，正想解释，黎元洪又说："我在您的《政府公报》上看见有人上的一道奏折，保举某人做什么官，说'此人曾由参谋总长臣黎元洪保举'字样。您得追查追查，此话依据是何？我在何时愿意称臣了？不弄个水落石出，我可是不答应！"

袁世凯还是苦笑，未及解释，黎元洪已匆匆离去。正是袁世凯呆不知所措时，有人送来一封上海来电，他接过一看，是老友唐绍仪的——又是一位久不晤面的朋友。他打开一看，光是"抬头"便令他一惊，他既不称"总统"，又不叫"执事"而是称"先生"！电文说道：

> 白宫睽隔，瞬已二载。先生撤销承认帝制之令，而居总统之
> 职，在先生之意，以为自是可敷衍了事，第在天下人视之，咸以为
> 廉耻道丧，为自来中外历史所无……

袁世凯不曾看完，便把电报扔在地上。因而，和这封电报一起来的还有康有为一电，袁世凯连看的勇气也没有了。

二

杨度的身影在居仁堂消失了。消失的还有孙毓筠、严复、刘师培、李燮和和胡瑛。据说，他们的历史使命已经完成了。该他们做的事，他们都做到了。不该他们做的事，他们想做，也无能为力。连袁世凯也这么想。想当初，紧锣密鼓"筹安"的时候，袁世凯一分一秒也离不开他们。今天，他竟不想见他们了。

"筹安六君子"之外，还有一群人也不多见了，那就是被称为袁氏门下"十三太保"的，如朱启钤、段芝贵、周自齐、梁士诒等。阮忠枢是举足轻重的，但是，也大大地失宠了。真奇怪，为什么越亲越疏呢？不知道。

1916年，袁世凯总觉得流年不利：他决定元旦改元登极，五天前，瑞蚨祥把龙袍就送来了，让他试穿，他觉得不是他的，硬是不穿；筹安会里的礼仪官让他审视大典仪程，他眼角儿也不瞥。这好，果然元旦这一天一切都没有做。接下来，就是从南到北的中国大乱，袁世凯便忙中再无主张了。在各省先后独立的时候，袁世凯已经焦头烂额，力不从心了。他拉出黎元洪，黎元洪跟他貌合神离；他让徐世昌再任国务卿，可徐世昌在南北和谈中又一筹莫展；唯有段祺瑞，还算一个有用的人。于是，在4月21日，袁任命段祺瑞为国务卿，代替了徐世昌。段祺瑞是坚持责任内阁制的，袁不得已于5月8日正式公布政事堂改为国务院，称为责任内阁。再经过努力，最后终于达成举行一个有广泛代表性的南京会议，来认真研究包括袁世凯退位、各派团结、国体问题等紧迫国事。会议是5月15日召开的。会议一开始就陷入了马拉松状态，争争吵吵、各执己见。袁世凯坐在北京，坐在他的居仁堂，

想遥控会议，以达到稳住大总统地位的目的。谁知，他的算盘就是无法如意地打下去——有三个人使他失魂落魄：

陕军旅长陈树藩，是协助陕西将军陆建章追击白狼叛乱时有功的人，袁世凯特别器重他，升任他为陕西镇守使。云南独立后，陕北民军揭竿而起，陆建章调陈去镇压，哪知陈与各路民军暗中联系，竟于5月9日在蒲城宣布独立，自称陕西护国军总司令。陆建章派儿子、陕西第一旅旅长陆承武去截堵，结果竟成了俘虏，成了陈的人质，逼得陆建章自动离开陕西，下台而去。陈树藩18日去西安，当即宣布陕西独立。

陕西独立了，西南大门敞开了，袁世凯感到半壁江山都动摇了。就在袁世凯为陈树藩背叛气恼的时候，陈宦在四川宣布独立。陈宦虽非北洋嫡系，却是袁世凯的心腹。云南紧张之后，袁世凯才把他放到四川，想让他为他把住西南大门，阻止蔡锷北上。帝制取消之后，袁命陈宦与蔡锷接洽，商谈四川停战事。四川战事暂停了，陈宦竟步着南京冯国璋的后尘，率先发出通电，劝袁退位。袁世凯不理他，九天之后，他又发出劝袁退位的第二次通电。这个通电的措辞十分激烈，连称谓都换成了"项城"，甚至直呼"袁氏"，并且表明自己出于公心，已有电劝其退位，项城"则以妥筹善后之言，为因循延宕之地"；二次通电忠告，项城则"谓已交由冯华甫在南京会议时提出。是项城所谓退位云者，免非出于诚意"。接下来便表明："项城先自绝于川，宦不能不代表川人与项城告绝。自今日始，四川省与袁氏个人断绝关系"。袁世凯这一气，几乎昏了过去。屋漏偏逢连阴雨！

"二陈"的气恼尚未消，湖南又出来个汤芗铭，继陈宦之后，成为独立的第八个省。

汤芗铭在湖南，原本是决心为袁把好南大门的，袁也寄予厚望。可是湖南人民却不答应，他们一方面形成反袁怒潮，一方面开展驱汤。湖南各地，各种武装暴动先后发生，中华革命党人公然组织敢死队冲进将军署。汤芗铭吓破了胆，他不敢出来了。湖南内部的乱起，广西、四川的先后独立，更加上全国反袁怒潮兴起，汤芗铭不能不考虑自己的前途，他通过国民党人谭延闿的关系与国民党军人建立了联系，国民党人以"承认汤为湖南都督，保证不算旧账"为条件，要求他脱离袁独立。汤芗铭于5月29日宣布湖南独立。宣言说："……公（袁世凯）即取消帝制，不免为国法之罪人，芗铭虽有知遇私情，不能忘国家之大义。"

袁世凯病了，病得很重。

三

中南海迎来一个旺盛的夏。

然而，中南海却依然冰封雪蒙、沉沉死气。

袁世凯病情日日加重。4月以前，他还按时批阅文件，照常接待客人和下属。那时候，他不承认自己患有什么病，他的体质很好，当年摄政王载沣把他罢职时说他"患足疾"，那是妄加的，他连足疾也没有；戎马倥偬几十年，几乎连头疼脑热也不曾患过。他在中南海有中西医医官四人，这四人几乎终日清闲无事。现在，他病了，真的病了，连下楼也困难了。

一天，他把中医刘鼎臣叫到面前，呼着他的雅号问："绍业，我到底有没有病？病情是轻还是重？"

这个曾经做过郿县知县，因为两件铜敦得罪了顶头上司——陕西巡抚端方——而丢了官的祖传中医，一直对袁世凯怀着知遇之恩。现在，恩公病了，真的病了，病得不轻，他不能隐瞒病情，他得坦诚对他讲。然而，袁世凯毕竟心火太盛了，自信又那么强，怎么说呢？要以宽心为主。刘鼎臣轻轻地摇着头，说："大总统，人食五谷，谁能无病！大总统近来国事太繁，心情不畅，多半是因忧郁而到胸塞，因胸塞而影响着寝食。大总统若是把心放宽些，自然会畅快而心舒。病自然也就轻了。"

袁世凯点头微笑了。"我相信自己没有病，更不会死。老天不许我死。我死了，这个烂摊子谁去收拾呢？你说是呀不是？"

刘鼎臣点点头。随后给他开了一剂人参、白术、党参、黄芪之类的补气药物加以调补。最后说："人都是这样，正气强盛，疾病就不容易发生。这就是《内经》上说的'正气存内，邪不可干'，'邪之所凑，其气必虚'。大总统振作起来，会很快好的。"说罢，便退了出去。

袁世凯是只相信中医或说只相信刘鼎臣的，"中医的望闻问切就是比洋人用洋玩意儿强！脉是人的魂，什么都在脉上"。所以，袁世凯不相信西医。刘医生的话他深信不疑。

袁世凯真的病了，真的是打"气"字上引发的病———一张假的《顺天时报》，气得他半死；妻妾们为妃、嫔之争，又气得他半死；打从那之后，内内外外，几乎没有一天不发生让他气怒的事；现在好了，连他的亲信陈树藩、陈宧和汤芗铭也站到他对立面去了，并且还大骂一场。"你们不要我当皇帝，我不当；我那总统却是你们选的呀！我不当皇帝还当总统总可以吧？我竟成了'国法之罪人'。"袁世凯思想不通，虽有中药吃着，病情却不见好转。

袁世凯瘦了，体质明显弱了，五十八岁的人该是虎气不消。可他，却一脸土色了；眼神也明显灰暗了，常常闭目；言谈也大大地减少了。躺在床上，似睡非睡。这几天，小便感到特别困难——他明显的病症是膀胱结石。小便来了，常常憋得头脸发青。

袁克定一直在袁世凯身旁，表现得十分孝顺、殷勤。不知是忏悔的表示，还是别有所盼（老爹不当皇帝了，老爹还是总统，总统选举法规定，"继承人由现任总统推荐。传子传贤，全由现任总统定"。袁克定想：老爹在最后弥留时刻，说不定会说一句"传子"的话，有这句话，我便可以周旋一切了。有本领的老二克文，早已宣布不争权位了，老爹一死，我袁克定是正出、长子，名正言顺的继承人，从家到国，谁能争了去？！）只有他袁克定心里明。

"大爷，这样下去不行。中药药效太小了，请西医吧。"克定几乎是以不用商量的口吻，只要老爹同意。

袁世凯已经多经折腾，疼痛难忍了。水不能断，不断水，就得排尿。排尿就要经历痛苦。痛苦在任何人身上都不是好事，袁世凯不能不改变不信西医的初衷，他点头答应了。

一位叫贝熙叶的法国医生走进居仁堂。在袁世凯病床前，他立起高高的身材，用蓝色的眼睛打量许久，又用听诊器听了许久，才说："需要住医院，手术，取石。"

"老人家体弱呀！"袁克定说，"只怕经不起手术了。"

蓝眼睛摇摇头。"没有办法。尿会憋死人的。"大约是法国人也看到袁世凯经不起开刀了，又变了变口气说，"那就只好先导尿。导尿解除痛苦。"

法国医生按照他们的老师教授的办法，先在袁世凯脊梁扎了一针，送进相当容量的麻醉剂，待了片刻，便用五只玻璃火罐在袁的后腰部位往外导尿。可是，从玻璃火罐中导出来的，竟是夹杂着血水的液体，只是没有拿给袁世凯看罢了。他只不住地呻吟，额上冒着汗珠。

导尿总算解除了暂时的痛苦，袁世凯面上略现了平静。到了黄昏，他对儿子说："你把徐菊人和段芝泉叫来，我有事向他们说。"袁克定说："大爷，你太疲劳了，改天再说吧。"袁世凯摇摇头。"现在，我现在见他们。"

袁克定出去了。工夫不大，徐世昌和段祺瑞便来到居仁堂。袁世凯握着他们的手，却闭着眼睛只摇头。徐、段二人也只握手，不言语。半天，袁世凯才把放在身边的大总统印交给徐世昌，然后，少气无力地说："你们记着，总统应该是黎宋卿的。我不行了。就是病好了，也不能干了，我准备回彰德去，还住洹上。"说罢，便闭上眼睛。徐、段站起身，说："大总统好好休养，病会好的。"又站片刻，这才退了出去。

这是6月5日的晚上。从此之后，袁世凯便昏迷不省人事了。法国医生的导尿，徐、段二人从中南海抱走了总统印，中南海一下子塌了天：一生默默无闻的于氏夫人先是痛哭起来。一边哭，一边诉说，像是一生中闷在胸中的话只有此刻才能吐尽。"你要去了，你先去了！你一辈子对不起我，弄了这么多姨太太，又养了这么多孩子，你死了都丢给我，叫我怎么办哪？"

于夫人这么一哭一闹，姨太太、孩子们惊觉了，二子克文领着他们一起跪倒面前，口口声声"请娘赐死！"

长子克定一见这局面，忙出来向姨太太、弟弟、妹妹们赔好话："娘是急疯了，大家务必体谅，家中一切事全由我承担，都怪我。"他又对娘说："娘，不要再闹了，大爷还没有断气。你领头闹，怎么得了呀！"

家乱总算暂停了。

夜深了，天空张满了浓云，星星都到另一个世界去了。无风，夜很静。

大约是有人招呼，午夜时，徐世昌、段祺瑞、王士珍、张镇芳等四人来到居仁堂。但袁世凯已经几度昏迷，不能说话了。徐世昌凑到他耳边，低声说："总统有话，请早点安排。"袁世凯微微睁开眼睛，嘴唇动了几下，竟是一字也没说出，又昏迷过去。

有人在居仁堂客厅外窃窃私语，仿佛又是湖南传来的消息，说是袁派往湖南的援湘军副司令唐天喜叛变了——唐天喜原本是一个梨园角色，袁世凯喜欢他一表清雅人才，才拉到身边做随身侍从。他自幼跟袁，参加过朝鲜中日战争。此次滇乱无亲信可派，才命他任湘军副司令。唐天喜叛变了，对中南海确是一大震惊。偏偏在这时袁世凯清醒了。微风把私语吹到他耳中，他听得明明白白。于是，翻过身来，拼力大叫："唐天喜反了！唐天喜反了！"喊过，又闭上眼睛。直到东方泛出鱼肚白，才又见他面上颇显红光，眼睛睁开，嘘着口，动动嘴唇，好大一阵子，才说："是……是他……误我！"一声喊过，痰又涌上。只见他把嘴巴张呛了两次，便撒下手。时为1916年6月6日上午，袁世凯享寿五十八岁。

四

袁世凯死了，世界上少了一个活人，地面上多了一座坟茔。据说，葬在河南彰德的袁世凯墓，是用混凝土修成一个类似城门洞样子的"穸室"，另外还有隧道、石门和石墙。放在这里的，是一口"十二辰"的阴沉木棺材；躺在里边的袁世凯，身穿祭天礼服，头戴平天冠，脚穿朱履。有人说身上还披一件想在登极时穿而未穿的龙袍，不知真假？墓地占地一百四十余亩。埋在地下的东西都看不见了，只有地面上，却留下一座绿色琉璃瓦顶的石碑楼，左右对称的石柱、石马、石虎、石狮、石人；还有一座"飨堂院"，叫景仁堂，里边供奉着袁世凯的"神位"，还陈列着他生时常用的东西；墓台分三层，是洋灰铁筋套墙，第一层南北长二十八丈，东西宽二十二丈二十五尺，墓高九尺。墓地四周种植了许多松、柏、梅、槐，能见着郁郁葱葱。为葬袁世凯，政府拨款五十万元，从总理到督军、镇守使、师长们又解囊相助二十五万元，可谓轰轰烈烈，隆重之极！

不过，宇宙并没有因为袁世凯死而有丝毫变化，老天爷该刮风的时候还是刮风；该下雨的时候照常下雨；每过去一百二十天便更换一个季节；天冷了，人们添衣服；天热了，再减下来；饿了吃，困了睡！一切都那么按部就班，平平静静。只是：袁世凯留下的这一群从小站练兵起的英雄豪杰们，从此之后却不是兄兄弟弟、亲亲热热了，一场混战揭开了，一战就是十几年。国苦了，民苦了；天昏昏，地暗暗，日月无光……

1998年6月20日脱稿